法学学术前沿书系

中国政法大学青年教师学术创新团队
支持计划（20CXTD08）资助

家族企业
治理的法律研究

刘东辉 ◎ 著

Legal Study of Family Business Governance

经济日报出版社
北京

图书在版编目（CIP）数据

家族企业治理的法律研究／刘东辉著. -- 北京：经济日报出版社，2024.8. -- ISBN 978-7-5196-1502-4

Ⅰ.D922.291.914

中国国家版本馆CIP数据核字第20245F4T84号

家族企业治理的法律研究

JIAZU QIYE ZHILI DE FALÜ YANJIU

刘东辉　著

出　　版：	经济日报出版社
地　　址：	北京市西城区白纸坊东街2号院6号楼710（邮编100054）
经　　销：	全国新华书店
印　　刷：	北京文昌阁彩色印刷有限责任公司
开　　本：	710mm×1000mm　1/16
印　　张：	22.25
字　　数：	340千字
版　　次：	2024年8月第1版
印　　次：	2024年8月第1次印刷
定　　价：	86.00元

本社网址：www.edpbook.com.cn　微信公众号：经济日报出版社
未经许可，不得以任何方式复制或抄袭本书的部分或全部内容，**版权所有　侵权必究**
本社法律顾问：北京天驰君泰律师事务所，张杰律师
举报信箱：zhangjie@tiantailaw.com　举报电话：010-63567684
本书如有印装质量问题，请与本社总编室联系，联系电话：010-63567684

前　言

　　家族企业是家族系统与企业系统的综合体，家族关系嵌入企业不仅会产生独特的竞争优势，也会带来特殊的治理和传承难题。家族企业是我国民营企业的重要组成部分，也是我国中小企业主要的组织形态，家族企业良好的治理和有序的传承对保护企业利益相关者和促进经济高质量发展具有重要意义。在保护民营企业产权、促进民营经济的背景下，家族企业的生存状况绝不仅是企业家族的"私事"或财富管理机构的"生意"，我国应该从法律与政策层面推动家族企业友好型制度的构建，促进我国家族企业的持续健康发展。

　　在家族企业的经营与传承过程中，企业的内部治理涉及复杂的家族成员缔约现象，情感、惯例、合同与组织相互交织，企业治理与家族治理的完善需要公司法、证券法、信托法、继承法、财税法等多项法律的协调与促进。但是，相较于经济学、管理学、社会学等学科对家族企业的持续深入研究，法学对家族企业治理与传承的关注显得"微不足道"，公司契约论、法人实在理论等视角往往忽视了家族企业治理与传承的特殊性，没有关注家族涉入产生的社会资本，而我国现行法律也缺乏对家族企业有针对性的制度供给。因此，本书尝试借鉴其他学科关于家族企业的研究成果，展开法学与其他学科的有效对话，为政策制定者回应我国家族企业的特殊制度需求提供更准确的事实和法理基础。

　　本书以家族企业经营与传承中的治理现象为核心，从治理理论、司法案例、比较法等多个角度解释家族企业治理的特殊机制与目标，论证家族企业关系契约的本质，阐述家族企业关系治理的原因、特征和边界，探究信任、互惠、利他等家庭规范在家族企业司法裁判中的规范意义与解释论路径。以封闭型家族公司和上市型家族公司为例，从公司法、证券法、家事法等交叉视角对家族企业的企业治理与家族治理现象进行了法律解释，提出法律适用和立法政策方面的建议。本书论证了家族企业的治理需要家族治理和企业治理的协调，依赖家族信托、家族宪法等诸多正式和非正式制度的协同，单纯依靠家族社会资本或现代公司治理结构都难以实现家族企业的有序传承。本书还梳理了域外国家推动家族企业治理与有序传承的法律与政策，介绍了发达国家和发展中国家近年来制定的家族企业法及家族企业扶持政策，指出我国家族企业治理与传承面临组织形式单一、信息不足、专业知识匮乏、认知偏差等制度与现实方面的挑战。本书主张我国立法者应该以民营经济促进法的制定为契机，提供多元化的家族所有权控制机制与组织结构，推动制定我国家族企业治理准则与指引，构建家族企业传承与退出的信息平台，为激励家族企业完善治理与传承计划提供财税政策支持。

  家族企业的法律研究某种意义上是领域法的研究，涉及诸多法律部门，需要不同学科的交叉视角，本书不成熟的观点希望能够促进法律研究者和从业者对家族企业法律问题展开更深入的探索。

目 录

第一章 导论 ·· 1
  1.1 选题背景 ·· 1
  1.2 研究的问题及意义 ·· 6
  1.3 研究现状 ·· 10
  1.4 研究方法和创新点 ··· 38
  1.5 研究思路和结构 ·· 40

第二章 家族企业的关系契约属性及其法律解释 ······················ 42
  2.1 家族企业的内涵、类型与特征 ··································· 42
  2.2 家族企业的本质属性：关系契约 ································ 55
  2.3 从公司治理到家族企业治理 ······································ 80

第三章 封闭型家族公司的关系治理及其规范适用 ··················· 86
  3.1 封闭型家族公司的关系治理：目的与机制 ··················· 88
  3.2 司法裁判对家族公司关系治理的认识与回应 ················ 101
  3.3 《公司法》对家族公司关系治理的回应及完善 ············ 135
  3.4 家族公司关系治理的局限及完善 ······························· 145
  3.5 封闭型家族公司关系治理的外部效应——以夫妻公司为例 ········ 157
  3.6 本章小结 ·· 180

第四章　上市型家族公司控制权的法律解释 ·················· 182
 4.1 家族控制模式的多样性及其制度关联 ················· 184
 4.2 企业家族的控制权强化机制——以双层股权结构为例 ········· 192
 4.3 家族控制公司中独立董事的治理功能 ················ 208
 4.4 家族控制公司的 CEO 继任及制度完善 ················ 218
 4.5 本章小结 ·································· 225

第五章　企业家族的家族治理及其法律适用 ·················· 227
 5.1 家族治理的内涵与特征 ························· 228
 5.2 家族治理的动因、功能与任务 ····················· 236
 5.3 家族治理中的非正式治理机制 ····················· 246
 5.4 家族治理中的正式治理机制及协调问题 ················ 259
 5.5 本章小结 ·································· 267

第六章　助推家族企业治理与传承的法律路径 ·················· 269
 6.1 增加家族治理的法律组织形式 ····················· 270
 6.2 制定家族企业治理准则与指引 ····················· 275
 6.3 出台家族企业治理与传承的财税激励政策 ··············· 277
 6.4 创建家族企业的信息和转让平台 ···················· 284
 6.5 完善家族财富管理的差异化监管 ···················· 290
 6.6 本章小结 ·································· 294

附录 1 阿拉伯联合酋长国家族企业法 ····················· 295

附录 2 马耳他共和国家族企业法案 ······················ 309

主要参考文献 ································· 320

后　记 ··································· 348

第一章 导论

1.1 选题背景

按国家市场监督管理总局的统计,全国登记的民营企业数量已超过5200万家,民营企业在企业总量中的占比达到92.3%;而据《中国家族企业发展报告》《中国家族企业生态40年》等研究报告的统计,我国家族企业已占到民营企业总数的80%以上。[①] 改革开放以来,我国民营企业得到了显著发展,大部分属于家族所有或控制的家族式企业,为解决就业和促进国民经济做出了重要贡献。我国家族企业涵盖的企业法律组织类型多样,既有"夫妻店""父子兵""兄弟连"之类的中小型有限责任公司,也包括众多家族控股的上市公司。毫不夸张地说,家族企业是我国民营企业的主力军,也是我国中小企业的核心力量。

家族企业在世界范围内也广泛存在,家族企业无论是在业绩表现、就业贡献、技术创新还是社会公益方面都不逊色于其他企业形态。[②] 相较于国有企

---

① 即使按照更严格的家族企业定义,即家族控股并至少由一个以上家族成员参与经营管理的标准(排除单一自然人控股的企业),我国家族企业在民营企业中的占比也超过50%。参见中国民(私)营经济研究会家族企业研究课题组编著《中国家族企业发展报告(2011)》,中信出版社2011年版,第43页;中国民营经济研究会家族企业委员会编著《中国家族企业生态40年》,中华工商联合出版社2019年版,第7页。

② 参见陈建林《家族企业绩效研究分歧及其整合》,《外国经济与管理》2008年第9期,第34—39页;中国民营经济研究会家族企业委员会编著《中国家族企业与共同富裕研究报告》,中华工商联合出版社2023年版,第47—54页。

业、创始人控制的科技企业等非家族企业，家族企业天然存在家族与企业两个系统的互动与协调，具有独特的竞争优势，也存在独特的治理机制和治理难题。我国数量众多的家族企业能否顺利实现所有权和经营管理的代际转移或有序退出，不仅直接影响员工等家族企业的利益相关者，也将对我国国民经济持续发展产生深远影响。因此，家族企业的治理与传承不仅是企业家的"私事"，也应该得到立法者和政策制定者的高度重视。

党的二十大以来，党和国家高度重视、维护民营企业的合法权益，激发民营企业家的企业家精神，提升企业家信心。我国家族企业的生存状态与民营企业的促进与发展主题密不可分，《中共中央 国务院关于促进民营经济发展壮大的意见》为民营经济保驾护航，部分政策直接或间接涉及家族企业的治理与传承，对构建家族企业友好型的法律制度环境具有重要指导意义。例如：该意见指出要"正确看待民营经济人士通过合法合规经营获得的财富"，为家族企业和家族财富的合法传承提供了政治保障；该意见指出对于企业治理，要"引导完善治理结构和管理制度，依法推动实现企业法人财产与出资人个人或家族财产分离，明晰企业产权结构"，对完善家族企业的企业治理与家族治理具有重要价值；"对于企业传承，加强对民营经济人士的梯次培养，建立健全年轻一代民营经济人士传帮带辅导制度，推动事业新老交接和有序传承"，将家族企业传承纳入法律政策框架；"培育和弘扬企业家精神。引导民营企业家增强爱国情怀、勇于创新、诚信守法、承担社会责任、拓展国际视野，敢闯敢干，不断激发创新活力和创造潜能"。① 概言之，对于家族企业而言，企业家信心的维护不仅依赖公平的竞争环境以实现财富创造，也有赖法律制度对企业家合法创业成果的传承保障。企业家精神不仅体现在创始人的开拓与创新，也体现在企业家精神和默会知识的代际传递以及企业价值观的延续。民营经济促进法已经列入全国人大常委会2024年度立法工作计划，本书认为，我国应该对家族企业的生存与发展予以特别关照，而对家族企业的法律研究有助于深化对民营企业实践难题的认识，为进一步完善我国民营

---

① 参见《中共中央 国务院关于促进民营经济发展壮大的意见》，中华人民共和国中央人民政府网，https://www.gov.cn/zhengce/202307/content_6893055.htm，2024年5月19日访问。

经济的法律保障体系提供独特的视角。

相较于欧美国家几代相传的家族企业而言，我国大部分家族企业仍显"年轻"。尽管如此，多数20世纪80年代创业的家族企业创始人已经面临严峻的企业所有权与经营权的传承问题。很多仍然能够持续盈利且具备行业前景的家族企业面临因接班人缺失等原因被迫暂停营业或出售资产的困局，而中小微家族企业面临专业、信息、资金方面的困境，导致家族企业无法实现企业所有权的内外部顺利转移。家族企业的代际传承也极容易引发家族企业治理层面的挑战，越来越多的家族企业因没有解决家族与企业层面的治理问题而面临传承中的家族纷争与企业衰败。① 这不仅是家族财富的损失，还会对员工、社区、税收等产生不利影响。虽有部分企业家族在家族企业的治理与传承实践中做出一些探索，如有的家庭企业在企业接班过程中采用"联席董事长制"，同时选任外部专家顾问与家族接班人为公司董事长，这是家族企业为顺利实现公司领导的家族传承而采用的非正式治理安排。② 一些从事家族财富管理的金融机构、律师事务所、咨询机构、市场化家族办公室已经率先关注家族企业的治理问题，为家族企业的治理提供法律设计与咨询服务，③ 如为传承中的家族企业提供家族信托方案设计。④ 然而，家族企业的司法案例和实践表明，整体上我国家族企业治理与传承仍然处于探索阶段。⑤ 企业家普遍缺乏家族企业治理与传承的经验和专业知识，受到情感因素和路径依赖的影响，导致实践中一再出现家族企业传承的延误和内耗。

家族企业是家族系统与企业系统的对立统一体，面临家族所有权、控制权与管理权的代际传承等独特挑战。各国家族企业治理与传承的经验教训表

---

① 参见施芊芊《家族企业、内部控制与公司治理刍议——以真功夫为例》，《企业改革与管理》2017年第16期，第50页。
② 参见陈梦柯《新希望六和公司联席董事长制的治理绩效研究——基于家族企业代际传承视角的分析》，广东财经大学，2018年硕士学位论文，第20—29页。
③ 参见王荣珍、文花艳《我国新时期家族企业的法律服务方向》，《法治论坛》2016年第2期，第3—8页。
④ 参见曲光、王增武《国内家族信托市场发展及其启示》，《银行家》2018年第12期，第118—120页。
⑤ 例如，广州市律师协会为了提高律师对家族企业案件的认识和了解，提高相关业务水平，专门组织家族企业相关的培训与讲座活动。参见广州市律师协会关于举办"家族企业治理与持续成长"讲座的通知（穗律协业通〔2016〕5号）。

明，单纯依靠家族情感纽带或现代公司治理结构，难以解决家族企业传承中的诸多复杂问题，家族企业治理与传承涉及社会规范、法律制度、市场专业人士等诸多因素的协力。家族企业与法律制度之间存在复杂的互动关系，任何国家的家族企业的存续与发展都离不开法律制度的支持与保障，企业法、家事法、财税法在家族企业发展、治理与传承中都具有重要作用。在法律制度与政策层面，我国已经形成家族企业财产保护与财产传承的制度框架。①《中华人民共和国民法典》（以下简称"《民法典》"）《中华人民共和国公司法》（以下简称"《公司法》"）②《中华人民共和国证券法》（以下简称"《证券法》"）等法律法规为家族企业的持续发展提供了基础的法律框架，多层次资本市场的建设与证券市场法制的不断完善也为规范家族企业治理，降低家族企业代理成本提供了制度保障。2017 年修订的《中小企业促进法》为中小型家族企业的融资与公平竞争等提供了制度保障。③ 而《民法典》中的合同编与继承编、《中华人民共和国信托法》（以下简称"《信托法》"）等与家事领域相关的法律制度则为家族企业传承过程中自主安排治理结构与机制提供了灵活的法律工具。一些监管机构和立法部门已经认识到家族企业治理的特殊性，例如，银保监会（现为金融监管总局）明确鼓励信托公司积极探索家族信托业务，在《关于加强规范资产管理业务过渡期内信托监管工作的通知》（信托函〔2018〕37 号）中对家族信托做出了界定，④ 将家族治理这一家族企业治理的重要组成部分界定为家族信托可以提供的服务，预示着专业的受托人机构可能通过提供专业服务影响我国家族企业的治理实践与治理水平。全国人大常委会法工委刑法室负责人解读刑法修正案（十二）时也专门提到，我国民营企业发展不平衡，很多企业治理结构和日常管理不规范，有的还是

---

① 参见孙宪忠《家族财富管理与亲属投资的几个法律问题》，《清华金融评论》2018 年第 10 期，第 19 页。
② 下文若未专门说明，指 2023 年修订的《公司法》。
③ 中小企业是指在我国境内依法设立的，人员规模、经营规模相对较小的企业，包括中型企业、小型企业和微型企业。参见《中小企业促进法》第 2 条。我国大部分家族企业属于中小企业的范畴。
④ 《关于加强规范资产管理业务过渡期内信托监管工作的通知》（信托函〔2018〕37 号）第 2 条规定：家族信托是指信托公司接受单一个人或者家庭的委托，以家庭财富的保护、传承和管理为主要信托目的，提供财产规划、风险隔离、资产配置、子女教育、家族治理、公益（慈善）事业等定制化事务管理和金融服务的信托业务。

家族企业，在案件处理上要充分考虑企业实际情况。特别是对于涉及企业内部股东之间的矛盾纠纷，要注意把握好犯罪界限和民刑交叉法律问题，防止利用刑事手段干涉企业正常生产经营活动。①

但是，整体而言，我国立法对家族企业社会贡献与重要性的认识不足，法律和政策对家族企业治理、传承等问题的关注仍然较少，缺乏有针对性的系统化制度支持与保障。家族企业在实际运营中面临制度环境和自身问题的双重挑战。政策制定者大多将家族企业纳入中小企业的框架之下，②忽视了家族企业治理与传承的特殊制度需求。相较而言，域外部分国家在构建家族企业友好型的制度环境上更为积极和主动，在税法、公司法、家族企业传承计划、企业治理、家族治理等方面提供了更具体的实践指导与法律支持。③例如，欧盟曾多次发布专门针对家族企业的研究报告、法律建议和财税政策。比利时等国颁布了针对家族企业的治理准则；马耳他、阿联酋相继制定了专门的家族企业法，对家族企业的治理、税收、纠纷解决等问题作出了特别规定，旨在促进家族企业的治理与延续性；西班牙政府专门颁布了家族治理方面的法令，通过财政扶持的方式支持当地家族企业制定并公示家族宪法；日本也在新冠疫情后出台了适用于家族企业的事业传承补助金制度，助力家族企业代际传承和外部收购重组，为家族企业购买专业的咨询服务提供资金支持。因此，有必要立足于我国家族企业治理的问题和经验，检视与家族企业治理与传承相关的立法、司法和法律政策，探讨我国家族企业治理的制度障碍，借鉴其他国家完善家族企业治理与传承环境的制度措施，为完善我国家族企业的治理与传承提供系统的法律政策建议。

自20世纪80年代以来，国内外学术界逐渐形成了专门的家族企业研究领域，形成诸多理论共识，认为家族企业是一类具有显著特殊性的企业形态。

---

① 参见《全国人大常委会法工委刑法室负责人就刑法修正案（十二）草案答记者问》，中国人大网，http://www.npc.gov.cn/npc/c2/c30834/202307/t20230726_430778.html，2024年4月22日访问。

② 例如，司法部《关于充分发挥职能作用为民营企业发展营造良好的法治环境的意见》第18条规定，深入推进"法律进民企"，组织、指导和帮助民营企业特别是中小企业制定法治宣传计划，开展支持民营企业发展的方针政策和法律知识普及活动。

③ Directorate-General for Internal Market, Industry, Entrepreneurship and SMEs of European Commission, *Family Business*, https://single-market-economy.ec.europa.eu/smes/supporting-entrepreneurship/family-business_en (last visited May. 13, 2024).

经济学、管理学、社会学对家族企业治理的特殊问题、任务、目标和模式在实证和经验层面进行了探索，为理解家族企业的特殊优势、问题和模式提供了良好的事实基础。正如企业理论为公司法的研究提供了有益的启发，家族企业的特殊理论也应该为我们从法律规范与制度层面理解、评价和促进家族企业治理提供更准确与广阔的思路。因此，本书旨在通过家族企业研究领域其他学科与法学的有效对话，以家族企业经营与代际传承中的治理问题及治理模式为核心，探讨民法、公司法、证券法、信托法、财税法等法律制度应该如何从家族企业的特殊性研究中获得有益的教义学与立法论启发，减少对家族企业不合理的制度歧视，尊重家族企业治理的特殊目标，从法律制度层面助推家族企业的可持续发展。

1.2 研究的问题及意义

1.2.1 研究的问题

国内外的经济学、管理学、社会学研究者对家族企业的界定、管理、治理、绩效、传承等方面进行了诸多深入的探究，其中，管家理论、代理理论、关系治理理论、社会资本理论等对家族企业治理现象的解释都具有一定的说服力。相较而言，我国法学界对家族企业的关注不足，本书的核心目标是结合家族企业治理的文献与法律规范，对存在一定共识的家族企业治理现象做出法律规范层面的解释与制度回应。既有的家族企业研究表明，家族企业的治理存在特殊的治理问题与目标，应然层面的家族企业治理包括双层治理结构，涉及企业治理和家族治理，两者相互关联、相互作用，促进家族与企业的持续发展。而且，无论是企业治理还是家族治理，都存在契约治理（正式治理）和关系治理（非正式治理）两类治理方式，从而协调家族情感需求和理性经济需求。家族企业治理的复杂性和多层次性也意味着法律、契约以及社会规范（social norms）在家族企业治理中发挥着重要作用，存在复杂的互动关系。围绕企业治理与家族治理，需要特别研究合同法、公司法、信托法等法律如何解释家族企业治理的特殊现象与缔约关系？我国法律在促进家族企业治理与传承方面存在哪些改进空间？财税法能否激励家族企业的治理与传承？具体而言：（1）家族企业关系契约与公司契约论中的公司契约有何异同？法院应该如何解释与执行家族关系契约？公司法规则与司法裁判如何评价家族企业的关系治理？家族企业关系治理存在哪些限度与不足？（2）企业家族如何控制上市公司？家族控股型上市公司存在哪些治理难题？家族控制的多元组织形式是否应该得到承认？（3）家族治理有何法律层面的意义？是否应该为家族治理提供多元化的组织形式？民事信托、基金会等组织形式如何实现家族企业传承中家族股权、控制权、收益权的有效分配？（4）在家族企业治理与传承中，律师等专业人士发挥何种作用？如何规范我国现有的家族财富管理行业？财税法等制度如何完善促进家族企业的治理转型与传承规划？

本书不是对家族企业的实证研究，家族企业理论的选择主要基于既有研究的成果，无意在经济学、管理学层面进行经验研究与验证，主要是吸收借鉴这些理论、实证研究、个案研究的成果，一手资料主要源于家族企业相关的司法案例、比较法以及从事家族企业治理业务的咨询机构。家族企业治理涉及众多问题，正如公司治理探讨的是如何解决或缓和公司这一特定组织所存在的特殊问题。① 本书对家族企业治理的法律研究，也主要关注家族与企业系统相互影响产生的特殊法律问题与解决方案。

1.2.2 研究意义

1.2.2.1 研究的理论意义

家族企业是现代经济重要的组织形态，新制度经济学、法与经济学、法与金融学、公司治理研究、比较公司治理研究等与法学密切相关的主流学科都在不同程度上提及家族企业，尤其是家族控股的公众公司，或作为支撑其

---

① 参见吴炯《现代公司制度的内涵延伸及治理：一个分析框架》，《改革》2006年第11期，第86页。

论点的经验证据材料,或成为研究其他组织形态时的参照对象。① 而在20世纪80年代兴起的家族企业研究,则直接以家族企业为研究对象,从绩效、战略、治理等各个方面探究家族企业的独特性,这些家族企业的研究者借鉴与批评传统经济学、管理学、社会学、心理学的理论假设,在此基础上试图回答家庭或家族涉入如何造成家族企业在各个方面的差异性,就此形成了各种理论学说。② 总之,从学术发展史的角度而言,家族企业研究已经累积了丰富的研究资料,借鉴家族企业治理的研究成果有助于我们深化商事企业组织多样性的认识。

我国法律学者较少关注家族企业这一特殊的组织类型,大多从主流的公司治理理论分析家族企业的问题,较少借鉴与参考最新家族企业研究的成果。以商法学科为例,公司治理成为商法学者研究的热门主题,研究文献汗牛充栋,但仍然较少关注家族企业治理的问题,很大原因可能与商法学者关注正式制度建构与法律规则的解释、适用有关。近年来公司法研究中较为热门的法与经济学,似乎可能为研究家族企业提供更广阔的视角,但正如罗培新所言:"公司法调整的是被抽象为一个个理性的经济人在公司运作中发生的经济关系,盈利是各个微观主体的趋同性目标,尊重情感、伦理等在其他法律场域中可能要被考虑的多维目标,在公司法中则无需顾及。"③ 目前,理性经济人基础上的公司契约理论以及委托代理理论仍然主导了公司法经济分析的研究方向,注重探讨法律规则的效率与否,家族企业在其中不具有重要的理论地位。本书正是考虑到法学界对家族企业治理的忽视,希望通过专门的法学研究,促进法律学者与其他学科的家族企业研究者的对话。

首先,本书将关注长期被我国法学研究所忽略的家族企业这一特殊组织类型,试图借鉴与吸收家族企业研究领域的成果,梳理公司契约论、委托代

---

① See Mike Burkart, Fausto Panunzi & Andrei Shleifer, "Family Firms", 58 Journal of Finance, 2167 (2003).
② See James J. Chrisman, Jess H. Chua & Lloyd P. Steier, "An Introduction to Theories of Family Business", 18 Journal of Business Venturing, 441 (2003); Kristen Madison, et al., "Viewing Family Firm Behaviour and Governance Through the Lens of Agency and Stewardship Theories", 29 Family Business Review, 65 (2016).
③ 罗培新《公司法的法律经济学进路:正当性及其限度》,《法学研究》2013年第6期,第27页。

理理论等理论在解释家族企业治理实践上的优劣,并且借鉴社会学、法与社会学的理论,如社会资本理论、管家理论、关系契约理论,这些多元理论的梳理与介绍可能为研究公司法规则、批判性地分析公司法相关理论提供新的视角。其次,就公司治理的研究而言,法律学者对公司治理的研究大多强调正式治理机制对家族滥用控制权的约束作用,而本书试图综合正式治理机制与非正式治理机制的研究成果,说明法律与其他社会规范如何共同影响家族企业治理的方式与效果。再次,既有的法学论文往往忽视家族这个重要变量,视家族为同质性的组织,因而没有重视家族企业治理中家族治理所具有的重要意义,我国监管机构最新的监管规则虽然提及家族治理这一术语,但对家族治理的内涵、功能等缺乏阐释,现有研究对家族治理中法律机制的作用关注不足,认为法律介入家族生活可能影响企业家族的信任与团结,本书试图论证法律机制在家族治理中的重要性。最后,相比于其他学科对家族企业的研究,本书发挥法学研究的优势,将家族企业相关的法律规范、政策、案例等材料纳入论证框架,有助于其他学科的进一步研究。本书研究的相关结论对于裁判家族企业相关案件以及构建家族企业友好型的制度环境,都具有一定的参考意义。

家族企业其他学科的研究主要关注实证分析与理论模型构建,忽视各国家族企业法律制度的差异性,也未能从规范层面分析家族企业的制度改进空间。通过对家族企业这一重要组织特性的研究,可以丰富我国公司法理论的认识,为公司法的解释与适用提供理论基础。而实践中金融机构和专业人士大多以现行法为基础,并未对我国家族企业治理的制度缺失进行理论反思,本书从企业家族治理的角度,梳理我国民事信托、家族财富管理等领域存在的制度漏洞,借鉴发达国家和发展中国家支持与保障家族企业治理与有序传承的法律政策,提出法律制度层面的优化路径,为家族企业治理制度的完善提供理论基础。

1.2.2.2 研究的实践意义

首先,家族企业在我国民营经济中具有重要地位,但现有的法律研究往往预设家族企业是一个非效率的组织形态,家族控股被认为可能严重损害其他投资者利益，我国整体的公司治理环境也对家族控股模式持怀疑态度，因此一项全面的家族企业治理研究，有利于社会公众以及政策制定者更加客观地认识家族企业的运作与绩效；其次，我国很多民营企业的创始人往往注重家庭伦理、家族权威对维系家族团结的作用，忽略法律机制与专业人员在家族组织化与家族权威建构过程中的作用，而本书的研究有助于企业家族了解家族协议、家族信托等相关法律构造，为中国的企业家族如何适应性地参与公司治理提供启示；最后，我国很多信托公司、家族办公室开始关注家族企业的传承与治理问题，但对家族治理等机制仍然较为陌生，相关业务处于探索阶段，本书将在研究过程中梳理家族信托、家族治理等家族财富传承的基本工具，这有利于提高市场中介机构对家族企业的认知，为我国家族企业提供更合理的传承规划与专业意见。

总之，通过对家族企业治理的法律规范及法律制度完善的研究，进一步丰富我国家族企业治理与传承的法律机制，不仅可以为民营企业的所有权传承提供良好的制度保障，还能够增强企业家信心，弘扬与延续企业家精神。

1.3 研究现状

1.3.1 其他学科对家族企业治理的研究

1.3.1.1 关于家族企业界定与理解的研究

主要从单一的显性指标到复合性指标，强调家族涉入（involvement）对家族企业的影响。家族所有和家族控制是判定家族企业的核心指标，家族传承的意愿也是重要考虑因素。家族企业的三环模型和家族企业生命周期理论论证了动态考虑家族企业的重要意义。有学者提出了家族企业异质性的概念，除了企业规模和行业等因素外，更重要的是家族这一概念的复杂性，从单一产权单位的家庭发展为包含数个家庭的家族，引发家族企业治理模式的差异，家族企业表现为科层制、家族网络、泛家族化等多种形式。①

1.3.1.2 关于家族企业绩效与优劣势的研究

对家族企业的研究从负面评价走向客观中立，家族企业的绩效并未系统性地差于非家族企业，甚至在一些国家、行业中，家族企业有更好的绩效表现。对于家族企业竞争优势的理论，主要有代理成本节约理论和社会资本优势理论。代理理论认为家族企业存在控股股东，具有长期主义的视角，能够发挥监督作用。社会资本理论认为，家族企业的竞争优势在于家族社会资本的涉入，专用性的社会资本能够为家族企业提供高效的资源，节约交易成本。对于家族企业竞争劣势的理论，主要是家族内部代理成本和机会主义，利他主义导致的裙带关系，社会资本的封闭性及排他性导致对职业经理人等外部资源的吸引力不足，社会资本的团队生产特性导致家族内部的监督与激励难题。

1.3.1.3 关于家族企业治理的研究

家族企业治理的研究包括传统公司治理理论的一般主张与家族企业治理的特殊主张。传统公司治理理论认为，家族企业存在控制权滥用的情况，需要在委托代理的框架下解决监督、激励问题，也要考量职业经理人的委托代理问题。家族企业特殊治理模式的研究借助社会资本理论和关系契约理论，对关系治理、家族化治理的现状进行了分析，认为社会资本的涉入为家族企业中家族股东之间、家族股东与家族管理者之间提供了独特的关系规范，替代或补充了正式的契约治理。与此同时，家族成员之间的缔约模式也存在独特性，社会资本具有专用性和团队生产的特点，在家族企业发展及传承中，家族社会资本难以满足企业的发展需要，同时也导致家族社会资本的投入不足，引发家族成员之间的机会主义行为，因此家族股东之间也会出现特殊的委托代理问题。此外，家族企业治理研究也越来越多关注家族本身的问题，家族企业治理包含独特的家族治理现象，家族企业治理的对象不仅是家族控股股东与外部投资者之间的利益冲突，也包括家族社会资本不足或家族团队

---

① 参见韩雪亮、田启涛、董峰、王霄《家族企业异质性研究述评与展望》，《上海对外经贸大学学报》2022年第3期。

生产、家族契约模糊性、家族与企业系统的规则与目标不一致导致的家族成员间的缔约问题，在家族企业传承中，不同家族成员表现出异质性的偏好和能力，家族成员的金融资本、人力资本和社会资本存在差异，如何传递家族价值观、家族愿景，如何对家族企业的所有权、控制权、经营权、收益权进行分配，如何培养和维系家族成员的社会资本，这些成为家族治理的特殊问题和任务，也是一些成功实现多代传承家族的经验，即通过家族治理维系家族关系和控制家族企业，同时实现家族股东之间的信任关系。这三个层面的家族企业治理与公司法、证券法、信托法等制度密切相关，也是家族企业传承中必须要平衡的问题，分别是家族股东之间、家族与利益相关者之间、家族成员之间的关系。

在家族企业治理领域，相关学者已经运用不同学科的多种理论分析和解释家族企业的特殊治理现象，[1] 较为常用且具有学术影响力的理论包括代理理论、管家理论、资源基础理论、社会情感财富理论、社会资本理论及组织制度理论。这些理论在学科来源、假设、概念以及解释力上存在差异，得出的结论也可能相互冲突。但是，家族企业治理是一种复杂的组织现象，单一理论往往难以做出很好的解释。基于本书的研究目的，以下将梳理代理理论、管家理论、社会资本理论及组织制度理论在家族企业治理领域的基本观点，说明这些理论之间存在的关联。

（1）代理理论

代理理论是公司治理研究中的主流经济学理论，很多学者运用代理理论分析家族企业的治理问题。[2] 代理理论认为，公司中的股东与管理者之间是委托代理关系，基于代理人人性自私及信息不对称的假设，代理人的行为是为了自己的利益而非委托人的利益，进而具有从事机会主义的自利动机，包括道德风险和逆向选择，从而产生代理成本。所有权和控制权的分离越严重，公司股东和管理者的利益冲突就越明显，代理成本就越高。为了解决这一代

---

[1] Panikklos Zata Poutziouris, Kosmas X. Smyrnios & Sabine B. Klein eds., *Handbook of Research on Family Business*, 2008. P129.

[2] Kristen Madison, et al., "Viewing Family Firm Behavior and Governance Through the Lens of Agency and Stewardship Theories", 29 Family Business Review, 65 (2016).

理问题，委托人需要通过监督和激励机制的设计约束代理人的行为，使代理人的利益和委托人的利益趋于一致。代理理论认为，公司治理的目标就是使代理成本最小化，以提升企业的业绩。

早期的代理理论认为，在家族企业中，家族持股较为集中，不存在明显的所有权和控制权分离现象，家族所有者有足够的能力和动机监督管理者，而且家族所有者和管理者之间具有密切的私人关系，信息不对称问题得以弱化，由此得出结论认为，家族企业是一种代理成本较小的组织形式。[①]

但是，其他学者从两个方面对此提出了质疑：首先，一部分学者对上市的家族企业进行了研究，认为上市的家族企业存在两类代理问题：第一类是股东和管理者之间的代理问题，家族企业中这类代理问题并不突出；第二类是家族控股股东和外部投资者之间的代理问题，在一些投资者保护制度不健全的法域，控制性家族会通过金字塔结构等方式强化控制权，控制家族的控制权和现金流发生严重分离，进而以损害中小投资者的利益获取控制权私利，[②] 如进行不公平的关联交易转移公司利润。其次，部分学者对家族企业中的利他主义效应提出质疑，认为家族所有者和家族管理者之间也存在代理问题。利他主义并非总是对家族企业产生积极效果，利他主义存在互惠型和单一型的区分，非对称的利他主义会使家族管理者产生懈怠、偷懒以及侵占家族企业财产以自利的现象。[③]

随着对家族系统的深入研究，代理理论认为，家族企业中还存在其他特别的代理问题。在第二代、第三代家族成员控制的扩展型家族企业中，"其家族边界范围内可能存在着多个自利的家庭产权单元或者多个家庭产权单元的代表"[④]。这些自利的家庭产权单元将围绕家族企业的所有权安排、雇佣政策、股利分配政策产生明显的利益冲突，当部分家族所有者不再参与家族企业经营管理时，会发生家族内的所有权与管理权分离现象。

[①] Eugene F. Fama & Michael C. Jensen, "Separation of Ownership and Control", 26 Journal of Law and Economics, 301 (1983).
[②] 王玉英《控股股东类型与控制权私利的比较研究》，厦门大学，2009年博士学位论文，第65页。
[③] 陈建林《利他主义、代理成本与家族企业成长》，《管理评论》2011年第9期，第50—51页。
[④] 吴炯《家族企业的分立治理结构选择及案例解析》，《管理案例研究与评论》2011年第6期，第448页。

此外，域外的家族企业大多运用家族信托、家族基金会等特殊的治理结构，① 受托机构、律师等专业人士在家族与企业之间充当着中间层的治理角色和功能，是家族矛盾的"防火墙"，但家族与这些代理人之间也会产生代理问题。有学者将家族企业中的这种代理现象称为双重代理问题。②

总之，代理理论以理性经济人为基础假设，分析家族企业中存在的各种代理关系，在此基础上强调正式的治理结构和治理机制的作用。

（2）管家理论

管家理论较少出现在公司法学对公司治理的研究文献中，但在管理学研究中，管家理论多被用于解释公司管理者的企业家精神及不凡的业绩回报。③管家理论反对代理理论中严格的自私及机会主义假设。④ 现代管家理论以"社会人"为预设前提，认为人类具有集体及合作偏好，公司组织中的管理者并非都具有自利或自我服务的动机，而是也具有利他主义的动机。即使没有外在约束，公司管理者也会做出对公司有利的行为。公司管理者除了有经济方面的较低层次的需求外，还有自我实现的更高层次的需求，他们会以尊严和信仰为原则实现自我约束，企业家不会简单地把公司授权的职位作为经济来源，而是视为一种事业或天职。因此，管理者会像管家一样管理好所有者的财产，并使之最大化。

在公司共同体中，公司管理者和委托人之间存在共同的价值和目标追求。不同于代理理论所主张的监督和激励机制，管家理论主张建立信任体系，鼓励公司内部人员的合作和参与，并且在公司治理结构中赋予管理者更大的自由度，以增强他们的责任感，从而在信任的环境中实现管理者利益和股东利益的一致。在近年来双层股权结构的争论中，部分学者认为，企业家运用双

---

① Iris J. Goodwin, "How the Rich Stay Rich: Using a Family Trust Company to Secure a Family Fortune", 40 Seton Hall Law Review, 467 (2010).

② Thomas M. Zellweger & Nadine Kammerlander, "Family, Wealth, and Governance: an Agency Account", 39 Entrepreneurship Theory and Practice, 1281 (2015).

③ James H. Davis, et al., "Is Blood Thicker than Water? A Study of Stewardship Perceptions in Family Business", 34 Entrepreneurship Theory and Practice, 1093 (2010).

④ 参见杜传文《基于家族企业背景的管家理论述评》，《现代管理科学》2012 年第 5 期，第 107—108 页。

层股权结构是为了承担管家角色,而不是攫取更多的控制权私利,法律制度应该给予创始人更多的信任。

家族成员之间具有天然的利他主义倾向,因而管家理论在家族企业中更有解释力。相比于职业经理人,家族管理者会为了家族股东或家族的长期利益而管理公司,这不仅表现出对家族内部人员的利他主义,而且会表现出对公司其他利益相关者的利他倾向。由此,家族企业在社会责任等方面发挥出独特的优势。但是,家族管理者能否以及多大程度上以管家的角色行事,仍然取决于家族成员间的关系及家族持股比例等变动的要素。

(3) 社会资本理论

社会资本理论是社会学、经济社会学对社会关系与社会结构进行研究之后提出的理论,旨在解释特定的社会关系如何影响人们的行动。[①] 社会资本理论认为,社会资本是一种不同于财务资本、人力资本的独特性资源。整体而言,社会资本可以被认为是内嵌于社会关系和社会网络的一种资产。

当然,主张社会资本理论的不同学者对社会资本的界定和理解存在不同的描述和规范主张。布迪厄主张,社会资本是实际或潜在资源之集合,这些资源的存在与相互承认的关系所组成的持久网络有关,该种关系一定程度上是制度化的。[②] 在其研究视阈中,社会资本是与某一社群成员的资格及其社会网络密切关联的资源,是建立在社会性的相互认知和理解基础上的,没有一定联系与共识的社会网络,就没有社会资本的发生基础。而科尔曼则从功能的角度界定社会资本,认为社会资本是行动者可以获得的某种社会结构性资源。社会资本包括社会结构的某些方面及其特征,有益于处于这一结构中的行动者的行动。与其他类型的资本一样,社会资本也具有生产性,而且在很多情形中具有不可替代性。与此同时,科尔曼也承认社会行动者的理性和自利倾向,只是其行动会受到所处的社会结构的影响。科尔曼认为,社会资本包含如下三个方面的内容:首先,互惠性的期待和义务,甲在某一时刻向乙

[①] 参见储小平、李怀祖《家族企业成长与社会资本的融合》,《经济理论与经济管理》2003 年第 6 期,第 45—47 页。

[②] Alejandro Portes, "Social Capital: Its Origins and Applications in Modern Sociology", 24 Annual Review of Sociology, 1 (1998).

的资源转移会在将来某一时刻以某种形式得到乙的回报；其次，社会关系中所具有的某些潜在的有价值的信息；最后，在社会关系网络范围内促进合作，抑制失范行为的社会规范和制裁方式。① 相对而言，帕特南对社会资本的界定更为清晰，其认为，社会资本是社会组织的某种特征，包括信任、规范和网络三个方面，能够通过推动协调和行动提高社会效率。②

虽然现有的文献没有明确区分社会资本的来源、作用机制和社会资本产生的效果，但多数研究者认同社会资本既包括社会网络，也包含从社会网络中产生的各类资源。最新的社会资本研究认为，社会资本是一个多维度和多层次的概念空间。布朗将社会资本划分为微观、中观和宏观三个层面。③ 微观的社会资本关注个体通过社会网络调动资源的能力，包括情感支持、信息交换、交易机会获取等；中观的社会资本主要关注的是结构，即特定网络的结构化，如该网络中个体之间联系的类型，资源因特殊结构而通过该网络流动的方式，强调网络结构化的过程及其分布的影响；宏观的社会资本关注特定社会网络所处的政治、经济、文化背景，考察外在文化、政治和宏观经济对网络中社会联系的性质的影响、对网络结构的影响以及对网络构建、变化的影响。那哈皮特和戈沙尔的研究表明，④ 社会资本可以划分为结构、认知和关系三个构面。在结构构面上，社会资本是联结行动者的总体人际网络格局，包括网络的密度、连通性等；在认知构面上，社会资本是行为者共享的思维、表达和理解系统，包括共有的语言和语义编码系统以及承载价值观的共同叙事；关系构面则是有关增进行动者之间互动关系的因素，包括信任、规范、认同、义务等。总之，社会资本是一种隐性资源，产生于社会互动，主要表现为信任、规范及网络等非正式制度要素。

社会资本除了具有积极效应外，还会在某些条件下对社会组织和行动者

---

① James S. Coleman, "Social Capital in the Creation of Human Capital", 94 American Journal of Sociology, 95 (1988).
② 参见张文宏《社会资本：理论争辩与经验研究》，《社会学研究》2003年第4期，第25—26页。
③ 参见张文宏《社会资本：理论争辩与经验研究》，《社会学研究》2003年第4期，第29—30页。
④ Janine Nahapiet & Sumantra Ghoshal, "Social Capital, Intellectual Capital, and the Organizational Advantage", 23 Academy of Management Review, 242 (1998).

产生不利。① 这是由社会资本的专用性所决定的，社会资本的专用性反应了其难以为他人使用的程度，只有在一个相对封闭的互动团体中，相互之间才会存在密切的利益关联，群体内部的规范才能得到认同与执行。

家族企业中股东之间及股东与管理者之间具有密切的社会关系（亲缘关系）。有研究认为，家族企业的核心制度特征是家族社会资本对企业的涉入。② 因此，社会资本理论有助于分析和解释家族企业中家族这一因素如何影响家族企业的治理和绩效。例如，家族成员间所具有的特殊信任关系有助于降低家族企业的治理成本，而家族内的规范则有助于家长在企业中形成权威型管理，家族愿景有助于企业形成长期化的经营策略。总之，社会资本理论表明，家族企业的治理不仅可以通过正式的契约治理机制，还可以通过更高效的信任、合作、互惠等关系治理机制。

社会资本理论还有助于解释一些家族企业通过泛家族化的方式构筑社会关系，如日本的养子继任制。③ 由于家族社会资本具有封闭性和专用性，随着企业规模的扩大，家族网络关系难以满足企业对专业化管理、资金等方面的需要，使得一些家族企业难以持续发展，陷入中等规模的陷阱。家族社会资本的配置、调集和使用所具有的契约属性也表明，随着家族规模的扩大，家族成员间的关系逐渐淡化，家族社会资本减少，需要进行社会资本的再投资和创造才能维系家族成员间的团结，这也说明了通过家族治理增加家族社会资本的必要性。

（4）组织制度理论

组织制度理论主要探讨企业等组织与制度及制度环境的相互关系，一方面，组织行动如何受到制度的制约与影响；另一方面，组织如何影响制度的

---

① 参见吴炯《专用社会资本外部性视阈下的家族企业治理模式》，《经济理论与经济管理》2010年第10期，第55—56页。
② Allison W. Pearson, Jon C. Carr & John C. Shaw, "Toward a Theory of Familiness: A Social Capital Perspective", 32 Entrepreneurship Theory and Practice, 949 (2008).
③ Vikas Mehrotra, et al., "Adoptive expectations: Rising Sons in Japanese family firms", 108 Journal of Financial Economics, 840 (2013).

形成与变迁。①

不同于古典经济学对效率的强调，组织制度理论认为，企业组织在制度环境中生存与发展的重要途径是获取合法性资源。一般认为，合法性是指在由规范、价值、信念组成的社会体系中，企业的行为被认为是恰当、合适及合情合理的感知及认同。合法性具有多层次性。② 斯科特将合法性划分为规制、规范与认知合法性三个方面。规制合法性主要来源于法律、政府规章等正式规则的强制性要求；规范合法性指企业的行为是否与社会所广泛接受的行为规范及价值观相符；而认知合法性源于社会公众对企业有关活动的了解和认知，如对企业品牌的认可度。③

组织制度理论认为，基于合法性的压力，不同组织会出现趋同现象。趋同是在共同环境条件下，组织被驱使与其他组织保持相似性的约束过程。迪玛奇奥和鲍威尔将趋同机制归纳为三种：第一种机制是"强制性趋同"，即组织外部具有权威的重要机构会强制组织采用某种行为模式或结构，如我国上市公司的独立董事制度就是一种强制性趋同机制；第二种机制是"模仿（mimetic）"，在环境不确定性的诱导下，组织会解读并模仿组织场域中其他成功组织的行为和做法；第三种机制是"规范性压力"，社会规范会产生共享的观念或思维方式，企业在经营活动中逐渐接受这些社会规范，并相互间趋于相同，上市公司通过环境保护、慈善等方式履行公司社会责任很大程度上就是源于社会的规范性压力。

与此同时，组织在制度环境中具有能动性。面对制度的压力，组织会根据自身与环境之间的关系选择相应的策略，重新考虑和评价现有制度的合法性，组织制度理论认为，制度的变迁是行动者（agent）在构建新制度合法性

---

① 本书介绍和采用的是新制度主义的组织理论。该理论流派产生于20世纪70年代，区别于强调管理效率的旧的组织理论。新制度主义强调合法性对组织生存的影响，深化了组织产生、维持与扩散的研究。参见陈勇军《制度与组织——新制度主义对组织理论的探索》，《前沿》2010年第13期，第162—163页。

② Mark C. Suchman, "Managing Legitimacy: Strategic and Institutional Approaches", 20 Academy of Management Review, 571 (1995).

③ 参见吴炯、邢修帅《家族企业成长中的合法性约束及其变迁》，《南开管理评论》2016年第6期，第155—156页。

过程中一系列塑造新形象、提供合理性阐释等"符号性活动（symbolic work）"的结果。一些学者引用"制度创业"的概念，探讨制度变迁过程中个体行动者的作用，即个体行动者采取的一系列行为对制度变迁的影响。①

由于家族企业是家族系统与企业系统的结合，家族企业受到制度理论的关注。如部分学者探讨正式制度如何影响家族企业，比较家族企业在正式制度不健全国家和正式制度健全国家的行为和绩效，认为家族企业是对制度不完备环境的一种理性选择，因而家族企业在制度不健全国家更为普遍。因为家族式的治理能够为企业在代理成本、资源基础和治理结构上带来优势。从微观的正式制度而言，家族企业不仅受到一国公司法、证券法等与企业系统直接相关的规制性法律的影响，而且会受到该国婚姻法、继承法、税法等与家庭因素相关的法律影响。此外，非正式制度，如长子继承还是诸子分产，子承父业还是子女公平竞争等社会长期形成的价值观也会显著影响家族企业的治理实践和效果。

家族企业一度被认为是落后的企业组织形式，面临代际传承等特有的挑战，因而企业家族在控制与管理家族时特别需要获得"合法性"资源以实现家族企业的持续发展，这种合法性资源不仅包括遵守相关法律，还包括对成功家族企业治理规范的模仿和借鉴，对专业人员作为制度代理人的信任和依赖。因为家族企业治理的很多实践都属于自愿性的而非强制性的，是否接受相应的家族企业治理实践或改革更多取决于企业家族内部的认知共识，一些企业家族甚至成为组织制度理论所言的制度创业家，通过革新家族企业的治理制度，获取更大的合法性资源，如香港著名的李锦记家族就通过家族宪法等家族治理措施在华人家族企业中获得了很大的影响力。后续需要探讨的是，在合法性的制度压力下，我国家族企业的治理是否会出现制度理论所主张的趋同，趋同的具体路径何在。

家族企业的特殊行为和多样的业绩表现需要运用多种理论进行解释。不同的理论看似对立，但在各自的假设前提下都有其合理性，能够在不同程度

---

① 参见陈嘉文、姚小涛《组织与制度的共同演化：组织制度理论研究的脉络剖析及问题初探》，《管理评论》2015年第5期，第138页。

上解释家族企业的特殊治理现象。因此，本书试图吸收这些理论的合理之处。以代理理论与管家理论为例，两种理论存在不同的基础假设，但实际上，基本假设的差异反映了对人性自私程度的不同理解。有学者认为，管家理论和代理理论的差异主要在于对代理人的激励机制的不同。代理理论把代理人的激励视为外生变量，认为治理机制应当依靠外部的制度；管家理论则把代理人的激励看作内生变量，认为代理人可以通过信仰和尊严感等精神方面的内容实现自我激励与延续，外部的强制性干预因素应该尽可能地弱化。因此，代理理论和管家理论可以被认为是家族企业治理机制多样性的基础。[①]

社会资本理论等社会学理论不仅仅满足于人性自私或人性利他的假设，而是强调社会关系和社会环境对于行动者的实际影响，以代理人还是管家的角色行事也受到制度环境的影响。公司法、证券法上的相关制度对公司管理者的行为产生显著的影响，如股东利益最大化的相关制度可能使得管理者的管理短期化，高度依靠薪酬激励机制的设计，在此制度环境下，公司管理者可能越来越多地以代理人的角色行事。

不同理论在家族企业的不同发展阶段的解释力也存在差异，如在家族企业的创业阶段，家族与企业的规模都较小，家族资源与企业的需求之间具有高度匹配关系，企业以家族既有的规则分配权力、责任和利益即可实现高效发展，这也可以解释，为何一些中小型的家族企业能够表现出明显的竞争优势，对于这一阶段的家族企业，无论是企业治理和家族治理，管家理论和社会资本理论都具有更好的解释力。而随着家族企业的发展，尤其是对经过代际传承的上市家族企业而言，代理问题成为企业发展的一个突出问题。因此，在用不同的理论进行分析时，需要考虑封闭型家族公司与上市型家族公司的差异性。

在对家族企业治理进行法律规范解释时，上述理论都能不同程度地为封闭性家族企业和上市型家族企业治理的制度设计及法律适用提供有益借鉴。首先，公司契约论基础上的委托代理理论在封闭型家族企业公司与上市型家

---

① Isabelle Le Breton-Miller & Danny Miller, "Agency vs. Stewardship in Public Family Firms: A Social Embeddedness Reconciliation", 33 Entrepreneurship Theory and Practice, 1169 (2003).

族公司中存在不同的表现形式，封闭型家族公司通常为家族所有和家族管理，不存在外部投资者，家族企业的治理可能表现为多种情形，可能是和谐状态下的家族式治理，也可能表现为家族控股股东对家族小股东的压制，也可能表现为家族小股东对家族控股股东的机会主义，家族股东之间的契约除了解决纯企业治理和管理问题外，可能还包含较多家族事务、家族财产的整体处置和安排，两者之间密切关联，公司契约论基础上的委托代理理论可能难以解释家族契约的意图、目的，在公司契约存在漏洞时，以追求财富最大化的理性股东为假设的"多数人"条款可能无法直接适用于家族企业的契约解释。在上市型家族公司中，家族控制的一致性及缺乏重要股东内部的监督，可能加重外部中小投资者损害的风险，家族复杂的控制权设计增加了不透明度，但同时也需要考虑家族控制权的价值，在两者之间取得制度上的平衡。其次，管家理论为家族控制及家族企业的传承提供了正当性基础，为家族企业通过契约及组织法章程的自治提供了依据，公司法应该尊重家族企业追求异质性的价值，将家族愿景、使命通过特定的方式体现在企业治理与经营中，但该理论的适用存在一定的前提，具有不确定性，家族企业的股东和管理者能否以管理的长期视角，保护家族股东及利益相关者需要具体分析。最后，社会资本理论对于家族企业治理的法律分析，以及公司法中有限责任公司法的制度设计具有重要价值，也能够指导家族企业纠纷的解决。家族社会资本嵌入企业治理使得家族企业具有关系契约和关系治理的特征，关系和正式的契约、章程、组织法规则共同对家族企业治理产生影响。社会资本理论之下关系契约的性质能够为有限责任公司人合性及股东优先购买权提供法社会学的根据，例如，家族企业股东因信任通常不会进行谈判，而且家族企业基于家族价值观和家族企业价值评估的困难，通常都希望将股权传递给家族成员，反对外部股东的任意加入，因此，公司法上的优先购买权应该采用的是选出规则，而不是很多学者主张的选入规则。此外，人合性不仅是一种变动的人际关系，从家族企业生存和发展的角度而言，人合性是社会资本的体现，是一系列股东之间的信任、默契的集合，在家族企业中，具有和物质资本、人力资本同等重要的作用。人合性自身就构成家族企业治理的重要目标，家族创始人可能会为了保持人合性而牺牲一定的物质财富。因此，公司法应该尊重构成有限公司绝大多数的家族企业的实践,以人合性的产生、变化作为有限责任公司法的基础性法律概念与法律适用原则。

1.3.2 关于家族企业治理的法学研究

1.3.2.1 国内研究

我国法律学者对家族企业的专门研究不多,[①] 这些研究较少关注国内外家族企业研究的成果,对我国家族企业的评价存在一些认识偏见,以一些家族企业的纠纷为例证,简单地将家族企业的特殊治理安排视为法律意识淡薄、不规范的表现,主张家族企业应该建立科学的现代公司治理结构,而忽略了家族企业因家族嵌入产生的信任关系、利他主义、互惠、团结等家庭规范在家族企业中发挥的规范作用,即使家族企业建立了规范的股东会、董事会等治理结构,由家族成员组成的董事会的决策逻辑仍然与其他企业的董事会具有很大的差异。事实上,虽然存在较多家族企业的治理争讼和家族斗争,但是,相对于数量庞大的家族企业而言,家族企业的公司法纠纷数量可以说十分稀少,由此表明家族企业存在一套维系自身稳定和发展的机制。我们不能以事后企业的纠纷倒推事前安排的不合理性,关键在于成本收益的比较,也要考虑企业生命周期的变化以及企业治理的目标等因素。

家族企业治理的法学研究注重正式治理,突出物质资本(资本市场)和人力资本(职业经理人)的作用,忽视家族企业中社会资本等特殊资本的价值,忽视了家族与企业的双向影响,容易割裂企业治理与家族治理的关系,无法对家族企业治理与传承的法律制度完善提出有针对性的建议。

---

① 参见冯果、李安安《家族企业走向公众企业过程中的公司治理困局及其突围——以国美控制权争夺为视角》,《社会科学》2011年第2期,第98—107页;李颖、徐金春《从"黄光裕案"看家族企业发展的几个法律问题》,《法制与经济(下旬)》2012年第3期,第16—18页;王俊峰、张奇峰《法律环境、金字塔结构与家族企业的"掏空"行为》,《华东理工大学学报(社会科学版)》2007年第3期,第97—104页;山立威、杨超《家族企业实际控制人"亲政"——基于法与金融的视角》,《中国经济问题》2016年第3期,第80—94页;宋红丽《浅析完善家族式企业治理结构的法律对策》,《法制与社会》2009年第31期,第259页;黄震、杨益《我国文化传统与自然人一人公司——兼论我国家族企业的制度转型》,《环球法律评论》2005年第2期;石峰《我国家族企业内部纠纷的起因与规范——以家族企业内部的产权关系为视角》,《行政与法》2014年第9期,第79—84页;吴芳:《我国家族企业治理法律问题研究——以公司化家族企业治理为中心》,西南政法大学,2016年博士学位论文。

例如,《我国家族企业内部纠纷的起因与规范——以家族企业内部的产权关系为视角》[①]一文对我国家族企业财产纠纷现象进行了分析,认为家庭财产与企业资产的混同、家庭生活与企业生产的重叠、个人投资与家庭投入的模糊、体力付出与脑力贡献的混淆是家族企业内部纠纷产生的根源,而资产归属的事先明确是避免家族企业内部纠纷的关键。但是作者提出的这些原因很有可能是家族企业竞争优势的来源,被家族企业研究者称为社会资本,是家族企业获得组织资源的重要途径。家族企业中家族成员间的关系与陌生投资者之间的关系不同,陌生投资者可以通过谈判对所有重大的交易条件达成一致,而家族成员间内部事前明确资产归属则可能破坏相互间的信任关系,而且家族成员即使存在权利等方面的矛盾,也有多种非诉讼手段进行解决,殊不知陌生人之间设立的公司的股权纠纷远远多于家族企业的股权纠纷。因此,对家族企业中家族与企业的互动关系进行研究,有利于深化对家族企业特殊性的认识,也有利于说明在法律人看来不规范的家族企业治理实践为何如此普遍而持续。

《家族企业走向公众企业过程中的公司治理困局及其突围——以国美控制权争夺为视角》[②]是研究水平较高的论文,该文将家族企业置于公众公司的坐标下进行对比研究,认为家族公司的治理是建立在传统熟人社会之上的,而公众公司则产生于陌生人社会,家族企业具有关系契约的特性,而公众公司则是个别性契约的结合。作者认为,国美控制权争夺是家族企业转型过程中的治理困境,为了克服家族企业治理的弊病,应该完善职业经理人制度,规范董事会的职权。但是该文与其他法律学者对家族企业研究一样,存在视角与结论上的问题:首先,家族企业与公众公司是不同层次的概念,而非对立的概念,家族企业也可以是公众公司,"从家族企业走向公众企业"的表述本身就预设了公众公司是一类治理水平更高的公司,而家族企业则代表着治理的不规范与混乱;其次,作者试图利用国美控制权争夺案来说明家族企业存

[①] 参见石峰《我国家族企业内部纠纷的起因与规范——以家族企业内部的产权关系为视角》,《行政与法》2014 年第 9 期,第 79—84 页。

[②] 参见冯果、李安安《家族企业走向公众企业过程中的公司治理困局及其突围——以国美控制权争夺为视角》,《社会科学》2011 年第 2 期,第 98—107 页。

在的治理不足,但国美本身就是一家香港上市的公众公司,受到完善的香港证券法律的监管,控制权争夺发生的背景就是香港公司法的授权资本制,与是否为家族企业并无必然关系。因此,利用该案来说明家族企业的治理问题并没有直接的说服力,何况控制权争夺是公众公司正常的治理现象,该案中的争夺整体上仍然在法律框架内进行,并没有因为是家族企业而出现争夺的混乱。最后,在政策建议上,作者仍然以委托代理理论为基础,认为家族企业要走向公众企业,需要明确产权,建立完善的治理机制。但现实中家族控股的上市公司在表面上也往往符合这些要求。

缪因知的《家族企业治理中的控制股东、职业经理人与独立董事》[①]一文客观地评价了控制家族治理的积极面与缺陷,认为家族企业中存在控制股东、职业经理人以及中小股东之间的复杂关系,独立董事的引入能平衡协调控制股东家族和职业经理人之间的关系,使公司和全体股东的利益都得到维护和发展。

吴芳的《我国家族企业治理法律问题研究——以公司化家族企业治理为中心》[②]一文从公司治理及公司法的角度对家族企业治理进行了研究,强调了家族企业治理的特殊性,认为上市家族企业治理的核心问题是如何实现家族股东与分散投资者之间的利益平衡,建议在完善既有法律制度的前提下允许家族控制公司采用双重股权结构,主张通过建立现代的公司治理结构解决家族企业的代际传承问题。但是,该文主要集中在公司治理范畴,没有涉及家族治理问题,在公司治理层面,也主要分析上市家族公司的代理问题,没有分析封闭型家族公司在治理上的特殊性。一些完善家族公司治理的建议较为笼统,如建议完善职业经理人制度、建立现代公司治理结构。

近年来,学界开始关注家事与商事关系的复合问题,刘东辉在《公司法如何面对家庭秩序》[③]一文中,以家族企业中家族股东纠纷的个案分析为基

[①] 参见缪因知《家族企业治理中的控制股东、职业经理人与独立董事》,《北大法律评论》2013年第1辑(第14卷),第173—189页。

[②] 参见吴芳《我国家族企业治理法律问题研究——以公司化家族企业治理为中心》,西南政法大学,2016年博士学位论文。

[③] 参见刘东辉《公司法如何面对家庭秩序——以一个家族公司的裁判为例》,《交大法学》2019年第3期。

础，对家族企业关系契约、关系治理及相应的裁判规范做了研究。薛前强在《反思家事类商事纠纷之审判理路——一个"家庭主义"的分析框架》中以最高人民法院指导案例 8 号"林方清诉常熟市凯莱实业有限公司、戴小明公司解散纠纷案"为例，对家事诱致类公司纠纷的裁判提出了反思，认为法官在审理家庭成员之间的公司纠纷时应认识到家庭动态与情境，做出符合商事法理又照顾到家庭情理的公允判决。该文充分考虑了家事关系和商事关系交织的复杂性，对单一考虑公司法原则提出了质疑。[①]

有限责任公司的人合性对于家族企业具有重要意义，但公司法学者对人合性的批评较多。梁上上认为，有限公司股权转让区分模式遵循的是一种静态的人合性观念，没有考虑到股权结构、时间之矢等因素对人合性的影响，难以适应人合性的动态化事实，导致人合性规制的体系矛盾。人合性的本质是人际关系，不应通过法律的强制性规定来加以规制。股权转让应以自由转让为原则，人合性因素可以成为限制股权转让的一种约定事由，而不是法定事由。[②] 曹兴权和卢迎也认为，企业人合性是基于组织成员之间信任与合作等特殊关系而产生，同时关涉组织运行状态的一种隐性制度安排。作为组织契约所关注的要素，人合性本质是不涉及社会公共利益、第三人利益及交易弱者权益保护的契约性问题，在调整方式上无须法律强制介入或干预。[③] 吴飞飞则认为，人合性仅仅是有限责任公司的一个特征面向，既非其核心价值属性，也非其至高目标追求。裁判者应当致力于透析人合性的法理逻辑与技术维度，从目的正当性、目的与手段之间的关联性两个层面对其作实质性审查判断。[④]

随着对家族企业传承问题的持续关注，信托法学界对家族信托、家族财富管理、家族企业传承的法律工具等进行了越来越多的研究。杨祥认为，股权信托运用最为广泛的正是封闭公司，如以股权信托的形式来传承家族企业，

[①] 参见薛前强《反思家事类商事纠纷之审判理路——一个"家庭主义"的分析框架》，《东北大学学报（社会科学版）》2020 年第 3 期，第 91 页。

[②] 参见梁上上《人合性在有限公司中的终结》，《中国社会科学》2022 年第 11 期，第 81—88 页。

[③] 曹兴权、卢迎《企业人合性的法律因应：被动尊重而非主动强化》，《重庆大学学报（社会科学版）》2021 年第 6 期，第 177—190 页。

[④] 参见吴飞飞《有限责任公司人合性的裁判解释——基于 220 份裁判文书的实证分析》，《环球法律评论》2021 年第 6 期，第 150—154 页。

在股权信托中，一方面，作为委托人信赖并托付的财产管理人，受托人负有为了信托受益人的利益而忠实、谨慎、尽责、公平、保密等义务；但另一方面，作为目标公司的控制股东，受托人又负有保护中小股东等利益相关者的义务，尤其在上市公司中，还必须履行严格的信息披露义务。刘俊海建议基于理性自治理念设计股权家族信托治理规则，包容多元化治理模式，构建委托人、受托人与受益人的三权分离模式，允许自愿设立保护人，导入开曼"STAR"信托与维尔京"VISTA"信托的创新规则，允许境内外股权家族信托成为A股上市公司的诚信股东。① 我国民法、公司法学者对夫妻股权（作为夫妻共同财产且登记于一方名下）的行使、归属、处分效力及分割等进行了较多研究。② 例如，赵玉对继承法和公司法关联的股权继承规则进行了分析，认为股权继承规则聚焦于继承人财产权益的实现与公司稳定经营的整体利益。继承人获得股东资格取决于股权人身专属程度和公司意志，二者均于公司章程中表达。当公司章程存在漏洞时，应承认自然人死亡后股东会决议效力，股东会表决的结果，意味着公司组织体人合性的再次形成。③

总体而言，现有研究注意到了家族企业在治理上的不规范，强调法律制度对于规范家族企业治理，提升中小投资者保护水平的重要作用。但家族企业中控制股东侵害中小股东利益等问题并非家族企业的"专利"，机构控股、股权分散的上市公司同样存在治理问题。过于强调正式法律制度的作用，可能忽略家族企业中家族这一重要变量的影响，使得家族企业治理的研究过于狭隘。

1.3.2.2 国外研究

研究公司法、信托法及家庭法的欧美学者关注到家族企业对于认识公司法的意义，注意到家族企业这种特殊的组织在治理实践方面的特色，法官在裁判相关案件时面临家庭规范与公司法规范之间的冲突，由此引发公司法的

---

① 参见刘俊海《论股权家族信托的价值功能与制度创新》，《法治研究》2023年第4期，第128—132页。
② 参见李飞《〈民法典〉与共同继承人的股权行使》，《武汉大学学报（哲学社会科学版）》2021年第4期，第167—168页。
③ 参见赵玉《股权继承规则的系统性改造》，《法律科学（西北政法大学学报）》2024年第1期，第177—179页。

适用困境。公司法的很多纠纷源于家庭的失范，属于婚姻法与公司法的交叉领域，应该综合运用两个部门的法律进行裁判。此外，部分学者也注意到，法与经济学者普遍采用的公司契约理论对于解释家族企业的复杂实践与裁判家族企业案件都面临困难，因而主张运用关系契约理论等法与社会学的理论，以更好地裁判案件。总体而言，国外法律学者对家族企业治理的研究大致上可以划分为封闭型家族公司治理、上市型家族公司治理以及家族治理三个方面的内容。下文也将依此顺序对一些重要文献进行综述。

埃里克·基亚皮内利认为，一些有影响力的公司法案件的共同点是都具有家族的因素。① 家庭因素与公司法息息相关。家族企业几个方面的特点值得关注：首先，相比于陌生人与朋友，亲属之间有更高的义务与责任，亲属之间没有严格的市场交易，无所谓买者自负，家庭成员之间在财务、工作机会等方面期待相互照顾。我们能够较容易地原谅亲属，妻子能够容忍丈夫的错误行为，因为他们之间存在婚姻关系，换言之，家庭成员之间有一系列正式和非正式的社会规范约束他们的行为。其次，家族成员之间也会因为信任关系的破裂而引发仇恨，在家族企业中引发连锁的报复和压制。最后，家庭成员彼此之间会以一种非经济理性的方式行为，家庭成员之间被期待有更高的行为标准，如为其他家族成员牺牲自己的最佳经济利益。通过对特拉华州相关公司法案例的研究，作者认为，法院倾向于在家庭成员之间施加类似受信义务一样的义务，法院也承认与鼓励家族成员之间的社会规范。对于一些特殊的案例，法院采用衡平法解决家族企业中因信任关系造成的文书证据不足的问题，采用公平原则来裁判夫妻离婚引发的公司股权分割或解散问题。②

斯科特·菲茨吉本认为，家族企业是混合形式，一方面，他们是一个社会组织，受制于参与者的社会规范；另一方面，他们又是根据某一商业组织法所建立的实体。家族企业的这种混合特征容易引起法律适用的冲突与错

---

① See Eric A. Chiappinelli, "Stories from Camp Automotive: Communicating the Importance of Family Dynamics to Corporation Law Students", 34 Georgia Law Review, 699 (1999).
② Eric A. Chiappinelli, "Stories from Camp Automotive: Communicating the Importance of Family Dynamics to Corporation Law Students", 34 Georgia Law Review, 699 (1999).

位。① 在特殊情况下，家庭规范应该优先适用。家庭具有价值导向的伦理性，而企业是追求股东利益最大化的组织，具有工具理性，在家族企业中，两者具有潜在的冲突。作者以股权的转让为例，家族企业的成员希望将股权留在家族内部，排斥外部股东的进入。虽然家族可以通过公司章程等方式限制股权转让给非家族成员，但董事或控股股东仍然由于负有受信义务，需在特殊情况下对转让行为进行豁免。在此情况下，作者认为家庭规范成了法律教义的附庸。作者主张，国家法秩序应该承担保障社会伦理价值的功能，家庭伦理就是一个社会最重要的伦理价值，法官在一些涉及家族企业的案件中，应该支持家族的伦理价值，而不是只考虑企业利润最大化这一规范。②

南加州大学法学院的米恩斯对法与经济学提出的公司契约论提出了批评，他认为公司契约论的前提假设是经济理性人能够通过谈判达成最佳的交易条件，而家族企业的治理实践显然与上述预设存在明显差异。③ 他认为，法律学者忽视了家族企业的独特性，热衷于探讨企业组织形式的选择，如公司、有限责任公司（LLC）或者合伙，并且假设这些组织形式的参与者都是追求个人效用最大化的经济理性人（economically rational actor）。而作者主张家族企业是家庭关系的扩张，而且非市场价值（如团结、信任、利他等）会显著影响家族企业的治理目标和治理选择。作者通过类比研究认为，婚姻家庭法的学者已经认识到契约能够用于规范亲密的家庭关系（如夫妻财产协议），公司法学者也应该承认家庭生活中的家庭关系与家庭规范也能够用来替代家族企业中的陌生人之间的谈判（arm's length bargaining）。不同于法与经济学的观点，作者认为，家庭成员间的信任与忠诚关系不仅能够降低交易成本，除了获得可能的经济回报之外，稳固的家庭纽带也能够为家族企业的参与者提供内在价值。基于上述观点，作者主张，家族企业是一种长期的关系契约，法官在处理家族企业的纠纷时，不能径直以股东利益最大化标准解释公司法的

---

① See Scott FitzGibbon, "The Principle of Subsidiarity and the Law of the Family Business", 30 Byu Journal of Public Law, 199 (2015).
② Scott FitzGibbon, "The Principle of Subsidiarity and the Law of the Family Business", 30 Byu Journal of Public Law, 199 (2015).
③ Benjamin Means, "Nonmarket Values in Family Businesses", 54 William & Mary Law Review, 1185 (2013).

默认条款（如董事受信义务），而是应该充分承认家族企业中家族成员的合理期待，这种期待包括达成共识的家族价值。换言之，为了尊重家族企业内的私人秩序，法院应该对家族企业参与者事实上的非契约关系给予更多的关注与认可。

在另一篇论文中，[1] 米恩斯认为家族企业的公司契约是一个更广泛意义的契约，不仅包括商业契约，也包括家事契约。当家族企业出现纠纷的时候，法院的裁判往往表现为家庭法和商业法之间的冲突，无论离婚、继承还是家族信托的争议都可能造成家族企业参与者的纠纷，此时家庭法的原则在其中能产生相当大的影响。米恩斯主张通过拓展商事组织的契约模型，将家族企业的参与者之间的夫妻协议、信托协议、继承协议也纳入公司契约的范畴。将家族企业建立在一个更广泛的合同基础上能够增加结果的可预测性，帮助法院从这些合同中识别出缔约方真正的合理期待，从而更好地解释适用公司法的默认规则。

上述研究成果主要以封闭型家族公司为研究对象，而大量文献，尤其是法与金融的实证研究则主要集中于上市型家族公司的研究。以下文献主要涉及家族控制模式的效率之争以及相应的法律评价与规制。

集中的家族股权与控制对于公司价值是好的，坏的还是无关的，不同学者存在激烈的争论，迈克·朋和易江[2]通过对亚洲七个国家共634个家族控制的上市公司的研究表明，家族股权与控制既会产生收益，也有其成本，能否产生净收益从而提升公司价值与该国股东保护的法律与监管制度密切相关。由此说明了法律制度对于家族企业治理的重要意义。[3]

但是，查尔斯·史蒂文斯等学者认为，[4] 一个国家的法律制度对家族企业

---

[1] Benjamin Means, "The Contractual Foundation of Family-business Law", 75 Ohio State Law Journal, 675 (2014).

[2] Mike W. Peng & Yi Jiang, "Institutions Behind Family Ownership and Control in Large Firms", 47 Journal of Management Studies, 253 (2010).

[3] See Mike W. Peng & Yi Jiang, "Institutions Behind Family Ownership and Control in Large Firms", 47 Journal of Management Studies, 253 (2010).

[4] Charles E. Stevens, Roland E. Kidwell & Robert Sprague, "Bound by Laws, or by Values? A Multi-Level and Cross-National Approach to Understanding the Protection of Minority Owners in Family Firms", 23 Corporate Governance An International Review, 203 (2015).

中投资者的保护作用没有以往研究认为的那么大。该文集中研究了不同国家的家族企业的中小投资者保护水平的差异性问题。作者认为，家族控制股东可以通过各种方式规避法律。特定家族企业中投资者的保护水平应该是由国家层面的法律制度、国家文化与企业层面的企业文化共同决定的。家族企业文化有管家导向的文化与代理人导向的文化之分。家族企业中管家导向的文化能够显著抑制家族控制股东实施机会主义行为。该文认为，家族活力（family dynamics）显著影响企业文化的类型。即使在一个投资者保护的法律不健全的国家，由相互信任、有价值追求、责任感的家族控制的家族企业的中小股东的保护水平仍然可能是很高的。该文的研究说明了法律制度与家族制度在公司治理上存在互相影响的关系。[1]

已有的一些研究认为，家族控制股东倾向于利用自己的控制地位追求非经济利益，因而家族控制股东与中小股东之间存在严重的委托人与委托人的代理问题，而杰弗里·马丁等学者[2]通过对美国 2001 年到 2010 年上市公司股东提案的研究表明，相比于其他上市公司，股东针对家族控股公司治理结构等方面的异议提案没有明显多于其他类型的公司，中小股东只有在家族企业经营业绩显著下滑等极端情形下才对公司的治理提出异议。该文认为，家族控制型公司的代理人问题并没有以往研究认为的那么突出。[3]

控制家族可能利用自己的控制地位实施侵害小股东利益的行为，但最近的研究表明，家族控股公司的业绩表现优于股权分散的公司，由此产生的问题是谁在监督家族并缓和家族股东与非家族股东之间的冲突？罗纳德·安德森等学者[4]通过使用 1992 年到 1999 年标普 500 企业的数据，发现家族企业与非家族企业的董事会结构存在明显差别。在家族企业中，独立董事在董事会

---

[1] See Charles E. Stevens, Roland E. Kidwell & Robert Sprague, "Bound by Laws, or by Values? A Multi‐Level and Cross‐National Approach to Understanding the Protection of Minority Owners in Family Firms", 23 Corporate Governance An International Review, 203 (2015).

[2] Geoffrey Martin, et al., "Conflict Between Controlling Family Owners and Minority Shareholders: Much ado About Nothing?", 41 Entrepreneurship Theory & Practice, 999 (2017).

[3] See Geoffrey Martin, et al., "Conflict Between Controlling Family Owners and Minority Shareholders: Much ado About Nothing?", 41 Entrepreneurship Theory & Practice, 999 (2017).

[4] See Ronald C. Anderson & David M. Reeb, "Who Monitors the Family?", https://papers.ssrn.com/sol3/papers.cfm?abstract_id=369620 (last visited March. 9, 2018).

的比重与家族企业的业绩具有显著的正相关关系。由此，论文认为，在家族企业中，控制权市场、股权激励等通用的治理机制无法发挥作用，而独立董事成为家族控股公司的中小股东用于监督家族的力量，是减少家族机会主义的重要治理机制。[1]

与此类似，杜克法学院的黛博拉·狄莫特[2]通过对美国整体公司治理框架的分析以及独立董事在家族公司中发挥作用的案例的研究表明，独立董事能够在家族控制公司中发挥重要作用，平衡控制家族利益与中小股东利益之间的冲突。但是，狄莫特也认为，美国法律虽然通过独立董事等制度限制控制家族的机会主义行为，但法律仍然赋予控股股东很大的自由裁量范围；控制家族在决定公司经营战略、股利分配等方面仍然可以有决定性的影响。

但是，比较公司治理的研究表明，家族控股公司可以通过其他机制部分替代董事会等正式机制的作用。《标准公司治理实践在家族企业中有用吗?》一文提出两个假设：第一，与股权分散的公众公司不同，家族控股公司中的家族控制股东有足够的能力与信息监督管理者。如果家族股东能够很好地替代董事会以及其他公司治理规则的监督作用，那么家族控制公司就很可能不采用这些治理措施。第二，家族股东也可能实施机会主义行为侵害小股东利益，为了便于他们实施违法行为，他们也可能改变通常的治理措施。为了验证上述两个假设的真实性，作者采用了英国公司治理的数据，不同于美国强制性的董事会治理措施，英国采取的是"遵循或解释"的自愿治理模式。斯里达尔·阿科特等学者研究了英国家族公司的治理实践，发现家族公司更有可能偏离通行的公司治理实践（如董事长与 CEO 是否由不同主体担任），但这种偏离并没有导致家族企业更低的公司业绩表现，由此验证了假设一的真实性，说明家族股东更多地发挥监督替代功能。相反，作者的研究表明，在股权分散的公众公司中，偏离公司治理实践则与更低的业绩具有正相关关系。由此，作者认为，在英国，家族股权结构和董事会治理实践是具有相互替代

---

[1] See Ronald C. Anderson & David M. Reeb, "Who Monitors the Family?", https：//papers.ssrn.com/sol3/papers.cfm? abstract_ id=369620 (last visited Mar. 9, 2018).

[2] See Deborah A. DeMott, "Guests at the Table：Independent Directors in Family-Influenced Public Companies", 33 Journal of Corporation Law, 889 (2007).

作用的治理机制。当然，作者也认为，这个结论是以英国成熟的投资者保护法律制度为前提的。①

控制股东具有多种类型，不同类型的控制股东是否在参与公司治理方面存在差异呢？亨利克·克隆奎斯特等学者以美国标准普尔1500指数中的公司为样本，筛选出具有大股东的公司（持股超过5%），并对这些公司中的大股东进行分类：个人股东；积极行动者和养老金股东；共同基金股东；对冲基金等8个类别，作者对这些不同类型大股东持股的公司的投资、融资、管理者薪酬等政策进行回归分析，发现大股东类型与公司政策具有显著的相关性，与公司业绩表现也有显著的相关性。作者由此认为，不同类型的大股东具有不同的偏好、信念与技能，会形成较为稳定的治理策略。该文虽然没有直接涉及家族控股公司，但该文的研究结论也间接说明，即使在相同法制环境下的大股东，也会因为各种偏好、信念与技能的不同，而采取不同的公司治理方式。此外，作者还介绍了一些对冲基金的经理可能通过非正式的方式，如私下约见内部管理层的方式影响公司决策，由此也说明实践中公司治理的复杂性。②

法与金融学认为，一个法域普遍存在控制股东模式（以家族控制公司为代表）是因为该法域的法律系统难以保护中小投资者免遭控制股东实施控制权私利行为。这样的制度环境下，控制股东不会放弃控制权，因为如果放弃控制权，接受控制权的新股东也同样会对他实施机会主义行为。而与之形成对照的则是股权分散的模式（又称盎格鲁撒克逊模式），这种模式的存在说明该法域有较完善的投资者保护法律体系。概言之，这种研究认为股权模式与法律制度的好坏存在一一对应关系。③

吉尔森认为，④ 这种分类与事实不符，在法律制度良好的法域，也存在普

---

① Sridhar Arcot & Valentina Bruno, "Do Standard Corporate Governance Practices Matter in Family Firms?", Financial Markets Group, 2012.

② Henrik Cronqvist & Rüdiger Fahlenbrach, "Large Shareholders and Corporate Policies", 22 The Review of Financial Studies, 3941 (2008).

③ Rafael Porta & Andrei Shleifer, "Corporate Ownership Around the World", 54 The Journal of Finance, 471 (1999).

④ Ronald J. Gilson, "Controlling Shareholders and Corporate Governance: Complicating the Comparative Taxonomy", 119 Harvard Law Review, 1641 (2005).

遍的控制股东模式，如瑞典。他认为，同样是控制股东模式，存在有效率的控制股东模式与无效率的控制股东模式。他的分析是从制度比较成本的角度展开的：股权分散模式的公众公司存在股东与管理者之间的代理问题，从而存在代理成本，而独立董事、控制权市场等治理机制虽可以一定程度上缓和代理问题，但这些机制自身也存在不足，而且有一定的制度成本。相反，由于在公司存在巨大的经济利益，控制股东更有动力有效地监督管理者或者亲自管理，由此，控制股东结构能够成为一种替代性的治理机制。但是，控制股东与非控制股东之间也存在代理问题，控制股东可能以损害非控制股东的方式取得控制权私利。因此，控制股东模式是否有效率就取决于第一类代理成本与第二类代理成本的大小，如果因节约管理者成本而获得的收益大于控制股东获得的私利，那么控制股东模式对于公众股东而言，就是有效率的；若相反，则是无效率的控制股东模式。吉尔森进一步认为，控制股东获取私利的水平取决于一国法律制度的好坏。控制股东承担监督者的角色，需要承受流动性与非分散投资的风险，也会因监督而承担成本，因此，控制股东模式的存在要求法律给予其一定的私利空间，才会有人愿意持续承担控制股东的角色，否则承担控制者角色对其而言就是非理性的。在此基础上，他主张将控制权私利进行区分，以是否获得经济利益为标准，区分为金钱性质的私利与非金钱性质的私利。当法律制度不断完善后，金钱性质的私利被广泛禁止，因控制大公司而带来的政治与社会声誉、地位等非金钱利益成为控制股东持续承担控制者角色的重要动机。吉尔森通过有效率的控制股东与无效率的控制股东以及金钱性的控制权私利与非金钱性的控制权私利的区分，其实是在有效市场提出了一个控制股东保持控制地位的均衡模型。在这个模型中，作为外在约束条件的法律制度与企业层面的非金钱利益成为重要的影响因子。就非金钱利益的大小而言，他认为小国家与大国家存在明显的差异，在瑞典，大的家族上市公司的控制家族可以在全国获得声誉与社会地位，而大型家族企业在美国如此大经济规模的国家只能获得地方性的影响。就家族控制的公众公司而言，吉尔森认为家族控制的成本会逐渐增加，问题不在于法律制度本身，而是因为权力从创始人传递给继承者，创始人家族的天赋存在一个回归平均值的规律。一个有效率的控制股东结构也可能有潜在的不稳定性，因为非金钱性的私利对于特定的控制股东而言是个性化的，控制股东的身份也会随着代际传承而变化，非金钱私利也很有可能随着时间而变化，随着代际传承，控制股东模式趋向于解体。

本书认为，对于家族企业治理的研究而言，吉尔森的控制股东治理模型具有很多借鉴之处：首先，在特定的法律制度条件下，家族控股的治理模式可能是一种对中小投资者有利的效率模式，说明了投资者保护相关的法律与家族获取控制权私利水平的关系；其次，非金钱性利益对于维持家族股东的控制地位具有重要意义，进一步说明了家族追求社会情感财富的合理性，因而法律也应该允许家族控制公司中一些非正式治理机制的存在；最后，吉尔森提到了控制股东模式的不稳定性，家族传承是这种不稳定性的重要原因。

但是，就家族企业的复杂治理实践而言，吉尔森的抽象模型可能存在进一步完善的空间：首先，该理论建立在有效市场的基础上，预设控制股东都是理性的，这可能与家族企业的事实不符，如其在关于非金钱利益的论述中提到的一样，如果有外部投资者愿意提供7.5%的溢价收购家族控股公司的股权，控制家族需要在非经济利益与该溢价之间进行选择，但由于非经济利益的衡量本身存在困难，不同家族成员存在偏好差异，家族成员的影响力也不同，家族控股对部分家族成员可能具有内在价值，因此并非总能得出一个经济理性的决策。其次，吉尔森预设了控制股东内部的同质性，忽视了家族控制股东并非一个同质性的法律实体，而是存在多种组织可能性，可能是松散的家庭关系，也可能因采取某些法律安排而成为一个权威组织（如家族信托结构下的受托人具有较高的自由裁量权），因此分析家族的组织方式以及家族应对外部收购时的不同表现具有重要的意义。再次，吉尔森认为，家族控股模式将趋于解体，其主要原因是家族成员天赋将回归平均以及家族后代对非金钱价值的估值下降，但家族参与企业的方式具有多样性，理性的家族可能在特定时期引入非家族管理者进行公司管理，在家族具备特殊人才时再由家族接管，这种转换也符合吉尔森提出的两类代理成本的比较模型。世代相传的企业家族往往会聘任各类专业人员辅助公司的监督或管理，如律师受托人等，天赋下降并不足以影响家族控股的效率，而家族控制时间的延续以及家族慈善活动的持续开展可能不断增加家族参与企业所获得的非金钱利益，尤其是家族企业的身份认同越来越强烈，家族控股的价值如企业品牌一样可能随时间增加，有研究表明消费者更愿意到具有家族历史的企业购物。换言之，功能健全的家族可能进行持续的社会资本投资从而维持家族控股的效率与独特价值。最后，吉尔森忽视了一个国家的法律制度与法律环境是持续变化的，而这种法律变化并非总是符合效率的，即使是一个良好法律系统的法域，家族控制股东也需要应对这种突然的变化。总之，吉尔森的控制股东模型是一个抽象的理性模型，对于说明家族涉入公司治理现象的普遍性，以及这种家族控股结构的存续具有很强的解释力，但吉尔森的论文并非直接针对家族企业治理而展开，因而该模型没有充分考虑家族涉入的复杂性，无法解释非理性因素、偶然性事件及制度环境的变化等如何影响家族控股的存续问题。

很长一段时间内，对家族企业的理解与认识主要停留在对企业层面的研究，认为家族控制模式对企业的管理及治理产生挑战，应该完善企业层面的治理，如构建有效的董事会，建立完善的信息披露制度以及对控制股东施加更多的义务。但是，这些研究假设控制企业的家族是一个同质性的实体，家族成员之间没有分歧和冲突。这种假设与家族企业的实践不符。控制家族对企业的长期控制不仅受到企业治理的影响，也受到家族成员间的关系以及家族所有权的结构等家族维度的影响。因此，研究家族如何通过治理机制的设计与安排减少家族纠纷、实现所有权的代际传承具有重要的理论意义。一些学者已经关注到家族维度以及家族治理的重要性。

吉尔丁①认为，随着家庭组织本身的变化，我们需要重新关注家族企业。作者认为，家庭的社会变迁表明，家庭成员关系的明显趋势是追求个人自主和民主决策。对澳大利亚家族企业中持股比例较高的股东的调查问卷表明，个人自主与民主决策的原则对家族企业的稳定与持续构成挑战，而且这些挑战已经引起一些家族企业在家族内部采用新的交流方式与信任机制。作者认为，西方社会家庭的变化对家族企业的影响值得进一步研究。② 而我国改革开

---

① Michael Gilding, "Family Business and Family Change: Individual Autonomy, Democratization, and the New Family Business Institutions", 13 Family Business Review, 239 (2010).
② Michael Gilding, "Family Business and Family Change: Individual Autonomy, Democratization, and the New Family Business Institutions", 13 Family Business Review, 239 (2010).

放以来家庭结构的变化也具有类似趋势，女性社会地位的不断提升与生育政策等因素的影响造成我国女性在持股、管理等方面发挥重要作用。

乔治·马库斯认为，[①] 美国世代相传的企业家族是由后代成员组成的一个社会组织。不同于一般的中产阶级家庭结构，企业家族需要经历从家庭到家族的转变，在此过程中，原有的家长权威将逐渐丧失，需要有新的权威与正当性来源统合家族关系。作者通过对得克萨斯州盖维斯顿两个世代相传的企业家族（经过四代以上的传承）的对比研究发现，法律是这些家族组织发展的重要组织资源，法律不仅仅偶尔对家族事务产生影响，而是在企业家族安排财富永续传承与如何将家族财富分配给家族成员过程中起到重要的整合作用。此外，作者认为，法律规则与机制在企业家族不断应对外部环境变化的过程中起到了整合家族成员关系的作用。[②]

随着家族的代际传承，法律机制与安排在家族内部建构社会关系的过程中具有重要作用，法律以及背后的国家权力成为家族创始人的个人权威的替代物。美国企业家族通过借鉴与吸收正式组织的特征而获得持续生存，而不是如我们通常认为的那样，血缘团体会排斥国家法律（传统观点认为，法律及由此产生的诉讼会阻碍一个组织的团结）。相反，使用像信托、基金会以及控股公司这样的法律组织安排，家族一定程度上获得了独立于成员的人格，并得到国家法律的支持。此外，通过充当看门人的法律专业人士的服务与支持，这种正式的组织和身份能够持续适应社会政治、经济的变化。法律规则成为这个组织的结构、实践的一个组成部分，部分家庭成员的不满与利益冲突很难推翻这些复杂的法律结构。

弗里德曼也认为，[③] 美国家族信托以及信托法的演变对于企业家族的财富管理与家族企业的实践具有重要作用。也有学者认为，美国法院关于信托受托人投资义务标准的演变以及企业家族广泛采用私人信托公司的结构，对于

[①] George E. Marcus, "Law in the Development of Dynastic Families Among American Business Elites: The Domestication of Capital and the Capitalization of Family", 14 Law & Society Review, 859 (1979).

[②] George E. Marcus, "Law in the Development of Dynastic Families Among American Business Elites: The Domestication of Capital and the Capitalization of Family", 14 Law & Society Review, 859 (1979).

[③] Lawrence M. Friedman, "The Dynastic Trust", 73 Yale Law Journal, 547 (1964).

企业家族控制公司的方式具有重要影响。①

此外，也有学者研究继承法等意义上的家庭法制度对家族企业实践的影响，迈克尔·卡尼等学者②研究了一个国家的继承法对该国家族企业存续与效率的影响。作者选取了德国、法国、美国以及中国香港地区这四个存在不同继承法制度的法域，说明遗嘱自由程度、信托（限定继承）与遗产税等不同制度如何影响不同法域家族企业的表现。作者认为，一个国家家族企业的存续时间除了受到专业化管理、传承规划等企业自身层面的因素外，还受到继承法等国家制度层面的影响。③

安德鲁·埃吕尔等学者④认为，企业家受到法律的限制，必须将一部分财产转让给非控制股东的继承人，这部分转让的财产将减少家族企业的投资。该文对38个国家的继承法的自由程度，以及这38个国家的10004个企业1990年到2006年的数据进行了研究。他们发现一个更加严格的继承法体系与家族企业更低的投资水平有显著的正相关关系，与此相反，这不会影响非家族企业的投资表现。而且，继承法只对那些已经经历了继承的家族企业的投资产生了影响。由此，作者解释了不同继承法制度对家族企业投资水平的影响。⑤

这些学者的研究表明，相比于一般的公司治理，家族企业治理是更复杂的现象。在家族企业中，由于家族、所有权以及企业相互交织，除了关注企业治理的问题外，还需要关注企业家族的特点及其在治理中的作用。

经济学、管理学对家族企业治理的研究侧重具体的经验与因果关系解释，

---

① Iris J. Goodwin, "How the Rich Stay Rich: Using a Family Trust Company to Secure a Family Fortune", 40 Seton Hall Law Review, 467 (2010); Sterk S E, "Rethinking Trust Law Reform: How Prudent is Modern Prudent Investor Doctrine?", 95 Cornell Law Review, 851 (2009).

② Michael Carney, Eric Gedajlovic & Vanessa M. Strike, "Dead Money: Inheritance Law and the Longevity of Family Firms", 38 Entrepreneurship Theory & Practice, 1261 (2014).

③ Michael Carney, Eric Gedajlovic & Vanessa M. Strike, "Dead Money: Inheritance Law and the Longevity of Family Firms", 38 Entrepreneurship Theory & Practice, 1261 (2014).

④ Andrew Ellul, Marco Pagano & Fausto Panunzi, "Inheritance Law and Investment in Family Firms", 100 American Economic Review, 2414 (2010).

⑤ Andrew Ellul, Marco Pagano & Fausto Panunzi, "Inheritance Law and Investment in Family Firms", 100 American Economic Review, 2414 (2010).

能够为家族企业中的诸多参与者提供指引。而法学研究则具有规范性和社会性，侧重从公共利益的角度看待一般性的社会问题，回答是否应该规范以及如何规范的问题。法学研究具有独特的视角与局限性，本书将借鉴从经验事实层面分析国内外家族企业如何治理的案例材料，在此基础上，分析一个国家既有的社会文化及法律制度环境等如何影响家族企业治理的路径选择，进而探讨是否可能从法律制度、司法实践以及契约自治等角度完善家族企业治理，同时也改变法学研究者对家族企业的认知。

1.4 研究方法和创新点

1.4.1 研究方法

法学与其他学科的交叉分析。主要吸收借鉴经济学、管理学等学科关于家族企业及家族企业治理的实证研究和相关案例，在此基础上运用法与社会学的方法论证实践中的家族企业治理与公司法治理上的差异性，考察与分析家族企业治理的制度环境与实际状况，运用法教义学的方法分析不同部门法对家族企业治理的影响。

本书还运用了司法裁判案例对我国家族企业的治理现状进行分析，论证家族企业具有的特殊治理难题。

此外，本书还运用了比较法与比较制度分析的方法，对域外家族企业治理相关的法律规范与政策进行了介绍与分析，在此基础上提出完善我国家族企业治理的可能路径。

1.4.2 创新点

1.4.2.1 运用关系契约与关系治理的理论分析与解释家族企业相关案例

本书借鉴了关系契约与关系治理的理论，认为我国大多数封闭型的家族公司都具有关系契约的特点，家庭关系与家庭规范替代公司章程、董事会等正式治理机制在公司治理中发挥了核心作用。家族企业参与者不符合理性经济人的假设，家长权威、信任、利他主义及互惠等关系治理机制不仅能够降低家族股东与家族管理者之间的代理成本，并且能够维系家族成员的团结和信任。这些关系治理机制使得家族成员对于产权、利益与责任的分配更多按照家族的制度逻辑，而非企业的制度逻辑，家庭成员之间的期待与共识更多以心理契约的形式存在，而不是经过详细谈判后的交易契约。法院在裁判我国家族企业中家族成员内部纠纷时，除了审查公司章程、股东协议等正式文件外，还需要考虑当事人的特殊关系、相关行为及缔约背景中产生的期待与共识。

1.4.2.2 分析了家族治理中正式治理与非正式治理的互补关系

家族企业治理是企业治理与家族治理的结合，家族治理的核心是平衡家族、所有权与企业三者的关系，减少代际传承中家族成员的机会主义和矛盾，促进家族企业的延续。家族治理是企业家族的自愿性治理，家族宪法、家族委员会等非正式治理能够促进家族成员的沟通、信任与团结，但是一般不具有法律拘束力，难以应对家族成员的挑战与背离；而股东协议、家族信托、家族基金会等正式治理机制则能够实现家族与企业一定程度上的分离，减少家庭冲突对家族企业的不利影响，为家族财产提供法人化和组织化的法律机制。但是，这些机制具有较高的运营成本与双重代理成本，长期存续仍然需要以家族成员的信任及信息交流为前提。针对家族企业不可能立法的质疑，本书也找到其他国家制定家族企业法案的例子说明法学应该关注家族企业。

1.4.2.3 提出家族企业治理完善的制度化路径

不同于公司治理，家族企业治理主要是一种家族的自治，法律强制不仅无法适应多样性的家族治理需求，而且可能破坏家族内部的秩序。但是，仍然有多种力量可以推动家族企业治理。首先，家族企业友好型的法律制度能够激励家族企业治理。其次，家族企业的专业组织能够引导家族企业模仿与实施家族治理，这些专业组织制定家族企业治理准则或最佳实践，并且通过组织相关的项目引导企业家族改变落后的家族企业治理观念。最后，律师、会计师、信托受托人等广义上的专业受托人能够替代家族领导发挥平衡家族制度逻辑和企业制度逻辑的作用，引导家族企业的理性化和长期稳定，通过引入正式治理机制管控家族矛盾，实现家族与企业或财富的分离。但是，专业受托人作用的发挥仍然需要可信的制度环境，如制定家族财富管理的行业规范，防范利益冲突等规则。

1.5　研究思路和结构

本书主体部分总共五章，遵循总—分—总的叙事逻辑展开。

第二章为家族企业性质的论述，将以家族企业的界定、家族企业的双重性特征等方面为基础，论证家族企业关系契约的特殊性，介绍和梳理关系契约视角下家族企业治理的特殊机制与任务，为后续章节的展开提供理论基础。

第三章、第四章则分别论述封闭型家族公司与上市型家族公司两种不同类型的家族企业的治理实践、治理难题及治理机制。

第三章将重点介绍封闭型家族公司这类我国广泛存在的家族企业类型，这类封闭型家族企业不仅具有封闭型公司的特点，而且具有强关系属性，有很多司法判决都涉及这类家族企业。

第四章则重点分析上市型家族公司面临的独特制度环境及治理问题，通过双层表决权结构、独立董事制度及 CEO 继任的分析论证家族涉入上市公司治理问题的复杂性，正式制度的主要功能是解决控股股东、实际控制人的控制权私利问题，但家族企业则可能运用正式制度提供的制度空间解决家族企业的困境，如人力资本和社会资本的不足。

第三章、第四章的研究将展示，家族成员的信任关系、家族所有权的配置等问题本身无法仅通过企业治理或者公司法、证券法等规则解决，这些问题涉及家族成员的关系问题，需要企业家族的自我管理与控制。

在前两章企业治理的基础上，第五章主要研究家族企业特有的家族治理问题，家族企业的治理挑战主要来自代际传承中发生的家族、所有权及企业三者的复杂化，该章将分析家族治理的理论基础、不同治理机制的内容与局限。

第六章主要研究"助推（nudge）"家族企业治理与代际传承的法律路

径，分析宏观制度环境、中观的家族企业协会以及微观的家族企业专业服务机构在推动家族企业治理及家族企业治理的具体内容所产生的影响，从家族企业治理准则、家族企业治理与传承的财税法保障、家族企业治理的多元化组织供给、家族企业服务中介的法律规制等角度提出法律制度的完善建议。

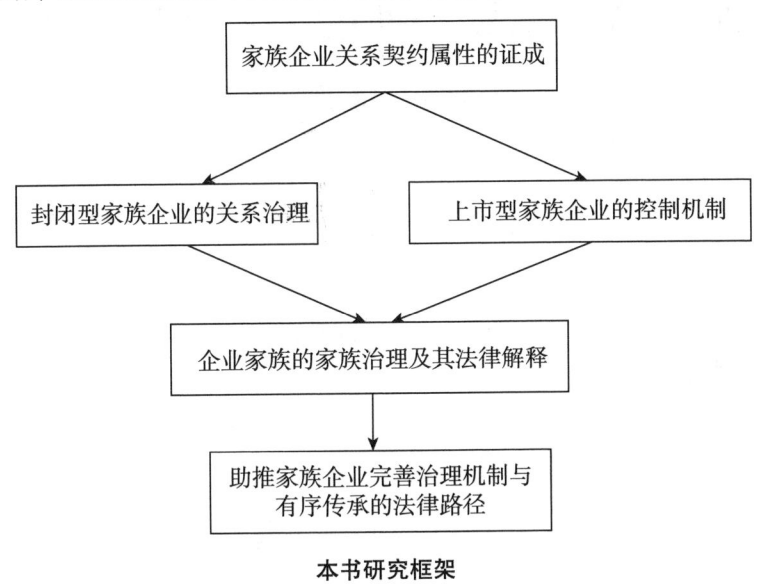

```
                家族企业关系契约属性的证成
                         │
         ┌───────────────┴───────────────┐
         ↓                               ↓
  封闭型家族企业的关系治理          上市型家族企业的控制机制
         └───────────────┬───────────────┘
                         ↓
              企业家族的家族治理及其法律解释
                         │
                         ↓
              助推家族企业完善治理机制与
                  有序传承的法律路径
```

本书研究框架

第二章 家族企业的关系契约属性及其法律解释

2.1 家族企业的内涵、类型与特征

2.1.1 家族企业的内涵界定

一个相对准确和清晰的家族企业定义,既是家族企业研究和对话的基础,也是立法者和政策制定者评估家族企业现状并制定相关法律规范的逻辑前提。家族企业这一术语被广泛用于日常生活、新闻报道和司法诉讼,但学术界对于家族企业的内涵与外延始终存在争议,缺乏一个共同接受的定义。[①] 家族企业的定义本质上是要回答家族企业与非家族企业的界限如何划分,挖掘家族企业的特征性要素。[②] 对于家族企业定义存在两方面的争议,一是家族企业的指标,二是标准。[③] 前者是将家族企业与非家族企业区分开的特征,例如所有权、管理权,或者各种不同权重的要素组合;后者是指这些要素达到何种程度才能判定为家族企业,研究者对标准宽严程度的理解存在差异,可能采用严苛标准、一般标准或宽松标准。

---

① 参见储小平《家族企业研究:一个具有现代意义的话题》,《中国社会科学》2000年第5期,第53页。
② 参见李新春、任丽霞《民营企业的家族意图与家族治理行为研究》,《中山大学学报(社会科学版)》2004年第6期,第239—240页。
③ 参见吴炯《家族企业的家族契约治理——以家族社会资本涉入为视角》,北京大学出版社2016年版,第5—7页。

在既有的家族企业定义研究中，学者总结出所有权、控制权、管理权、家族意图、家族规则、代际传承意愿等指标或要素，① 这些指标大致可以分为两类：所有权、控制权、管理权是显性维度；而家族意图等则是隐性维度。显性指标是一种更形式意义上的、易于测量的指标，可用于上市公司大样本实证研究，更多为金融学、管理学研究者所采用；而家族意图等隐性指标是对家族涉入企业的本质性理解，更能体现家族企业的特质，但较难界定和衡量。从一些家族企业研究经常引用的定义中，可以看出不同学者对家族企业定义指标和标准的差异。实证研究者对家族企业的界定主要从所有权或表决权的角度进行，例如，罗纳德·安德森等学者将存在单一持股超过5%股东的上市公司界定为家族企业。② 而杰西·蔡等学者认为家族企业的独特性在于其行为的独特性，他们将家族企业界定为"是由一个或几个家族治理或管理的企业，目的在于通过家族权威来塑造和追求家族愿景，并且在潜意识里希望以家族传承来实现企业的延续"③。我国学者贺志锋则进一步主张从契约差异的角度界定家族企业，认为家族企业是家庭契约组成的企业组织，非家族企业则是交易契约连结的企业，不同的契约属性引致了家族企业和非家族企业在管理行为和业绩等方面的不同表现。④

埃内斯托·波萨等对家族企业做了更复杂和全面的界定，他们认为一个企业被界定为家族企业必须满足以下特征：（1）所有权（15%以上）至少被两个以上的家族成员所控制；（2）家族成员对企业管理具有战略性影响，如积极参与管理，持续创造文化，以顾问或董事的身份行事，或者成为一个积极股东；（3）考虑家族关系，具有代际传承的意愿或可能性。⑤

不同学者在研究家族企业时采用不同的研究视角和研究方法，因而对家族企业的定义方法也存在不同。但整体而言，我们应该用类型的思维而非概

---

① 贺志锋《论家族企业的定义》，《当代财经》2004年第6期，第57—59页。
② See Ronald C. Anderson & David M. Reeb, "Founding-family Ownership, Corporate Diversification, and Firm Leverage", 46 The Journal of Law & Economics, 656 (2003).
③ Jess H. Chua, James J. Chrisman & Pramodita Sharma, "Defining the Family Business by Behavior", 23 Entrepreneurship Theory and Practice, 19 (1999).
④ 参见贺志锋《论家族企业的定义》，《当代财经》2004年第6期，第59页。
⑤ Ernesto J. Poza, Susan Hanlon & Reiko Kishida, "Does the Family Business Interaction Factor Represent a Resource or a Cost?", 17 Family Business Review, 99 (2004).

念的思维理解家族企业。正如法学方法论上区分概念与类型,类型的运用不仅没有对立法与司法造成困扰,而且有助于调整复杂的社会事实。① 家族企业不是一个可以穷尽所有构成要素而被精确定义的概念,而是一个开放的类型。家族企业这一类型是由一系列变动的要素所构成的整体形象。鉴于家族企业在不同国家、不同企业生命周期中的复杂多变性,家族企业与非家族企业之间的边界不是非此即彼的关系,而是存在模糊地带,构成家族企业的要素之间也不是全有全无的关系,而是体现为一定的组合关系。不同情形下,要素本身也存在权重的差异,某一要素的欠缺或暂时缺位并不影响对家族企业的界定。虽然某一家族对企业的持股比例较低,但家族成员担任 CEO 的事实或者企业已经发生多代传承的现象足以表征该企业为家族企业。在企业的完整生命周期中,某一阶段可能不具备家族企业的特征,而在后续阶段可发展成为家族企业,如处于创业阶段的企业不具备家族企业的特征,而随着企业规模的扩大及业务的成熟,家族成员逐渐参与其中,该企业最终演变为家族企业。正是基于这种类型的思维,很多家族企业的研究者认同家族性(Familiness)这一概念对于界定家族企业具有重要意义,家族性是表明家族企业独特性(uniqueness)和异质性(heterogeneity)的重要定义工具。② 然而,不同学者对家族性的理解存在差异,部分学者用资源基础理论(resource-based theory)界定家族性,认为家族性是由于家族涉入而产生的专属于企业的一组独特的能力和资源。资源基础理论认为,有价值的、稀缺的、不可模仿和不可替代的家族资源为家族企业创造了持续的竞争优势。③ 而在一篇有广泛学术影响力的论文中,④ 作者批评了这种基础资源理论,认为该理论无法解释这些资源为何会产生,也没有说明这些资源产生竞争优势的过程。资源基础理论容易形成一种套套逻辑,同时将独特性和有价值性作为自变量和因变量。只要

---

① 参见汤文平《论预约在法教义学体系中的地位——以类型序列之建构为基础》,《中外法学》2014 年第 4 期,第 986—997 页。
② See Allison W. Pearson, Jon C. Carr & John C. Shaw, "Toward a Theory of Familiness: a Social Capital Perspective", 32 Entrepreneurship theory and practice, 949 (2008).
③ John Tokarczyk, et al., "A Resource-Based View and Market Orientation Theory Examination of the Role of "Familiness" in Family Business Success", 20 Family Business Review, 17 (2007).
④ Hermann Frank, et al., "Capturing the Familiness of Family Businesses: Development of the Family Influence Familiness Scale (FIFS)", 41 Entrepreneurship Theory & Practice, 709 (2016).

能促进企业发展的要素都能被纳入资源的范畴，将造成资源的定义过于宽泛和不具有可操作性，资源是如何以不同方式创造优势的也无法得到清晰的理解。鉴于资源基础理论的不足，作者借鉴卢曼创设的社会系统理论中的"决策前提"等概念来界定家族性。社会系统理论认为，一个组织的基本要素是决策的交流和决策不断自我复制，形成一个延绵不绝的自创生系统。要进行决策的交流，必须有一些基础的游戏规则以降低交流的复杂性，保障决策过程的秩序。决策前提就是组织系统的结构性前提，这些前提能够持续影响组织后续决策的制定，降低后续决策的偶然性。就家族企业这个复杂系统而言，家族能够通过这些决策前提对企业施加影响。构成或表达这些家族影响的决策前提就是家族企业的家族性。这种家族性需要满足决策前提的要求，因而家族对企业的期待必须是可观察的、可归属于特定家族并且相对于组织而言具有结构重要性的。事实上，并非每一个家族的期待或行为都可以成为决策前提，从而纳入家族性的范畴。但家族性仅仅是家族期待对企业的潜在影响，并非事实上的影响。在决策前提这个概念下，研究者通过问卷调查等方式，总结了构成家族性的六个维度：（1）所有权、管理与控制程度；（2）家族活跃成员对企业的熟悉程度；（3）家族活跃成员之间信息共享程度；（4）代际传承的倾向；（5）家族与雇员的联系度；（6）家族对企业的身份认同。这六个维度都是流动性变量，共同构成了判断家族性强弱的测量指标，也构成家族企业的六个决策前提。这些决策前提不仅对家族成员有效，对不具有家族成员身份的企业管理者和雇员也有潜在的影响力。六个维度的指标越强，这个企业的家族性就越强，就能持续被判定为家族企业。但家族性只是测量是否构成家族企业的指标，家族性对企业的影响则是另外一个问题，因为家族影响可能是积极的，也可能是消极的。

除了家族企业的学术研究，一些国家的法律文件以及权威机构也对家族企业进行了界定，以便对家族企业进行更好的观测和政策调整。对于本书而言，这类界定具有重要的参考价值。由欧盟委员会下属的工业和企业总司发布的"家族企业相关问题概述：研究、网络、政策措施和现有研究"最终报告对欧盟各国家族企业的生存状况、制度环境等进行了研究,①报告在综合各国家族企业研究和政策的基础上提出了一个家族企业的定义,并且推荐欧盟及成员国在未来关于家族企业的政策制定中使用该定义。该定义认为,一个企业无论其规模大小,若符合以下条件,即属于家族企业:(1)企业的多数决策权掌握在创立企业的自然人手中,或者掌握在收购企业股权的自然人手中,或者掌握在上述人员的配偶、父母、子女或子女的直系后代手中;(2)多数决策权可以是直接或间接的;(3)家族或亲属中至少有一个代表正式参与企业的治理;(4)上市公司符合家族企业的定义需满足:若创立企业或收购企业的是自然人,他们的家族或后代按照其所拥有的权益享有25%的决策权。这一定义具有如下几个方面的特点:首先,该定义运用形式或显性指标,但没有使用所有权或股权,而是运用了决策权这一指标,决策权主要是指有效的表决权,在现金流权与控制权广泛分离的法域更具准确性;其次,该定义既包括了创始人单独控制的企业,也包括了两个以上家族成员联合控制的企业,属于广义的家族企业定义;最后,该定义明确区分了企业类型,非上市公司只有在具备多数决策权时才能构成家族企业,而考虑到上市公司的股权相对分散,所以只要达到一定的临界控制比例(25%)即可满足家族企业的定义。是否上市对于家族企业治理的研究具有重要意义,非上市的家族企业与上市的家族企业在发展阶段、制度环境、治理结构等方面都具有明显的差异。

欧盟成员国马耳他共和国2017年制定的《家族企业法案》②也明确界定了家族企业,该法下的家族企业包括公司、合伙、信托、私人基金会等各种家族所有与控制的企业组织形式。就公司制家族企业而言,该法案第3条规定:"根据本法规定有资格注册的家族企业是指在马耳他设立的任何企业,其中:(a)对于一家在规制市场上市的公司或在一个正式交易场所进行交易的上市公司而言,该公司的大部分股份(包括股权)应至少由两名家庭成员(属于同一个家庭的成员)直接或间接持有;(b)如以(a)节所述的方式以

---

① Directorate-General for Enterprise and Industry of European Commission, *Overview of Family-Business-Relevant Issues: Research, Networks, Policy Measures and Recent Studies*, https://ec.europa.eu/docsroom/documents/10388/attachments/1/translations(last visited May. 13, 2024).

② Family Business Act, https://legislation.mt/eli/cap/565/eng/pdf(last visited May. 14, 2024).

外的方式组成的有限责任公司：(i) 该公司的所有股份应直接或间接地由同一家庭中的至少两名家庭成员所持有；及 (ii) 至少有一名家庭成员正式参与公司的一般治理及其适当的行政和管理；假如非家庭成员的个人直接或间接持有股份，其股份的发行总值不超过公司发行股份的百分之五，则就本款而言，将不予考虑（仍然认定为家族企业）。此外，假如在家族企业内连续从事全职工作三年以上且属非家庭成员的雇员直接或间接持有的股份，其总价值不超过公司已发行股本百分之十的，则就本款目的而言，将不予考虑。"该法对家族企业的界定也区分了公司类型，并且要求企业的所有权主体必须具备复数形式。

本书不是对家族企业业绩、战略等经济学、管理学方面的研究，也不采用大样本的实证分析，案例的选取主要针对典型的家族企业，在定义上较少争论。而且，对于家族企业治理的研究主要是在吸收和借鉴既有研究的基础上展开的，提供一个更加精确或完善的家族企业定义并非本书的目标，对于下文的研究也没有实质帮助。因而，本书将借鉴既有研究成果，在不同情况下使用更本质性的定义或更具操作性的定义。既有的研究表明，家族企业的特殊性首先体现在家族、所有权和企业三者的特殊关系上，家族主要以所有权为基础对公司进行控制，对企业施加经验、文化等方面的影响，家族控制企业是家族企业区别于其他企业的典型特征。同样属于控股型企业，国有企业则体现为国家或全民对企业的所有和控制关系。因此，为了研究的便利，可以将家族企业简化定义为家族控制的企业（family-controlled firms），既包括少数家庭成员所有并经营的封闭型公司，也包括家族与公众投资者共同持股的上市型公司。这一定义能够最大限度地将现实中存在的各种差异化的家族企业纳入研究范围，同时也体现了家族企业内部可能的差异性。不同的家族企业具有不同的控制方式（直接或间接）、控制程度，可能由此产生不同的治理模式和绩效。此外，这种控制性的定义也具有一定的规范基础和可操作性，与我国公司法、证券法以及监管机构的实践具有共通性。例如，2023年新《公司法》第265条第3款对实际控制人进行了界定，虽不具有股东资格，但是借助投资、协议或者其他安排等方式，能够实际上支配公司行为的人仍然受到公司法、证券法的规制。对于实际控制人或控制权，我国证监会在监管规则中也有更具体的界定。根据相关规定，在判断公司控制人时，除了审查相关的股权投资关系外，还需要结合个案中的实际情况，综合其对公司股东会、董事会等重要治理机构的实质影响以及对董事等高管人员的任免所产生的实际作用。[1] 同时，与其他控制型企业不同，家族控制企业的核心特征是终极意义上的控制者可以追溯到自然人及其亲缘共同体或家族集团，[2] 我国法律法规对"自然人——实际控制人"及其一致行动人的规制很大程度上就是在规制我国普遍存在的上市家族企业，这会对家族企业的代理成本产生显著影响。

家族企业中的家族同样不是一个可以精确界定的概念，而是受到一国法律、文化、习俗的深刻影响。家族是一个差序格局，其范围可大可小。一般而言，家族是指因血缘或婚姻关系而结合的亲属共同体，既包括一般的核心家庭（nuclear family），也包括扩展的家庭（extended family）。家族企业中家族范围的大小及成员的关系很大程度上决定了家族企业的发展与存续，对家族企业的治理模式与代际传承也具有根本性的影响。很多学者在界定家族企业时往往将单一自然人所有并管理的企业排除出家族企业的范畴，要求家族企业必须是两个或两个以上具有亲属关系的家族成员参与的企业，因为家族成员的复数形态使得企业中所有者之间、所有者与管理者之间的关系复杂化，需要面临家族系统带来的挑战，如继承、离婚、分家等。本书认为，单一自然人控制的企业和家族成员共同控制的家族企业确实存在差异，但两者之间存在密切的关联，且随时存在转化可能性，因而将两者都纳入家族企业的研究范围，只在特别之处予以说明。

家族企业并非我国法律的概念，家族企业的企业组织形态可以包括独资企业、合伙、公司、信托、基金会等所有组织形式。但本书主要研究公司制

---

[1] 参见《〈首次公开发行股票注册管理办法〉第12条、第13条、第31条、第44条、第45条和〈公开发行证券的公司信息披露内容与格式准则第57号——招股说明书〉第7条有关规定的适用意见——证券期货法律适用意见第17号》（中国证券监督管理委员会公告〔2023〕14号）第2条；《上市公司收购管理办法》第84条。

[2] "家族集团"是指由于血缘、婚姻或收养关系而连结在一起的个人，或者是指主要为了这些个人的利益而设立的信托或其他组织；这一组织在有关公司的事务上协同采取一致的行动。参见美国法律研究院《公司治理原则：分析与建议（上卷）》，楼建波等译，法律出版社2006年版，第29页。

家族企业的治理问题。一方面是由于绝大多数家族企业及家族企业治理的文献事实上都是对公司制家族企业的研究；另一方面，相比于其他的企业组织形式，公司制家族企业对社会经济的影响最大，面临更加复杂的治理难题，可以作为一种典型进行研究。

总之，本书将家族企业界定为自然人及其家族实际控制或显著影响企业治理及决策的公司制企业，主要包括封闭型家族公司和上市型家族公司。

2.1.2 家族企业的基本特征

在非家族企业中，股东之间以及股东与管理者之间缺乏密切的社会关系网络，相互之间主要通过理性经济人的谈判式交易建立基本的信任和合作。在典型的家族企业中，因所有者管理、利他主义等特征的存在，企业的目标、管理风格等表现出与非家族企业的差异性。

表2-1 典型家族企业和非家族企业的主要差异

项目	家族企业	非家族企业
企业的重心	家族（正式或非正式地/直接或间接地影响企业）	所有者/管理者
必要的治理	企业和家族层面	企业层面
主要目标	经济和非经济（生存能力/长期的家族收入（稳定）和家族满意度）	经济（较快的收益/增长）
思维倾向	代际之间传承，在企业的整个生命周期内存续	出售企业，在企业家的职业生命周期内存续
竞争策略	质量，信誉，长期关系	价格
资产	金融资本，社会资本，文化资本	金融资本
企业文化	家族性，信任，团结，涉入，承诺，参与，同情，非正式性	企业目标导向，正式性，契约性，远距性
企业导向	满足内部和外部的利益相关者（主要包括家族，客户，雇员，当地社区）	满足所有者/股东
管理风格	价值导向，情感性，目标一致性	事实和数据导向，理性，代理人控制机制

续表

项目	家族企业	非家族企业
利润分配	对企业的再投资	在所有者/股东之间进行分配

2.1.3 家族涉入企业的双重性：优势和问题

在家族企业中，家族、所有权和企业三者之间存在紧密的联系，家族通过各种方式影响企业的战略决策及管理行为。① 但是，家族系统与企业系统之间存在悖论，相互支持又相互矛盾。一方面，家族为企业提供资金、人力、社会资本，使得企业能够低成本地集合和使用稀缺的资源；另一方面，家族系统与企业系统存在目标等方面的冲突，一般而言，家族系统以情感与社会义务为导向，企业系统则以经济利益为导向，容易造成家族成员的角色冲突。②

既有的法学研究往往预设家族企业是一种落后的组织形态，认为我国家族企业是应该改造的对象，在不给出明确的依据的前提下就探讨家族企业如何转型为现代企业，强调正式制度和现代公司治理规范对于家族企业的作用。③ 另有观点则夸大家族化经营管理或家族式治理模式的优点，认为相比于股权分散的企业，家族涉入的企业是一种成功的企业模式，因而无须进行治理模式上的完善。④ 但是，对家族企业更为客观的研究表明，家族影响在企业内十分重要，不能忽视它的存在，家族对企业的影响不是天然的好或坏，因而不能简单地肯定或否定它。⑤ 家族涉入企业是一种复杂的现象，在不同的背景与条件下将产生不同的治理效果。

---

① Laura Poppo & Todd Zenger, "Do Formal Contracts and Relational Governance Function as Substitutes or Complements?", 23 Strategic Management Journal 707, (2002).
② 参见吴炯、黄紫嫣《家族企业主角色冲突的理论基础和概念模型》,《财会月刊》2019 年第 9 期, 第 115 页。
③ 参见谢宏《家族治理与家族企业治理模式发展研究——关系契约与企业规则融合的困境与出路》, 浙江大学出版社 2011 年版, 第 6 页。
④ 参见谢宏《家族治理与家族企业治理模式发展研究——关系契约与企业规则融合的困境与出路》, 浙江大学出版社 2011 年版, 第 6 页。
⑤ 参见谢宏《家族治理与家族企业治理模式发展研究——关系契约与企业规则融合的困境与出路》, 浙江大学出版社 2011 年版, 第 28 页。

(1) 家族涉入的潜在优势

大量个案研究与实证分析表明，家族企业不仅不是落后的组织形态，而且家族企业自身的独特性能够产生非家族企业不具备的组织优势。① 相较而言，家族企业具有更长期化的视野，更能协调所有者、管理者和雇员的利益，更重视社会公众对家族和企业形象的认知与评价。②

家族控制的企业更重视代际之间的共同利益，不仅考虑管理者任期内的股票价格及经营业绩，而且会考虑企业的可持续发展对后代接班人的影响。家族企业倾向于采用长期利益最大化的企业战略，比较不同战略选择对企业数十年的长期效应。"家族企业与非家族企业的绩效差异在多项研究中进行过检验，虽没有一致结论，但强烈的长期导向总被视为家族企业的独特优势所在。"③ 曾斌对2017年深圳证券交易所155家上市家族企业进行的问卷调查表明，大约有92.71%的家族企业对存在长期的商业战略框架表示同意，其中，56.81%的家族企业对此表示非常认同。④

为了减少经济周期等不确定宏观因素对家族企业存续的打击，企业家族对企业的财务状况所具有的风险更为敏感与谨慎，较少采取高杠杆融资等激进策略，因而更能应对经济不景气和金融危机等对企业造成的冲击。在美国2008年金融危机中，福特家族控制的福特汽车公司是美国唯一一家没有接受政府财务援助而通过自有资金和应急预案摆脱金融危机冲击的汽车公司。

家族企业的代际传承意图是促使家族企业采用长期的投资战略，例如持续进行研发投入，而不会轻易采取短期化的快速产生利润的策略。家族企业中家族管理者的长任期制为长期导向提供了制度支撑。有研究指出，平均来看，家族企业CEO的任期是非家族企业CEO任期的3~5倍。这种长期化的

---

① See Benjamin Means, "Nonmarket Values in Family Businesses", 54 William & Mary Law Review, 1185. (2013).

② Belen Villalonga & Raphael Amit, "How Do Family Ownership, Control and Management Affect Firm Value?", 80 Journal of Financial Economics, 385 (2006).

③ 参见李新春、宋丽红《基于二元性视角的家族企业重要研究议题梳理与评述》，《经济管理》2013年第8期，第55页。

④ 参见曾斌《家族上市公司治理的现状与展望——以深市上市家族企业为例》，《清华金融评论》2018年第10期，第45页。

策略也会影响公司和其他利益相关者的关系，较为显著的就是劳资关系。① 一些研究表明，家族企业的雇员通常比非家族企业的雇员具有更长的雇佣周期，更好的升职机会。② 在此基础上，家族企业的雇员与雇主的关系更为融洽，雇员更认同家族企业主的价值观和目标。③ 此外，家族的长期控制及其所表现出的信任、合作态度使得很多家族企业与银行债权人、供应商保持着长期的社会联系。④ 总之，相比于非家族企业，家族企业在企业社会责任上更多表现出自愿性遵从，以增加家族企业生存与发展的合法性资源。

家族企业中家族成员具有角色的重叠性，很多家族成员既是股东又是管理者。这种角色的重叠使得其作为所有者的利益和管理者的利益具有一致性，尤其在封闭公司中，不存在或较少出现所有权与控制权分离的现象。这种所有者参与管理的形式能够减少家族所有者和管理者之间的信息不对称，管理者之间会更多发生关于企业知识与技能的无私传递，减少管理者自利的动机。即使在家族不参与经营管理的家族企业中，由于家族持有较高比重的股份，有权选派代表董事，其也更有动力和能力监督职业经理人的管理。在美国激烈的产品市场和资本市场竞争下，仍然有三分之一的上市公司属于家族企业。而且通过对标普500指数公司的研究表明，美国家族企业的业绩表现优于非家族企业。⑤ 同样，瑞信研究院发布的《2018年瑞信家族企业1000》对1000

---

① See William Mullins & Antoinette Schoar, "How Do CEOs See Their Roles? Management Philosophies and Styles in Family and Non-Family Firms", 119 Journal of Finananal Economics, 24 (2015).

② See Isabelle Le. Breton - Miller & Danny Miller, "Why Do Some Family Businesses Out - Compete? Governance, Long - Term Orientations, and Sustainable Capability", 30 Entrepreneurship Theory & Prac. 731 (2006).

③ See Guido Corbetta & Carlo Salvato, "Self-Serving or Self-actualizing? Models of Man and Agency Costs in Different Types of Family Firms: A Commentary on 'Comparing the Agency Costs of Family and non-Family Firms: Conceptual Issues and Exploratory Evidence'", 28 Entrepreneurship Theory& Practice, 355 (2004).

④ See Jan-Folke Siebels & Dodo zu Knyphausen-Aufseß, "A Review of Theory in Family Business Research: The Implications for Corporate Governance", 14 International Journal of Management Review, 280 (2012).

⑤ See Ronald C. Anderson & David M. Reeb, "Founding-Family Ownership and Firm Performance: Evidence from the S&P 500", 58 The Journal of Finance, 656 (2003); Belen Villalonga & Raphael Amit, "How do Family Ownership, Control and Management Affect Firm Value?", 80 Journal of Financial Economics, 385 (2006).

家企业 10 年的持续研究表明，家族企业在各地区、各行业的长远表现均优于非家族企业。自 2006 年以来，中国家族企业的年均股价回报率为 21.7%，远胜亚洲其他国家，而我国非家族企业的年均股价回报率则为 14.4%。①

一些研究还表明，家族对企业的长期控制会在家族和企业的公众形象上产生相互关联。② 与公司法所强调的股东与公司人格独立不同，这种相互关联有利于家族与企业的共同利益，当企业的社会声誉和形象受到损害时，控制家族的社会形象和社会关系也会受到牵连。因此，控制家族会尽量避免作出不法或不道德的经营行为，严格产品质量管理，营造一种能够同时提升企业和家族形象的管理文化。家族企业被普遍认为是社会问题和环境问题的积极行动者，家族和企业的这种互惠关系（reciprocal interaction）使得家族有足够的动力保持社会上的积极形象。③

不容否定的是，家族企业的这些竞争优势不是静态的、绝对的、长期持续的。很多家族企业的个案清楚地表明，企业家族在代际传承后表现出短期化、侵害公司利益等行为。因此，这些优势只是潜在的，家族企业是否能够发挥这些优势很大程度上取决于其所处的制度环境、家族的文化以及家族企业的治理水平。

（2）家族涉入产生的问题

家族企业具有二元性，同样的家族性特征既可能产生竞争优势，也会产生消极的后果，这主要表现在复杂的家族纠纷、管理盘踞效应、代际传承产生的不确定性以及家长单方利他主义造成的裙带主义（nepotism）。

首先，在家族企业中，家族成员间的冲突和矛盾不仅影响家庭关系的和谐，而且会影响企业的战略和治理，损害企业业绩。在非家族企业中，冲突主要来源于股东和管理者的经济利益不一致。而家族企业的纠纷来源更为多

---

① 参见瑞信研究院：《2018 年瑞信家族企业 1000》，瑞信官网，https://www.credit-suisse.com/corporate/en/articles/news-and-expertise/the-family-business-premium-201809.html，2019 年 1 月 2 日访问。

② See Alejandro Hernández-Trasobares & Carmen Galve-Górriz, "The Influence of Family Control on Decisions Regarding the Specialization and Diversification of Business Groups", 19 BRQ Business Research Quarterly, 75 (2016).

③ See Jean McGuire, Sandra Dow & Bakr Ibrahim, "All in the Family? Social Performance and Corporate Governance in the Family Firm", 65 Journal of Business Research, 1643 (2012).

元，不仅涉及企业的管理，也涉及家族成员的利益分配或情感纠纷，如继承、离婚都可能引起家族纠纷甚至司法诉讼。家族企业非正式治理方式容易造成家族成员心理契约内容的不一致，一旦关系破裂，由此引发的诉讼往往旷日持久，给家族和家族企业造成严重的负担。我国某快餐连锁企业的家族长期内斗引起家族内部高达十几起的诉讼，企业因股权纠纷而无法上市。

其次，无论其任职是否对企业的发展有积极的价值，家族管理者通常倾向于延长自己的任职期限。这种管理盘踞效应表明，家族企业仍然会雇佣那些创收低于成本的家族雇员。一方面，家族拥有的控制权使得非家族股东难以对企业的重要人事安排提出有效的质疑；另一方面，家族成员基于对家长权威的尊重或者为了避免家族矛盾，一般会尊重家族管理者的意愿。已有的研究表明，很多家族企业的家族董事充当"橡皮图章"的角色，而且家族企业的董事会的平均规模大于非家族企业，人浮于事。[1]

再次，家族企业面临独特的代际传承挑战。我国大多数家族企业倾向于管理权的家族内部传承。代际传承是一个复杂的过程，需要考虑家族、所有权和企业三个层面的问题。家族需要动用很多资源进行传承规划和安排，如通过家族信托或家族办公室对家族股权进行管理。很多研究表明，大多数家族企业无法顺利实现代际传承，大约有70%的家族企业无法从第一代过渡到第二代，而大约90%的家族企业无法从第二代过渡到第三代。[2] 除了这种存续危机外，代际传承也会产生企业管理才能不足的问题。随着企业规模的扩大和成熟，家族后代可能难以胜任领导企业的重任，进而影响企业的业绩。大多数研究发现，聘任一个家族后代继任CEO职位，会对家族企业的业绩产生负面效应，降低投资者对企业的估值。[3] 相反，聘任一个外部的职业经理人则能提升企业的管理水平，提升企业的价值。[4] 代际传承是家族制度逻辑与企业

---

[1] Ronald C. Anderson, Sattar A. Mansi & David M. Reeb, "Founding Family Ownership and the Agency Cost of Debt", 68 Journal of Financial Economics, 263 (2003).

[2] George Stalk & Henry Foley, *Avoid the Traps That Can Destroy Family Businesses*, 90 Harvard Business Review, 25 (2012).

[3] Francisco Pérez-González, "Inherited Control and Firm Performance", 96 American Econmic Review, 1559 (2006).

[4] Alex Stewart & Michael A. Hitt, "Why Can't a Family Business Be More like a Nonfamily Business? Modes of Professionalization in Family Firms", 25 Family Business Review, 58 (2012).

制度逻辑产生冲突的重要时点，企业家族成员可能表现出家族逻辑优先的倾向，将企业作为个人财产而使用，倾向于出售企业变现，这些短期化行为都会对企业存续造成损害。

最后，裙带关系在家族企业中也非常普遍，家族企业主所特有的利他主义可能产生对家族成员的单方面偏爱，为家族雇员在薪酬、职位晋升等方面提供不对称的福利。裙带主义还将在家族企业中产生不公平的企业文化，这种家族关系所特有的封闭性会对非家族的管理者、雇员产生排斥效果，损害其积极性。

总之，家族所有和家族控制并非没有成本和弊端。家族涉入既可能带来正面的业绩提升和长期的发展，也可能产生负面的效应。因此，对于家族企业的评价不能简单地用先进/落后的二分法。既有的研究表明，应该充分考虑家族企业所处的发展阶段、所有权结构、法律制度和治理环境的差异。[①] 而家族企业的治理则能发挥家族企业的制度优势，抑制或弥补家族制企业潜在的缺陷和不足。基于以上分析，我国在修订公司法、证券法等法律法规以及裁判家族企业纠纷时，应该从法律层面原则上保持政策中性，减少对家族企业的政策歧视，在涉及家族企业所有权、控制权代际传承的问题时，法律政策上应该给予适当的支持，尊重家族企业的企业家追求异质性的价值观和企业文化，保障家族企业的顺利代际传承。

2.2　家族企业的本质属性：关系契约

公司法及公司法理论对公司"原型"或性质的认识很大程度上影响了公司法的政策及具体规范的适用，如公司法应该是强制性规范还是任意性规范为主，封闭公司中股东之间承担何种程度的信义义务。家族企业是中小企业

---

① 参见贺小刚、连燕玲、张远飞、李新春《家族内部的权力偏离及其对治理效率的影响——对家族上市公司的研究》，《中国工业经济》2010年第10期，第104—105页；何轩、宋丽红、朱沆、李新春《家族为何意欲放手？——制度环境感知、政治地位与中国家族企业主的传承意愿》，《管理世界》2014年第2期，第100页。

的主要形态,家族企业与风险资本投资的初创企业具有明显的差异。① 若缺少对家族公司性质的考察,不仅无法解释家族公司治理结构的功能及变迁,对于公司法的解释与适用也会产生困扰。

2.2.1　主流公司法理论视阈下的公司:低度社会化

公司法教义学②和法与经济学是当下我国公司法研究的主流范式,③ 这些研究反映出理论上对公司以及公司治理功能的一般共识。

2.2.1.1　公司法教义学视角下的公司制度

"在不同的国家和地区中,商事公司均拥有一套大体类似的法律特征,同时面临着一系列大体类似的法律问题。"各国公司法调整的商事公司具有几个共同的法律特征:营利性、法人人格、股东有限责任。④

公司是以取得利润并分配给股东等出资人为目的而设立的。公司的营利性特征表明,公司本身不是最终目的,而是股东投资并获取最大化利润的工具。参与投资的股东偏好千差万别,但利润最大化是所有投资者最大的共识。⑤ 股东选择投资于按照公司法注册的商事公司,很大程度上意味着其主要不是为了追求社会公益或其他非经济目的。因此,为了实现股东投资的合理

---

① See Juliet P. Kostritsky, "One size does not fit all: A contextual approach to fiduciary duties owed to preferred stockholder from venture capital to public preferred to family business", 70 Rutgers University Review, 43 (2017).

② 公司法教义学主要指运用狭义的法学方法解释与适用公司法,将公司法规则体系化的论述,是商法教义学在公司法领域的延伸。相关研究参见蒋大兴《商法:如何面对实践?——走向/改造"商法教义学"的立场》,《法学家》2010 第 4 期,第 155—165 页;韩强《法教义学在商法上的应用——以最高人民法院指导案例 15 号为研究对象》,《北大法律评论》2014 年第 1 期,第 106—125 页。

③ 相关作品,例如施天涛《公司法论》,法律出版社 2014 年版;王军《中国公司法》,高等教育出版社 2015 年版;罗培新《公司法的法律经济学研究》,北京大学出版社 2008 年版。

④ 为了回应实践中不同规模的企业的规则需求,各国公司法往往针对不同的公司类型制定差异化的规则,如德国的《有限责任公司法》、美国特拉华州普通公司法中的封闭公司等,这些特殊的公司类型股东人数较少,不具有股份自由转让、董事会结构下的授权管理等法律特征。参见李建伟《公司组织形态重构与公司法结构性改革》,《财经法学》2015 年第 5 期,第 5—21 页。

⑤ Benjamin Means, "The Contractual Foundation of Family-Business Law", 75 Ohio State Law Journal, 675 (2014).

期待,公司的管理者不能做出只有利于公益事业的经营决策。① 法人人格、有限责任、股份转让自由等其他公司法律特征都是最大限度降低公司的设立与融资成本,方便股东最大化投资价值的法律制度,② 反映了公司法对股东自利属性与公司经济属性的抽象与强调。

公司法为商事公司的设立、变更以及终止提供了一系列规则与制度,从一些重要的公司法规则中,可以发现公司法调整公司内部关系的方式与特点:

(1) 章程自治

从实在法的角度看,市场经济国家的公司法表现出赋权性的品格,肯定章程对于公司大部分的事务与利益安排享有自主权,允许公司股东通过谈判将特定条款写入公司章程,以满足公司参与者的特殊偏好。③ 公司章程自治具有如下特征:首先,章程是公司事先制定的书面文本,具有明确性与公开性;其次,公司章程是公司董事、高管行为的合法性来源,公司决议应该符合公司章程规定的内容和程序;最后,公司章程具有正式性,若章程无法适应公司实践的需要,也需要按照法定程序修改章程。公司章程很大程度上保证了公司内部治理的正式性,为陌生的股东、董事与高管的互动提供了明确的预期。④ 在一些国家的公司法判例中,公司章程的文本具有排他性地位,设立公司过程中的协议及口头承诺等不能作为解释公司章程规范意义的根据。⑤ 从公司章程自治的角度而言,其要求公司法及司法机关最大限度地尊重公司参与者的自主安排,股东主要通过在公司章程中增加保护性条款的方式保护自身的利益,法院不应该过度介入股东的权益分配或保护所谓的弱势小股东。例如,美国特拉华州法院系统对于封闭公司的相关判例明确指出,小股东主要

---

① 在美国的一些州的公司法判决中一再强调公司的营利性本质, See EBay Domestic Holdings, Inc. v. Newmark, Del. Ch., 16 A.3d 1 (2010).

② 参见 [美] 莱纳·克拉克曼、亨利·汉斯曼等《公司法剖析:比较与功能的视角》,刘俊海等译,北京大学出版社 2007 年版,第 6—12 页。

③ 尤其是在封闭公司中,公司法与公司法判例越来越多地肯定公司章程与股东协议在公司治理中的作用。参见施天涛《公司法论》,法律出版社 2014 年版,第 299—307 页。

④ 参见邓峰《代议制的公司:中国公司治理中的权力和责任》,北京大学出版社 2015 年版,第 7—9 页。

⑤ See Jane S. Schacter, "Counted Among the Blessed: One Court and the Constitution of Family", 74 Texas Law Review, 1267 (1995).

通过契约自治保护自己的利益。①

（2）股东的权利与义务

公司法规定了股东享有的权利，基本权利包括利润分配请求权、重大事项表决权、剩余资产分配权；②其他权利包括知情权、派生诉讼权。③我国《公司法》具有资合公司法的特征，④公司股东的权利都是明确按照出资比例确定，⑤这点尤其表现在资本多数决原则上。这种按照资本多少分配权利与利益的方式是陌生人之间低成本交往的有效规则。股东主张权利的对象是公司，也可以说是对全体股东负有信义义务的董事与高管。从公司法规则看，一般而言，股东之间不负有权利、义务关系。⑥股东最主要，甚至可以说是唯一的义务就是履行认缴的出资义务，除此之外，股东对公司以及其他股东不负法律上的义务。

总之，公司法上股东的基本角色或定位是股权资本（物质资本）的提供者，股东的权利、义务是明确清晰的，而且完全按照股东的意愿与偏好确定，股东可以按照风险与收益的计算确定投资额，从而确定自己在公司中的权利、义务。

（3）董事、高管与股东的关系

董事、高管是公司的实际决策与管理者，向公司提供重要的人力资本，其管理能力与品格很大程度上决定公司的盈利与存续。从公司法的角度而言，董事、高管对全体股东负有信义义务，⑦两者之间是一种法律上的信任关系。这种信任是法律的强制性信任，不同于自愿的社会信任。⑧从信义义务的内容

---

① See Sonya Salamon & Kathleen K. Markan, "Incorporation and the Farm Family", 46 Journal of Marriage and the Family, 167 (1984).
② 参见《公司法》第4条。
③ 参见《公司法》第57条、第189条。
④ "以成员出资所构成之资本为信用基础的公司，成员对公司债务不承担清偿责任，典型者即股份公司，也包括有限公司。"参见王军《中国公司法》，高等教育出版社2015年版，第11页。
⑤ 有限责任公司全体股东一致同意可另行约定。参见《公司法》第65条。
⑥ 个别情况下，控股股东对其他股东负有受信义务. See Thomas L. Hazen, "Transfers of Corporate Control and Duties of Controlling Shareholders. Common Law, Tender Offers, Investment Companies. And a Proposal for Reform", 125 University of Pennsylvania Law Review, 1023 (1977).
⑦ 参见《公司法》第180条。
⑧ See Ribstein, Larry E, "Law v. Trust", 81 Boston University Law Review, 553 (2001).

看，法律对董事、高管设定的义务标准也低于社会规范对社会信任关系的要求。忠实义务主要体现在消极方面，即不得侵害股东利益；在注意义务方面，法律虽然要求董事勤勉尽责，按照股东利益最大化方式行事，但由于商业判断规则的存在，董事的注意义务主要体现在遵循特定程序，并且具有很大的自由裁量空间。① 而在典型的朋友关系或者夫妻关系等社会关系中，社会规范则要求受到信任一方有更积极而且道德程度更高的行为，如忠诚、尽到最大努力（best efforts）甚至牺牲自我利益。② 由此说明，公司法调整的受信关系虽然不同于买卖等一般的交易关系，但仍然是法律对董事、高管最低限度的商业道德要求。

(4) 正式的治理结构

各国公司法都为公司的意思表达与执行提供了明确的治理结构，不同的治理模式虽存在差异，但都反映出正式性的权力与责任分配，③ 存在权力的分立与制衡结构。一方面，公司治理结构事前明确了不同机构的权力以及决策程序，保证公司在面对不确定事项时能够高效地做出决策；另一方面，公司治理结构提供了监督与问责机制，能够减少公司管理者的卸责、欺诈行为。这种正式的治理结构主要是为了解决股东与管理者之间的利益冲突问题。

(5) 决策的程序性要求

公司法强调公司内命令、指示、告知等程序的正式性，以保证组织内日常的沟通与决策。利润分配等公司重大事项需按照公司法与公司章程规定的程序进行决议，才能发生相应的法律效果。公司法希望通过程序规则协调偏好各异的公司参与者的行为。这也表明，公司法预设的公司类型是陌生人之间设立的。因为，"当诚信和信任低于一定水平之后，规定的程序公正性才是必需的和有用的……绝大多数人在其婚姻关系中对程序公正性的要求相对要少，因为双方诚实和信任的程度很高"④。

---

① See Douglas M. Branson, "The Rule That Isn't a Rule-The Business Judgment Rule", 36 Valparaiso University Law Review, 631 (2001).

② See Ethan J. Leib, "Contracts and Friendships", 59 Emory Law Journal, 649 (2009).

③ See Mariana Pargendler, "The Corporate Governance Obsession", 42 Journal of Corporation Law, 359 (2016).

④ [美] 麦克尼尔《新社会契约论》，雷喜宁等译，中国政法大学出版社 2004 年版，第 62 页。

由上述可知，公司法调整的公司是自利性投资者的投资工具。正如邓峰所言："公司的一些基本要素包括组织权力和责任、事前通过法律或章程等正式文件的权力分配、正式行为和集体意思的多数决。①公司法教义学强调明确的公司章程、正式的治理结构以及程序性规范等对于调整公司参与者行为，保护股东利益的作用。在公司法教义学的框架下，家族公司与典型的公司具有相同的法律特征与法律问题，似乎应该完全适用公司法提供的默认规则与治理结构。这也是很多公司法学者建议家族企业采取正式的公司治理模式的深层原因。

2.2.1.2 法与经济学视野下的公司制度

法与经济学对公司性质及公司治理的研究主要是以新制度经济学对企业的研究成果为基础的，主要包括交易成本理论、产权理论、公司契约理论及代理理论。

根据交易费用理论，市场交易主体具有有限理性与机会主义的特点，无法达成完全的合同，交易发生的频率、交易面临的不确定性程度及交易资产的专用性将决定治理交易的有效结构，资产的专用性程度越高，也就越有可能受到交易对方的机会主义行为的损害，此时市场交易的成本较高，应该考虑科层制的企业对交易进行一体化治理。而产权理论认为，合约不完全是交易费用产生的原因，剩余控制权的有效分配是降低交易费用的关键。产权理论强调企业中物质资本的作用，企业的边界根据物质资产的所有权确定，换言之，股东享有公司的剩余资产索取权和剩余控制权。如果企业家控制了雇员从事的物质资产，那么雇员将会遵循企业家的指令。②对于哈特等人的产权理论，拉古拉迈·拉詹与路易吉·津加莱斯认为其中企业关键资源的定义过于狭窄，不符合现实的发展，物质资产所有权并非企业内部权力的唯一来源，也并不必然会有效促进专用性投资，他们将企业定义为既包括独特的资产

---

① 邓峰《代议制的公司：中国公司治理中的权力和责任》，北京大学出版社2015年版，第10—11页。
② 参见李清池《商事组织的法律结构》，法律出版社2008年版，第44页。

(物质资产或人力资本),也包括对这些资产拥有"进入权"的人的集合。①综合这些企业理论,可以看出新制度经济学将企业的经济本质定义为:"基于企业资产(物质资产与人力资本)而形成的特殊合约。这一定义包括两层含义:一是企业边界之内的物质资产与人力资本;二是所谓的特殊合约,也就是不同于市场机制的企业治理机制。"②

公司契约论是为了探究"隐藏在公司法背后的经济逻辑"③而提出的重要公司法理论。④ 该理论对公司与公司法兼具描述性与规范性说明,反映了公司法学界对公司特征的一般认识与理解。该理论的主流地位虽面临越来越多的挑战,⑤ 但其作为一种具有理论解释力的学说,仍然在公司法学界具有广泛影响力。⑥ 公司契约论的核心观点是:公司是公司要素(主要是物质资本与人力资本)提供者缔结的一系列显性或隐性的契约的联结体(nexus of contracts)⑦,这些契约缔结者包括股东、董事、管理者,也包括债权人、劳动

---

① See Raghuram G. Rajan & Luigi Zingales, "Power in a Theory of the Firm", 113 The Quarterly Journal of Economics, 387 (1998).
② 李清池:《商事组织的法律结构》,法律出版社2008年版,第44页。
③ 罗培新:《公司法的法律经济学进路:正当性及其限度》,《法学研究》2013年第6期,第26—29页。
④ See Steven N. S. Cheung, "The Contractual Nature of the Firm", 26 Journal of Law & Economics, 10 (1983); Michael C. Jensen & William H. Meckling, "Theory of the Firm: Managerial Behavior, Agency Costs and Ownership Structure", 3 Journal of Financial Economics, 305 (1976); Lewis A. Kornhauser, "The Nexus of Contracts Approach to Corporations: A Comment on Easterbrook and Fischel", 89 Columbia Law Review, 1449 (1989); Jonathan R. Macey, "Fiduciary Duties as Residual Claims: Obligations to Nonshareholder Constituencies from a Theory of the Firm Perspective", 84 Cornell Law Review, 1266 (1999).
⑤ 近来虽然批评不断,但作为一个兼具描述性与规范性的理论模型,其具有很强的解释力,很多其他理论也大多在此基础上进行完善与补充。对公司契约论的批评,参见李诗鸿《公司契约理论新发展及其缺陷的反思》,《华东政法大学学报》2014年第5期,第83—99页;黄辉《对公司法合同进路的反思》,《法学》2017年第4期,第126—134页。
⑥ 公司契约论的批评者也承认,"公司契约论更像牛顿的经典力学理论,虽然无法精确地描述现代物理学的各种规律,却依然能够为多数物理现象提供一个简洁而充分的解释"。See Lyman Johnson, "Individual and Collective Sovereignty in the Corporate Enterprise", 92 Columbia. L. Review, 2215 (1992).
⑦ 公司契约论中的契约概念在内涵与外延上都不同于合同法上的合同概念。"我们在谈到契约论的时候,'契约'这个词并不仅仅局限于那些构成法律意义上'合同'的交易关系。事实上,契约论用'契约'一词所指的是任何涉及财产权产生、变化以及转让的程序。更进一步来说,契约论关注于以信息不对称、单方统治及投机主义为特征的各种长期关系。在这个意义上,股东与公司债权人的关系也具有合同性质,即使双方之间没有订立任何我们可以称为'合同'的书面文件。"参见[美]斯蒂芬·M. 贝恩布里奇《理论与实践中的新公司治理模式》,赵渊译,北京大学出版社2012年版,第27页。

者、供应商等公司外部人；公司法应该赋予公司参与者最大限度的谈判协商空间，尊重公司参与者达成的契约，因此，公司法应该以默认规则（default rules）为主，强制性规范在公司法中应该受到严格限制；① 而公司法默认规则的设立应该符合假设谈判法（hypothetical bargain methodology）②，即公司参与者在交易成本为零的情况下事先订立契约时会选择的条款，这类条款被称为多数人条款（majoritarian default rule），股东利益最大化以及由此派生出的董事受信义务就是典型的多数人条款。③

公司契约论的上述观点都是以公司参与者是经济理性人（economically rational actor）这一新古典经济学假设为前提的。④ 理性经济人追求自身效益的最大化（在公司中主要体现为投资回报的最大化），并通过成本与收益的分析选择能够最大化自身效用的行动方案。经济理性人能够通过谈判达成对当事人而言最优，并且最有利于公司参与市场竞争的条款，所以公司法应该尊重公司的私人自治。与此同时，为了经济收益的最大化，理性经济人也会考虑到缔约谈判的成本，特别是当谈判的成本大于谈判的收益时，不会对公司的所有事项进行谈判。因此，现实中公司参与者所达成的契约是不完全契约，与交易成本为零的情况下所达成的契约相比，并不是帕累托最优的。公司法默认规则则可以通过提供现成的缔约条款，为各个缔约方节省缔约成本和时间。公司法中的众多条款，诸如投票规则，法定人数要求等，订立契约的各方通常都会接受。公司法以及既存的司法系统会免费将这些条款提供给每一

---

① 强制性规范主要应用于存在负外部性的情形。See Ian. Ayres & Robert Gertner, "Filling Gaps in Incomplete Contracts: An Economic Theory of Default Rules", 99 The Yale Law Journal, 87（1989）.

② "我们假想出这么一种情形：在公司成立前，所有利益群体正坐在一张会议桌前。让股东、雇员、合同债权人、侵权债权人和其他利益相关群体进行谈判，看看他们希望由什么样的规则来调整彼此之间的关系。谈判所达成的这个规则就被采纳为公司法默认规则，这样做降低了交易成本，并让商业运作变得更具效率。"参见［美］斯蒂芬·M.贝恩布里奇《理论与实践中的新公司治理模式》，赵渊译，北京大学出版社2012年版，第27页。

③ See D. Gordon Smith, "The shareholder primacy norm", 23 Journal of Corporation Law, 277（1997）; Thomas A. Smith, "The Efficient Norm for Corporate Law: A Neotraditional Interpretation of Fiduciary Duty", 98 Michigan Law Review, 214（1999）.

④ See Stephen M. Bainbridge, *Corporation Law and Economics*, 2002. P23.

个公司，促进投资者集中精力对其从事的行业投入更多时间。①

在理性经济人的假设下，股东参与公司的目的只是实现个人利益最大化，因而公司法正当的规范目的就是公司参与方福利或效率的最大化，而这种确定的方法，就是计算各方的福利。②

在股东与管理者之间的关系上，法与经济学奉行委托代理理论，③将股东与管理者之间的关系理解为委托代理关系。④该理论假设股东与管理者之间存在显著的信息不对称现象以及利益冲突，管理者具有机会主义的自利倾向。作为享有很大自由裁量权的代理人，公司管理者与股东的利益并不一致，管理者会为了自己的经济利益和其他非经济利益，实施偏离股东利益最大化的行为，从而产生各种代理成本，如股东的监督成本。因此，为了降低代理成本，公司需要设计一套明确的契约，通过监督与激励等治理机制约束代理人的行为，实现股东利益的最大化。我们所熟悉的董事会结构、薪酬计划都是公司法降低代理成本的制度。

总之，法与经济学理论认为，公司主要的要素投入是物质资本与人力资本，是理性经济人追求自身利益最大化的工具，公司法的目标应该是促进效率。在法与经济学的研究中，家庭关系对公司的作用被简化为降低交易成本，如著名的公司法学者伊斯特布鲁克和费希尔即认为："封闭公司的参与方，除了商业往来外，彼此间通常还有家族联系或私人交往。这种持续而非金钱的关系，也进一步降低了代理成本。例如，父母和子女之间的血缘纽带关系，也抑制了潜在的利益冲突。"⑤ 在这种交易成本理论下，家族公司只是当事人

---

① Frank H. Easterbrook & Daniel R. Fischel, "The Corporate Contract", 89 Columbia Law Review, 1416 (1989).
② 参见 [美] 大卫·弗里德曼《经济学语境下的法律规则》，杨欣欣译，法律出版社 2004 年版，第 2 页。
③ Michael C. Jensen, "Self-interest, Altruism, Incentives, and Agency Theory", 7 Journal of Applied Corporate Finance, 40 (1994).
④ 另一种与之相对的理论是管家理论，参见张志波《现代管家理论研究述评》，《山东社会科学》2008 年第 11 期，第 155—158 页。
⑤ [美] 弗兰克·伊斯特布鲁克、丹尼尔·费希尔《公司法的经济结构》，罗培新等译，北京大学出版社 2014 年版，第 234 页。

决定企业形式时的一种自由选择，并且可以随时改变企业的家族化形态。①

2.2.1.3 主流公司法理论对于解释家族公司性质的不足

无论是公司法教义学还是法与经济学，其预设的公司很大程度上是以陌生人之间设立公司为理想类型的，② 公司仅仅是投资者赚钱的工具。股东与管理者之间的关系仅是经济利益关系，只要交易成本足够低，双方可以就任何事项进行充分的谈判。在信息不对称、机会主义等假设下，公司法需要通过正式的章程、程序性规则保护股东的利益。

对于家族公司而言，主流公司法理论还存在某些不足。首先，主流公司法理论的很多假设在家族公司中是不成立或不准确的，如信息不对称与机会主义倾向。③ 家族公司的股东与管理者具有密切的私人关系，甚至长期共同生活，因此相互了解。家庭经济学的研究则表明，家族成员之间除了自利动机外，还具有明显的利他动机，因而家族管理者的行为表现出利他主义的管家倾向（stewardship）④。其次，主流公司法理论将效率作为公司法的主要目标，这虽然适用于大多数公司，但在家族公司中，当事人之间可能还存在其他的共同期待，追求非市场价值（nonmarket values）⑤。"从文化传统看，由于家族和企业两个系统的交叉，家族企业同时存在企业效益最大化和家族福利最大化两个目标函数。"⑥ 在家庭关系中，"这种关系中的交流是广泛的，可以是

---

① 新制度经济学侧重从交易成本分析企业形态，而忽视了企业内部的信息沟通、学习以及知识积累等方面，因而对企业创新、多样性等主题缺乏解释力。参见王开明《团队生产与团队协调：企业知识理论与主流企业理论的比较、综合与发展》，《经济评论》2002 年第 6 期，第 106—110 页。

② 即使是公司法理论上和实务中经常强调的公司的"人合性"，也主要指公司的信用是以股东个人的信用为基础，而并非指公司股东个人之间的信任。

③ 行动者不只追求个人利益，而且追求"机会主义"——"以骗术追求自我利益，善于伪装掩饰的人易于找到交易利益。经济人远比自利假设所揭示的人来得更复杂，更不可测。"参见邢文凤《对威廉姆森机会主义人性假设的再思考》，《国外社会科学》2010 年第 2 期，第 81 页。

④ See Danny Miller & Isabelle Le Breton-Miller, "Family Governance and Firm Performance: Agency, Stewardship, and Capabilities", 19 Family Business Review, 73 (2006); Allison W. Pearson & Laura E. Marler, "A Leadership Perspective of Reciprocal Stewardship in Family Firms", 34 Entrepreneurship Theory and Practice, 1117 (2010).

⑤ See Benjamin Means, "Nonmarket Values in Family Businesses", 54 William & Mary Law Review, 1185 (2013).

⑥ See Benjamin Means, "Nonmarket Values in Family Businesses", 54 William & Mary Law Review, 1185 (2013).

正规的也可以是不规则的，或用不规则的方式代替正规的方式。交流不只是限于语言，而是牵涉所有的感觉。这种关系的参加者从中得到各种人身的非经济的满足，除了进行一个局外的观察者所谓的经济交换外，还进行社会性的交换。"① 最后，主流公司法突出契约谈判、正式的治理结构以及程序性规则在公司治理中的作用，但是家族企业的研究表明，家族公司的治理表现为非正式性、非规范性，② 主流公司法理论无法很好地解释这些现象背后的本质。

主流公司法对公司的理解是一种低度社会化的观点。经济社会学家格兰诺维特认为："古典和新古典经济学，延续着功利主义的传统，主张社会性孤立的、低度社会化的人类行动。这些论点假设，生产、分配与消费行为完全不受社会关系与社会结构的影响。"在这种低度社会化的公司法理论中，家族公司与其他类型的公司并无实质差别，亲属关系在公司中也仅仅具有工具属性，即降低交易成本。在一般的商业合作中，私人关系很大程度上确实具有功利性，自利主体会不断评估维持信任与合作的成本与收益。有学者认为："市场奖励创新、竞争和追求利润。交易者因此有动力将自己的利益置于社会其他成员之前，并且抛弃经济上不再具有活力的社会和商业联系。市场机制因此会削弱诸如友谊、忠诚、家属关系和家庭团结的价值。"③ 但是，很多家族公司事实上是家庭关系的延续或扩张，家族公司中的权力与利益分配也共享家庭结构中的行为模式。大量成功的家族企业在家族与企业发展之间达成了某种动态的平衡，企业化并没有损害家族成员间的互信与忠诚。由此可见，家庭关系不仅是家族公司降低交易成本的工具，而且是家族公司存续的基础

---

① ［美］麦克尼尔《新社会契约论》，雷喜宁等译，中国政法大学出版社 2004 年版，雷喜宁等译，第 12 页。

② See Mikko Mustakallio, Erkko Autio & Shaker A. Zahra, "Relational and Contractual Governance in Family Firms: Effects on Strategic Decision Making", 15 Family business review, 205 (2002); Lorraine M. Uhlaner, Roberto H. Floren & Jurgen R. Geerlings, "Owner Commitment and Relational Governance in the Privately-Held Firm: An Empirical Study", 29 Small Business Economics. 275 (2007); Lloyd Steier, "Family Firms, Plural Forms of Governance, and the Evolving Role of Trust", 14 Family Business Review, 353 (2001); 吴炯《专用社会资本外部性视阈下的家族企业治理模式》，《经济理论与经济管理》2010 年第 10 期，第 53—59 页。

③ ［加］布莱恩·R. 柴芬斯《公司法：理论、结构和运作》，林华伟等译，法律出版社 2001 年版，第 164 页。

性关系。在此前提下，相比于经济利益最大化，家庭关系的信任与和谐可能是家族公司参与者一个更重要的目的。①

主流公司法理论的根本缺陷是其忽视了家族公司的一类特殊资源，即家族社会资本。家族公司虽然也需要物质资本与人力资本的结合，但其核心的企业资源是社会资本。建立在社会学及经济社会学理论基础上的社会资本理论认为："社会资本是家族企业发展不可忽视的一种隐性资源和生产性要素，它通过嵌入家族企业组织和企业家个体，从而影响着家族企业的治理机制和治理绩效。"② 因此，在分析家族公司的契约属性时，需要特别关注规范、信任及家庭网络等社会资本对于家族成员缔约过程及内容的影响。

2.2.2 家族公司的强关系契约属性

相比于公司契约论等法与经济学的理论，英美合同法学者在社会学基础上所提出的关系契约理论更符合家族公司的契约属性，能够解释与说明家族公司内家族股东、家族管理者之间的缔约过程及缔约内容。

2.2.2.1 关系契约理论的基本立场与主张

关系契约理论是美国合同法学者麦克尼尔、麦考雷等在批评古典契约、新古典契约理论基础上提出的合同与合同法理论。③ 关系契约论者对现实世界的契约进行了大量的经验研究。④ 首先，现实世界中的很多契约呈现长期的合作关系，缔约主体之间先前就具有朋友、亲属关系，陌生人之间的"一锤子"买卖只占很少比例。其次，在这些长期的关系契约中，相比于法律威慑，社会规范通常在引导与调整当事人的行为中发挥着更大的作用，商业伙伴爱惜自己的声誉，通过相互信任与团结实现契约目的，而契约关系的持续则反过

---

① See Benjamin Means, "Nonmarket Values in Family Businesses", 54 William & Mary Law Review, 1185 (2013).
② 参见范烨《基于社会资本理论视角的家族企业治理研究》，浙江大学，2009年博士学位论文，第110页。
③ 我国学者对关系契约理论的介绍，参见孙良国《关系契约理论导论》，科学出版社2008年版。
④ See Stewart Macaulay, "Non-contractual Relations in Business: A Preliminary Study", 28 American Sociological Review, 55 (1963); Lisa Bernstein, "Opting out of the Legal System: Extralegal Contractual Relations in the Diamond Industry", 21 The Journal of Legal Studies, 115 (1992); David Charny, "Nonlegal Sanctions in Commercial Relationships", 104 Harvard Law Review, 373 (1990).

来促进私人信任关系的提升，换言之，当事人的交易关系很大程度上具有自我实施的特点，而不是依赖法院等第三方权威机构的识别与执行。最后，在这些契约关系中，当事人表现出大量的非正式合作与协调，缔约主体并非在一开始就完全明确双方的交易内容，关于重要的合同条款，当事人不可能通过一次协商就形成合意。合同条款的选择是"递增的过程"，随着协商的深入，当事人就合同的条款逐步获得越来越多的一致性，而且契约当事人能够灵活处理契约所没有明确约定的未来事项，合理分配风险与成本，并且以善意、尽最大努力的方式进行合作。① 即使另一方违约，守约方也不会直接诉诸法律诉讼，因为这样意味着私人关系的完全破裂，不符合社会规范的一般要求。"当事人期待某种形式的忠诚与容忍。当契约当事人发现自己在一个持续的关系中时，契约关系中的行为者倾向于通过非正式的和隐含的共识而行为，而不是严格按照书面的约定和程序进行。"②

正是基于对社会中真实契约运作的认识，③ 麦克尼尔将契约定义为规划将来交换过程的当事人之间的各种关系。④ 除了古典契约理论通常强调的当事人合意外，⑤ 很多非合意机制，如习俗、身份、习惯及其他为人所内化的东西在规划将来交换过程中也发挥着重要作用。合意总是由非合意机制相伴随，这是由当前的社会母体与承诺的性质相互作用造成的。因为合意总是不完整的，只能包括全部情况的一部分，信息是不全面的，合意无论多完美，都只有根据它的背景才能理解。⑥ "即使像亲属关系这种在许多社会中发挥重要作用的一种身份形式，在我们的社会中作为一种交换规划者，也决不是没有的事，尽管它的作用被阶级或其他部分相关角色的结构遮盖了。"因此，麦克尼尔主

---

① See Paul Ingram & Xi Zou, "Business Friendships", 28 Research in Organizational Behavior, 167 (2008).

② See Ethan J. Leib, "Contracts and Friendships", 59 Emory Law Journal, 649 (2009).

③ 麦克尼尔认为，契约的存在具有初始的社会根源，即社会、劳动的专业化和交换、选择自由及未来意识。

④ See Ian R. Macneil, "Relational Contract Theory: Challenges and Queries", 94 Northwestern University Law Review, 877 (2000).

⑤ 古典契约理论将契约限制为一个或一组允诺（promise），类似地，我国合同法则将合同界定为当事人权利义务关系的协议。

⑥ Ian R. Macneil, "Values in Contract: Internal and External", 78 Northwestern Univevsity Law Review, 340 (1983).

张将契约理解为一个从最个别性契约（most discrete）到强关系性契约（most relational）的连续谱系（continuum）。契约类型的一端是个别性契约，具有明显的计划性与现时性，而契约类型的另一端就是较高程度的关系契约，社会关系对契约内容与履行过程具有重要影响。契约的关系性越强，契约的不完全性就越高，受到社会规范的影响也就越大。通过这种谱系的区分，就能够在实践中区分不同关系强度的契约，并且根据不同的契约语境（contractual context）适用不同的法律规范。鉴于关系契约的普遍性，关系契约论者主张，契约的一般理论应该尊重真实世界中契约关系所具有的信任、合作及团结，而不是将契约法建立在陌生人假设的基础上。关系论者认为，除了交易成本过高或难以预见将来的不确定外，契约的不完全及开放性同样源于当事人之间的长期信任关系，细致且琐碎的谈判将因信任关系而受到替代或抑制。①

在规范层面，关系论者认为不应该严格遵循法律形式主义，反对法与经济学将效率作为解释合同与法律规则的唯一目的。例如，麦克尼尔认为，应该根据不同的契约类型适用不同的规范，对于典型的关系契约，法院应该适用特定社会关系的内在规范（intrinsic norms）解决纠纷，即使严格适用纸面上的法律规则会产生不同的裁判结果。麦克尼尔提出了一些适用于关系契约的关系规范，这些规范是实践中契约当事人真正遵从且具有自我约束力的社会规范，因而被称为内在规范。② 这些内在的契约规范包括角色保全、③ 关系的保持、关系中冲突的协调等。

关系契约论强调契约性承诺所具有的隐含维度（implicit dimension）及契

---

① See John Wightman, "Intimate Relationships, Relational Contract Theory, and the Reach of Contract", 8 Feminist Legal Studies, 93 (2000).

② 在规范的概念中不只包括那些人们为行为之方式，而且也包括那些他们应为行为之方式。因此，规范一词有了附加的（有时也是相互冲突的）意义：对一团体之成员具有约束力，并且能指导、控制或调整恰当的、可以接受的行为的正当行为准则。这样，除特别指明的地方外，规范一词在这里既指实际的行为，也指正当行为的准则。参见［美］麦克尼尔《新社会契约论》，雷喜宁等译，中国政法大学出版社2004年版，第34页。

③ 在个别性契约中，双方当事人的单一角色相对简单，在对方同意的情况下获取自己的最大利益。而在关系契约中，当事人在习惯、风俗、内在规则、社会交往、对未来的期待等方面有错综复杂的相互联系。在这种情况下，角色保全规范的作用不仅仅在于保持角色的可靠，而且是角色完成社会期待的功能的基础。参见［美］麦克尼尔《新社会契约论》，雷喜宁等译，中国政法大学出版社2004年版，第60页。

约关系的伸展性，认为契约关系会随着时间而发展与修改，即使这些变化没有反映在书面合同中。同时，关系契约论主张将社会规范用于裁判纠纷，认为社会规范是真正支撑当事人契约关系的机制，适用社会规范有助于发展关系性缔约。同时，关系契约论并不否定适用一般的法律规则，只是强调在解释与适用一般性法律规则时，应该随时与社会规范保持某种内在的关联。

关系契约理论所主张的将交易惯例、缔约过程、履行过程及一般性的诚信义务纳入合同的观点已经很大程度上为实在法及判例所吸收，从而完成了所谓的最低限度的关系契约转向。然而真正的关系契约论者主张，应该最大限度地探究当事人之间隐含的共识及社会规范，通过分析当事人的关系属性（relational properties）解决纠纷。他们认为，当事人的隐含的共识能够在裁决合同成立、履行、变更、解释及救济等方面发挥重要作用。

一些学者对关系契约理论提出了批评，主要包括以下几个方面：首先，社会实践中并非所有契约都是关系性的，很多缔约表现为独立性与对抗性；其次，个别性契约与关系性契约之间存在不同关系强度的契约类型，定位不准将造成法律适用的困难；再次，关系契约论主张最大限度探究当事人间隐含的共识及真正发挥作用的社会规范，但是囿于证据发现的困难，法官可能无法从复杂的社会关系与情境中识别哪些属于当事人的共识，而且法官的判断很可能是错误的；最后，部分学者认为关系契约论主张的语境主义及社会规范将导致法律适用的不确定性。

然而本书并非主张所有的公司都具有关系契约属性，仅在于探讨家族公司的契约属性。在此意义上，关系契约论的相关经验研究及规范主张与家族公司的特征具有高度的契合性。根据斯派德尔对于关系性契约的界定，契约的关系性程度主要取决于以下几个方面的特征：首先，交易关系随着时间的发展而持续发展；其次，缔约时交易的部分内容无法被准确界定或描述；最后，除了单纯的交换之外，随着时间的发展，交易当事人之间的相互依赖发展成一系列的社会互动关系。① 从这个定义出发，家族公司是家族股东、家族

---

① See Richard E. Speidel, "Article 2 and Relational Contracts", 26 Loyola of Los Angeles Law Review, 789（1993）.

管理者之间达成的强关系契约，家族身份关系等非合意机制在家族公司内部权力、义务、利益关系的安排上具有重要意义，所以从关系契约的角度对家族企业进行研究更具有典型性。

2.2.2.2 作为强关系契约的家族公司

家族公司具有明显的关系嵌入性，家庭关系从各个方面影响公司的治理与决策。经典的三环模型对家族企业的结构分析即说明了家族关系与企业关系的联结。三环模型表明（见图2-1），家族企业由家族、股东与企业三个相对独立而又相互重叠的子系统构成。[①] 三个子系统相互重叠，形成七个区域。在三环模型中，家族企业中的每一个成员都可以对应到某个特定的区域中，从而至少具有一种与家族企业有关的角色。在七个区域中，只有一种角色的成员位于区域1、2、3，分别对应家庭成员（既不是企业股东，也不是企业雇员）、外部投资者（既不是家族成员，也不是企业雇员）和企业雇员（既不是家族成员，也不是企业股东）；同时拥有两种角色的成员位于区域4、5、6，分别对应家族股东、员工持股者、家族雇员；同时拥有三种角色的成员位于区域7，其既是家族成员，又是公司股东，还参与企业经营管理。三环模型说明，家族企业参与者可能同时拥有多种角色，因不同的角色意味着不同的社会期待与要求，角色重叠可能产生角色扮演的冲突。一方面，角色的重合使得家庭可能从资金、劳动力、价值观等各个方面为家族公司提供高效的支持；另一方面，家庭角色与公司角色的冲突也可能造成家族管理者的行为矛盾，如家族公司管理者既需要像父亲一样履行对孩子的关照义务，又需要像专业的管理者一样管理作为雇员的子女。

不容否认，公司具有合意与自治的属性。即使如公司契约论所言，公司是一系列契约的联结，家族公司在理论上也更应该被理解为关系契约理论所倡导的关系契约，[②] 而不是理性经济人通过非人化格化谈判达成的物质资本及

[①] Kelin E. Gersick, *Generation to Generation: Life Cycles of the Family Business* 1997. P111.

[②] See Ian R. Macneil, "Contracts: Adjustment of Long-Term Economic Relations Under Classical, Neoclassical, and Relational Contract Law", 72 Northwestern University Law Review, 854 (1977); Ian R. Macneil, "Relational Contract: What We Do and Do not Know", 3 Wisconsin Law Review, 483 (1985); Ian R. Macneil, "Relational Contract Theory in Context", 94 Northwestern University Law Review, 737 (1999).

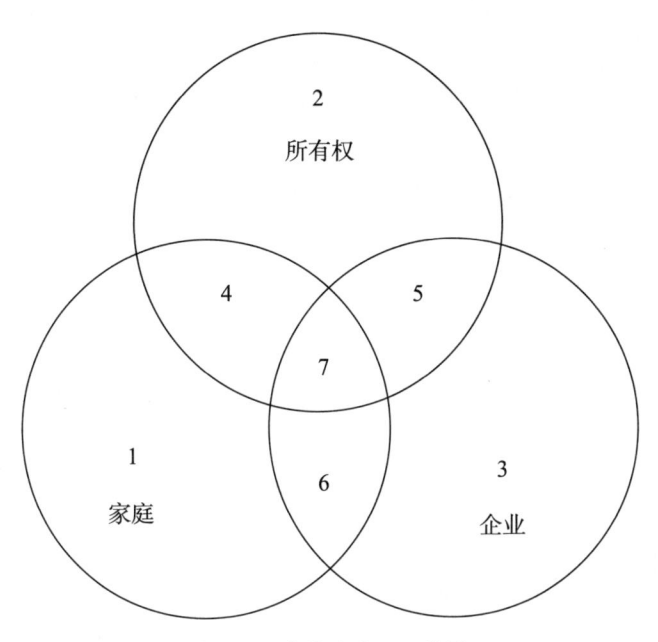

第二章　家族企业的关系契约属性及其法律解释

图 2-1　家族企业三环模型

人力资本的要素契约。家族公司是一种强关系契约，家庭关系很大程度上能够替代合意，计划性与现实性特征表现非常弱，当事人的权利义务关系在书面上的表达与真实的期待或共识之间存在明显的差异。这种强关系契约的形成主要是来自于以下几个方面的原因：首先，家族公司中契约参与主体之间的社会关系不是在契约缔结过程或契约履行过程中形成的，而是先于家族企业的设立而存在的，有学者将家族企业所具有的这种社会关系称为"先赋性关系"或实质性关系，这种先赋性关系是家庭成员长时间共同生活经历、相互交流与扶助所形成的深厚关系，因而在家族公司设立之时就受到家庭关系的深刻影响，并一定程度上产生路径依赖。其次，商人之间基于商业合作所形成的友谊，很大程度上具有工具性或算计性，家庭成员之间具有较高的利他主义，相互之间的社会交往表现出极高的信任与值得信任（trustworthiness）关系，因而对于机会主义的防范之心更加微弱，当事人缔结的契约具有高度的不完全性与模糊性，如公司股权关系的不清晰。再次，家族公司的社会关系以家庭血缘或婚姻为纽带，是一种高度社会化的关系，具有伦理性与规范性，正如家庭伦理规范能够为夫妻、父子的角色扮演提供相对清晰的指引，家庭规范同样在家族公司中具有举足轻重的地位，例如，"家庭关系具有分配企业中关键资源的作用，如企业的所有权按照家族血缘关系进行分配，传男不传女"①。科斯等新制度经济学家认为，企业的产生很大程度上是因为市场交易的成本，企业的成本与市场交易的成本之间的比较决定了企业的边界，但是从家庭企业或家族企业发生学的角度而言，②家族企业的设立并非是为了节约市场交易的成本，而是亲缘共同体演化的结果，因为亲缘共同体本身就具有经济共同体的特征，家族开办企业很大程度上是为了家族生存与发展的需要，如改革开放初期江浙地区很多家族企业都是从家庭小作坊、家庭工厂慢慢演变而成。因此，家族企业的存续与发展遵循家族理性，而非个体理性，是为了家族利益的最大化，而非纯粹的个人利益最大化。家族理性强调的是个人利益要服从家族的整体利益，家族中个人利益的取舍必须依照家族理性的整体判断，其个人的经济动机和行为也必须符合依家族理性的判断而形成的经济动机和行为要求。③最后，家族关系的起承转合联动地影响着家族公司股权结构、治理结构的变动，家族矛盾或家族关系破裂将直接造成企业的分裂，"在多数情况下，分家是家族企业在最为严重的家族冲突下进行的，可能导致的结果是企业被分拆，甚至家族企业的衰落或消亡"④。

家族公司的这种强关系属性意味着，家族公司的设立及存续过程中，家族成员在企业中不会以纯粹理性经济人的方式通过对抗式谈判达成细致、明确的权利义务关系，他们也不会通过成本与收益分析选取能够最大化个人利益的做法。即使家族股东之间存在缔约行为，家族成员的缔约也是一种受限

---

① 参见李东《家族理性——家族企业研究的新假设》，《南开经济研究》2005年第1期，第31—34页。
② 有学者研究认为，从历史的角度而言，最早的家族企业甚至早于市场的产生。参见汪和建《迈向中国的新经济社会学：交易秩序的结构研究》，中央编译出版社1999年版，第300页。
③ "家族理性是以家族及其事业的整体荣誉、整体利益最大化和稳定发展为最高价值取向而支配人去思考、推理、判断、行事的心理认知结构。"参见李东《"家族理性"与家族企业治理的几个问题》，《学术交流》2004年第2期，第85页。
④ 宋丽红、李新春等《从家族企业到企业家族——基于分家的多案例研究》，《管理学报》2012年第6期，第800页。

的谈判（bounded bargaining），而非原子化的个体之间的自由博弈。① 家庭成员的交换更多地表现为有限自私，是一种个性化缔约者（idiosyncratic bargainers）②，受到社会规范、个性化的偏好以及家庭动态（family dynamics）的影响。

因此，在公司法的视野中，不应该只有一种基于理性人模型的"标准契约"③，公司法的功能也不应该仅仅是为了降低当事人缔约的交易成本，更不应该期待家族公司的股东完全通过意思自治保护自己的利益。④

2.2.2.3 家族契约与公司契约的联动

家族企业的关系属性也体现在家族契约⑤与公司契约的特殊互动之中。在非家族公司中，公司的治理性文件主要是公司章程及股东间协议。一般而言，公司章程及股东协议的主要内容是经济性的，指向企业中的权利义务分配与决策程序等，不涉及股东间的私人关系或家庭事务。然而在家族公司中，强关系契约的特性使得家族企业的契约具有家族（庭）契约与公司契约相联结（connected）的特点，处理家庭关系的契约中会涉及企业所有权及治理的安排，在企业契约中有时也会出现家族关系与家族财产的处理。这些相互关联的契约只有放在共同的家庭背景中相互参照才能更准确地理解当事人的真实意思与期待。这也一定程度上说明，在家族公司领域，家事法的相关规则会

---

① 在一些经历所有权代际传承的家族企业中，家族后代所持有的股权来自于继承，而不是自己通过投资入股获得，没有一个缔约与谈判的过程。See Douglas K. Moll,"Shareholder Oppression & Reasonable Expectations: Of Change, Gifts, and Inheritances in Close Corporation Disputes", 86 Minnesota Law Review, 717 (2002).

② See Allison Anna Tait, "Corporate Family Law", 112 Northwestern University Law Review, 1 (2017).

③ 也有法律学者对这种忽视行为主体所处社会文化的假设提出了批评。See Robert C. Ellickson, "Bringing Culture and Human Frailty to Rational Actors: A Critique of Classical Law and Economics", 65 Chicago-Kent Law Review, 23 (1989).

④ 伊斯特布鲁克等学者认为，封闭公司中股东人数较少，投入较多的个人资金，相比于上市公司，当事人更有动力进行谈判，关照自己的利益，而且缔约成本也较低，这种论述对于很多机构投资者参与的初创型企业也许成立，但没有考虑到家族成员间缔约的特殊性。See Ralph K. Winter, Jr., "State Law, Shareholder Protection, and the Theory of the Corporation", 6 The Journal of Legal Studies, 251 (1977).

⑤ 这里所使用的家族契约是广义上的，指家族成员之间对家族企业在内的家族财产的契约性安排。

对商事公司的事务产生影响。①

(1) 离婚协议

我国很多民营企业都属于夫妻共同创业的家族企业，夫妻双方共同持股并实际参与公司经营管理。在夫妻关系稳定的情况下，相互的信任与忠诚能够显著提高家族企业的经营效率。然而在夫妻双方关系破裂时，以信任为基础的家族企业的经营管理就会受到夫妻纠纷的不利影响，形成公司僵局，进而损害公司雇员、债权人等其他利益相关者的利益。例如，在"江某某与阳东县京某五金工贸有限公司、原审第三人黄某某公司解散纠纷案"②中，夫妻各持股50%，后双方发生激烈的矛盾与冲突，相互伪造对方签字篡改公司章程、转移公司财产，其中一方在提出离婚诉讼的同时起诉要求解散公司，认为"因夫妻感情破裂要求离婚并提出夫妻财产分割的诉讼行为已经使双方互不信任，夫妻之间的利益冲突、矛盾日渐严重，已完全违背了最初成立公司时共同努力致富兴家的初衷"③。在夫妻感情不和至法院正式裁判分割公司股权期间，家族公司的股权与控制权将一直处于不确定状态，夫妻双方都极有可能实施机会主义行为。这种权属的不确定性使得夫妻公司演变为"公地悲剧"。而且离婚之后，"前夫—前妻"共同持股的公司很容易产生大股东压迫小股东的情形，例如，在一个因离婚而获得家族公司少数股权的案件中，离婚后的"前妻—小股东"受到了家族公司其他家族股东的联合欺压。法院的判决书充分考虑了该小股东股权来源的特殊背景，认为："永某公司系家族式有限责任公司，公司股东人数较少且人合性较强，姜某辉（前妻）的15%股权系离婚分割夫妻共同财产所得，且经过一系列的诉讼，取得股东身份后亦未能参与公司经营管理，属弱势股东。朱某新、朱某辉、朱某群、顾某萍（前夫家族成员）直接持有永某公司85%股份，基于上述股东之间的身份关系及本案纠纷的由来及发展过程，历次股东会议的出席情况及表决的一致性，可认定朱某新、朱某辉、朱某群、顾某萍横向联合实际形成共同控制股东，

---

① See Benjamin Means, "The Contractual Foundation of Family-Business Law", 75 Ohio State Law Journal, 675 (2014).
② 参见阳江市中级人民法院（2014）阳中法民二终字第9号民事判决书。
③ 参见阳江市中级人民法院（2014）阳中法民二终字第9号民事判决书。

利用对公司的实际控制力和股东会优势表决权地位排挤了弱势股东姜某辉的权利，违反了股东的忠实和注意义务，应对公司账册、重要文件不全导致清算不能对姜某辉承担赔偿责任。"①

也有很多家族企业的夫妻在离婚前通过签订离婚协议的方式处理家族企业的股权与管理权问题，以避免离婚诉讼造成的长期矛盾与不确定性。不同于现金、不动产等有形物，其管理及处置方便，价值相对固定，家族企业的股权价值更多依赖管理者的经营管理能力，而且封闭型家族公司缺乏股权转让的市场，难以变现，法定夫妻财产制下均分公司股权极易形成经营管理的公司僵局，最终损害双方的利益。离婚协议则可充分考虑家族企业的特殊性，由一方获得家族企业的股权和管理权，另一方则获得家族企业的其他财产或相应的现金补偿，由此避免离婚后小股东一方遭受另一方的欺压。在此情况下，夫妻双方往往会先签订一个离婚协议，对包括家族企业在内的家族财产做出原则性分配。在此基础上签订一个股权转让协议，履行离婚协议关于股权分配的相关内容，并且作为股权工商变更登记的基础，因而离婚协议与股权转让协议具有密切的关联。例如，在"李某珍与李某、陈某确认合同无效纠纷案"中，夫（甲方）、妻（乙方）之间签订《股权转让协议书》，其中约定"（1）甲方向乙方转让亚某杰广告公司50%股权；（2）转让对价：该股权均为甲乙双方夫妻共同财产，双方同意离婚，该股权归属乙方所有；（3）甲方同意其享有的股东权及经营、管理权全部授权交给乙方，且不得单方撤销，包括但不限于股东表决权、选举权、经营权、管理权等，甲方对乙方的行为均予认可并自愿承担由此产生的法律后果。甲方仅保留上述公司的股权财产权及收益权。"② 由此可见，通过夫妻间的股权转让及表决权委托等方式，一方获得公司的控制权，从而免于公司僵局等不利情形。法院也充分考虑到离婚协议与股权转让之间的关联背景，尊重当事人的自主安排，并且强调了夫妻之间基于财产分割的股权转让与股权市场交易的区别，认为"在夫妻关系存续期间，一方以家庭共有财产投资，在有限责任公司记载为股东，为显名

---

① 参见江苏省南通市中级人民法院（2015）通中商终字第00396号民事判决书。
② 参见北京市第一中级人民法院（2017）京01民终5852号民事判决书。

股东，另一个为不显名股东，特别是家族性的公司更是如此。亚某杰广告公司本就是一个家族性的企业，其中，李某占99%的股份，其母李某珍仅占1%的股份。李某与陈某离婚，两人共有财产的基础丧失，在对共有财产进行分割时双方先在'离婚协议书'中对公司股份在内的共有财产进行分割，随后又在'股权转让协议书'中对公司股份进行分割。而'股权转让协议书'中李某将其持有的公司股份部分转让给陈某，一方面是对夫妻存续期间共有财产的分割，另一方面是在共有的基础丧失后陈某的股权由原来的隐名实现显名化，而不是具有对价意义的股权转让合同"①。

（2）分家协议

分家是指家长在生前将家产按亲子的数量平均分割后，交付于各亲子，分家又称分家析产，是以家庭成员同居共财为基础的，不同于西方式的家父，中国家长从属于作为整体性的"家"，在社会观念与伦理规范中，家产并非家长的个人财产，家长可以管理和增益家产，但不能随意处分，② 而是有伦理上的义务将家产分配给家族后代。我国法制史为处理这种家庭财产的代际传承关系形成了稳定的家产分割习惯，如诸子均产、制作分家书。③ 不同于西方法制传统下的死因继承，我国的分家习惯主要发生在共同生活或生产的家族成员之间，而且一般须通过一定的仪式与见证，并形成书面的分家契约，分家契约不仅包括家产的分割，也涉及家长的赡养、共同祖先的祭祀以及共有族田的管理。根据田野调查，这些分家习惯仍然支配着中国农村家庭的家产传承行为。④

改革开放以来兴起的创业潮极大地改变了传统农业家族的生产活动，很多家庭从传统的家庭农业逐渐转向家庭手工业与工业，尤其是东南沿海地区，兴起了一大批家族式企业或企业集团。⑤ 然而商业或市场逻辑仍然没有彻底改

---

① 参见北京市第一中级人民法院（2017）京01民终5852号民事判决书。
② 参见俞江《论分家习惯与家的整体性——对滋贺秀三〈中国家族法原理〉的批评》，《政法论坛》2006年第1期，第56—57页。
③ 参见薛玉、王蕾《从分家书看徽州地区分家习惯》，《图书馆论坛》2016年第9期，第18—20页。
④ 参见俞江《民事习惯对民法典的意义——以分家析产习惯为线索》，《私法》2005年第5辑第1卷，第44—65页。
⑤ 参见韩朝华、陈凌、应丽芬《传亲属还是聘专家：浙江家族企业接班问题考察》，《管理世界》2005年第2期，第133—145页。

变家族逻辑，分家习惯很大程度上影响着这些企业家族对家产与企业的认知，分家协议不仅是对家庭关系的处理，同时也直接产生家族企业分立、债权债务重组等公司法上的效果。由于遵循传统社会对土地等不动产的认知，家族企业并没有刻意考虑家族财产与企业财产的独立性以及股权的特殊性，而是将家族企业作为家产的一部分在家族成员间进行分配，并与赡养等身份法上的义务发生关联，形成复杂的混合契约。在王 A 与王 B 股东资格确认纠纷一案中，① 王氏家族拥有某蓄电池公司、某太阳能公司。2009 年，父亲王某圣、两个儿子王 A 与王 B 签订了一份具有分家协议性质的"分工责任书"，具体约定"为充分发挥各方力量，王 A 负责某蓄电池公司，王 B 负责某太阳能公司，具体责任落实如下：（1）某蓄电池公司保持原有状况，转 100 万元贷款给某太阳能公司，其余债权债务由某蓄电池公司负责。某太阳能公司只负责 100 万元债务（由某蓄电池公司转来），本公司账上现有 50 多万元余额属某太阳能公司；（2）王某圣的股份由某蓄电池公司负担 50 万元，开存单，年息 4%，未缴纳的养老保险和医疗保险今后由王 A、王 B 各缴一半。母亲王某凤享受的 20 万元由某蓄电池公司负担，并开具存单，年息 4.5%，五年内不得付本金；（3）现有某蓄电池公司办公大楼属王 A、王 B 共有。现有家族老宅子属王 A、王 B 所有，如需要重建或修缮，王 A、王 B 各出一半资金。父母住房由其自愿，未经其本人同意不得搬迁，以后看病或急需用款，由王 A、王 B 各负担一半。由某蓄电池公司负担给父母的 50 万元，如要付本金，需由王 B 见证，如结余本金，属王 A、王 B 公用。现有卡车属某蓄电池公司所有，现有帕萨特车属王 A 所有；（4）如一方公司需出让、转让或出租，要优先另一方（王 A 或王 B），如万一一方将自己的公司出让、转让或出租外人，一定要经本家族同辈或长辈三人和对方同意方可实施。（5）原某蓄电池公司王 B240 万元，王某圣 180 万元的股份全属王 A 所有（合计 500 万元），原某太阳能公司由某蓄电池公司投资的 400 万元和王 A 投资的 200 万元全属王 B 所有（合计 800 万元）。"②

---

① 参见江苏省高级人民法院（2016）苏民终 352 号民事判决书。
② 已经笔者删减，详见江苏省高级人民法院（2016）苏民终 352 号民事判决书。

从该"分工责任书"的内容看,家族成员没有就分家协议聘任专业的会计师和律师对股权等财产进行评估并起草相关协议,而是根据家族协商的原则在整体上粗线条地对家族财产进行分配。分家的内容既包括了企业间债权债务的转移和承继、企业资产的分割、两家公司股权在家族成员之间的无偿让与等企业层面的安排,也包括了对家族其他财产的分割、家长股权代际继承、家长的赡养等家族内部的事务。这充分体现了家族企业中家族契约与企业契约的相互关联性,企业家族将企业和家族其他事务统一进行安排与处分,造成契约解释与履行的复杂性。对此协议的有效性及可履行性,一审法院与二审法院存在明显不同的认识立场。一审法院认为,案涉"分工责任书"实际是涉及分家析产、对老人的赡养和公司股权转让等一系列权利义务的协议,其中第(5)条涉及某蓄电池公司和某太阳能公司股权的转让,实质是王A和王B以自己原有的另外一个公司的股权为对价,获得在新分配的公司中完整的股权,符合《中华人民共和国公司法》的规定,属于有效的合同条款,而且"分工责任书"第(5)条与合同中的其他条款地位一样,该条款的履行并不以此前条款的履行为前提条件,如王B未履行其应尽的义务,权利人可另行主张权利,但不能以此作为其不履行"分工责任书"中第(5)条的抗辩理由。由此可见,一审法院将不同条款解释为相互独立并且可以分别履行的意思表示。二审法院则通过对协议签订的背景等方面的考察,认为"本案系家庭内部因分家析产而引发的纠纷,订立的目的比较复杂。第一,协议名称为'分工责任书',而非直截了当明确'股权转让协议',且在责任书的开宗名义部分明确'为充分发挥各方力量,王A负责某蓄电池公司,王B负责某太阳能公司,具体责任落实如下……'"此反映出协议签订目的之一是对两公司的经营管理作出安排。第二,协议的第一条、第二条、第三条包含两公司之间债务的转让、公司房产、汽车等资产的分配,以及公司承担对父母的债务。第三,协议还包含对祖屋的分割、对父母养老的安排。第四,协议第五条含有对两公司股东投资的处理。由于该"分工责任书"是公司及家事的一揽子协议,条款之间相互关联,每个条款非独立存在,且在对公司资产进行处理时也未严格区分公司财产和股东个人财产,有违公司财产独立原则,相关约定有损公司债权人利益。因此,在协议条款部分内容违法且各方未完全履行的情况下，王B单独要求强制履行"分工责任书"第五条的规定，条件尚不成就。原审法院以"分工责任书"第五条的履行并不以其他条款的履行为前提条件的观点，忽视了该协议本质为分家析产的一揽子协议，在其他条款未全面履行且也无法全面履行时该条款尚不具有强制执行效力。暂且不论二审法院关于"相关约定损害债权人利益"而无效的观点是否正确，其注意到家事与公司条款的相互关联性显然更符合家族成员缔约的背景与目的，在部分条款因违反法律强制性规定而认定无效的情况下，无法实现家族意图的整体性安排，家族成员订立合同的目的落空，可以依此解除合同，由家族成员以最大善意重新签订分家协议。二审法院也是在此意义上突出家庭亲情对于家族企业的意义，认为："本案虽表现为公司股权争议，但实质是家庭内部权益之争。自'分工责任书'签订至今，双方为此纠纷不断，致公司停产、欠债未还、父母寒心、兄弟亲情尽失，当地政府领导及亲友多次做工作均未果。此一方面说明'分工责任书'的签订有失公允难以服众，另一方面也反映出涉事各方对纠纷的解决缺乏诚意。本院本着化解纷争，弥合亲情的原则试图做双方协调工作，无奈双方仍互相指摘难有进展。"显然，法院认为将此纠纷交由家族内部解决可能更有利于缓和家族矛盾，并且通过家庭传统道德观念论证其合理性，认为"本是同根生，相煎何太急"，常言道"兄弟齐心，其利断金""让他三尺又何妨"，希望王A与王B兄弟二人理性对待金钱、亲情，妥善处理纷争，早日让父母宽心，也为自己的儿女树立榜样。由此可知，从二审法院的判决中可以看出，我国法院充分认识到家族企业及相关协议所具有的强关系属性。

(3) 家长遗嘱

严格来说，遗嘱属于单方法律行为，不属于法律上的契约，但是家族企业的家长在订立遗嘱时通常会考虑家族成员相互间的责任与义务，要求继承家族企业股权的子女尽到法律上及家庭伦理上的义务，甚至对如何经营管理家族企业做出指示，如要求家族成员不得出售企业。因此，虽然遗嘱一般只涉及家族内部事务，但是在家族企业背景中，创始人家长的遗嘱很大程度上成为家族价值观的一部分。① 这不仅在事实上影响家族管理者的行为,而且对家族股东具有一定的法律约束力。例如,在"李某甲与李某乙、李某丙等遗嘱继承纠纷案"中,② 家族企业创始人在遗嘱中对企业的所有权及管理进行了分配,而且对家族成员经营企业提出了某种道义上的要求,旨在维系家族的团结及家族利益的最大化,遗嘱的第 5 条(继承人资格维持和丧失)明确规定:"为了家庭团结和家族企业的发展,继承人或其子女必须精诚团结和竭诚为家族事业增砖添瓦。不得以任何方式有意或无意伤害家族成员或家族企业。如有违反以上不伤害原则行为或出现以下负面行为清单的行为,则其继承权自动丧失或被剥夺。继承人的负面行为清单包括不限于:(1)提起对其他家族成员或家族企业的诉讼;(2)直接或间接提供不利于家族成员或家族企业的证据给第三方,如媒体等;(3)对本遗嘱人不孝或不敬的行为和语言,如威胁、谩骂和打砸等;(4)对家族成员、家族企业管理层采取恐吓威胁、肉体伤害等违法行为并导致严重后果。"③ 从这些遗嘱规定的内容看,创始人显然希望家族成员能够尽到最大限度的合作与善意,在家族内部妥善解决纠纷。

总之,由于家族公司的关系嵌入性,家族公司的契约不仅包括商业性的企业契约,也包括任何家族成员间达成的、会影响家族企业内股东权益及责任的家事协议,如上文所总结的离婚协议、分家协议、遗嘱及信托协议。

2.3 从公司治理到家族企业治理

如前所述,家族企业具有关系契约的基本属性,这种关系属性也导致家族企业的二重性,深刻影响家族企业治理的逻辑。若家族企业一无是处,则在管理实践和政策制定上主张全面"去家族化"即可;若家族企业全面优于

---

① 在美国,很多家族企业的创始人会通过遗嘱信托的方式,将家族企业的股权信托给有能力管理家族企业的部分子女,由其担任股权受托人兼企业管理者,而其他家族成员则成为信托的受益人,受托人需要遵循遗嘱信托规定的一系列保存及保护家族企业的受信义务。See Karen E. Boxx, "Too Many Tiaras: Conflicting Fiduciary Duties in the Family-Owned Business Context", 49 Houston Law Review, 233 (2012).
② 参见潍坊市奎文区人民法院(2016)鲁 0705 民初 220 号民事判决书。
③ 参见潍坊市奎文区人民法院(2016)鲁 0705 民初 220 号民事判决书。

非家族企业，则放任家族企业的发展即可。家族企业治理的复杂性在于既不能忽视家族涉入的积极性，又应该通过特殊的治理机制解决家族企业所特有的困境。家族企业的关系契约属性决定了家族企业治理不能完全依照公司治理的主流理论及实践，而是应该充分考虑家族企业的特殊性，解决家族企业所特有的治理难题。

2.3.1 公司治理的一般逻辑

公司治理问题最早源于美国学者伯利与米恩斯所提出的"所有权与控制权分离"的命题。这一命题具有鲜明的美国本土色彩，主要针对的是现代大公司持股分散、职业经理人管理的特点。此后，随着现代大公司在国民经济中地位的不断提升，以及产生越来越多的经济和社会问题，公司治理成为学术研究的热点，其内涵也不断丰富。不同学者从不同侧面和角度对公司治理做出界定，其内涵并不完全一致。

早期的经济学研究认为，公司治理主要涉及如何保护股东或投资者利益的问题。如安德鲁·施莱弗和罗伯特·维什尼认为，公司治理的核心问题是公司的资本提供者如何确保自己的投资得到合理回报的途径或方式问题。[1] 而最新的公司治理研究则倾向于采用广义的界定方式，例如，我国学者李维安等认为："公司治理是通过一套包括正式或非正式的、内部的或外部的制度或机制来协调公司与所有利益相关者之间的利益关系，以保证公司决策的科学化，从而最终维护公司各方面的利益的一种制度安排。这种公司治理是公司利益相关者通过一系列的内外部机制实施的共同治理。"[2]

有学者从公司治理的目标与公司治理的手段这两个维度对公司治理的理论进行区分，[3] 按照公司治理目标的不同，存在股东利益至上论与利益相关者理论的区别；按照公司治理手段，可以区分为内部公司治理机制与外部公司治理机制，内部治理机制主要是公司董事会的治理，而外部治理机制则包括

---

[1] See Andrei Shleifer & Robert W. Vishny, "A Survey of Corporate Governance", 52 The Journal of Finance, 737（1997）.
[2] 李维安等编著《公司治理手册》，清华大学出版社2015年版，第42—43页。
[3] [美]班布里奇《理论与实践中的新公司治理模式》，赵渊译，法律出版社2012年版，第37页。

公司控制权市场、产品市场。从研究对象的角度，狭义的公司治理理论认为，公司治理的研究对象是股东、董事与公司管理者的关系；而广义的公司治理理论认为，公司治理的研究对象包括股东、董事、公司管理者以及雇员、债权人等其他利益相关者的关系。

但是，无论公司治理的内涵如何变化，公司治理的一般逻辑是针对公司这一组织的基本特征所产生的问题而展开的。正如主流经济学所认为的，公司是要素所有者之间形成的契约关系的联结，但由于信息不对称及有限理性等原因，这种公司契约必然具有不完备性，从而产生利益冲突及剩余权利的配置与行使问题。其中，股东和管理者之间的委托代理问题是公司制度的重要难题，需要通过公司治理制度进行弥合。

商法学者对公司治理的研究也大多从代理理论出发，关注股东会、董事会与公司管理者之间的关系，如权力的分立与制衡、决策程序等，探讨如何通过公司权力的分配完善公司治理结构，其中著名的学术争论就是股东会中心主义（shareholder primacy）与董事会中心主义（boarder primacy）的治理模式之争。[1] 但是，法律学者对公司治理的研究主要侧重法律规则对公司治理的影响，较少关注非法律机制在公司治理实践中发挥的作用及法律机制与非法律机制的关系问题。[2]

正如梅西所言，公司治理存在规范性概念（normative term）与描述性概念（descriptive term）的区别。[3] 规范性的公司治理主要评判特定法域公司治理机制的优劣，探究如何通过各种法律与契约机制的设计解决委托代理问题，保护投资者利益，提升一国的公司治理水平；而描述性的公司治理则是描述现实中所有公司被治理的方法、制度、机制。事实上，任何影响公司如何经

---

[1] Lucian Arye Bebchuk, "The Case for Increasing Shareholder Power", 118 Harvard Law Review, 833 (2005); Grant Hayden & Matthew T. Bodie, "Shareholder Democracy and the Curious Turn Toward Board Primacy", 51 William & Mary Law Review, 2071 (2009).

[2] 当然也有一些例外，See Andriy Boytsun, Marc Deloof & Paul Matthyssens, "Social Norms, Social Cohesion, and Corporate Governance", 19 Corporate Governance an International Review, 41 (2011); Vidhi Chhaochharia & Luc Laeven, "Corporate Governance Norms and Practices", 18 Journal of Financial Intermediation, 405 (2009); Janis Sarra, "New Governance, Old Norms, and the Potential for Corporate Governance reform", 33 Law & Policy, 576 (2011).

[3] *Jonathan R. Macey, Corporate Governance: Promises Kept, Promises Broken*, 2008. P31—P44.

营与控制公司的方式都可以被纳入公司治理的范畴。每一个影响决策中权力行使的设置、机构或者机制都是这个公司的公司治理体系（corporate governance system）的一部分。除了契约、法律之外，还需要研究社会规范等非法律机制对公司治理实践的影响。本书认为，梅西关于描述性公司治理与规范性公司治理的区分具有理论意义，研究法律之外的其他社会因素对公司治理的现实影响，能够更准确地解释公司治理实践的多样性。

综上所述，公司治理的基本逻辑是为了解决公司制度的问题而产生的制度安排，主要关注的是公司不同要素提供者之间的权力、利益的配置和行使，尤其是股东和管理者的代理问题。公司制的家族企业在经营管理方面和其他非家族制的公司具有共同之处，同样面临公司制产生的问题，只是这些问题的严重程度及治理机制上存在差异。在此意义上，家族企业治理仍然具有公司治理的共性，应当吸收和借鉴公司治理的一般理论成果。

2.3.2 家族企业治理：企业治理和家族治理

公司治理是为了缓解公司制产生的问题，家族企业治理的逻辑是识别家族企业的特有问题。如上所言，家族企业需要面对公司治理的一般问题，但同时也有家族系统与企业系统联结所产生的特殊问题。有学者认为，家族企业治理由相互关联的三个部分组成。"其一，对应着企业系统的是一般的公司治理活动，是各类企业制度面临的经理代理问题，控制股东掏空问题等。其二，对应家族系统对企业系统的涉入，形成若干家族企业特有的治理问题，既包括家族因素下代理问题和掏空问题的恶化，也包括家族涉入对企业经营逻辑、企业成长周期、企业资源环境等的干扰，属于家族化下的公司治理问题。其三，对应着家族系统的家族治理活动，是有关家族成员间的权利义务关系的安排。"[①]

相较于非家族企业的治理，家族企业治理的特殊性主要体现在两个方面：第一，家族涉入造成既有公司治理问题、目标、机制等方面的复杂化和特殊

[①] 参见吴炯《家族企业的家族契约治理——以家族社会资本涉入为视角》，北京大学出版社2016年版，第2页。

化，需要探讨既有的公司治理理论，尤其是委托代理理论能否解释和适用于家族化下的企业治理；第二，家族涉入造成企业家族内部以及家族与所有权、企业关系的特殊性，家族企业治理不仅需关注企业治理问题，还需要探讨家族企业所特有的家族治理问题。

家族治理是目前家族企业治理研究的新领域，家族企业研究学者朱莉娅·苏斯对家族治理研究领域的几十篇文献进行综述，提炼家族治理的共同要素，认为大部分学者指称的家族治理是"由企业家族（business family）自愿创建、旨在管理与完善家族与企业的关系以及企业家族成员之间关系的一系列结构、程序与机制"。[①] 我国学者郭萍和陈凌也认为"家族治理是指家族企业为了家族和企业的长远发展，规范家族内（within-family）、跨家族（across-family）以及家族—企业之间的家族成员行为和利益协调的制度安排"。[②]

家族治理是家族企业治理的一个重要子系统，是家族企业治理区别于一般公司治理的独特之处。有学者将家族治理理解为"控制性家族的自我控制问题"。需要强调的是，在学术研究中，家族治理这一术语在多种意义上被使用，在一些研究中，家族治理是对家族所有并控制企业这一现象的事实性描述，属于公司治理的描述性概念，又被称为家族式治理或家族化治理。例如，东亚及东南亚家族治理模式被认为是与英美公司治理模式、德日公司治理模式并列的。相较而言，这种家族治理模式具有两权合一，家族与企业紧密结合，公司由亲缘关系控制，公司权力、决策以及重要位置按照家族关系分配等特点。[③] 与此不同，本书研究的家族企业治理中的家族治理是与企业治理相对的概念。

在家族企业中，家族既是治理的主体或主要推动力，同时家族又是需要被治理的客体，因而家族治理存在多义性。本书中的家族治理主要指就家族问题如何被治理而言的。在家族企业的早期研究中，学者大多只关注家族涉入对企业系统的影响，将家族视为同质性的控制实体，认为家族内部成员之

---

① Julia Suess, "Family Governance – Literature Review and the Development of a Conceptual Model", 5 Journal of Family Business Strategy, 138 (2014).
② 参见郭萍、陈凌《华人家族企业如何基业长青——第五届"创业与家族企业成长"国际研讨会侧记》，《管理世界》2010年第1期，第155页。
③ 参见李维安等编著《公司治理手册》，清华大学出版社2015年版，第64页。

间具有高度的利益一致性,不存在治理问题。① 但是,家族企业的实践表明,即使企业系统存在规范的公司治理结构和机制,若家族成员无法就如何进行所有权、控制权的安排和传承达成一致,无法就企业发展达成家族愿景,不仅无法发挥家族企业的竞争优势,而且最终会影响外部股东等利益相关者的利益。② 注重家族这一因素的学者认识到家族是一个可变和异质性的实体。随着家族规模的扩大,小的家庭产权单位逐渐与大家族利益相分离,第一代创业者的权威也随着代际传承而逐渐式微,需要有相应的正式及非正式的制度安排重构家族的组织原则和信任关系。而科学的家族治理在解决家族成员矛盾以及家族系统与企业系统间的矛盾方面能够发挥重要作用。在此意义上,家族治理是与企业治理不可分割的有机组成部分,单纯的企业治理难以解决家族企业的特殊难题。③

总之,本书在广义上使用家族企业治理这一概念,家族企业治理需要回答企业中的目标、责任及机制,也要回答家族的目标、责任及机制。对家族企业治理的研究需要在公司治理一般理论的基础上,探讨家族涉入对企业治理产生的特殊影响以及家族治理如何与企业治理协调。当然,正如公司治理是一个不可能穷尽的话题,本书对家族公司治理的研究目标也不是发现一种尽善尽美的治理机制彻底解决家族企业的问题。

---

① See Mikko Mustakallio, Erkko Autio & Shaker A. Zahra, "Relational and Contractual Governance in Family Firms: Effects on Strategic Decision Making", 15 Family Business Review, 205 (2002).
② Harry F. Martin, "Is Family Governance an Oxymoron?", 14 Family Business Review, 91 (2001).
③ See Julia Suess, "Family Governance – Literature Review and the Development of a Conceptual Model", 5 Journal of Family Business Strategy, 138 (2014).

第三章　封闭型家族公司的关系治理及其规范适用

我国大多数家族企业都是登记为有限责任公司的封闭型家族公司，具有封闭型公司的典型特征，如股东人数较少、股东大部分直接参与经营管理、股权转让受到限制、没有公开的股权转让市场、公司规模较小。然而相比于一般的封闭型公司，这类家族公司的封闭性与排他性程度更高，较少借助职业经理人和外部融资渠道，其治理实践与公司法的"理念型"表达之间存在明显的差异甚至矛盾，公司章程、董事会、股东会等正式治理机制在家族公司中大多充当形式或"门面"，家族公司真正的决策权力分配、利益与资源的配置及义务的履行很大程度上遵循企业家庭或家族的伦理规范与逻辑，表现出家族公司特有的社会属性与文化属性。在这类家族公司中，家庭因素对公司的治理机制及边界产生决定性的影响，婚姻（离婚）、继承、分家、代际传承以及家族矛盾直接影响家族公司股权结构、治理模式以及企业的存续。封闭型家族公司不是简单的"从身份到契约"或"身份替代契约"，而是表现为复杂的家族缔约与社会交换（social exchange）。我国公司法学者已经注意到封闭型家族公司的一些特殊现象，如家族财产与公司财产的混同；[①] 控制股东通常以非规范化方式管理公司，绝大多数的公司事务都以非正式的方式解决而不考虑"法律的体面"，对会议、选举、任命的法律要求被认为是毫无意

[①] 参见石峰《我国家族企业内部纠纷的起因与规范——以家族企业内部的产权关系为视角》，《行政与法》2014年第9期，第79页。

义的程式。① 然而由于对法与经济学的关注及公司正式治理结构与机制的强调，公司法学者尚没有对家族公司的契约性质及治理机制做出系统的解释，大多以不规范、缺乏法治意识等理由解释家族企业的治理问题，并建议家族公司建立现代公司治理体系。② 这些观点既没有揭示家族公司的本质特征，也没能说明支持家族公司的治理机制以及这些特殊机制的作用条件与范围，更无法为法官裁判家族公司纠纷提供有益的指导。事实上，我国很多法院在裁判家族公司纠纷时，已经注意到封闭型家族公司在治理上的特殊性，并以此作为其说理的根据，如四川省高级人民法院在"三台县某置业有限公司与银洪彭喜、某某全、尹淑容确认合同无效纠纷二审民事判决书"中认为："两个公司的股东均为同一个家庭的家庭成员，相较于普通有限责任公司的股东而言，家族企业的股东之间联系更加紧密，人合性更强。"③ 这些裁判背后反映了我国法院对于家族企业的社会认知与法律观念。④ 在经济学、社会学对家族企业治理的研究中，家族企业这种特有的治理现象被概括为关系治理（relational governance），是与公司法学者强调的正式治理或契约治理（contractual

---

① 这虽是施天涛教授对封闭公司特征的描述，但同样适用于规模较小的家族公司，下文的研究表明，在家族公司中，此种非规范化的程度更为普遍、明显与持续，并且具有不同于其他封闭公司的特点。参见施天涛《公司法论》，法律出版社2015年版，第300页。

② 参见宋红丽《浅析完善家族式企业治理结构的法律对策》，《法制与社会》2009年第31期，第259页。

③ 参见三台县某置业有限公司与银洪彭喜等确认合同无效纠纷案，四川省高级人民法院（2016）川民终849号民事判决书。其他类似案例：广州中院在"黄某益活络油有限公司诉广州某医药保健品进出口有限公司等商标权侵权纠纷案"判决理由部分写到：对上述文件有效性的判断不能离开原告公司的性质、董事会决议形成惯例以及黄某益与前妻罗某梅的婚姻纠纷的情况……原告是黄某益家族经营的公司，此类公司的设立虽然与其他股份公司无异，但在实际经营过程中却因其家族公司的特性而可能有别与其他股份公司（参见广州市中级人民法院（2006）穗中法民三初字第342号民事判决书）。另如，在"冯某玲、谢某英确认合同效力纠纷二审民事判决书"中，绍兴中院认为"从家族企业的公司治理看，公司股东均系家庭成员，属于家族成员共同设立的家族企业……综上，因该家族企业中其股权变更实际不具有对价利益，也不能体现股东权利，故对股权转让协议的审查应区别与普通公司"。参见绍兴市中级人民法院（2016）浙06民终4425号民事判决书。

④ 正如日本学者滋贺秀三在研究中国古代家族法时所认为的，家族生活虽不存在实定法的体系，人们的意识中清楚地确定着的、对每个人来说哪些是他被人所承认的权利，并基于这些共有规范得到处理，在此意义上自然地刻在人们的意识中并活生生地发挥着作用的具有法的性质的伦理，可称之为法意识。我国法官虽未必都了解家族企业的运作，但长期处于家文化的培养与熏陶下，在裁判相关案件时多少产生对家庭伦理与规范的朴素认识与关注。参见［日］滋贺秀三《中国家族法原理》，张建国等译，商务印书馆2013年版，第20页。

governance）相对的一种治理模式，有其自身的优势与问题。

下文将在梳理与评价主流公司法理论的基础上，探讨封闭型家族公司的特殊契约属性，进而论证封闭型家族公司关系治理的特殊目的、机制及界限，据此解释我国司法裁判及公司法应该如何应对家族公司的关系治理。需要说明的是，封闭型家族公司内部仍然存在差异，并非所有的封闭型家族公司都以关系治理为主。正如有学者指出，关系治理与契约治理都存在着强弱的程度之分，本书旨在强调我国封闭型家族公司中关系治理的普遍性及其较高强度。此外，封闭型家族公司的关系治理存在家族企业内的关系治理以及家族企业间的关系治理，① 当然，本书重点讨论的是家族企业内的关系治理（内部治理）。

公司法及公司法理论对公司"原型"或性质的认识很大程度上影响了公司法的政策及具体规范的适用，如公司法应该是以强制性规范还是任意性规范为主，封闭公司中股东之间承担何种程度的信义义务。家族企业是中小企业的主要形态，家族企业与风险资本投资的初创企业等具有明显的差异，② 若缺少对家族公司性质的考察，不仅无法解释家族公司治理结构的功能及变迁，对于公司法的解释与适用也会产生困扰。

3.1 封闭型家族公司的关系治理：目的与机制

封闭型家族公司建立在强关系契约之上，表现出强关系治理的特征，相比于公司法所提供的正式治理机制或标准治理模式，关系治理具有独特的治理目的与治理机制。

---

① 这种同一家族内不同家族企业间的关系治理又称为网络治理，大量存在于我国家族企业实践中，如兄弟分别开设的企业之间相互提供销售渠道、相互担保等，这种网络治理下缔结的契约也明显不同于市场化情况下订立的交易契约。

② See Juliet P. Kostritsky, "One Size Does Not Fit All: A Contextual Approach to Fiduciary Duties Owed to Preferred Stockholder from Venture Capital to Public Preferred to Family Business", 70 Rutgers University Law Review, 43 (2017).

3.1.1 家族公司关系治理的基础是家族社会资本

企业的价值在于物质资产、人力资本等各种稀缺资本①之间的有效组合，也就是企业内部人与人之间、资产与资产之间、人与资产之间的关系。这些关系相互依存，其瓦解将破坏企业的价值，而维护这些关系实际能保护企业资产的整体价值。在非家族企业中，股东、管理者之间主要通过正式的契约约束与监督当事人的机会主义行为，通过合理的经济回报进行激励，从而鼓励投资者、管理者进行资金、管理才能的投入。然而在家族企业中，家族成员因亲密的联系、强烈的身份认同，产生了独特的家族社会资本，是家族企业主要的隐性资源，能够为家族企业带来长期且低成本的资源，如基于对家族创业者的信任，其他家族成员能够无偿为初创企业提供长期的风险资金，并且提供远高于一般劳动力的精力投入，这种资源的投入无须特殊的监督与激励。由此可见，家族社会资本成为家族企业获取其他资源的基础，也是其他资本创造价值的黏合剂。创业家族的人员数量、家族成员之间的信任程度、家族成员对家族权威的服从与尊重程度，以及家族成员参与企业的程度等直接影响家族创业者能够调集的家族社会资本的数量与质量，进而影响家族企业的治理模式与经营效率。在东亚地区，以家庭为核心的社会伦理价值观、特殊的社会关系结构等是降低信息不对称、促进企业合作的有效制度，能够促进企业发展。② 同样，在家族企业内部，家族社会资本可以有效地降低交易成本，提高交易效率。首先，由于家族企业内部以及家族企业之间存在共同的身份认同、价值观和愿景，使得代理关系中的激励成本大大降低；其次，社会资本通过规范和声誉的自我约束来实施监督作用，因此减省了交易双方对于监督机制的投资，从而有效地降低了监督成本；最后，基于血缘和亲缘等关系的信任以及交易双方的关系契约性质，减少了机会主义行为的倾向，降低了因"剩余损失"而产生的代理成本。

---

① 资本是在以追求利润为目标的行动中被投资和动员的资源，资本的本质属性在于它可以通过投资得到回报，能增加价值，是一种生产性资源。

② 参见边燕杰、丘海雄《企业的社会资本及其功效》，《中国社会科学》2000 年第 2 期，第 87—99 页。

3.1.2 家族公司关系治理的规范来源

家族公司区别于其他公司的本质特征是家庭关系的嵌入性。家庭大概称得上是人类最古老、延续时间最长的团体构造。① 家庭关系②具有不同于朋友关系等其他社会关系的特点，遵循特殊的行为模式和社会规范。因此，只有剖析家庭成员间特殊的互动方式与内在规范，才能准确理解家族公司关系治理的机制。

3.1.2.1 家庭行为的动机：利他主义

市场主体普遍遵循自利原则，只会从事能够改善自身福利的行为。与此不同，家庭成员之间具有明显的利他主义倾向，"这种以血缘和亲情为纽带的利他不含有直接的功利目的，是一种硬核利他（hard-core altruism）"③。家庭成员之间的关爱与责任是家庭伦理性的集中体现，这既源于自然的血缘关系，④ 也受到家庭成员长期共同生活经历与共同价值观的影响。⑤

现代经济学研究也普遍承认家庭成员之间存在利他主义，将之称为亲缘利他。⑥ 经济学家贝克尔在《家庭论》等家庭经济学著作中系统地研究了家庭中的利他主义，利他主义者所要最大化的不仅仅是他们个人福利，还包括他们所关心的某些人的福利。⑦ 利他主义的范围可宽可窄，取决于社交的距离，血缘关系越近的家族成员间，利他主义倾向越显著。⑧

---

① 参见朱庆育《民法总论》，北京大学出版社2013年版，第463页。
② 家庭是个体之间通过血缘、婚姻或收养而连结起来的团体，家庭通过界定家庭成员的角色而确定成员之间的权利、义务，如父母和子女的关系，两者之间是非自愿的结合。See Yoram Ben-Porath, "The F-Connection: Families, Friends, and Firms and the Organization of Exchange", 6 Population and Development Review, 1 (1980).
③ 参见杨雅茹、陈博《亲缘利他，互惠利他，强制利他及合作机制的演化》，《制度经济学研究》2014年第2期，第223页。
④ 参见叶航、汪丁丁、罗卫东《作为内生偏好的利他行为及其经济学意义》，《经济研究》2005年第8期，第84—94页。
⑤ Melanie B. Leslie, "Enforcing Family Promises: Reliance, Reciprocity, and Relational Contract", 77 North Carolina Law Review, 551 (1998).
⑥ 参见杨春学《利他主义经济学的追求》，《经济研究》2001年第4期，第83页。
⑦ 参见杨春学《利他主义经济学的追求》，《经济研究》2001年第4期，第89页。
⑧ 参见叶航《利他行为的经济学解释》，《经济学家》2005年第3期，第22页。

基于利他主义，家庭内部的权益分配大多建立在模糊的公平观念或照顾义务之上，而不是明确的契约谈判。"父母为帮助孩子所作的牺牲或孩子为帮助父母所作的奉献，以及维系夫妻之间彼此的爱心等，这些家庭内部崇高的人际关系的指示器，从来不为厂商和其他组织所共同具备。"①

贝克尔还对家庭利他主义的功能进行了分析。他认为，若家族能够基于关心而自愿向其他家庭成员转移金钱等资源，而其他家庭成员也认可这种关系的存在，那么，家庭成员的个人效用函数就可以被纳入家庭效用函数中，家长就是家庭的代表人。公认家长的存在会使得家庭成员也产生利他动机。②因为家长的利他主义能够限制或抑制家庭个别成员的机会主义倾向。③贝克尔的家庭经济学证明了家庭内部的利他主义能够优化家庭内部的资源配置。贝克尔认为："利他主义鲜见于市场而多见于家庭的主要原因，在于在市场交换中利他主义的效率较低；而在家庭生活中利他主义的效率较高。"④

家庭经济学对利他主义的分析虽然主要集中在核心家庭，但这同样适用于扩展的家庭（extended family），只是利他主义倾向会相应地减弱。家庭成员的行为虽然可能存在各种动机，甚至包括自利与利他的混合动机，但利他主义的存在表明，家庭成员的行为不能仅仅从自利的角度进行解释，利他主义使得家庭成员的一方能够为了其他成员的利益而放弃自己的部分利益，并且能够较多地容忍其他成员的不适当行为。

3.1.2.2 家庭成员的关系规范：信任

陌生人之间的关系主要依靠契约机制，并需要借助法律的威慑与救济以保护行为者的合理期待。与此不同，家庭成员之间的关系主要依靠自主约束，而非依靠法律或其他强制性手段。⑤人类社会对于家庭关系已经建立了一套角

---

① 参见余立智《现代家庭组织理论研究的最新进展及其启示》，《财经论丛》2006年第2期，第9页。
② 参见余立智《现代家庭组织理论研究的最新进展及其启示》，《财经论丛》2006年第2期，第9页。
③ 参见余立智《现代家庭组织理论研究的最新进展及其启示》，《财经论丛》2006年第2期，第13页。
④ [美]贝克尔《家庭论》，商务印书馆2005年版，第354页。
⑤ See John Wightman, "Intimate Relationships, Relational Contract Theory, and the Reach of Contract", 8 Feminist Legal Studies, 93 (2000).

色标准及相应的社会规范,家庭中的社会规范,①是被社会所公认的对家庭成员的行为具有指引作用的规范,这种规范主要是通过社会角色发生作用的,大部分人对于家庭中每个角色所具有的责任与义务有一般性的期待与共识。例如,家庭成员应该以有利于整个家庭的方式行为,至少不应该从事对家庭成员有害的行为;家庭成员之间应该互助等。这类规范是基于家庭身份而形成,因此也可称之为身份规范,如父子之间的身份关系,父亲应该照顾、教育孩子,而孩子则应该一定程度上尊重父亲的权威。在不同历史时期与文化中,社会对家庭的认识与规范存在很大差异,家庭中的社会规范也在不断变化,如中国传统社会的"三纲五常"中就包含了家庭关系的规范要求。然而无论如何,家庭成员之间的信任规范在家庭生活中一直发挥着重要作用。信任规范是维系家庭关系的核心机制,很多学者的研究认为,长期信任关系是家庭关系区别于市场交易关系的本质特征。②

家庭成员之间的信任是一种特殊信任,而非普遍信任。③ 这种信任的产生很大程度上缘于家庭成员之间的利他主义,因而其信任程度也高于一般的市场主体之间的信任。④ 对于家庭共同生活关系中的不确定因素与风险,家庭成员持有一种信任心态,相信其他家庭成员不会对自己实施欺诈、卸责等机会主义行为,因而不会采取相应的防范道德风险的措施,即使采取这些措施的成本很低,而且受到信任的其他家庭成员也会按照期待行事,即以自己的行为表明是值得信任的,即使没有外部的约束力量或从事机会主义行为的成本很低。信任规范使得家庭成员之间的关系与互动并非总需要事前明确的契约谈判,而是保持开放性与持续性,家庭成员可随时协商解决出现的问题,并

---

① 社会规范是一套行为标准或行为模式,并非由法律所规定或要求,但普遍被认为是典型的、具有约束力,因而在一个特定的社区被期待与遵守。See Jonathan R. Macey, *Corporate Governance: Promises Kept, Promises Broken*, 2010. P32.

② See Yoram Ben-Porath, "The F-Connection: Families, Friends, and Firms and the Organization of Exchange", 6 Population and Development Review, 1 (1980).

③ 参见李伟民、梁玉成《特殊信任与普遍信任:中国人信任的结构与特征》,《社会学研究》2002年第3期,第11页。

④ Melanie B. Leslie, "Enforcing Family Promises: Reliance, Reciprocity, and Relational Contract", 77 North Carolina Law Review, 551 (1998).

对于一些重要的利益问题留待将来解决或者刻意保持沉默。① 然而家庭成员之间的沉默并非意味着双方之间对一些问题没有共识，对一些亲密关系的研究表明，长期的信任关系使得家庭成员之间具有很好的默契，对相互之间的照顾与帮助存在隐含的共识，法院也越来越多地尊重这种隐含的共识，并予以执行。②

若家庭成员就所有事情都进行成本与收益的分析与谈判，将严重影响家庭信任关系的持续。对于市场主体而言，某一种行为是不可接受的或必须防范的，但对于家庭成员而言，则仍然继续按照信任的方式处理当事人的关系。换言之，家庭互动中的契约不完全性远高于市场中的交易。相比于其他社会关系，以信任为基础的家庭关系通常能够创造更强的期待，提供更多的信赖。家庭成员之间具有更高的道德期待，而不是陌生人之间交易所体现的"买者自负"原则，一方期待另一方对自己的忠诚，不利用对方在经验、判断等方面的不足，甚至主动披露对其他家庭成员有利的信息。在家庭关系中，信任不仅具有替代契约谈判，降低交易成本的功能，而且以互信的方式行事是家庭关系的根本目的。

---

① 有学者总结了家庭的一些特征：(1) 持续很长时间，期限事前不确定。(2) 虽然各种活动的范围和重要性会变化，这种联系通常包含各种各样的活动。(3) 不是所有的合同条款都被明确确定——大部分的活动是依事件而定的，并且按一定的顺序而决定，对于不确定事件的回应不是具体化的，而是受到社会中类似家庭关系中的行为者应该适用的一般原则或规则的指导。(4) 合同中的各个组成部分相互之间高度依赖，并且这些部分以一种一揽子协议的方式存在，彼此不能分离；合同中的各项条款难以通过价格予以反映（价格不能被用于作为综合考虑合同中各种因素的权重或乘数）。(5) 以一个统一的账户为单位，交易一般没有明确的结算，虽然某些金钱支付（如嫁妆或彩礼）可以看作交换的一揽子协议的期望价值的事前差额的近似值。没有个人部分的结算，也没有连续的回报。相反，大量的未清余额是能够容忍的，因为合同中对此是不明确规定的，什么时候及怎样清算这些余额是有待讨论的。(6) 执行大部分依靠家庭自身，虽然合同在某种程度上也得到原生家庭和其他社会力量的支持。(7) 虽然存在程度差异，家庭合同创造了一个集体的身份认同，并且会影响每一个家庭成员与外人的交易。(8) 家庭合同最重要的特征是合同是嵌入到成员的身份中的，没有了身份，家庭也就失去了意义。因此，家庭合同是独特的，不可协商与不可转让的。这些特征的大部分与身份问题有关。See Yoram Ben-Porath, "The F-Connection: Families, Friends, and Firms and the Organization of Exchange", 6 Population and Development Review, 1 (1980).

② See John Wightman, "Intimate Relationships, Relational Contract Theory, and the Reach of Contract", 8 Feminist Legal Studies, 93 (2000).

3.1.2.3 家庭交换的原则：互惠原则

作为一个具有生产、消费以及分配功能的组织，家庭成员之间同样存在一定的交换、合作活动，包括共同劳作、物质帮助与心理慰藉。[①] 然而实现家庭交换的机制与实现市场交易的机制具有明显的差异。[②]

市场中的大部分交易是通过缔结明确的合同实现的，按照一定方式表达的、可识别与验证的契约内容，也是得到法院准确解释与执行的前提。典型的双务有偿合同在法律上即表现为明确的给付与对待给付关系，当事人需严格按照契约规定的义务履行合同，否则需承担由此产生的违约责任。

不过我们很少看到家庭成员将隐含的共识简化为明示的合同。家庭成员之间的交换主要不是通过法律上的合同，而是通过互惠机制实现的。在社会学的研究中，互惠原则意味着接受馈赠的一方，无论出于内在心理原因还是出于外在社会规范的约束，都感到需要对馈赠的一方给予相应的回馈，通过这种馈赠与回馈的持续过程，实现了双方在精神与物质上的互信与互助。[③] "对大部分人而言，家庭生活中的赠予和回馈永远不会被概念化为交易或者谈判。因为我们信任对方会以遵循互惠原则的方式做出回应。长期而言，家族成员坚持相互依靠、信赖对方，他们在这种关系中不会放弃互惠原则。"[④]

家庭成员之间具有高度的信任关系，在这种信任关系中，一个家庭成员能够信赖对另一个家庭成员的单方付出，也能够在自己需要的时候获得对方相应的帮助。标准化与持续性的家庭角色使得家庭成员对于相互之间的关爱责任怀有一般的期待。正是这种家庭成员之间的期待实现了互惠型的交换，使家庭成员之间持续地发生互助与赠与行为。

---

① See Zelizer, Viviana A, "The Purchase of Intimacy", 25 Law & Social Inquiry, 817 (2000).

② 市场机制能够满足大部分物质需求，而且具有自身的优势。但市场机制无法很好地提供精神方面的需求，要么成本过高，要么质量不合格。即使能够提供，市场机制具有工具主义色彩，在市场交易中无法满足个人人格的提升，如自我形象、声誉、慷慨等。See Leslie, Melanie B, "Enforcing Family Promises: Reliance, Reciprocity, and Relational Contract", 77 North Carolina Law Review, 551 (1998).

③ See Melanie B. Leslie, "Enforcing Family Promises: Reliance, reciprocity, and relational contract", 77 North Carolina Law Review, 551 (1998).

④ See Melanie B. Leslie, "Enforcing Family Promises: Reliance, reciprocity, and relational contract", 77 North Carolina Law Review, 551 (1998).

相比于契约机制，家庭成员间的互惠交换遵循如下原则：首先，互惠交换是含蓄的（implicit），双方无须有任何的，哪怕是口头的承诺，双方一般不会表明自己的付出是为了期待对方在将来的回报，所以双方之间不会就此行为进行事前的谈判或事后的追认，也不希望借助法律的威慑实现互惠。其次，互换交换具有延时性（delayed），提供帮助的一方不会期待对方能够立即提供回报，并且能够理解对方长时间的不付出。持续付出的一方可能基于各种理由而提供帮助，如为了感谢之前曾获得的利益，或者信赖能够在将来获得相应的收益，或者认为获得一个慷慨的形象是有价值的。如果信任足够强大，这种不平衡的关系能够维持很长一段时间。换言之，互惠交换在形式上看是重复的单方赠与或弃权，并没有法律上给付与对待给付之间的对立关系。最后，在长期的家庭关系中，这种交换是非对称性或非计算性的，总体上而言，一方的付出可能较多，另一方可能较少，而且相互之间不会按照市场价格进行充分的计算。共同劳动之后的成果分配也不会严格按照当事人的贡献，而是考虑家庭成员的实际需要等因素，因为在长期的关系中，双方有各种机会可以实现互惠共赢，而不需要计较一时的得失。

"最大化家庭关系价值的核心是维持信任和模糊化自利的角色，而对自利动机的否定是通过互惠的含蓄性与延时性实现的。也就是说，回馈行为不是立即采取的，而是在不断的发生过程中表现的。"[1] 家庭成员通过这种含蓄、延时的交换方式最大限度模糊化其交易的色彩，增强家庭成员之间的信任与信赖，从而充分提升家庭关系在精神层面的价值。

虽然从外部视角看，某些家庭成员在特定时期、特定方面的利益受损，但只要家庭成员间仍然维持着信任关系，并且持续按照互惠方式行事，那么从家庭成员的内在视角看，整体上而言这种互动方式仍然符合共同的意愿。

3.1.2.4 家庭权力的分配：家长权威

在家庭内部，权力的分配依循一定的身份法则，而不是基于明确的授权、能力大小或财富多少，基于家长对子女的长期教育与规训，以及家庭伦理规

---

[1] See Melanie B. Leslie, "Enforcing Family Promises: Reliance, Reciprocity, and Relational Contract", 77 North Carolina Law Review, 551 (1998).

范对子女孝顺及尊重长辈的角色期待，家长在家产的管理、分配、家族成员工作的安排甚至婚姻等，都具有事实上的决定权或重要影响力。家长在家庭事务上的权威不仅来源于生活习惯，也源于家长的特殊才能与人格。一定程度的家长权威能够保障家族内部有限资源的高效调集，减少家庭成员的机会主义，在家长利他主义的作用下，家长权威的行使旨在增加家庭成员的共同福利，并且能够基于公平原则在不同家庭成员之间进行资源分配，适当照顾弱者利益，避免家庭内部出现明显的强弱不均。在中国家庭伦理中，家长权威并非一种绝对的、任意的权力，如儒家文化强调"父慈子孝"，家长与子女及家产之间是一种广义的信托关系，家长仅充当一个家庭管家或保管者的角色，社会规范要求家长在增益财富的同时，不得挥霍浪费，而是要将家产留给下一代。从这个意义上说，家长权威与家长责任是一体的。

总之，功能良好的家庭成员间存在特有的利他主义、高度信任、互惠互助以及家长权威等互动方式与社会规范，这些家庭规范会随着家族成员对企业的全面控制、参与而成为封闭型家族公司内部的治理规范或治理机制，决定家族公司内部的权力归属、决策形式与利益分配，从而形成与正式治理不同的关系治理模式。

3.1.3　封闭型家族公司的关系治理机制

非家族公司需通过契约或公司法提供的一套治理机制，解决代理问题。与此不同，在规模较小的封闭型家族公司中，公司股东与公司管理者都是家庭成员，并无外部投资者与职业经理人的参与，公司成员之间具有利他主义动机与高度的信任关系。这类家族公司的治理具有明显的非正式性，因而被称为关系治理。[①] 在关系治理中，家族股东与家族管理者很大程度上以家庭成员的角色行事，而不是以法律要求的方式行为，家庭成员间非正式的沟通、交流、家长基于家族权威的决断、家庭成员之间的信任与互惠等成为替代董事会、正式契约的关系治理机制。这些关系治理规则或机制能够解释家族公

---

① 参见李新春、陈灿《家族企业的关系治理：一个探索性研究》，《中山大学学报（社会科学版）》2005 年第 6 期，第 114 页。

司的一些特殊治理现象。

首先，家族股东不会强调公司章程与正式的治理机制对保护自己利益的作用，尤其是我国公司的章程很多是按照工商管理机构制式化的格式章程填写的，并非家族成员协商基础上的共识，封闭型家族公司的章程很少是经过家族成员协商确定的，而是表现为"千篇一律"。相反，家族企业的治理主要依靠家族权威以及家族成员间的共识。资本多数决本质上是一种陌生人之间的决策模式，建立在权益与风险相匹配的原则上，但是家族成员并非是个人主义的行动者，家族成员间相互关联，"一荣俱荣，一损俱损"，家庭成员间的利益与风险很难完全独立与区隔。因此，除非家族成员间已经心生嫌隙，一般不会采用资本多数决的方式决定家族企业的重大事项，股东会决议、董事会决议也仅是事后应付政府机构或保护交易相对人信赖的形式。只要家庭成员认可企业家（家长）的权威和公正性，家族成员即使没有给予明确的激励，也将主动视家族利益为自身利益的重要组成部分。[①] 事实上，家庭成员关系密切，相互沟通频繁，茶余饭后就可以讨论公司事务，子女的意见并不需要通过正式的、书面的股东会决议或参与经营管理进行表达，这些家族成员虽然在工商机关登记为股东，但这些股权很多时候是父母出于工商登记的便宜或为了提前将部分家产转移给子女而登记，子女并不一定实际出资。在此情况下，子女虽然在名义上具有股东地位，但基于对父母的高度信任，实质上的地位更类似于股权信托的受益人，并不实际行使股东权利，这种解释更符合家族企业中股权的配置及实际权力的行使状况。

其次，基于家族成员的利他主义及信任，家族股东在公司中的权益或利益与公司登记的股权状况很多时候存在不一致，工商登记只是一个对外公示的需要，证明公司属于特定家族所有或控制，但很多时候这不是家族内部对于公司利益的最终分配依据，因而仅具有对外效力，这是很多家族内部成员

---

① 参见余立智《家族制企业的生成与变迁：一个契约观点》，《财经论丛》2005年第4期，第81页。

的共识。①家庭成员不会严格按照自己在公司中的出资比例行使表决权与分配利润，公司只是家族财产的一部分，家庭成员有各种方式实现互惠互利，无须过分计较在公司中暂时的利益，而且家庭成员往往信赖家长具有最大化家族利益的动机。更重要的是，家族成员除了投入资金等物质资本外，还投入人力资本、社会关系等其他资本，并且没有订立明确的合同，因为家族成员的人力要素投入不是建立在给付与对价的缔约基础上的，其回报率主要取决于家庭成员身份所享有的对企业收益的期待性利益，如家长的馈赠与帮助。家族所享有的股权只是在外部关系上明晰了创业家族与企业其他利益相关者之间的权属分配关系，而在创业家族内部，企业剩余索取权的归属却远未明晰到个人。②从物权法共有关系的角度而言，虽然在形式上公司股权登记在某一家族成员名义下，但是基于家庭关系这一基础关系，家庭成员对于股权存在一种共同共有的关系，例如，在"邓某、邓某仁与邓某文所有权纠纷"案中，法院即认定，邓氏三兄弟对家族企业形成一种共同共有关系，并且认为在解除共有关系并分割财产时，"应该考虑家庭成员对企业的发展及资产累积的贡献"③。即使在法律上无法成立共同共有，至少从家族成员社会意识的角度而言，存在一种共同的心理所有权。因此，我们不能以个人主义为基础，就认为封闭型家族公司的股权不清晰，存在很高的法律风险，在家族规模较小，成员之间高度信任的背景下，这种股权不清晰是从外部视角而言的，家族内部仍然存在约束机制，"产权分割与不分割都是以整个家族的事业和管理效率为考虑基点的，何时分割量化到家族中的个人是要根据家族理性的判断、市场社会的环境、家族企业发展及内部管理的需要去决策的问题"④。实践中，在家长年迈或者子女成家之后，企业家族会逐渐明确不同家户对公司的权益。

---

① 有学者在个案研究中也总结认为："非家族企业强调的是资本与收益的匹配性，从而带来一种激励机制，但家族成员从家族企业所获得的收益并不完全根据他的贡献来分配，由于家族财产在家族内部具有'非排他性'特征，包括家族要素报酬在内的企业剩余不是按贡献大小来划分，同时也不是按照某种形式的受法律保护的初始明示契约来划分，而是由家长按照利他主义原则和家长共同利益的需要来划分。"参见杨光飞《家族企业的关系治理及其演进——以浙江异兴集团为个案》，社会科学文献出版社2009年版，第132页。
② 参见余立智《家族企业的成长机理与变迁路径》，中国财政经济出版社2003年版，第157页。
③ 参见重庆市第一中级人民法院（2015）渝一中法民终字第04315号民事判决书。
④ 参见李东《家族理性与家族企业治理的几个问题》，《学术交流》2004年第2期，第87页。

再次，家庭规范也使得很多家族公司没有遵循法人人格独立及公司程序的相关规定，如公司财产与股东个人财产普遍存在混同现象。这不仅包括股东占用公司财产，也包括股东以个人财产为公司债务提供担保的行为。在封闭型家族公司中，家长充任家族管家与企业管理者双重角色，但家族企业很大程度上被视为家族财产的一部分，用于满足家庭成员的利益，家长对企业财产的处理具有高度灵活性，其他家族股东不会对财产混同行为进行监督，从而更加重了其财产混同的可能性。当然，除了家庭逻辑造成财产混同外，部分则是家族成员一致行动，以损害家族企业债权人利益为目的转移企业资产。

最后，家族公司的关系治理使得家族关系的变动将严重影响家族公司的经营管理，即使公司盈利能力良好，家族股东与家族管理者之间也可能爆发激烈的冲突，这主要源于作为基础关系的家庭关系的破裂，如家族股东之间的离婚、继承。"许多涉及封闭公司的著名案件，都涉及因年长的公司创办人死亡、离异、退休等引发了非正式纽带关系的破裂等问题，这绝不是偶然的。"[1]

3.1.4 封闭型家族公司关系治理的双重目的

一般认为，商事公司是营利性法人，以利润最大化为目标。同样，封闭型家族公司也面临激烈的产品市场竞争，需要尽可能降低自身的治理与管理成本，而关系治理机制解决了企业内的信息不对称等问题，减少了契约式谈判造成的交易成本与机会主义。家族成员能够像管家一样为家族企业的利益最大化服务，因而很多家族企业表现出优异的经营业绩。在一定的条件下，关系治理机制能够促进家族企业的经济目标。

然而，家族关系是家族企业存续的基础，除了实现家族企业的营利目标外，家族企业同时承担了家族福利最大化这个目标，[2] 这就意味着家族股东还

---

[1] 参见［美］弗兰克·伊斯特布鲁克、丹尼尔·费希尔《公司法的经济结构》，罗培新等译，北京大学出版社2014年版，第234页。

[2] See Michael Carney, et al., "What Do We Know About Private Family Firms? A Meta‐Analytical Review", 39 Entrepreneurship Theory and Practice, 513（2015）.

会积极追求非经济目标，家族公司的非经济目标包括维系家族成员之间的公平、团结；为家族成员提供就业机会；提升家族的社会声誉；追求家族创始人特定的价值观。[①] 在家族公司的经济目标与非经济目标冲突时，家庭成员可能优先选择非经济目标。例如，即使家族雇员在各方面都不如非家族雇员，但仍然可能占据公司的重要职务。家族公司的行为并非都是以效率或财富最大化为导向，家族股东与家族管理者有时以牺牲自己的经济利益或者公司利益为代价，维系家庭关系的和谐。[②] 一些家族企业明确将家族的愿景与价值观作为企业治理与经营的追求目标。

例如，在美国著名的 Hobby Lobby Store 公司案中，[③] 霍比罗比公司是一家典型的家族公司，以格林家族所信奉的基督教教义作为经营管理的指南。该公司是 20 世纪 60 年代末由格林夫妇在俄克拉荷马州创办的，格林家族信奉福音派新教。该公司的全部表决权股份由多个家族信托所持有，而不是由格林家族成员直接持有，格林夫妇和他们的成年子女是家族信托的受托人。在家族成员成为受托人之前，需要签订一份受托人承诺书，信托文件本身也有大量条款是对基督教教义的表达。同时，父亲和三个子女是该家族公司的董事，他们也担任公司的管理者。根据公开资料，这家公司有 1.3 万多名员工，以及超过 500 家的门店。因此，虽然这是一家家族控制的封闭型公司，但在雇佣和规模上却属于大企业。《福布斯》杂志曾报道，该公司 2013 年的营收超过 30 亿美元。与家族受托人签署的承诺书一致，该公司有一份明确的公司目标宣言书。这份宣言书强调了基督教教义和利益相关者的利益在公司治理中的重要性，家族成员明确承诺"通过与圣经教义相一致的方式来经营公司并使上帝得到荣耀"是公司的主要目的。基于此，公司应该为消费者提供有价值的产品和服务、支持并祝福公司雇员及其家庭、投资于社区、为所有者的投资提供回报。值得注意的是，在此公司目标宣言中，为股东提供回报只是

[①] See Thomas M. Zellweger & Joseph H. Astrachan, "On the Emotional Value of Owning a Firm", 21 Family Business Review, 347 (2008).

[②] See Benjamin Means, "The Contractual Foundation of Family-Business Law", 75 Ohio State Law Journal, 675 (2014).

[③] See Lyman Johnson & David Millon, "Corporate Law After Hobby Lobby", 70 Business Law, 1 (2014).

公司目标中的一个，而且处于最后顺位，并没有如委托代理理论或一般公司治理实践所倡导的那样奉行股东财富最大化。相反，该公司目标宣言书明确规定，如果公司将来被出售，家族股权的受托人只能获得 10% 的出售价款，而剩余的 90% 出售价款应该支付给教会。由此表明，家族股东仅是有限的剩余财产索取权人。实践中，公司年利润的三分之一会捐献给教会，公司支付给员工的时薪也远超当地的平均时薪水平。由于遵循宗教教义而经营，霍比罗比公司每个周日都会关门歇业。[1] 据格林家族计算，此举将使得公司利润每年减少数百万美元。这个极端的个案表明，家族企业体现了深厚的家族关系及家族信仰，在没有外部投资者的情况下，家族企业的运作完全按照家族的意图和愿景展开，经济财富既不是家族企业成员追求的唯一目标，也无法完全解释家族企业采取的特殊治理安排与战略决策。

事实上，企业家族这种追求非经济目标的行为是一种对家族社会资本的再投资。家族社会资本同样具有经济学上产权的性质，需要对社会资本的形成与增加进行投资，以社会资本为核心的关系治理是建立在行动者相互间建立持续性的交换关系为前提的。在实践中，企业创始人总是试图调和自己作为家长与企业管理者的角色，在企业利益与家族利益之间实现一定程度的平衡，希望在企业发展的同时实现家族的和谐与荣耀。

总之，封闭型家族公司往往具有追求家族与企业利益的双重目的，即使没有明确载入公司章程或股东协议，这也是很多家族公司参与者隐含的共识，是实践中家长以及其他成员的真实行动逻辑。在封闭型家族公司中，很多情况下，家族成员完全持有公司股权，追求非经济目的也不存在损害其他股东利益的情形。[2]

3.2 司法裁判对家族公司关系治理的认识与回应

家族公司的关系治理很大程度具有自我实施与执行的能力，家族成员的

---

[1] See Sylvia Burwell v. Hobby Lobby Stores, Inc., 134 S. Ct. 2751 (2014).
[2] 当然，在一些情况下，极端的家族主义可能损害家族公司债权人及雇员利益的情形。

行为受到家庭伦理规范的约束,退出家族关系也会产生严重的经济与情感损失,所以家族公司一般能够通过完全的自治解决家族成员的利益分配问题,有学者甚至认为"即使家族成员出现分歧,也不会借助法律的手段来解决,而是依靠内部协调来解决"①。这显然夸大了关系治理的功能与稳定性。随着离婚、继承诉讼的逐渐增多,家族矛盾对家族企业关系治理构成越来越多的挑战。随着家长权威的减弱或消失,家庭矛盾可能无法通过内部协调或中立的第三方调解予以解决,而且,即使家族成员开始通过签订离婚协议、分家协议等方式解决关系治理产生的问题,也会产生契约理解不一致的矛盾。在家族公司的司法案件中,法官面临一个完全不同于其他商事公司的情景或语境,即使在诉讼时家族成员的关系已经破裂,但无法否认家族公司曾依赖利他主义、信任以及互惠等方式行动。实践中,已经出现很多"夫妻公司""父子公司""兄弟公司"的司法诉讼,而且可以预见的是,随着家庭关系的现代转型以及家族企业的代际传递,封闭型家族公司的司法纠纷会越来越多。透过家族公司的诉讼案件,我们能够了解法官如何认识与评价家族公司的关系治理,探讨家族公司中非正式的关系是否应该得到公司法的承认与保护。② 然而涉及家族公司的案件数量众多,本书难以进行全面的梳理,所以下文将以类型化的方式梳理我国司法实践中法院对于封闭型家族公司关系治理的认识与裁判态度,③ 在此基础上选取一个具有典型性的封闭型家族公司案例说明法院在面临此类案件时的困境,在关系契约理论之下探讨可能的裁判路径。

3.2.1 家族公司关系治理的司法态度

在理性经济人假设下,陌生的缔约主体之间可以通过非人格化的谈判实

---

① 杨光飞《家族企业的关系治理及其演进——以浙江昇兴集团为个案》,社会科学文献出版社2009年版,第144页。
② 不遵守法定程式所作出的非正式协议是否对公司与第三人发生拘束力取决于法律是否承认这样的非正式协议,此外不遵守法定程式还可能构成法人人格否认的情形,但这主要发生在公司外部关系中(债权人)。参见施天涛《公司法论》,法律出版社2015年版,第300页。
③ 本书不在于论证法院应该为家族公司的裁判提供特殊的规则,正如很多学者认为,很难制定一部关系契约法,但并不妨碍法官对于强关系契约作出符合事务本质的解释。同样,在裁判家族公司案件中,当法院在解释合同以及既有的公司法规则时,能够结合家族公司关系治理的特殊性,作出对家族成员更公平的裁判。See Melvin A. Eisenberg, "Why There Is No Law of Relational Contracts", 94 Northwestern University Law Review, 805 (1999).

现对公司内部关系的治理，主流的法与经济学研究主张公司法应该提供的是理性经济人在交易成本为零的情况下会达成的条款，法院不应该积极介入公司内部事务，应该鼓励公司股东通过协议安排实现自治。然而在我国大多数封闭型家族公司中，企业家族盛行通过关系契约的方式处理家族企业的事务。司法实践表明，虽然这些家族企业在形式上也存在股东会、董事会等公司法提供的正式治理机制，并且在涉及家族成员重大权利义务或家族变迁的情况下在家族成员之间订立书面合同，但是这些正式治理机制和契约只能部分反映家族成员关于彼此关系的期待和共识，甚至与当事人的共识相悖。在一些案例中，法院若严格按照正式治理机制的要求或严格按照文义解释家族企业中的契约关系，将损害家族成员的合理期待，造成不公平的结果。一些法院正是基于家族企业的特殊性考虑，尊重了家庭成员的互动方式与家庭惯例。

3.2.1.1 基于家庭关系而推定同意

在一般的意思表示理论中，当事人需通过明示或默示的方式作出同意或放弃的意思表示，沉默一般不发生任何意思表示的法律效果，《民法典》第142条第2款明确限定："沉默只有在有法律规定、当事人约定或者符合当事人之间的交易习惯时，才可以视为意思表示。"然而在家族公司的司法实践中，很多法院都基于夫妻关系或父子关系的存在，推定一方一段时间的不作为或沉默具有同意或弃权的法律效果。[1] 事实上，比较法上也存在夫妻之间"不反对即同意"的立法例。例如，《西班牙商法典》第6条规定，已婚商个人对于夫妻共同财产的支配必须取得对方的同意，但是该条所指的"同意"可推定为：夫妻一方明知另一方从事前条所规定的商业行为，且没有明确表达反对意见。[2] 由此说明，鉴于家庭成员密切的信息沟通，同意并不需要以明示或特定的作为表示，互相尊重与默认本身就是家庭生活的常态。

我国民事立法虽然没有明确对家庭关系中的意思表示作出特别规定，但是司法实践中，仍然存在相当多的判决肯定家庭关系中意思表示的特殊性，

---

[1] 也有部分法院将密切的亲属关系作为证据法上的经验法则，推定当事人具有特定的意思表示。
[2] 《西班牙商法典》第7条，参见潘灯、高远译《西班牙商法典》，中国政法大学出版社2009年版，第4页。

赋予沉默一定的法律效果。例如，在李某公司决议效力确认纠纷案中，法院判决认为："鉴于李某与曲某国属于夫妻这种特殊的身份关系，且在之前的公司股权转让及本次股权转让时均未支付对价，说明家族公司内部股权结构及管理存在特殊性，华某公司在2015年再次在工商部门登记变更法定代表人为上诉人李某时，股东及股东持股比例并未进行变更，上诉人李某及华某公司对2013年12月变更后也一直未提出异议。能够反映出上诉人李某对股东会决议及股权转让协议上记载的内容应当是知情或默认的。"①

同样，在三台县某置业有限公司与银洪彭喜、某某全、尹某容确认合同无效纠纷案中，法院判决认为："《中华人民共和国公司法》第十六条规定，……公司为公司股东或者实际控制人提供担保的，必须经股东会或者股东大会决议，该条旨在保护其他股东的合法权益。虽然某置业公司为某某全的对外债务提供担保未经股东会决议，但是某某全承担案涉债务中包含了某电力公司的债务，某电力公司及某置业公司均属某某全、尹某容的家族企业，某置业公司的另一股东也系二人的女儿吴某燕，根据股东之间特殊关系的事实应推定吴某燕清楚并同意某置业公司为其父母及家族企业的对外债务承担保证的事实，某置业公司的保证行为并未损害其合法权益。"②

又如，在"范某与李某股权转让合同纠纷上诉案"中，丈夫李某持有A公司80%股权，妻子范某持有A公司20%股权，后丈夫李某将其持有的80%股权转给其父亲李某林，虽然李某出具了股权转让的股东会决议，但股东会决议上范某的签名为李某所代写，所加盖的范某私章为李某保管。该案的核心法律争议是，在没有妻子范某明确同意的情况下，李某转让股权给第三人（其父）的行为是否侵犯夫妻的共同财产，是否侵犯公司法及公司章程规定的范某的内部股东优先购买权。在该案中，二审法院认为，股东会决议上范某的名字是李某所代签，但是加盖的范某私章是真实的，而且在当时股权转让时双方具有夫妻关系，而李某与股权受让人李某林系父子关系，各方当事人间具有非常紧密的亲属关系。而且，在股权转让后，李某林成为公司的法定

---

① 参见山西省太原市中级人民法院（2016）晋01民终2206号民事判决书。
② 参见四川省高级人民法院（2016）川民终849号民事判决书。

代表人,并且参与公司经营,范某作为一同参与公司经营的股东之一,对此事知晓并且没有提出符合规定并有据可查的反对意见,范某以其实际行为同意了李某将股权转让给李某林。① 从法院的判决逻辑中可以看出,家族企业中具有紧密亲属关系的股东往往具有较高的默契,沉默很多时候意味着同意或容忍,因而法院可要求亲属股东之间承担更高的注意义务或善意。除非在知情后提出明确反对,否则即使其他股东没有明确告知相关事项,亲属股东很可能须承担懈怠的不利后果。由此反映了法院对一般家庭内部秩序的尊重。

从这些案例中可知,法院事实上存在两个层面的推理逻辑:第一,基于家庭成员间的密切沟通这一经验法则,其他家庭成员很有可能知道特定事实;第二,在家庭成员知道的情况下不做出反对,在经验法则上,该家庭成员很有可能对相关事件就是同意的,即使家庭成员在内心不同意,但一段时间不提出异议,鉴于家庭成员间更高的忠实义务,也应该承担法律上的不利后果。②

这种推定同意的司法态度符合封闭型家族公司关系治理的实践,体现了对社会生活中家庭关系的尊重。第一,在非家族公司中,陌生人股东之间除了召开股东会之外很少接触,较难知道公司或其他股东的情况,即便知道某一事件也可能基于各种考虑较长时间不做出表示,法律不应该对此予以苛求,但是家族股东或管理者除了直接在公司中因管理行为而发生合作外,还具有密切的私人生活关系,夫妻或父母子女之间能够通过家庭生活分享与企业有关的信息,信息不对称的假设在大多数封闭型家族公司中并不存在;第二,家族公司关系治理的一个重要方面是尊重家长的权威,家族公司的股东并不严格按照股权比例、董事身份等因素分配决策权限,而是很大程度上根据家庭中的身份确定彼此的权利义务。在涉及家族企业的事务时,基于对家长权威的尊重或容忍,家族其他成员一般无须明确表示同意,即使存在一定的意见,也会在整体上对家长进行容忍和配合。因此,很多家族公司的协议往往

---

① 参见昆明市中级人民法院(2009)昆民五终字第1号民事判决书。
② 事实上,即便在陌生人交易的场景中,当事人行使权利也应该遵循诚实信用原则,为此法律上设置了时效规则、权利失效规则,但是这些都是最低限度的道义要求,因而只有权利人相当长一段时间内懈怠,才具有归责的法律基础。

欠缺正式的同意或反对。

3.2.1.2 对程序性瑕疵的包容

在公司法上，程序公正对于公司治理和股东权益的维护具有重要意义，程序瑕疵可导致公司决议的可撤销甚至无效。然而，由于很多封闭型家族公司实行关系治理，家庭成员间的高度信任弱化了程序的功能，过分强调家族股东间交往的程序不仅徒增交易成本，而且会破坏家庭内的信任氛围，所以家族企业普遍形成一种"低文本文化"①。这就造成很多家族公司的决议及股权变动没有严格按照公司法的召集、通知、表决等程序。法院对于家族公司中程序正义的不同理解就可能产生不同的裁判结果。在既有的一些家族公司案例中，很多法院考虑到了家族公司关系治理的特殊性，判决意见表现出对家族公司程序瑕疵更为宽容的司法态度，以尊重家族公司既有的治理实践，保护公司的交易安全。例如，在"二审被上诉人沈某龙与公司有关的纠纷"案中，最高人民法院认为："沈某嘉、沈某龙和沈某林于2000年7月3日所签订的'协议书'载明：恒某公司是沈氏家族企业，恒某公司的所有者权益中扣除干部及重要岗位员工所持股权证的份额后，沈某龙持有55%的股份，沈某嘉持有25%股份，沈某林持有20%股份。沈某龙担任董事长，沈某嘉担任总经理，沈某林担任公司副总经理，以上三人组成公司常务董事会，决策公司重大事项。因沈某嘉、沈某龙、沈某林系同胞兄弟，'协议书'是沈某龙将其在恒某公司工商登记中记载的股权比例作为沈氏家族共同财产并在三兄弟之间进行分配，该协议并未损害恒某公司其他股东的权益和份额，亦不违反法律、行政法规的强制性规定，应当认定为合法有效。根据'协议书'的约定，沈某嘉、沈某林是否对恒某公司实际出资，不能成为衡量其是否享有股权及行使股东权利的标准。根据其他已生效判决，沈某龙、沈某嘉、沈某林共持有公司99.2%的股权……本案'恒某实业有限公司财产分割协议'的签订背景，是在兄弟之间嫌隙不睦的情况下，经王某等四位见证人的调停，

---

① 在低文本文化中，人们更喜欢作含糊和间接的交流，而且信息交流较多依靠事前人们在共同的文化背景下形成的共识，经常是三言两语就能使对方明白。参见陈凌《信息特征、交易成本和家族式组织》，《经济研究》1998年第7期，第27—33页。

沈某龙等三人在互相谅解的基础上，将恒某公司的部分资产和债权债务予以分割，以期维护沈氏大家庭的和睦氛围。该财产分割协议的内容涉及公司股东退出公司、公司固定资产分割、债权转让和债务承担等内容，其性质类似于公司分立协议。本案中，沈某龙等人实施的分割公司财产的行为，虽未依照《公司法》的规定履行股东会决议、通知债权人及公告等法定程序，但不宜以此为由否定财产分割协议的法律效力。一方面，就公司股东意思的形成来看，恒某公司系沈某龙、沈某嘉、沈某林三人协议共同持有控制股权的家族企业，除沈某龙之妻李某杰之外的其他股东所持有的股权均系源自沈某龙之赠与，且该等其他股东当时均在恒某公司任职，应当知道沈某龙等三人之间签订了财产分割协议，且其他股东在分割协议签订之后，并未主动提出异议。故不能仅以该协议在签订之时未经股东会议决议的程序瑕疵为由，否认该协议在股东之间的效力。另一方面，《公司法》就公司分立所规定的通知债权人和公告等程序，系为保护债权人利益而设，违反上述规定的法律后果是公司不能以其分立行为对抗债权人，而非否定分立协议在公司股东之间的法律效力。故原审判决考量了沈某龙等三人的持股比例和其他股东分别选择到分立后的公司工作等实际情况的基础上，认定财产分割协议有效是正确的。"①在该案中，虽然公司没有召开正式的公司股东会作出公司分立的决议，但是鉴于家族股权签订相关协议的背景以及公司其他股东的沉默，法院还是认定分立协议发生公司法上公司分立的法律效果，体现了对家族公司内部协商结果的尊重。

3.2.1.3 对家庭成员间行为习惯的尊重

产权清晰、权责明确是现代公司的重要特征。然而在封闭型家族公司中，公司的实际情况经常与公司公示信息存在不一致，发生所谓的"脱耦"行为。一些家庭成员虽然没有正式的股东身份或管理职位，但事实上能够基于家庭成员的身份影响公司的决策，成为相关协议的签订者。工商登记的股权结构也常常难以反映家族企业内部真实的投资与权属状况。因此，在裁判家族公司纠纷时，法院除了考察工商登记等权威信息外，还需要更多地考量家族公

---

① 参见最高人民法院（2013）民申字第275号民事裁定书。

司的具体情景,对家族成员的实际行为、口头表示等进行调查,以探究当事人之间真正的共识。例如,在"冯某玲、谢某英确认合同效力纠纷"案中,[①]主要的法律争点是家族成员之间是否存在股权转让的合意,对此,法院明确阐述了家族企业在公司治理方面的特殊性。"从家族企业的公司治理看:(1)根据工商登记,金某公司由冯某玲(母亲)及案外人谢某芳(女儿)所设立,公司股东均系家庭成员,属于家族成员共同设立的家族企业。(2)对于实际出资,谢某英(女儿)认为金某公司系冯某玲夫妻、谢某方(儿子)及谢某英夫妻共同设立经营的家族企业;冯某玲则认为金某公司由其实际出资设立;其配偶谢某安(父亲)认为由其出资设立,双方及案外人谢某方协助其经营公司。即使按照冯某玲夫妻的陈述,不论由冯某玲或谢某安出资,均系以夫妻共有财产出资设立,故股权虽仅登记于冯某玲名下,但谢某安对于家族企业的内部经营及股权变更登记具有一定的家事代理权,该代理权亦可与公司设立时由谢某安签字办理所证实。同时,谢某英及家族成员谢某方、谢某芳亦对谢某安对公司的家长式控制予以认可,冯某玲亦表示谢某安经营公司。(3)根据法庭调查,双方及案外人谢某安、谢某方、谢某芳均对2012年各方对金某公司资产进行分割陈述一致,即冯某玲夫妻一份、谢某英夫妻一份、谢某方一份,而谢某安、谢某方及谢某英配偶实际并非公司股东,故不论该资产分割是否有效,但至少可反映在家族成员内部,均认为家族企业的股权登记所载明的股东实际并不依据其持有的股权享有相应公司财产权利或股东权利。(4)公司经营过程中,确实存在冯某玲仅加盖印章而不签字的习惯。综上,因该家族企业中其股权变更实际不具有对价利益,也不能体现股东权利,故对股权转让协议的审查应区别与普通公司。在家族成员谢某安表示知道法定代表人变更及谢某芳陈述股东变更登记经家族成员协商一致的情况下,结合该家族企业在变更登记后经过八年左右的时间,均未有家族成员就股权变更提出异议的情况,应该认定冯某玲对股权转让协议的签订知情。综上,双方签订的股权转让协议至少在进行股权变更登记的意思表示上一致,合同成立。"由该判决可知,法院更加积极地考察家族公司中的一些特殊行为

[①] 参见参见最高人民法院(2014)民申字第905号申请再审民事裁定书。

习惯，而不是以普通公司中当事人的一般行为作为预设前提，有助于法院更好地解释当事人的行为，探求当事人的真实意思表示。

3.2.1.4 强调公司决策发生的家族背景

封闭型家族公司中的很多行为与决定都是因家族因素的变化而引起的。例如，家族内的分家可能导致家族公司的分立，家族成员的婚姻纠纷会导致公司控制权的变更。因此，考察公司行为的家族背景，对于解释家族公司内相关主体的行为动机，具有参考或补充论证的功能。在"黄某益有限公司诉广州某医药保健品进出口有限公司等商标权侵权纠纷"案中，核心的法律问题是公司董事会决议及相关协议的真实性，原告主张公司没有通知董事黄某参加董事会，也没有在董事会决议上签字。然而法院认为，董事会决议的有效性应该结合公司的性质、董事会决议惯例以及黄某与前妻罗某的婚姻纠纷背景综合判断，而不能仅根据法律原则进行判断。原告是家族公司，在设立上与其他公司没有区别，但在实际经营过程中因家族参与而具有特殊性。原告声称其董事会形成决议后均由与会董事签名，其以 1999 年 12 月 17 日会议记录为样本。该次会议决定由黄某三个女儿替换黄某赐等三人出任董事，但决定公司董事任免等事宜的权力在公司股东会，所以 1999 年 12 月 17 日会议实际上是原告股东会议而非董事会议，这一点香港法院裁决书亦有确认。被告某公司提交的部分董事会决议没有董事签名，由此证明在原告家族公司中，存在董事会记录上不签名的惯例。而根据证据显示，1999 年 5 月 28 日当天罗某仍在香港，该案董事会决议有过半数的董事签字，而且其他董事都做出声明，认为黄某曾参加过上述会议，从黄某和罗某的婚姻纠纷过程也可以看出，黄某对罗某在婚姻方面不忠，希望补偿罗某及其子女，如 1996 年黄家家庭会议决定，黄某将自己的 6% 股份转让给罗某及其两个孙子。从实际情况看，黄某赐在香港开厂（被告黄氏公司）生产销售黄某益活络油产品多年，黄某能不知悉不追究？……以上种种情形已经足以令本院相信，中国大陆市场权益的分配亦是其补偿的一部分，黄某希望通过此安排来挽救其与罗某的婚姻关系。本院认为，黄某已经参加相关董事会并通过了相关的董事会决议，上述决议是真实有效的。① 由此可见，通过对家族成员内部婚姻关系等的考察，法院佐证了公司做出相关行为的动机合理性，即通过家族企业中的让利弥补家族成员在家庭关系中受到的损害。

3.2.1.5 强调信任关系对维系家族公司的重要性

封闭公司的一个重要法律特征是欠缺退出机制，股东一旦出资成为股东后，就不能如合伙制一样通过退伙等方式退出。法律对解散公司存在严格的实体与程序要件。同时满足公司经营管理发生严重困难，继续存续会使股东利益受到重大损失，通过其他途径不能解决等要件的，持有公司表决权百分之十以上的股东才可以请求人民法院解散公司。《最高人民法院关于适用〈中华人民共和国公司法〉若干问题的规定（二）》（以下简称《公司法司法解释（二）》）②第1条对"经营管理发生严重困难，继续存续会使股东利益受到重大损失"予以具体化，但其构成要件仍然较为严格，且主要局限于公司僵局（deadlock）这一情形，对比较法上认可的压制或欺压（oppression）这一类型缺乏明确规定。③ 有学者主张扩张解释"经营管理发生困难"，将公司的人合性障碍也纳入司法解释的法定情形，④ 但司法实践中仍然存在不同的做法，⑤ 法官对司法解释有很大的自由裁量空间。法官可以考虑各种可能的要素，导致实践中解散的标准不一。然而在家族公司的关系治理中，家族股东与管理者之间的信任关系是公司得以存续并且正常经营的基础，信任与和谐关系也是家族公司经营中追求的非经济目标。当家族事务的纠纷造成家族成员冲突时，这种特殊的私人信任关系难以维系，正如夫妻在感情确已破裂的情况下法院可以判决离婚一样，在注重情感与信任的家族公司中，若家族矛盾升级且无法通过其他方式解决的情况下，法院往往会考虑家族股东对人合性的较高要求这一因素而判决强制解散公司，这不仅有利于公司在解散后重新整合，恢复经营，而且有利于被锁定在企业中的家庭关系能够得到缓和。

---

① 参见广州市中级人民法院（2006）穗中法民三初字第341号民事判决书。
② 参见《最高人民法院关于适用〈中华人民共和国公司法〉若干问题的规定（二）》第1条。
③ 参见李建伟《司法解散公司事由的实证研究》，《法学研究》2017年第4期，第117页。
④ 参见耿利航《有限责任公司股东困境和司法解散制度——美国法的经验和对中国的启示》，《政法论坛》2010年第5期，第130—140页。
⑤ 参见安徽省灵璧县人民法院（2016）皖1323民初2009号民事判决书。

对此，美国法上的相关判例以及我国法院的司法实践中都能看到类似的意见。例如，在麦考雷案中，法院认为："在包含家庭成员的封闭公司中，法院通常会给予家庭成员间的敌意以相当重要的分量，并且认为敌意会影响家族小股东在经营公司中发出有效的声音"①。同样，在我国的"窦某英、杨某等与洛阳某检测技术有限公司公司解散纠纷"案中，② 法院认为：关于公司是否符合解散的条件，是否应该解散问题，股东之间的人合性是公司持续经营的基础，公司的股东均为自然人且主要股东之间有亲属关系，公司的人合性更为凸显。现主要股东之间的矛盾，从 2010 年 6 月持续至今，股东矛盾和利益冲突不息、对抗性严重。双方因纠纷多次向法院提起诉讼，窦某英、杨某因违反公司股东会决议被判决丧失其所持有的股权，窦某英、杨某、窦某莉还因犯故意毁坏财物罪被追究刑事责任并被判决赔偿公司损失，原股东窦某堂死亡后，各继承人又长期对股份如何继承不能达成一致。以上种种，导致公司治理长期处于不正常状态，长期无法召开股东大会及做出有效决议和决策，无法进行正常经营活动。据此，本院认为，本案中，公司两方股东在公司发生经营管理困难时彼此不愿妥协且对抗严重，人合性基础和信赖关系被打破，公司治理结构失灵，使公司经营管理发生严重困难，股东僵局、公司僵局形成且长期持续，在其他方式均不能化解双方矛盾的情况下，任其僵持下去将使股东利益蒙受更大损失。③ 由此可见，在家族公司中，经营管理的矛盾不仅来源于企业，继承、婚姻等问题也会严重影响公司参与者的信任关系，而家庭关系产生的矛盾往往属于情感纠纷，具有非理性的特征，造成当事人不计成本地为自己"讨个说法"，纠纷的持续与升级将造成家庭与企业的双重损害。在此情况下，法院的判决可能成为解决家族企业纠纷的唯一有效途径。当然，这也并非意味着家庭成员的任何纠纷与矛盾都应该以解散公司为代价予以解决，不同法院对家庭矛盾的程度以及最佳解决办法存在不同认识。例如，在"刘某与灵璧县某化工有限责任公司公司解散纠纷案"中，儿子刘某持股

---

① See Terry A. O'Neill, "Reasonable Expectations in Families, Businesses, and Family Businesses: A Comment on Rollock", 73 Indiana Law Journal, 589 (1997).
② 参见洛阳市中级人民法院（2012）洛民二初字第 35 号民事判决书。
③ 参见洛阳市中级人民法院（2012）洛民二初字第 35 号民事判决书。

32.7%，父亲刘某胜持股 67.3%，刘某向法院提起解散公司之诉，其中一个重要的理由是："父亲年事已高，无法经营公司，却又执意主持经营，且已和原告进行了数次法院争讼。由于公司系家族制企业，家庭矛盾重重，公司继续经营将会使更多家庭成员造成更多的矛盾，不仅公司的经营会受到极大影响，同时会在家庭成员间造成更大的矛盾。"① 然而法院认为，公司作为企业法人，以市场主体身份进行生产经营活动，其合法权益受法律保护。公司生产经营状况出现问题是市场经济活动中的正常现象，股东之间应就公司经营和治理、救济积极处理，以最大限度保持公司正常存续，解散公司之消极作法是股东对公司的不负责任之举，也不可能成为化解家庭矛盾的良方。② 法院的判决固然受到我国《公司法》及《公司法司法解释（二）》中相关裁判规范的约束，但是从其说理中可以看出，法院区分了家庭矛盾与公司经营矛盾，认为两者之间不存在明确的关联，家庭矛盾与公司矛盾应该采用不同的处理方式，但是在家族成员已经多次起诉的情况下，家庭矛盾事实上已经影响到了家族股东之间信任与合作的基础，家族内的情感纠纷可能使股东难以积极处理公司的经营矛盾。换言之，家族矛盾与公司矛盾是相互交织的。法院在无法调解处理纠纷的情况下，解散公司或要求另一方回购股权不失为一个更符合实践理性的解决之道，尤其是考虑到父亲年事已高以及儿子已经在经营公司的事实背景。

3.2.1.6 对家族成员互惠规范的承认

在非家族公司的股权转让场合，当事人往往通过评估等客观方式确定股权价值，而且交易双方存在明显的协商过程，确定给付和对待给付，当事人的义务是明确的、现时履行的。但是，家族股东间的交易具有社会交换的色彩，股权之间的交换可能是一种互惠式的安排，体现对家庭成员的恩惠或其他方面的补偿。部分法院的判决体现了对家庭成员互惠规范的承认。例如，在刘某与刘某毅，章某良合同纠纷案中，法院认为对于公平原则的衡量，现代民法主要采取主观等值原则，结合本案实际情况而言，交易各方互为近亲

---

① 参见安徽省灵璧县人民法院（2016）皖 1323 民初 2009 号民事判决书。
② 参见安徽省灵璧县人民法院（2016）皖 1323 民初 2009 号民事判决书。

属关系，不能完全以市场价值衡量各方的给付和对待给付是否公平，诉争协议明显具有对家庭财产关系进行一次性解决的性质。在协议签订时，当事人对家庭财产的贡献程度、亲情关系等因素也是该协议的重点考虑范畴，故对于当事人已确定的价值判断，无确切证据，人民法院不予干涉。[①] 同样，在陈某亮与陈某富股权转让纠纷案中，法院认为，本案双方当事人系兄弟关系，合伙开办原台州市某电器厂。该电器厂的开办及经营具有家族企业的特点，亲情特征浓厚。故双方在处理纠纷之时，也应秉持诚实信用、相互体谅的原则来妥善处理。至于复息，虽然协议书中约定按照年息加复息每年结算，但并无具体结算的过程，基于双方特殊的身份关系，不排除在协议形成过程中有一方当事人做出了利益让步。[②] 由此可见，家族成员的互惠互利规范在很多时候成为补强法院论证说理的重要支撑。

总之，通过考察上述司法判决意见及法官的推理，我们可以发现，在处理家族公司中家族成员的纠纷时，法院没有将当事人预设为理性经济人，而是假定为嵌入家庭关系，受到家庭规范约束的伦理主体。不同于"买者自负"的市场规范，法院要求家庭股东之间负有更高的忠诚与照顾义务。我国很多司法判决的态度表明，法院遵循了关系契约的裁判路径，关注家族公司的关系治理实践，强调家庭关系、习惯、默契等非合约机制在契约解释方面的作用。由此表明，司法裁判不仅具有促进效率的作用，还具有支持社会规范的功能。

3.2.1.7 对家族成员复杂缔约关系的整体考察

最高人民法院审理的"某公司、迟某民所有权确认纠纷"二审判决很好地体现了家族企业代际传承的特殊性。某公司是由杨某会、王某征、杨某杨、何某远于1999年6月设立，法定代表人是杨某会。其中，杨某会与杨某杨系父女关系，王某征是杨某会之子杨某的妻子，杨某已于2012年6月21日病故。迟某民是三江公司的总经理，迟某民与杨某杨原是夫妻关系，2005年3月某公司资产重组后，迟某民与杨某杨离婚。由此可见，某公司是一个典型

---

① 参见重庆市高级人民法院（2015）渝高法民终字第00230号民事判决书。
② 参见浙江省台州中院（2014）浙台商终字第490号民事判决书。

的家族所有和家族管理的封闭公司。2005年2月至3月，某公司的股东通过董事会决议、资产重组协议书、资产购买合同等多项安排整体上实现了公司资产利益的分配，以及公司控制权由创始人家族向女婿家族的转移。主要内容为：

2005年2月16日，某公司召开董事会，公司全体股东杨某会、杨某杨、何某远、王某征共同签署一份"董事会决定"。主要内容是：第一，经董事会全体股东共同研究决定，用杨某会、杨某杨、王某征七年经营所得部分纯利（以实物体现）三江游泳馆等四处房产作价720万元，授权杨某与某公司签订买卖合同。付款方式为杨某会、杨某杨、王某征部分经营纯利（以实物体现）作价720万元抵顶房款，杨某与某公司签订买卖合同，双方签字盖章后生效，某公司有义务将房产的所有权变更至杨某名下。第二，杨某应承担义务：(1) 杨某从2005年3月1日起至2015年3月1日止，每年向杨某会交纳四处房产经营纯利100万元。(2) 杨某从2005年3月1日起至2015年3月1日止，每年向杨某杨交纳经营纯利50万元。(3) 杨某与王某征为夫妻，不需要向王某征交纳利润。(4) 2015年3月1日后，杨某不再向杨某会、杨某杨交纳任何经营利润，杨某应承担的义务终结。

同日，杨某会、杨某杨、何某远、王某征四位股东签署一份"董事会研究意见"，主要内容为："关于总经理迟某民要求全面接收某公司"，第一，经某公司董事会全体股东研究决定，为了使某公司更好发展及总经理迟某民对某公司所做贡献，依据迟某民对某公司提供资产状况分析报表（总资产2.55亿元，总负债2.51亿元），对迟某民本人要求重组某公司，以迟某民为董事长、法人，并承担重组前全体股东个人所得税及某公司经营项目营业税。经董事会全体股东研究决定同意迟某民全面接收公司，并与全体股东签订企业资产重组协议。第二，如果迟某民不履行资产重组协议之约定，推卸应承担责任，某公司董事会有权收回公司，并追究迟某民本人应负的责任。

2005年3月1日，某公司原股东杨某会、杨某杨、何某远、王某征及杨某与迟某民签订"资产重组协议书"，主要内容为：第一，原董事长杨某会将其名下560万元股权合法转让给迟某民，王某征、何某远、杨某杨三人的股权240万元也同时合法转让，由迟某民等接收，组成新董事会，迟某民任董事长，此间发生的一切税费由新公司承担。第二，杨某以人民币720万元购买三江游泳馆等四处房产。第三，物业公司为王某征所有，产业有1号、2号变电所，1号、2号锅炉，除1号门卫和3层公建2个通风口占用门卫外的所有门卫用房，现在为物业服务及经营的所有设备及车辆均为王某征所有，可直接办理产权。第四，杨某杨在账外给某公司垫付人民币1000万元，由新公司负责在本年七月末以前还清。杨某杨名下的财产迟某民自愿放弃共享权利，杨某杨名下一切财产由本人支配。第五，大峪人防施工尚未完成，2005年3月1日之前的债务由新公司承担，未完工程由三江建筑公司完成，新公司不参与人防工程施工，不收取任何费用和分得任何效益，也不承担任何责任，杨某会把借给人防贷款用的抵押物退回新公司。三江建筑公司属某公司下属单位，1号门卫办公楼归三江建筑公司所有，此房屋贷款由新公司负责偿还并在7月底前解除抵押，并由新公司负责办理产权。第六，新公司资产总数约2.55亿元，原某公司对外欠款及银行贷款约2.51亿元，资产与债务全部都由新公司接收，新公司的资产与负债与原股东无任何关系。

2005年3月1日，迟某民与杨某杨签订了一份"协议书"，内容为："第一，杨某杨出资800万元购买军分区旧址的土地使用权，由杨某杨自己开发建设或转让。杨某杨可用新公司名义开发建设，独立经营，自负盈亏。新公司不参与任何工作，也不分得任何利益，同时不承担任何责任。第二，明山区欢喜岭的土地1.8万平方米及后山50年的使用权及地面附属房屋由原某公司所购，现以100万元价格卖给杨某杨。第三，杨某杨出资120万元购买三江锦绣家园A、B、C、D座所有未出售的车库、售楼处、三江饭店。第四，杨某杨（使用）的奔驰车归杨某杨所有，原来用于购车的贷款由新公司负责还清。第五，站前开元大厦门市房一处400平方米，以200万元卖给杨某杨。"同日，某公司为杨某杨出具一份收到1220万元款项的收款收据，办理了协议书中列明全部款项的结算手续，收款收据加盖某公司财务专用章，并写明交款人杨某杨。

2005年3月3日，某公司与杨某签订四份《商品房买卖合同》，约定平方米单价为1220元，总价款为7202341元。合同第六条排列了3种选择付款方式：（1）一次性付款；（2）分期付款；（3）其他方式。在四份合同中双方对付款方式选择为"其他方式"。该房产一直由杨某、王某征占有使用。

2005年3月8日,某公司向工商机关递交"公司变更登记申请书",将原法定代表人杨某会变更为迟某民,原股东杨某会、王某征、杨某杨、何某远变更为迟某民、迟某艳、迟某胜(迟某胜系迟某民父亲,迟某艳系迟某民姐姐)。3月10日,本溪市工商局批准某公司变更登记并核发了新的企业法人营业执照。

创始人家族将公司股权转让给了女婿的家族,但在转让股权的同时,公司的实物资产在创始家族成员内部进行了分配。股权转让和实物资产的分配虽都签订了正式合同,但都未经过外部独立评估,也未真正支付过合同对价。但后续女婿家族并未按照约定履行相关资产分割的协议,导致长期的连环诉讼。迟某民及某公司以公司法为依据提出零对价分割公司财产属于违法的利润分配,董事会相关决议应属无效。如果从单一行为来看,某公司的决议、交易合同确实存在程序不当和关联交易等诸多公司法上的问题,与标准化的资产重组和股权转让存在明显的差异。但是,辽宁高级人民法院的一审和最高院的二审判决都充分考虑了家族企业的特殊缔约关系和背景,对家族成员间围绕股权转让、公司资产分割的性质做出了家族缔约背景下的整体解释,肯定了家族协议的效力。而且,法院并未严格适用资本维持原则,而是事实上采用了更为宽松的资产负债标准,认可当事人之间对公司资产负债的描述,认为在债权人利益未受明显侵害的情况下,家族成员对家族公司资产的剥离、分割属于家族企业的特殊清算,不能严格适用公司法。在该案中,虽然创始人家族和取得股权的女婿家族签订了多份正式的合同,也召开了董事会决议,但相关合同和决议并非理性投资者之间的交易,具有明显的关系缔约属性,一审法院和二审法院多次强调了家族企业的特殊性,用于论证应该整体解释家族企业的退出安排。例如,一审法院认为,虽然在"董事会决定""资产重组协议书"中未明确约定车库应归杨某杨所有,但在"资产重组协议书"未将车库归属某公司情况下,明确约定杨某杨的财产归杨某杨,由杨某杨本人支配,迟某民放弃共有权。资产重组,是对某公司的资产进行重新组合,按理不应当将股东个人财产纳入其中,之所以明确股东个人财产的归属,是因为作为家族企业名为股东个人财产,实际上就是原某公司财产,而非杨某杨与迟某民之间的夫妻财产。否则，没有必要将杨某杨与迟某民夫妻个人财产在资产重组协议中做出约定。"资产重组协议书"中未将车库明确给某公司新股东，而明确了杨某杨名下的财产所有权、支配权，显然是基于家族企业的特殊性，对杨某杨名下的财产属于某公司财产范畴的确认。

关于"董事会决定"是否违反《公司法》（2013年修订）第177条规定的问题。本案客观事实表明，"董事会决定"实际是家族内部以明确家族成员对资产享有的权利义务以及不履行义务的责任为内容而形成的分家文件，并非实质意义上的公司治理和运营性决定。该决定的直接结果是，原公司股东的补偿性退出与新公司股东的有偿性承接。该民事行为直接反映身份与财产相结合的民事法律关系，应当适用民法和物权法予以调整，尽管民事行为中的个别环节显现公司法、合同法意义上的法律特征，抑或存在法律关系上的竞合，但本案民事行为所成就的基本事实，所反映的是一般意义上的民事法律关系。无论从竞合吸收选择，还是从共同诉讼合并审理角度，都不宜机械适用公司法、合同法等专门法律的特别规定来认定和调整。相关交易系家族成员内部对财产的分割与重组，不存在所谓财产混同问题。

最高院在二审中也认为，相关决议和交易均是某公司资产重组的重要组成部分，体现了家族企业在重组过程中家庭成员之间共商分配财产的性质。关于"董事会决定"的效力问题。虽然某公司没有缴纳企业所得税，既未弥补亏损，也未提取法定公积金、法定公益金，"董事会决定"擅自把诉争房产作为被上诉人"七年经营所得部分纯利"分配，但《公司法》上述规定分配公司当年利润需要先提取法定公积金、法定公益金和弥补上年度亏损，主要目的在于避免因为公司财产减少而增加公司经营风险，降低公司对外偿债能力，从而损害公司债权人的利益。关于对"董事会决定"效力的判断应当充分考虑某公司作为家族企业进行资产重组的背景和过程，某公司资产重组时，新老股东明确重组后的某公司资产总数约为2.55亿元、对外欠款及银行贷款约2.51万元，说明当时公司资产明显是大于公司负债的，对此情况时任某公司总经理和受让股权后成为某公司法定代表人的迟某民是明知的，其他各方当事人也分别以签订合同、协议以及事实行为认可了"董事会决定"和相关协议的具体内容。关于"董事会决定"旨在掏空某公司财产、违反《公司法》

(2013年修订）第177条规定的理由不能成立。

最高院进一步认为，从与本案相关的一些生效裁判文书中也可以看出，重组前的某公司实际上是杨某会等人的家族企业，而重组后的某公司，又形成以迟某民为核心的新家族企业。因为该公司是家族企业，迟某民当时担任公司总经理负责某公司具体经营活动，与杨某杨处于夫妻关系存续期间，因此，才发生家族内部成员通过"董事会决定""资产重组协议书"等重组行为进行家族企业财产分配的情况。从股权转让价款和杨某与某公司之间商品房买卖价款的约定和支付情况来看，股权转让协议签订后，直至在本溪市中级人民法院进行股权转让诉讼时，迟某民等人并未支付相应股权转让款；而杨某与某公司签订"商品房买卖合同"当天，某公司即为杨某开具了四处房产全额发票，杨某亦未向某公司实际支付购房款。从"资产重组协议书""股权转让协议书""商品房买卖合同"的约定和双方实际办理股权转让、商品房买卖的具体情况分析，双方本意是将某公司部分财产分配给杨某会等人以及将公司股权变更到迟某民名下，均不需要支付对价，事实上直到向本溪市中级人民法院提起诉讼时，也未提出支付股权转让款和购房款的问题。"董事会决定"与"资产重组协议书"等其他文件均是家族企业某公司重组活动中的重要文件，既不能抛开"董事会决定"孤立地看待"资产重组协议书"，也不能撇开资产重组单独判断"董事会决定"的性质和效力，而应当从某公司重组时的实际情况出发进行综合判断。

由此案中法院对相关法律行为的解释可知，在没有实质损害债权人等第三人利益的前提下，法院在解释家族企业相关的交易时充分考虑了家族缔约的特殊背景，最大限度尊重了家族成员之间的个性化缔约，维护家族企业的自治空间。

3.2.2 家族公司内部纠纷的解释论

家族公司存在家族与企业两个相互关联的系统，家庭成员之间订立的关系契约较为复杂，给法官解释相关行为带来了困难，下文将以某源公司案为例，说明我国法院在裁判家族公司内部纠纷时存在的问题，借鉴关系契约论及家族企业关系治理的研究成果，从法教义学的角度提出个案的可能裁判路径。

3.2.2.1 某源公司案的基本事实[①]

某源公司由杨某元于2001年创立。公司注册资本508万元，股权结构为杨某元51%、杨某华7%、杨某慧25%、陆某涛10%、杨某丽7%。杨某元与杨某华是杨某慧、杨某丽的父母，陆某涛是杨某慧的丈夫。杨某元为公司的执行董事、法定代表人，负责公司的经营管理[②]。

2011年5月，公司股东间发生股权转让。某源公司股东会做出决议[③]，全体股东一致同意：杨某元将25%股权转让给杨某慧；杨某元、杨某华、杨某丽将各自所持公司6%、7%和7%的股权转让给陆某涛。转让后，公司注册资本不变，股权结构变为杨某慧持股50%，陆某涛持股30%，杨某元持股20%。同日，杨某元、杨某华、杨某丽分别与杨某慧、陆某涛签订了股权转让协议，股权转让价格为股东出资额，[④]并办理了股权变更登记。股权变动

[①] 公司股东围绕公司财产、股权转让等问题进行了多次诉讼，形成了多份判决。本书只选取其中一个案例纠纷，该案经过了一审、二审和再审审查，该案的详细裁判参见江苏省常州市中级人民法院（2014）常商终字第573号民事判决书，江苏省高级人民法院（2016）苏民申616号民事裁定书。由于无法找到本案一审裁判的完整判决文书，因此下文的相关部分也参考了其他裁判文书中认定的案件事实，主要是如下两个判决：二审民事判决书（2013）常商终字第431号、二审民事判决书（2014）常商终字第194号。

[②] 法院认定的事实只言及杨某元是公司的创始人以及公司的股权结构，并没有追溯公司的设立情况。一种可能的情形是公司设立即由上述家庭成员共同出资；另一种情形是公司设立时完全由杨某元夫妇出资，两个女儿和女婿的股权则可能是后续接受赠与获得的。

[③] 参见江苏省常州市中级人民法院（2013）常商终字第431号民事判决书。决议载明："全体股东一致同意公司股权转让，公司注册资本508万元，各股东出资情况为陆某涛出资50.8万元，占注册资本的10%，杨某元出资259.08万元，占注册资本的51%，杨某慧出资127万元，占注册资本的25%，杨某华出资35.56万元，占注册资本的7%，杨某丽出资35.56万元，占注册资本的7%。现全体股东一致同意股东杨某元将所持公司股权127万元转让给股东杨某慧，一致同意杨某华、杨某丽、杨某元将各自所持公司股权35.56万元、35.56万元、30.48万元转让给股东陆某涛。转让后公司注册资本为508万元，股东出资情况为杨某慧出资254万元，占注册资本的50%；陆某涛出资152.4万元，占注册资本30%，杨某元出资101.6万元，占注册资本的20%。"

[④] 参见江苏省常州市中级人民法院（2013）常商终字第431号民事判决书。其中，杨某华与陆某涛签订的股权转让协议载明："一、出让方（杨某华）将其持有常州市某源电气照明设备有限公司的部份股权35.56万元（占公司注册资本的7%）以人民币35.56万元转让给受让方（陆某涛）。二、受让方于2011年5月30日前将股权转让款以现金方式一次性直接交付给出让方。三、自本协议生效之日起，双方在常州市某源电气照明设备有限公司的股东出资比例发生变更，即出让方不再享有转让部分的股东权利、不再履行转让部分股权的股东义务，受让方开始享有受让后的出资比例的股东权利并履行股东义务。四、本协议自双方签字盖章之日起生效。"

后,杨某慧和陆某涛夫妻共计持有公司股权80%,母亲杨某华、小女儿杨某丽不再持有公司股权。杨某元一直担任某源公司的法定代表人至2013年7月。2013年7月后,某源公司的法定代表人变更为陆某涛。

2014年,法定代表人陆某涛以某源公司名义提起诉讼称,2006年至2014年8月,杨某元以公司名义对外签订若干租赁合同,将公司厂房、设备租赁给不同的租户使用,并收取相应的租金。这些租金收入直接汇入杨某元个人银行账户,但杨某元之后并未将租金收入交某源公司入账。杨某元共计收取租金2011187元。现某源公司要求杨某元返还2006年至2014年所收取的租金收入,并支付相应的利息。

此外,在经营管理公司期间,杨某元也存在以个人财产支付公司债务的行为,有证据证明合计为某源公司垫付165813.2元①。

3.2.2.2 三个法院裁判说理存在的问题

(1) 一审法院裁判理由的分析

一审法院认为:某源公司享有租金收入的所有权。但鉴于某源公司原股东杨某元、杨某华、杨某丽于2011年5月30日将股权转让给杨某慧、陆某涛的事实,该股权转让时的价格客观反映了公司的实际资产状况;陆某涛、杨某慧应当明知杨某元在签订股权转让协议前存在收取房屋租金的情况;该公司杨某元、杨某华、杨某丽原三位股东占有公司65%的股份,故对于股权转让协议签订前杨某元收取的款项,某源公司不能再行主张。

一审法院的说理不仅与案件事实不符,且无法在法律上正当化其裁判结论。首先,没有证据证明股权转让价格是按照公司实际资产状况确定的,当事人在转让股权时没有对公司实际资产进行估值,股权转让合同表明,价款是直接按照注册资本确定的;其次,父母将公司股权让与给子女,可能包含赠与的成分,根据公司实际资产的状况确定股权价值的市场机制很可能与本案家庭成员间的交易背景不符;最后,即使法院描述的情形成立,也仅说明

---

① 包括杨某元代某源公司向当地村委、财政所缴纳某源公司2012至2013年度的土地等上交款计144794.5元;自2012年12月起至2014年1月,杨某元代某源公司交纳水费1566.21元,代交电费计19452.49元。

陆某涛夫妇已经在股权转让过程中获益，① 不能说明公司已经免除杨某元返还租金的义务。正如某源公司辩称，股权转让关系与公司返还租金的请求权是两个独立的法律关系，公司的返还请求权不因股权转让而消灭。

（2）二审法院裁判理由的分析

二审法院认为：某源公司的所有股东均是同一家庭成员，杨某元作为某源公司原法定代表人，又是公司第一大股东，其在将公司股权转让给女儿杨某慧、女婿陆某涛的过程中，并没有将股权价值进行实际评估和结算。某源公司各股东之间基于特殊的近亲属关系，且在一起共同生活，在公司实际经营中，各股东也从未对公司股权价值进行相应的盈利分配。杨某元作为一家之长，其将代公司所收取的厂房租金等收入用于家庭生活和子女身上的开销也没有具体的明细账目，其他各股东也均很清楚此状况。因此，某源公司对股权转让之前杨某元每年应得到的收益没有进行合理必要的结算和分配，也不应该对其股权转让之前所收取的租金另行主张。故驳回上诉，维持原判。

二审法院纠正了一审法院在事实认定上的错误。② 此外，二审法院重点分析了案件发生的背景与当事人的特殊关系，从家庭与公司两个层面进行了论证。二审法院的分析试图表明，结合案件的整体情况，若支持某源公司的诉讼请求，将造成一种结果上的不公平，甚至有违家庭伦理的要求。然而二审法院对案件的分析完全停留在事实层面，没有对事实的规范意义进行阐释。③ 二审法院的裁判无法在规范层面说明，公司的请求权因何种法律理由而归于

---

① 一审法院的推理逻辑是，股权转让价格一般应根据公司的实际资产状况决定，而本案当事人在确定公司资产状况的过程中，没有将租金等杨某元收取的收入计算在内，导致被计算的公司资产少于真实的资产，从而造成实际的股权转让价格相比于应然状态偏低，由此陆某涛夫妇作为受让人已经少支付了股权转让价款。

② 即指出在将公司股权转让给女儿杨某慧、女婿陆某涛的过程中，并没有将股权价值进行实际评估和结算。

③ 何况，道德伦理的说教并不能替代裁判说理，法院即便已经由此产生倾向性的意见，也不必然意味着终局的结论。法院要使其判决结论获得实质的正当性，应从当事人的请求出发确定适用案件的法律依据，并以法律背后的价值观点为基础，目光不断在规范与事实之间"往返流转"，使二者的含义得以"相互解明"。在此过程中，法院应始终在结论上保持开放，允许法律对其先前的倾向性意见进行适当的修正，直至获得最终的结论。参见杨旭《论共有物分割请求权的限制——"刘柯好诉刘茂勇、周忠容共有房屋分割案"评释》，《政治与法律》2017年第4期，第148页；［德］阿图尔·考夫曼《法律获取的程序——一种理性的分析》，雷磊译，中国政法大学出版社2015年版，第124页；［德］卡尔·拉伦茨《法学方法论》，陈爱娥译，商务印书馆2003年版，第162页。

消灭。

(3) 再审审查裁定理由的分析

再审审查法院认为：某源公司的租金收益应归公司所有，某源公司的五名股东全部为近亲属关系，其后股东会形成决议，三名股东杨某元、其妻杨某华、其女杨某丽将其所持全部或部分股权分别转让给杨某元之女杨某慧及其丈夫陆某涛，股权结构随之发生变更，杨某华、杨某丽退出某源公司。依据前述事实，应认定某源公司当时的全部股东在内部股权转让及部分股东退出之时，已通过全体协商一致的方式，对包括租金收益在内的公司利润分配做出决议，由此结算股东收益，而各股东之间确定的股权转让价值中，已包括股东收益的考量因素。换言之，股东权益结算的内容亦当然包括某源公司既有租金的收益分配。现某源公司向杨某元主张返还该部分租金收益，欠缺事实依据及法律依据。故驳回某源公司的再审申请。

再审审查裁定认识到一、二审说理的不足，试图结合案件的背景，从契约的角度解释当事人已经将租金收益作为利润进行了分配。再审审查裁定存在一些错误。首先，法院认为，公司股权转让决议同时也是一个利润分配的协议，① 但股权转让决议以及合同的文义表明，决议与合同明确规定的事项仅包括股权转让的主体、比例、价格等，内容明确，无解释歧义；就股权转让合同的典型目的而言，该合同也并无契约漏洞存在，事实上当事人也已经完全履行了决议与合同的内容，将此客观表示解释为利润分配协议，已经不是对契约成立与内容的解释，而是一种对契约的拟制，拉伦茨将这种法官在裁判中的拟制称为"供作法院判决理由手段的拟制"②，并且明确指出："长久以来，司法裁判经常运用拟制的意思表示此种说理方式，例如当它想免除责任时。于此，拟制掩盖了决定性的理由，将说理贬抑为表象说理。因此，它是法院所应避免的。"③ 由此可见，即使本案中免除杨某元的返还义务符合个案正义，也不应直接通过契约拟制的方式实现。其次，这种解释是一种"后

---

① 尚且不说我国《公司法》对公司分配利润规定了明确的条件和程序，参见《公司法》第210条。

② 不同于法定的拟制，在法院判决的说理脉络中，拟制意指：假定案件事实中存在着一种足以发生法效果的构成要件要素，虽然其（应该）确悉，事实并非如此。参见 [德] 卡尔·拉伦茨《法学方法论》，陈爱娥译，商务印书馆2003年版，第144页。

③ [德] 卡尔·拉伦茨《法学方法论》，陈爱娥译，商务印书馆2003年版，第144页。

见之明"(hindsight bias),与本案中家庭成员间交易的真实意图与共识相矛盾。再审法院的解释意味着,当事人在订立合同时即预见到道德风险,并针对这种风险做了明确的契约安排。最后,即使认为本案当事人关于租金收入问题存在一种"心照不宣"或者默契,再审审查法院也没有在法律层面论述为何家庭成员的这种"心理契约"应该解释成具有法律效力的契约。

(4) 某源公司案反映的一般问题

三个法院在对关键事实的解释以及说理路径的选择上存在差异,但没有直接适用公司法的规则要求杨某元返还所有租金收入,而且都认同以股权转让时点为界区分法律后果。这说明三个法院都考虑了该纠纷发生的家庭背景,甚至可能意识到家庭伦理的因素。然而在具体的法律适用中,三个法院的说理不仅没有在规范层面找到妥当的法律依据,而且对事实的理解也存在与案件背景相矛盾之处。这反映出法官在处理此类公司案件时尚没有准确理解其本质。一方面,某源公司是依据我国公司法注册的有限责任公司,被期待依照公司法以及公司章程的规定行事;另一方面,某源公司的股东以及管理者属于家族成员,相互存在密切的亲属关系,其行为可能受到身份角色与社会规范的约束。法官裁判这类家族公司纠纷时,会面临公司逻辑与家族逻辑之间的紧张关系。例如,某源公司案既可能被解读为杨某元利用家长与控股股东的双重身份实施对其他家族股东的压制(oppression),[1] 也可能被解读为陆某涛夫妇利用"公司面纱"事后从事背信行为。

更重要的是,某源公司案的裁判还涉及法官对公司以及公司法规范目的的理解。若从法与经济学的个人主义立场出发,[2] 追求公司法的效率与财富最大化目的,本案法官应该忽略公司参与者之间的社会关系,直接适用公司法上关于高管忠实义务的规定。而且,杨某元占有租金的行为、个人垫付债务

---

[1] Paul G. Mahoney, "Trust and Opportunism in Close Corporations", In Concentrated corporate ownership, University of Chicago Presss, 2000. P177-P200; Terry A O'Neill, "Reasonable Expectations in Families, Businesses, and Family Businesses: A Comment on Rollock", 73 Indiana Law Journal, 589 (1997).

[2] 美国特拉华州衡平法院大法官艾伦总结认为,公司法的研究中有两种对公司的不同认识,一种是自由主义基础上的公司观(The Liberal-Utilitarian Model),另一种是社群主义的公司观(The Social Model) See William T. Allen, "Contracts and Communities in Corporation Law", 50 Washington and Lee Law Review, 1395 (1993).

的行为及后续的股权转让行为是独立的法律事实，即使公司现有控制股东陆某涛夫妇存在机会主义行为，这也是杨某元不遵守公司程式所应该承担的法律风险。假设杨某元按公司法与章程的规定行事，区分公司财产与股东/管理者个人财产，并且按照公司法规定的程序分配公司利润，陆某涛夫妇便无法就租金收入提起诉讼。从裁判对将来行为的指引效果看，① 判决杨某元返还所有租金收入可以引导其他家族公司改正"不规范"的经营与财务混同行为。

与此相反，若从社群主义的立场出发，② 公司法除了考虑效率目标，也应该承认信任、合作等社会规范在公司实践中的作用，③ 从整体上而非孤立地解释家族公司中个体的互动行为，保护公司参与者隐含的共识（implicit understandings）与共同的期待（mutual expectations）。在这种观点下，法官需要特别关注行为主体间的社会关系及行为发生的动机与情境。例如，杨某元为何能长期收取并占用公司租金收入；为何以个人财产偿付公司债务；为何不经评估就将股权转让给陆某涛夫妇；股权转让行为与杨某元占有租金收入行为之间有何内在关联；陆某涛为何很长时间都没有对杨某元占有公司财产的行为提出异议，并且在转让股权后一段时间仍然让杨某元继续管理公司，但之后为何又对杨某元提起诉讼。这些问题的回答需要我们分析家庭成员间特殊的互动模式，探究亲属关系如何影响家族公司的治理机制与目标。

因此，某源公司案虽是公司法中的一个边缘性个案，却与如何理解与评价家族公司这类特殊企业形式这一问题密切相关。某源公司案的个案分析为我们认识家族公司特殊的治理机制与目的提供了一个很好的视角。本书旨在说明，家族公司的纠纷具有一些共同的事实与价值难题，对家族公司特殊性的研究不仅有助于法官裁判类似案件时准确评价当事人的利益与值得保护的法益，而且有助于拓宽我们对公司治理与公司法目的的理解。

---

① 法与经济学认为，法官应该考虑自己在裁判中创造的规则对其他行为者在将来行为时的指引作用。See Stephen M. Bainbridge, *Corporation Law and Economics*, 2002. P19.
② See William T. Allen, "Contracts and Communities in Corporation Law", 50 Washington and Lee Law Review, 1395 (1993).
③ 有部分公司法学者的研究也注意到社会规范对公司治理的作用，See Melvin A. Eisenberg, "Corporate Law and Social Norms", 99 Columbia Law Review, 1253 (1999); Jonathan R. Macey, *Corporate Governance: Promises Kept, Promises Broken*, 2008. P31-P44.

3.2.2.3 某源公司案的重新解读

家族公司具有关系治理的特点，相比于普通公司，裁判家族公司尤其需要注意以下几点：首先，法官需要特别考虑行为发生的背景，区分当事人的行为是在信任背景下发生的，还是在关系紧张或者已经破裂的情况下发生的；其次，法官需要从整体上评价当事人的行为，而非孤立地解释案件事实；最后，除了章程、股东协议等当事人明确的书面文件外，法官还需要考察当事人是否存在特别的期待或者隐含的共识。

某源公司是一个典型的家族公司，公司股东与管理者都是家族成员，且属于父母子女这类紧密的亲属关系。杨某元不仅是公司的创始人、控股股东与管理者，也同时扮演丈夫/父亲/岳父这三种家庭角色，具有明显的角色重合。一般情况下，这种类型的家族公司治理呈现家族化的特点。当然，在具体的个案分析中，仍需要充分结合相关事实与背景，判断行为时家庭成员之间的利益格局。

（1）家庭成员之间互动发生的背景

从案件事实看，至少在股权转让之前，杨某元家族成员关系良好，并且表现出相互信任与信赖。第一，杨某元长期占有租金收入，且从未分配公司利润，但其他家庭成员在知道或应当知道的情况下并没有提出异议，说明其他家庭成员信赖杨某元的行为不会损害自己的利益，或者其他家庭成员基于利他主义能够容忍杨某元的行为。第二，杨某元作为控股股东，除了占有租金收入之外，并没有其他转移资产的行为，也从没有通过利润分配、支付薪酬等方式获取公司利润。第三，不同于控股股东压制与挤出小股东的典型行为，杨某元主动将家族公司的控股权转让给陆某涛夫妇，并且没有对公司的资产进行评估，说明其信任对方在取得控制权之后不会实施背信行为。第四，杨某元在转让控制权之后，仍然保留了部分股权，从大股东变为小股东，由此说明，杨某元信赖女儿/女婿能够在将来继续经营公司，并且使自己获益。假设杨某元在签订股权转让时家庭成员之间已经丧失基本的信任，换言之，杨某元能够预见到陆某涛夫妇会采取诉讼方式就租金问题提出异议，极有可能不会将股权转让给陆某涛夫妇，更不可能保留部分股权而成为被压制的对象。第五，在公司股权变更之后的一段时间，陆某涛夫妇并没有基于控股股东地位立即变更法定代表人，而是仍由父亲杨某元担任法定代表人，说明陆某涛夫妇对股权转让的结果至少在当时是满意的，仍然愿意尊重父亲的决定。此外，从杨某元与陆某涛夫妇的系列诉讼案件可知，在杨某元将某源公司的控制权转让给陆某涛夫妇之后，杨某元也将家族其他财产分配给两个女儿，杨某元直言，"陆某涛夫妇以某源公司名义提起诉讼并非不满于杨某元收取租金的行为，而是对杨某元在两个女儿之间的财产分配感到不公"。由此说明，诉讼很可能源于事后的家庭矛盾。[①]

(2) 家庭成员之间行为的内在关联

在家庭成员之间互相信任背景下，杨某元占有租金的行为、垫付公司债务的行为以及在未经评估的情况下以较低的价格将公司控股权转让给女儿/女婿的行为整体上是以一种互惠原则行事，而且家庭成员之间对此互惠存在共识。

第一，杨某元不仅个人取得公司收入，而且承担公司的债务，说明其没有区分家族与公司的财产，而是将某源公司作为家族财产的一部分。第二，在发生控制权转让时，杨某元不仅没有进行利润分配，也没有对公司的资产进行评估，而是直接以出资额为基础将股权转让给了陆某涛夫妇。由此可见，杨某元占用公司收入的行为不同于一般管理者的侵占，而更像是充当家族利益保管人或受托人的角色，[②] 其占用租金的行为更多地体现为家长对家庭财产的暂时占用与支配，但处分等行为仍然受到家庭伦理规范的约束。作为一个紧密相连的家族共同体的家长，杨某元具有明显的利他主义动机，事后仍然

[①] 从贝克尔家庭经济学的角度而言，作为家长的杨某元拥有"最后说话的权利"是其他家庭成员不实施机会主义的基础。当家庭完成财产分配或移转时，杨某元很大程度上失去了最后说话的权利，无法继续通过利他主义的方式继续财富的公平分配。

[②] 在中国儒家思想下的家庭伦理中，家族财产（尤其是土地等不动产）应该世代传承，家长对家族财产的保有是暂时的，不能浪费财产，需要在死亡时将财产留给后代。参见［日］滋贺秀三《中国家族法原理》，张建国等译，法律出版社2003年版。

会以各种方式将家庭财产转移给其他家庭成员，使其受益，包括赠予、继承等。① 二审法院关于"杨某元作为一家之长，其将代公司所收取的厂房租金等费用用于家庭生活和子女身上的开销也没有具体的明细账目，其他各股东也均很清楚此状况"的论述就是互惠的一种体现。后续的股权转让行为表明，杨某元夫妇确实将公司的控制权转让给了女儿/女婿。②

杨某元家庭成员的经济交换很明显地体现了互惠原则的含蓄性、延时性与非对称性。杨某元占有租金的行为一定程度上是其他家庭成员对其的馈赠或尊重；杨某元以个人财产支付公司债务的行为则表明，杨某元仍然将占用的租金收益用于经营公司，从而实现了部分的回馈；在公司股权转让时，杨某元在未经评估的情况下将股权转让给子女。对此，我们不能孤立地将此行为理解为单纯的买卖或赠与，而是一种更加明显的回馈，并且期待陆某涛夫妇能够在将来通过赡养等方式进行再次回馈。然而基于相互的信任关系，当事人会模糊交易的色彩，③ 家庭成员不会就租金收入、利润分配以及股权转让价格的确定等问题进行谈判，也不会在合同文本中进行约定，甚至不会有口头的交流。这不意味着当事人之间对此完全没有共识。至少在签订股权转让合同时，杨某元信赖自己能够保有租金收益，陆某涛夫妇不会在股权转让之后利用公司控股股东的地位就租金行为提出异议。基于这种信赖与合理期待，杨某元将公司股权以注册资本的价格转让陆某涛夫妇，并且没有在股权转让前就利润等问题进行协商。作为家庭成员的陆某涛夫妇，长期对杨某元的管理行为没有提出异议，在同意股权转让时也能够合理预见到杨某元的信赖。

总之，杨某元管理家族公司的方式虽不符合正式的公司法规则与程序，

---

① "在中国儒家文化的家庭伦理中，家庭是一种信义共同体。家户的财产并非家长的个人财产，而是一种家庭集体财产，父亲事实上肩负将财产留给孩子（主要是儿子）的义务，并扮演着类同于其继承人的一个受托人的角色。父亲缺乏订立遗嘱的权力，便是一个例证。"参见［美］络德睦《法律东方主义：中国、美国与现代法》，魏磊杰译，中国政法大学出版社2016年版，第70页。

② 从案件事实中，我们仅能看出当事人是以注册资本的价格转让了股权，由于不知公司的实际资产状况，所以无法准确确定这种转让中包含多少赠与的成分。但是，从某源公司注册资本确定的时间（2006年以前）以及公司这些年房屋出租产生的收入看，公司的实际资产的公允价格是超过注册资本的。

③ 由于工商变更、税务处理等外部需要，当事人之间仍然需要有公司决议及股权转让合同，但是合同的内容会大大简化。

却是家庭成员遵循互信与互惠规范的结果。

3.2.2.4 法益衡量：公司法规则还是社会规范

即使从家庭关系的角度而言，杨某元的行为符合社会规范，仍然面临一个问题——在裁判家族公司利益纠纷时，法官是否应该背离公司法的规则，而按照社会规范裁判案件。反对将社会规范引入公司法案件可能存在两种观点。第一种是债权人保护说，杨某元的行为事实上造成了公司财产与股东财产的混同，与公司法保护债权人利益的相关规定不符，支持这种行为可能造成债权人利益的损害，并且对于其他家族公司的实践具有负外部性。对此，笔者认为，就某源公司案而言，其处理的是公司内部成员之间的纠纷，并不涉及外部债权人的利益。若存在债权人主张债权，则可通过法人人格否认制度保护债权人的利益，而且家族公司的关系治理是家族逻辑的延续，即使法院裁判杨某元返还全部租金收入，也不会对其他家族公司的行为产生明显的积极影响，因为法律的强制难以改变家族成员信任关系的本质，正如英国历史上有一段时间法律曾明确否认信托关系，不保护信托受益人的权利，但这仍然没有改变当时英国社会仍然普遍运用信托关系安排自己的事务，① 因为信托很大程度上源于当事人之间的信任，并且具有社会规范的保护。第二种是家庭等社会关系不应由法律强制介入的观点，在法律如何对待社会规范的态度上，有一种观点认为社会关系应该由社会规范自行调整，法律的介入会污染社会关系，贬损社会规范的价值。② 笔者认为，法律确实不应该介入一些完全由社会规范调整的领域，如一些典型的好意施惠以及夫妻之间的互助行为。③ 然而在一些特定的情况下，法律仍然应该尊重并且执行社会规范的内容，信任与互惠规范虽然主要由社会规范约束，但当一方当事人事后利用对方的信任实施严重的机会主义行为，损害对方期待利益时，法律应该承认与保护当事人之间的共同期待。关系契约的倡导者麦克尼尔即认为，对于典

---

① See Melanie B. Leslie, "Enforcing Family Promises: Reliance, Reciprocity, and Relational Contract", 77 North Carolina Law Review, 551 (1998).
② See Ethan J. Leib, "Contracts and Friendships", 59 Emory Law Journal, 649 (2009).
③ 参见谢鸿飞《论创设法律关系的意图：法律介入社会生活的限度》，《环球法律评论》2012年第3期，第11页。

的关系契约，法院应该寻求适用特定社会关系的社会规范解决纠纷，即使严格适用法律规则会产生一个不同的结果。因为社会规范是支持当事人契约关系的重要机制，是实践中契约当事人真正遵从且具有自我约束力的社会规范，因而被称为内在规范。① 这些内在的契约规范包括角色保全、关系的保持、关系中冲突的协调等。

如果说公司法默认规则体现了大多数情况下追求经济利益最大化的公司参与者的选择，那么在家族公司个案中，家庭成员之间对对方的义务具有更高的期待，信任与互惠等社会规范是当事人在事前会真正选择的条款。

就某源公司案而言，杨某元基于对家庭成员的信任所产生的信赖应该受到保护，而陆某涛夫妇在与家庭成员的互动中应该遵守更高的义务要求。按照家庭规范的裁判结果也符合杨某华等其他家庭成员在签订股权转让合同时的期待，甚至某种程度上可以说是家庭成员之间默认的共识。若支持陆某涛夫妇返还所有租金收入的请求，将损害杨某元和家族成员的信赖，而且造成家庭利益分配上的失衡。当然，这更多还是一种道德评判，要获得妥当的裁判结果，仍然需要在现行法的框架内寻求规范依据，以符合现行法秩序内的价值评价。

3.2.2.5 法教义学内的裁判路径

某源公司案的核心法律问题是，某源公司是否对杨某元有返还租金的请求权？在公司法上，杨某元作为法定代表人，以公司名义对外签订合同，该合同的法律效果由公司承受，取得的租金收入也应归公司所有。杨某元收取租金的行为虽符合家长的角色，但在法律上仍然不能直接取得所有权，即使认定其属于公司管理者管理公司财产的保管或受托行为，属于有权占有，② 在杨某元不再担任公司执行董事职务后，该受托或保管合同终止，某源公司依

---

① "在规范的概念中不只包括那些人们为行为之方式，而且也包括那些他们应为行为之方式。因此，规范一词有了附加的意义：对一团体之成员具有约束力，并且能指导、控制或调整恰当的、可以接受的行为的正当行为准则。这样，除特别指明的地方外，规范一词在这里既指实际的行为，也指正当行为的准则。"参见 [美] 麦克尼尔《新社会契约论》，雷喜宁等译，中国政法大学出版社2004年版，第34页。

② 结合本案的特殊情况，本书作者认为将其解释为有权占有似乎更符合当事人的安排，因而本案也不存在超过诉讼时效的问题。

据公司法的规定仍然有权请求杨某元返还上述租金。因此，进一步需要探讨的法律问题就是，该请求权是否因特殊的法律事实而消灭或产生法定抗辩。在法教义学的框架下，本案存在两种可能的法律适用路径。

（1）意思表示的解释路径

某源公司对杨某元享有返还租金的请求权，但是该请求权可能因公司特定的决议或全体股东的合意而消灭。① 再审裁定就试图以存在利润分配的合意为由正当化裁判结果。在家族公司中，家族成员之间的经济交换是在信任关系中发生，当事人的行为很多没有经过协商，更没有书面的文件，很多事项都是当事人的"心领神会"。因此，探求当事人的意思表示需要更多地结合案件的背景事实与行为动机，重点考察当事人的行为是否可能构成默示的意思表示或沉默的意思表示。作者将之称为意思表示的解释路径。但是就某源公司案而言，这种解释路径受到案件事实与意思表示解释规则的双重制约，在现行法上缺乏正当根据。②

首先，本案中的股权转让决议、股权转让合同表述明确，文义并无两种以上的解释可能性，即使基于诚实信用原则的考量，也无法通过股权转让决议的内容解释出当事人之间存在分配利润的合意，而且拟制当事人之间存在利润分配的合意不符合当时当事人的真实意思。

其次，杨某元长期收取公司租金收入，其他股东在知道或应当知道的情况下，没有提出异议，是否可以解释为杨某元与其他股东之间达成了一个利润分配的合意，由杨某元取得全部的利润分配呢？在此种解释中，杨某元个人收取租金的行为（默示的表示）构成由其取得全部利润的要约，而其他股东的长期无异议的沉默则构成同意该利润分配的承诺（沉默的意思表示）。然而杨某元占用租金的行为即使被解释为意思表示，其效果意思也并不明确，除了利润分配的意思表示外，还可能是保管或受托的意思表示。更为重要的是，在我国《民法典》关于意思表示的规则中，只有在有法律规定、当事人

---

① 因本案不涉及外部债权人问题，因此对债权人保护问题在个案中不予以考虑。

② 在英美法上，合同的范围更加广泛，能够从当事人的共同生活中解释出一项隐含的允诺（implied promise），如在一些同性恋关系中，法院即通过解释而认为同性恋之间具有共同抚养试管婴儿的意思表示，即使一方从来都没有做出明确的意思表示。See John Wightman, "Intimate Relationships, Relational Contract Theory, and the Reach of Contract", 8 Feminist Legal Studies, 93 (2000).

约定或者符合当事人之间的交易习惯时，沉默才可以视为意思表示。① 我国民法学界通说也支持这一观点。② 在本案中，其他家庭成员虽没有对杨某元收取租金的行为提出异议，但家庭成员之间并无特别约定，也没有相应的交易习惯，③ 其他家庭成员的"沉默"无法在现行法上被解释为一项沉默的意思表示，所以在现行法上也就无法认定存在关于租金收入的一致的意思表示。④

由此可见，意思表示的解释路径虽可能是妥当处理家族公司中当事人利益纠纷的路径，但在具体个案中可能困难重重。家族成员间行为很多依赖默契和信任，家庭成员甚至刻意避免法律效果的发生，造成当事人的真实意思往往没有通过法律通常要求的方式表示于外部世界，即使存在表达，其真实意思也存在严重的模糊性，无法探求当事人一致的意思。

（2）诚实信用原则的具体化路径

对于市场交往，现代私法规则不再过于强调自由与自我负责，而是认为市场交往的当事人在行使权利与履行义务时应该有更高的标准，并且保护信赖。诚实信用原则作为道德的法律化原则，对处于特别结合关系中的权利人行使权利提出了更高的注意义务要求。⑤

诚实信用原则一个重要的功能就是限制与控制当事人权利的行使，要求权利人行使权利应该遵守诚实信用原则，不得滥用权利。⑥ 但是，诚实信用的

---

① 参见《民法典》第140条。但是，也有学者认为现有规定存在法律漏洞，建议"为保护相对人的合理信赖，考虑个案相关情况，依诚实信用原则可以将当事人的沉默视为意思表示"。参见杨代雄《意思表示理论中的沉默与拟制》，《比较法研究》2016年第6期，第169页。

② 参见崔建远《行为、沉默之于合同变更》，《中外法学》2014年第3期，第796—805页。

③ 有学者专门指出，家庭成员之间的关系与商业关系一个很大的不同是，商业关系是重复发生的，而且是在特定商业共同体中发生的，可以认为当事人默示地接受商业惯例的约束，因而法官可以适用交易惯例补充当事人的意思，而家庭关系是极其个别化的，并没有可以适用的惯例。See John Wightman, "Intimate Relationships, Relational Contract Theory, and the Reach of Contract", 8 Feminist Legal Studies, 93 (2000).

④ 其他的意思表示解释存在同样的问题，如将陆某涛夫妇的沉默解释为一项弃权的意思表示。在此不再展开论述。

⑤ 参见于飞《论诚实信用原则与公序良俗原则的区别适用》，《法商研究》2005年第2期，第126—129页。诚实信用原则具有限制及内容控制的规范功能，即以诚实信用作为任何权利的内在界限，以诚实信用作为控制权利行使的准则。

⑥ 诚实信用原则的另一个重要功能是补充债之关系的义务内容，如缔约过程中的义务，附随义务以及合同关系结束时的协助、保密义务等。参见王洪亮《债法总论》，北京大学出版社2016年版，第85页。

典型适用情形,并非针对一项在设立时于一般意义上就不合理的权利,而是针对权利设立后,因某些非典型的、特殊的情事,导致不合理结果产生的具体权利行使行为。① 因此,运用诚实信用原则限制权利行使仅仅是个案中漏洞填补的方法。

诚实信用原则是一般性条款,并不含有具体的适用要件,在具体案件中,"权利的行使是否违反诚实及信用,应客观衡量当事人的利益认定之,权利人的主观意思虽应斟酌,有无故意过失,则非所问"②。在长期的实务经验累积及学理研究中,诚实信用原则已经类型化。③ 在诚实信用原则限制权利行使方面,民法学界通说认为,④ 自相矛盾行为(venire contra factum proprium)构成违反诚实信用原则的一个相对独立的具体类型。自相矛盾行为又称出尔反尔行为、矛盾行为,意指"在权利人以其表示或者行为有意识或者无意识地创设了一种事实或者权利状况,相对人对此产生信赖,而且也已经产生信赖,而权利人事后作出与先前表示或者行为相反之行为"⑤ "矛盾行为破坏相对人的正当信赖,并致其受有损害者,其权利的行使有违诚实信用原则"⑥。

在家族公司个案中适用诚实信用原则时,需要特别考虑到家庭成员之间的特殊信任关系。史尚宽先生在关于权利滥用的论述中,⑦ 专门提及亲属间不当权利行使这一类别,并且引用当时日本的案例说明家族成员之间需承担特别的诚实信义义务。如有一个日本判例为"与长子不和之父,携女离家,长子所居住的父之房屋,由父受赠与之女,对于长子请求房屋腾让时,法院认

---

① 有学者将之称为诚实信用原则的次位性。在法律适用时,如果存在具体的法定规则,则需要首先适用该具体法律规则,只有在法律适用由于具体情况的特殊性而对当事人一方明显不公平的情况下,才以诚实信用原则予以平衡。参见王洪亮《债法总论》,北京大学出版社 2016 年版,第 84 页。
② 参见王泽鉴《民法总则(增订版)》,中国政法大学出版社 2001 年版,第 556 页。
③ 参见李飚《再论诚实信用原则的类型化——以传统抽象概念思维为参照》,《西南政法大学学报》2013 年第 5 期。第 68—81 页。
④ 如果某人行使自己的权利与自己以前的行为相矛盾(前后行为相互矛盾),而他人又一直信赖他以前的行为,这种对权利的行使是违反诚实信用的。参见[德]卡尔·拉伦茨《德国民法通论》(上册),王晓晔等译,法律出版社 2003 年版,第 309 页。
⑤ 参见王洪亮《债法总论》,北京大学出版社 2016 年版,第 85 页。
⑥ 参见王泽鉴《民法总则(增订版)》,中国政法大学出版社 2001 年版,第 59 页。
⑦ 在史先生看来,违背诚信原则不过是权利滥用的一种情形,禁止权利滥用原则的位阶高于诚信原则,因而对权利滥用原则的论述也包括违反诚信原则的案型。参见朱庆育《民法总论》,北京大学出版社 2013 年版,第 516 页。

为女无特别之理由,以所有权为楯,对于长子请求腾让,不仅夺去长子一家生活之本据,使其经济上陷于苦境,而且破毁以相互扶助与诚实信义相结合的亲属间之道义,为权利之滥用"①。这些案例时代较为久远,社会的道德观念与诚实信用原则已经有了很大的发展,但史尚宽先生关于"在其他之人相互间,虽不构成权利滥用,而在亲属间得有权利之滥用,在法理上为当然之事"②的论述仍然值得借鉴。本书的研究也表明,一般市场主体之间的信任与合作从长远来看仍然是为了自利,即使对相对人的行为产生信赖而进行信赖投入,也往往不会直接使相对人获益。然而在家族公司中,家庭股东与管理者之间具有密切的往来,相互熟知,基于利他主义与较高程度的信任,家庭成员之间的信赖程度更高,基于信赖做出的投入也更多,而且这些投入很多都是对相对人有利的互惠行为,能够为相对人所合理预见。家庭成员之间的这种信赖可以称为互惠的信赖。此外,社会规范也要求亲属间的交往负有更高的保护义务,不得利用对方的信任而从事损人利己的行为。因此,在处理家族公司内部的权益纠纷时,适用诚实信用标准更具有实质合理性。有学者特别强调,"只有在有一定法律上关联的当事人之间,要求其依诚信标准为行为才有正当性"③。就此而言,在家族公司这种既有法律关联,又存在密切社会联系的当事人关系中,要求亲属关系的一方承担高于一般市场交往的注意义务,不做自相矛盾的行为,并不会造成过于沉重的负担。

就某源公司案而言,公司执行董事杨某元与公司之间存在一种特别的结合关系,④ 这不仅指公司法上的受信关系,还包括杨某元与全体股东之间的身份信任关系。2006 年至 2011 年股权转让合同时,杨某元对外签订合同,收取租金,公司其他股东(包括陆某涛夫妇)在知情的前提下一直未提出异议;2011 年全体家族股东做出股权转让决议并签订股权转让合同,未经实际资产

---

① 参见日本昭和 26 年 12 月 6 日广岛高判、松江支(分院)判,转引自史尚宽《民法总论》,中国政法大学出版社 2000 年版,第 720—721 页。
② 参见史尚宽《民法总论》,中国政法大学出版社 2000 年版,第 721 页。
③ 在不存在"特别关联"之处只能适用善良风俗,"善良风俗是为那些针对完全陌生人的行为树立的标准"。参见于飞《论诚实信用原则与公序良俗原则的区别适用》,《法商研究》2005 年第 2 期,第 125—129 页。
④ 某种形式的加重社会联系。参见〔德〕迪特尔·梅迪库斯《德国民法总论》,邵建东译,法律出版社 2013 年版,第 114 页。

评估就以注册资本为基础，将公司的控制权让与陆某涛夫妇。此时股东陆某涛夫妇不仅仍然没有就租金收入提出异议（不作为），而且在股权转让决议与股权转让合同中做出同意的意思表示（作为），结合案件发生时的背景，陆某涛夫妇的行为（包括作为与不作为）即使无法解释为一项弃权的意思表示，也足以形成将不再就租金收入主张权利的表象。① 杨某元完全有合理的理由信赖，其他家庭成员事实上认可了自己占有租金的行为，或者至少将不会在股权转让之后追溯该历史问题。这种信赖的合理性不仅因为经过特定的时间其他家庭成员没有提出异议，② 更重要的是家庭成员之间仍然维持着信任关系。事实上，杨某元也已经对此产生了信赖，并且进行了信赖投入，若公司③（陆某涛夫妇）在股权转让决议时提出租金收入的返回问题，杨某元和其他两位家庭成员很有可能不会以注册资本的价格签订股权转让合同，至少不可能在不分红的情况下签订股权转让合同。由此说明，陆某涛夫妇的行为不仅使得杨某元产生了信赖，失去了在股权转让合同签订前分配公司利润的机会，并且事实上使得陆某涛夫妇以较低价格受让股权而受益。而且作为家庭成员，陆某涛夫妇有合理的理由预见到自己同意转让股权的行为将使父亲杨某元产生上述期待与信赖。在此特别情事下，公司法定代表人陆某涛再以公司名义主张租金返回请求权，将明显与自己之前决议时做出同意股权转让的意思表示的行为矛盾，使杨某元的利益受损而自己双重获益，造成不公平的利益失衡结果，行使这种自相矛盾的行为有违我国《民法典》第7条规定的诚实信用原则。④

需要说明的是，在股权转让之后，杨某元继续收取租金收入，即使其仍

---

① 禁止自相矛盾行为的规范重心是信赖保护，因而不需要权利人的先前行为明确表示不再主张权利，而只需要权利人的行为制造出已经不欲主张权利的表象即可，否则直接适用单方抛弃权利的法理即可，无须适用诚实信用原则。

② 在此意义上，本案无须进一步考虑权利失效制度，因为权利失效制度下的构成要件之一为权利人长期不作为，但并不包括积极的作为。参见王洪平《论权利失效规则及其法典化》，《法学论坛》2015年第2期，第20—27页。

③ 在法律技术上，全体股东做出的决议属于公司意思，可以解释为公司行为，从而可以解决本案中陆某涛以公司名义起诉造成的法理困境。

④ 作为商事组织法的《公司法》没有规定公司及股东的行为需符合诚实信用原则，故而应该适用《民法典》这一私法一般法。

然信任陆某涛夫妇不会提出异议，但离提起诉讼的时间较短，且没有就此信赖做出明显的信赖投资，陆某涛夫妇也做出了更换法定代表人的行为，更重要的是，当事人之间可能已经因其他家庭矛盾产生了冲突。在此情况下难以解释出共同的期待。因此，在教义学上似乎难以直接适用诚实信用原则限制公司的请求权。这也说明，在家族公司的个案中，法官往往面临信息的不完全，对当事人的行为难以进行全面的识别与验证。在构建家族公司的私人秩序方面，法官无法对信任受损的一方进行完全的救济，法律也并不能完全替代社会规范的作用。在现实中，社会规范仍然将发挥作用，如实施机会主义的一方可能还将受到其他亲属或社区的谴责，造成社会声誉的损失。

总之，上述三个法院存在法律适用的错误，也没有就当事人行为背后的规范机制进行分析。某源公司案不能通过直接适用法律规则裁判，而须进行漏洞填补。结合案件的特殊背景，可适用诚实信用原则在一定范围内限制公司的请求权，以填补公司法在个案中的不足。

3.3 《公司法》对家族公司关系治理的回应及完善

我国大多数家族企业属于规模较小的封闭型家族公司，这些数量众多的家族公司大多采用关系治理的方式进行决策、管理，而不是通过正式的董事会、监事会以及薪酬激励合约进行治理。而且，这种广泛存在的"强关系治理、弱契约治理"的模式符合大多数发展阶段和规模的家族公司，能够降低家族公司的治理成本，维系股东之间的信任与合作，减少机会主义。公司法的重要功能是为现实中运行的公司提供一套适合其运作和发展的治理结构和机制，以降低交易成本，但是整体而言，公司法提供的"标准契约"是为陌生主体之间的合作而设计的，很多默认规范不符合家族公司关系治理的需要。因此，最大限度允许公司自治，尊重家族公司的实践，是公司法能够为家族公司提供的最大制度空间。当然，从边际意义上而言，公司法上仍然有一些规范体现了对家族公司关系治理的认同与尊重。下文将列举一些关系治理友好型规范，在此基础上提出家族公司关系治理的规则改进空间。

3.3.1 现行《公司法》的关系治理友好型规范

从1993年《公司法》到现行《公司法》，我国的公司法改革表现出从管制型公司法转向自治型公司法，[①] 更加具有市场适应性，能够满足不同偏好投资者的需求以及公司市场竞争的需求。现行《公司法》中的部分实体与程序规则具有家族企业友好型的特点，能够适应家族公司的关系治理。第一，现行《公司法》对治理结构的要求更为灵活。在传统的公司法理论与实践中，公司必须设置股东会、董事会及监事会这样的分权与制衡结构，而且《公司法》中关于公司治理结构的规范大多被解释为是效力性的强制规范，公司章程或股东协议中设置"另类"治理结构的约定会被认定为无效。然而这种法律政策不符合家族公司的治理实践，徒增交易成本，而且造成公司内部法律关系的不稳定性。《公司法》上的三会结构除了发挥代表公司做出意思表示的功能外，更多的是基于所有权与管理权分离的考量，以加强对管理者的监督与控制，降低代理成本，但是在大多数家族公司中，并没有明显的两权分离现象，而且监督与控制管理者主要通过家长权威和家族成员间的自我约束予以实现，家族成员间的信任关系也大大降低了机会主义的可能。公司的资本结构很大程度上决定了公司的治理结构，家族公司特有的社会资本意味着家族公司存在特殊的治理结构，除了追求经济利益最大化外，家族公司还追求非经济利益最大化，所以可能将雇员等利益相关者纳入公司治理结构，家族公司特有的代际传承问题也使得家族公司可能会因解决接班问题而置入特殊的治理模式。因此，公司法不应该要求所有的公司都采取统一的治理结构，而是以提供默认规则为主，为实践中不同的公司根据自身情况制定治理规则提供广阔的自治空间。[②] 目前，现行《公司法》大大简化了对有限责任公司治理结构的强制性要求。例如，《公司法》第75条规定，股东人数较少或者规模较小的有限责任公司，可以设一名董事，不设董事会，而且董事可以兼

[①] 参见施天涛《公司法的自由主义及其法律政策——兼论我国〈公司法〉的修改》，《环球法律评论》2005年第1期，第81—88页；赵万一、赵吟《中国自治型公司法的理论证成及制度实现》，《中国社会科学》2015年第12期，第156—176页。

[②] 当然，这同样符合风险投资的初创企业等，只是在程度上，家族公司可能更加有偏离公司法默认规范或标准规范的需求。

任公司经理。董事的职权由公司章程规定。该条符合家族公司由家长单一控制与管理公司的实践。第二,现行《公司法》简化了对公司程式的要求。例如,《公司法》第 59 条第 3 款规定,对于有限责任公司股东会职权范围内的决议事项,公司可以不召开股东会议,由全体股东通过书面一致同意的形式通过相关决定。在此基础上,家族成员无须在公司层面召开股东会,也不需履行通知等程序,只要在家族聚会或家族会议上就可对公司事务做出决定,这符合家族公司关系治理的特点。根据《公司法》第 66 条第 1 款的规定,公司章程可以对相关决策程序做出特别规定。相比于正式决策程序及资本多数决原则,家族成员的非正式交流及全体股东的一致同意更有助于家族成员达成共识,维系既有的信任关系。第三,家族公司的关系治理使得家族与公司之间的关系相互交织,家族财产与公司财产容易出现混同现象,家族控制的不同公司之间也存在明显的关系治理特征,关联交易及财务混同现象普遍,这种关系治理在家族公司集团内部虽有助于降低交易成本,弥补市场交易的不足,但是因公司独立人格及股东有限责任,家族公司的关系治理也造成了负外部性,可能伴随逃避债务,损害公司债权人的利益。因此,我国《公司法》第 23 条规定公司法人人格否认制度,以保护公司债权人的利益。在司法实践中,很多法院将家族企业或家族式治理作为考虑是否应该揭开公司面纱的重要考量因素。第四,随着代际传承,家族公司中家族成员的股权日益分散,需要通过"修剪"股权结构的方式实现控制权集中的目的,而且部分家族成员可能对经营管理家族公司不再抱有兴趣,在此情况下,会出现家族公司内部的所有权和控制分离的现实需求,出现由部分家族成员积极管理公司,而其他家族成员消极持股的现象。这需要在股权结构的设计上进行法律安排,如发行不同表决权的股份等。① 我国《公司法》第 65 条规定,股东会会议由股东按照出资比例行使表决权,但公司章程另有规定的除外。由此可见,该条为家族公司按照其发展阶段和代际传承的需要而设计不同种类的表决权股或无表决权股提供了自治空间。第五,我国公司法关于有限责任公司股权对

---

① 也可通过股权信托等方式实现,但是因为登记、税收等方面的原因,股权信托在我国仍然不是一种常用的家族财富规划工具。参见杨祥《股权信托受托人法律地位研究》,清华大学出版社 2018 年版,第 59 页。

外转让的限制性规定也符合家族公司关系治理的实践。家族公司关系治理的一个重要基础是家族成员的信任，而且家族控制与经营是很多家族公司的重要治理目标，也是家族公司追求特殊社会目标的基础。因此，相比于非家族公司，家族公司对股权的封闭性要求更高。实践中，家族公司股东的一个重要共识是：家族股权不能随意转让给家族外的第三人，家族成员对股权具有优先购买权。我国《公司法》第84条明确规定了有限责任公司股权对外转让的优先购买权。虽然很多学者批评该条的限制过于严格，建议将股东对外转让的优先购买权规定修改为选入性（opt-in）规则，即公司章程可以对股东的优先购买权作做出约定，但公司章程没有特别规定的，视为股东不具有优先购买权。这一建议可能有利于其他类型的公司。这是因为在非家族类公司中，股东之间大多可以通过自由谈判选择治理规则。例如，在一些科创型公司的融资合同中，风险投资机构会与公司创始人团队就各种治理条款进行谈判协商，确保自己的投资利益，而且他们一般会选择聘请专业的律师和财务人员协助其谈判，在缺乏密切的私人关系的前提下，当事人间的协商是一种非人格化的谈判，最后达成的契约不完备性程度较弱，最大限度避免事后的机会主义。然而在家族公司中，家族成员之间具有高度的私人信任关系，在家族公司创设阶段，家族公司之间较少进行契约式谈判，股权不任意转让是当事人的基本期待或共识，无须进行明文规定。因此，选出性规则与选入性规则这两种立法模式对不同类型公司的边际影响并不一致。从公司法减少交易成本的角度而言，公司法更应该采纳选出型（opt-out）模式。该立法模式符合大部分家族公司的治理实践，家族股东无须进行特别的谈判就获得了优先购买权的保护，能够维系家族成员的信任。若科创型公司不需要优先购买权，则可以通过谈判将其"选出"，其谈判成本相对较小。

总之，现行法的相关规则已经直接或间接关注并尊重家族公司的特殊治理模式。但是，结合家族公司的相关司法实践及比较法上的规则，对于封闭型家族公司而言，我国《公司法》仍然有较大改进空间。

3.3.2 社会资本理论与关系治理下我国有限责任公司法的重构

3.3.2.1 封闭性和人合性的进一步维护和强化

我国自1993年颁布《公司法》以来，一直坚持有限责任公司法与股份有限责任公司的二分法，并未新增有限责任为基础的公司形式，与美国、日韩公司法形成了鲜明的对比。但在2005年、2023年修法中，也认识到二分法内部之间的界限和缺陷，对此做出了调整。一方面，股份公司法更多地体现上市公司的特殊性，设置了类别股制度，并且不断完善对上市公司组织机构的调整；但另一方面，其也认识到股份公司作为封闭公司和中小企业的适用性，比如，2023年《公司法》修改加入了一人股份公司，增加了章程限定股权转让的类别股，增加了股份公司内部治理结构的灵活性和可选择性。更重要的是，对有限责任公司法进行了修正，使得其更加适合中小企业，封闭性和人合性更进一步得到体现，例如，有限责任公司的组织机构更加简化，规定了失权制度，2023年《公司法》进一步规定，规模较小或者股东人数较少的有限责任公司，经全体股东一致同意，也可以不设监事。第84条虽然删除了股权对外转让的过半数同意，但维持了"选出"规则的模式，除非章程另有约定，股权对外转让时，其他股东仍然有优先购买权。第89条进一步规定了股东回购请求权的情形，增加了对有限责任公司大股东滥用股权的规制。这些规则部分体现了缺乏股权退出市场的封闭性公司的特点，部分体现了封闭性公司的人合性特征。但是，从家族企业关系治理的角度而言，社会资本对于有限责任公司的存续和发展具有重要价值，有限责任公司事实上的治理模式通常体现为共同协商或默认双方的行为，保持了高度的信任，股东会、董事会通常只在对外交易中发挥作用，内部的治理和决策通常并不完全依据股权比例，大多数事项也能达成一致意见。

我国学者认为，人合性背后的信任仅是一种人际关系，显然低估了社会资本和关系治理对于以家族企业为代表的有限责任公司的重要性。虽然有限责任公司的股东之间也可能后续发生意见不一致甚至冲突，但初始的信任决定了公司的长期治理惯例，后续股东内部之间的持股比例也会发生变化，但持股本身的变化不一定影响公司治理状况。因为仍然存在既存股东和外部股东之间的明显差异。在人合性的维度内，股东之间应该负有更高的忠实义务和信任关系，类似于合伙。因此，在股权对外转让时，应该承担通知对方是否应该购买的义务。虽然公司法的大多数规则属于默认规则，但仍然存在选出和选入两种模式，立法者应该以多数有限责任公司的股东通常会采用的方式决定选入还是选出。对于大多数家族企业而言，将股权留在家族内部，而不是任意转让，既存在内外部的信任差异，同时也是为了家族企业的传承和延续，家族股东可能对家族股权具有特殊的心理所有权和情感价值，不愿意股权对外开放。更重要的是，家族企业的创始人或家族成员之间基于信任关系，通常不会对公司章程条款进行谈判，股权的比例分配具有某种任意性，不以公司实际的价值为基础，因此，如果采用选入模式，很多家族企业可能没有机会在章程中加入优先购买权条款，而且逐一加入也会增加大量家族企业的交易成本。而其他人合性和私人信任关系较差的公司，通常为科创企业，会聘请律师或专业人士，他们可以选择设立股份公司，也可以在章程中排除适用优先购买权，但这类公司在我国有限责任公司中显然没有庞大的家族公司或私人朋友公司那么多，而且这类公司的股权比例都是通过谈判确定，持股关系比较清晰，以回购退出或上市为目标，对股权本身没有附加特殊情感，也不谋取控制权，更不存在代际传承的问题。因此，实践中的创业公司通常会有各种退出约定，如对赌回购、跟售条款。在实践中，他们对于其他中小股东是否转让股权并不在意，更关注股权的价格与增值，一般会约定后续增资或转让不能低于第一轮增资的价格。因此，在有限责任公司法中，多数人条款不应是自由转让，而是受限转让，即需要有优先购买权的默认规则。而且，这里并不存在人合性和自由转让的根本冲突，因为在默认规则下，股东仍然可以获得股权转让的相同价款，仅对交易对象进行了一定的限制，但这仍然可以从有限公司股东相互负担忠实义务的角度予以解释。此外，人合性规则还可以实现家族企业关系治理的目标，在创造经济价值的同时保护私人关系。

当然，不可否认，公司法维护人合关系是有限度和缺陷的，并不能强制维持人合性，人合性仍然依赖于股东间的信任和互惠。人合性规则能够在一定程度上避免机会主义和敲竹杠的行为。如果没有优先购买权的默认规则,公司章程也没有加入此类条款,那么家族个别成员或公司个别成员随时可以要挟对外以较低的价格转让公司股权,甚至转让给竞争对手,进一步导致关系治理的破裂。在有几位股东的公司中,可能存在一个股东和其他股东之间的关系破裂,其他股东之间仍然能够维持关系治理,但是如果新加入一个股东,可能导致既有的关系治理模式的破裂,如家族企业不开股东会,不分红,以某种价值观经营管理公司等普遍做法受到挑战。因此,公司法为了维护既有股东之间的人合关系,不对既有股东之间的股权转让进行限制,只要不加入新股东,股东之间内部的股权转让,仅反映持股收益的相对变化,并不意味着既有关系治理的变化,因为信任的股东之间通常通过董事会决议或私下协商,形成相互交流和说服的模式,最终达成一致,和持股没有必然的联系,不是持股比例大就能形成"一言堂"。而新股东的加入可能会破坏这种关系,导致公司整体利益受损。因此,在不给既有股东退出造成实质性负担的情况下,规定优先购买权的默认规则可以维护既有的关系治理模式,对强关系契约性质的家族企业的意义重大。

就此而言,有限责任公司的优先购买权并不是制造一个市场,因为本身对外转让也有市场价格,而是制造了一个反收购机制,在股东对外转让股权价格较低,或者新加入的股东无法融入关系治理,又或者无法为公司带来正向价值的情况下,可以排除其收购股权,维护公司股权的经济和情感价值。因为有限责任公司的股权价值具有高度不确定性和不透明性,且高度依赖于股东(通常也是管理者)的经营管理能力,不同股东对公司的价值存在不同认识,个别股东可能贱卖公司股权,而公司股权的价值是其他股东共同创造的结果,相比于外部投资者,内部股东更加应该分享该差价,因而,在其他股东都行使优先购买权时,采用按照持股比例的方式分配。与此同时,这也可以避免外部人知悉公司的商业秘密和客户关系等营业价值。在上市公司反收购中,同样具有保护股东贱卖股权,以及防止不合适的收购人损害公司其他股东利益的需要,但因上市公司有股权交易市场,价格相对公平合理,而董事对收购行为有利益冲突,故《证券法》对反收购有所限制。有限责任公司也同样有反收购的需要。

此外，法律将优先购买权作为默认规则，也具有法律的公示效应，让第三人知悉，有限责任公司通常有这类条款，在签订股东转让协议时需要注意，避免导致过度的投入和缔约损失。这也可以和股份公司形成鲜明的区分，股份公司需要通过章程设置股权转让限制的类别股，采用选入模式，两者形成不同的封闭性，一个是默认存在，一个是自治需要而选入。否则，有限责任公司和股份公司的区别将进一步虚化。

有学者以比较法为例说明优先购买权应该让位于自由转让，但这并不准确。以美国法为例，美国普通公司通常是我国股份公司意义上的公司，确实没有法定的优先购买权，但是，与我国不同，美国很多州还有所谓的法定封闭公司。如特拉华州公司法规定了封闭公司，这类公司需要遵守封闭公司的特征，并且在公司章程和股份中应该明确记载封闭的特性。封闭公司的其中一个特点就是，所有类别的已发行股份应该受到一项或多项转让限制，不能自由转让股权。日本公司法也规定了合同公司这一特殊类型。而我国目前只有有限责任公司这一类型能够为封闭性的家族企业提供关系治理的默认规则，不应该进一步削弱有限责任公司的人合性，否则维持有限公司和股份公司的类型意义将进一步降低。

3.3.2.2 公司治理结构的多样性

家族公司具有特殊的治理目标，除了降低代理成本外，还追求特殊的家族价值，如实现家族的永续传承。而且，家族企业也面临特殊的挑战，如股权、控制权及管理权的代际传承。家族公司的治理结构除了需要考虑公司面临的问题外，还需要考虑家族的规模、家族成员间的关系、家族的愿景等因素。因此，家族公司所具有的治理结构往往具有异质性，表现出与标准的或典型治理结构不一致的地方。例如，很多家族公司会设置顾问委员会等非正式机构。我国《公司法》对有限责任公司的治理结构已经大大简化，但仍然没有明确允许公司章程对治理结构等方面进行完全的自治。例如，即使是在人员较少、规模较小的有限责任公司，公司法仍然规定公司一般需设置1~2名监事，这事实上预设公司中必然存在代理问题，需要监事代表股东对管理者进行监督。但是，在家族公司中，可能根本不需要监事。

相较而言，美国州公司法上的有限责任公司（LLC）类型则为家族公司选择合适的治理结构提供了极大的灵活性，成为美国家族企业最重要的组织形式。[①] 有限责任公司法大多规定由公司的参与者自行制定经营协议确定公司的治理问题，而且，包括特拉华州在内的多数州规定，有限责任公司的经营协议包括任何与经营管理公司及公司事务相关的协议，既包括书面的（written），也包括口头的（oral）和默示的（implied）的协议，相对宽泛的经营协议范围符合家族企业非正式治理的特性，从而使得法院能够通过考察股东间的特殊关系确定相互间的权利义务。虽然这并不意味着我国应该引入美国式的有限责任公司法，但其对公司治理条款及对当事人协议范围的理解应该为我国的公司法立法及司法实践所借鉴，以保护家族公司当事人的口头承诺及期待。

3.3.2.3 股东退出机制的完善

家族公司中股东之间具有更高的人合性，在家族规范能够约束与引导家族股东及管理者的行为时，家族成员间具有较高的信任度及容忍度。但是，当家族关系破裂时，家族公司面临更激烈和持久的冲突和矛盾。首先，与公司契约论主张的股东在事前会通过契约谈判置入保护自身利益之机制的假设不同，家族股东在事前往往欠缺对公司僵局及冲突的契约性安排；其次，一般的股东冲突仅表现为经济利益冲突，而家族公司的矛盾不仅缘于企业的经济利益冲突，而且交织着情感方面的冲突，造成家族成员事后难以理性谈判的现象，从而造成更严重与持久的冲突；最后，家族关系破裂也使得家族成员相互合作的基础丧失，显著改变了共同投资的目的，使得既有的关系治理实践难以存续，此时家族股东的相互锁定（lock-in）也不利于公司的有效经营，将造成更严重的内耗。相对于其他公司而言，家族公司面临更严重的"退出"难题。在此情况下，相对中立与权威的法院成为解决家族企业内部纠纷的重要外部力量。因此，公司法应该授权法院处理封闭公司纠纷更多的自由裁量空间与多样化的救济手段。

[①] See Benjamin Means, "Contractual Freedom and Family Business", in Research Handbook in Partnerships, LLCs and Alternative Forms of Business Organizations, 2015. P40-P41.

(1) 增加公司回购的法定情形

我国《公司法》对于公司股权回购采取严格的列举模式，很大程度上限制了家族公司对于家族股东退出的自治可能性。随着家族企业规模的扩大，部分家族公司的股东希望退出公司，例如，年长的家族成员可能退出公司经营管理，同时需要通过变现部分股权以满足养老的需求，但是，在现行《公司法》下，除了股东间转让外，家族公司股东的自愿退出途径较少。本书认为，除了减资等情形外，在具有正当商业目的的情况下，也应该允许有限责任公司回购股权。

(2) 完善司法救济的标准与方式

理性经济人基础上的公司契约论不符合家族公司的治理实践，公司法不应该期待家族成员通过契约谈判保护自己的利益，而是应该更积极地保护家族股东的期待，避免在家族成员相互怀有敌意的情况下造成大股东压迫小股东的情形。在家族公司中，家族成员对公司的期待不仅来自公司章程、股东协议等正式的文件，也来自长期共同生活、经营管理的经历，这些期待包括在家族公司中任职等。因此，相比于非家族公司，家族股东之间应该承担更高标准的受信义务，家族股东之间的合理期待更应该得到保护。虽然家族公司内部的矛盾大多可以通过自主协商解决，但是，一旦内部纠纷已经进入司法程序，说明家族成员之间的关系已经出现严重裂痕，一些案件的诉讼过程表明，家族成员围绕家族公司的纠纷旷日持久。[1] 在没有调解和仲裁机制的情况下，法院成为解决家族公司中股东纠纷的重要场域，在部分家族股东的合理期待已经落空的情况下，应该允许其退出公司，以减少家族矛盾对公司经营管理的损害。但是，我国《公司法》对于股东退出的标准较严，相应的救济手段也较为单一。首先，我国2005年《公司法》仅规定了公司僵局这一情形，对于股东压制这一类型缺乏明文，而公司僵局主要针对的是经营管理方面的决策障碍，缺乏对股东信赖与期待利益的保护，导致实践中很多公司股东期待已经严重落空的情况下，仍然难以从既有的公司关系中解脱出来，造成了股东冲突的进一步升级。我国新《公司法》虽然规定了强制回购这一种

---

[1] 参见最高人民法院（2013）民申字第275号民事裁定书。

极端类型，但没有规定股东关系破裂对强制回购救济方式的影响。

3.4 家族公司关系治理的局限及完善

任何治理模式或机制都只能在一定限度内解决公司的治理问题，而且可能在解决部分问题的同时产生新的难题，在两权分离的大公司中，薪酬激励、信息披露等正式治理机制很大程度上能够减少管理者的代理成本，但同时可能引发管理者的短视。同样，家族公司的关系治理在很多情况下都能降低交易成本，保持家族与企业目标的平衡，但是，关系治理同样存在边限与缺陷。从家族公司动态发展的角度观察，这种内在的局限可能降低家族企业的经营效率、阻碍家族企业规模的扩大，甚至造成家族企业的解体。在家族企业的生命周期中，家族与企业两个系统都在变化与发展，家族企业复杂程度的增加要求更加多元的治理结构与机制，单纯的关系治理可能成为引发家族纠纷以及企业纠纷的导火索。即使在封闭型家族公司中，家族规模的扩大也会造成家族股东利益冲突。在实践中，企业家族也认识到关系治理存在的缺陷，通过各种方式拓展关系治理适用的边界，或者引入正式治理机制。下文将梳理家族公司关系治理的局限，并且在此基础上归纳家族公司中常见的应对关系治理缺陷的措施。

3.4.1 家族公司关系治理的局限

3.4.1.1 **家族公司的三极模型**

家族、所有权及企业相互嵌套的三环模型是一个静态模型。[①] 家族企业中家族、所有权与企业三个子系统无疑都是在不断变化发展的，家庭成员有生老病死，所有权因继承而逐步分散，企业内部结构也会在市场竞争中逐步复杂化，需要专业化的管理。实践表明，不同发展阶段的家族企业具有治理结构的差异性，会产生不同的问题与挑战。基于此，盖尔希克等学者在三环模

---

① 参见刘嘉毅、田银华《家族企业契约治理模型、模式选择与演变规律的探索性研究》，《软科学》2012 年第 5 期，第 112—117 页。

型的基础上引入时间维度,形成三极发展模型(见图3-1)。① 三极发展模型由三个相互独立又相互影响的发展轴构成,根据家族企业的个案研究成果,可以将企业的所有权划分为一位所有者控制股份、兄弟姐妹合伙、堂兄弟姐妹联营三个发展阶段;将家庭划分为年轻的企业家庭、进入企业、一起工作与传递领导权四个发展阶段;将企业划分为初建期、扩张/正规化期、成熟期三个发展阶段。当然,这些阶段的界分标准仅仅是概念化的尝试,具有相对性,对家庭轴的发展有不同的认识,如可以将家庭的发展概括为核心家庭阶段(nuclear)、多代家族阶段(multigenerational)、家族网络阶段(networks of families)。②

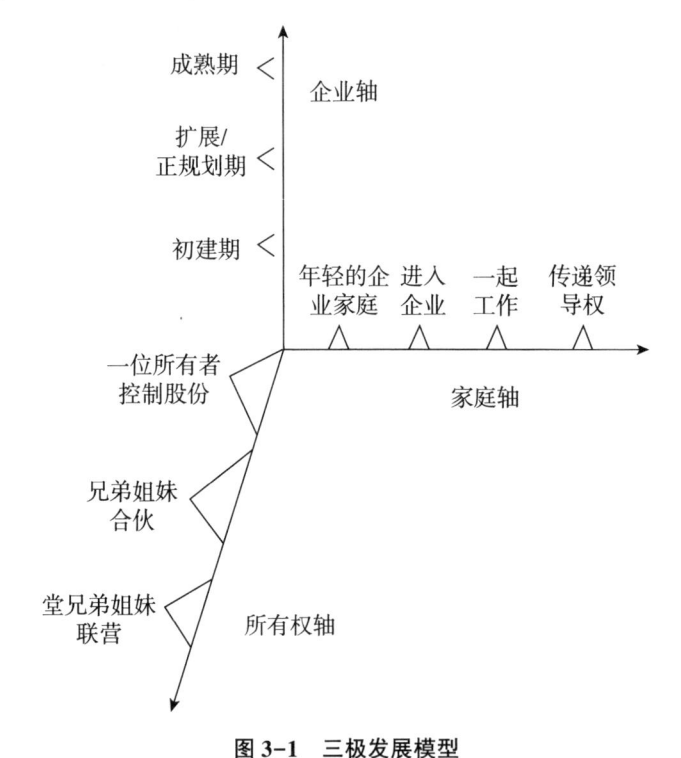

图 3-1 三极发展模型

---

① [美]克林.E.盖尔希克等《代代相传——家族企业发展模型》,高皓等译,东方出版社2014年版,第32页。
② Thomas Zellweger & Nadine Kammerlander, "Article Commentary: Family, Wealth, and Governance: An Agency Account", 39 Entrepreneurship Theory and Practice, 1281 (2015).

三极发展模型表明，位于家族、所有权与企业组成的三维空间中的任何一点的家族企业都处于特定的发展阶段，需要特定的治理结构与法律筹划的支撑。

我国学者对家族企业的成长研究也表明，家族企业具有锚定期、震荡期和泛化期的发展，在不同的时期面临不同的合法性约束。① 这些不同阶段对家族企业的治理要求是不同的。从家族公司司法诉讼的案件类型也可以看出，多数诉讼发生在家长年迈以及兄弟姐妹联合经营管理公司阶段。例如，在黄某辉与西乡县某水电开发有限公司及黄某润、黄某平股东资格确认纠纷案中，② 黄氏家族企业集团就因家长年迈而分家，并最终在家长去世之后引起了股权纠纷。黄某刀、谢某夫妇生育八个子女，老大黄某秀、老二黄某洁、老三黄某辉、老四黄某狮、老五黄某润、老六黄某团、老七黄某平、老八黄某针（女）。黄某秀有两个儿子黄某章和黄文某及一个女儿黄某花，黄某洁有两个儿子黄某岭和黄某卿，也参与到公司经营管理，由此可见，黄氏家族企业已经发展到第二代、第三代联合经营管理阶段。

判决书总结道："从1985年起，黄某刀、谢某夫妇长期对整个大家庭的生产生活采取共同劳动、共同投资、共同支配的方式进行管理。1985年，由黄某刀出资，黄某辉到上海经商，随后黄某润于1987年，黄某团、黄某平于1989年到上海共同经商，每人所得收入全部交给黄某刀用于大家庭支配，直到2010年10月1日，20余年期间，用大家庭积累的财产分别逐步投资了上海某机电设备成套供应站、上海某水电安装有限公司、上海某机电设备有限公司等十几个家族企业，这些企业均由家庭部分成员分别登记为股东，按公司化制度进行管理，出资由大家庭积累财产形成，收益由黄某刀统一进行分配。"③ 由此可见，从1985年到2010年，由于家长黄某刀的个人权威以及家族成员间的信任与团结，黄氏家族企业集团一直采取了关系治理方式，没有细化家族个别成员的股权，家族的成年后代都可以参与经营管理，公司收益

---

① 参见吴炯、邢修帅《家族企业成长中的合法性约束及其变迁》，《南开管理评论》2016年第6期，第156—158页。
② 参见陕西省高级人民法院（2017）陕民终212号民事判决书。
③ 参见陕西省高级人民法院（2017）陕民终212号民事判决书。

由家长基于利他主义进行合理分配，20余年间家族成员都在事实上认可了这种治理结构，而且这在一定程度上保障了家族能够集中资金与人力，促进了企业的发展。

2010年10月1日，黄某刀主持全家人分家，签订"坑头福安居黄氏分家协议书"，约定："为了一家人和睦相处、经济的发展，经过所有股份成员慎重考虑、斟酌协商一致达成以下条约：（1）公司股份成员：黄某辉、黄某狮、黄某润、黄某团、黄某平、黄某章、黄文某、黄某岭、黄某卿。（2）公司的范围：洋县隆某公司：某电站（含钱长明清某公司20%股份）、昊某公司：某二级电站、西乡县隆某公司（山某电站）、罗某电站、申某公司（乔某电站）。安溪吾都、祥华珍某电站。（3）股权分配：黄某润15.5%、黄某辉14.25%、黄某狮14%、黄某团14%、黄某平14%、黄某章7%、黄某岭7%、黄某卿7%、黄某针0.25%。（4）股份成员证明：按股权证发配比例履行公司盈亏。（5）黄某润、黄某团、黄某平在洋县电站建设管理的工资按洋县、西某公司制度分配，分配所得属他们三人拥有。（6）洋县昊某公司：某二级电站现有开工建设。西乡隆某公司：山某电站，申某公司：乔某电站申报设计阶段。按现有资金建设，如无法完工需要再投入由各股份成员注入，如果资金无法到位就按原有资金发配股权证。（7）上海隆某、恭某盛、欣某龙公司的债权债务按股份比例分配……（18）现在洋县、西乡的电站由黄某润、黄某团负责，到不能管理时再由下一代男性14个人中以无记名投票方式选出作为公司的负责人。日后再所干涉利益兴旺的事情应按无记名投票方式60%的人同意后才能行使权利办理。否则谁办理谁承担……（20）各个股东在公司发生的债权债务清算后以签字为准日后公司分红支付扣回。"

该分家协议说明，随着家长的年迈以及家族成员的增加，完全的关系治理规范难以适应家族企业的发展，家族成员开始通过契约逐步明确家族成员在企业中的权力与利益。但是，"坑头福安居黄氏分家协议书"仍然一定程度上保持了家族式的团结合作，家族成员仍然共同持股，共同经营管理。

2013年1月23日，黄某刀去世，同年2月14日，黄某团等九人签订了"补充协议"，该协议载明："由于福安居七兄弟在2010年10月1日分家并签订'坑头福安居分家的协议书'出现新的个人争议，为了日后友好共同合作，避免再次出现新的个人意见,经过'坑头福安居分家的协议书'的股份成员共同协商解决后达成相关具体条款。"① 正是因为家庭成员对这份新的"补偿协议"存在争议,最终引发了家族成员的长期诉讼纠纷。由此可见,家族内部关系的变迁将影响家族公司关系治理的实际效果。随着家长的离世,家族内部缺乏有效的协调者与仲裁者,因关系治理产生的股权不清晰加剧了家族成员的利益冲突,最终会导致家族公司关系治理的解体。

3.4.1.2 家族内独立产权单位的出现

在我国家族文化观念中,家族是一个具有伸缩性的概念,家庭与家族处于转换关系中。有学者认为:"在中国家族企业的研究中,对家庭和家族的界定是模糊甚至是不加以区分的。"② 在我国家族企业中,家族冲突实质上是家族内各家庭单元之间的矛盾。家族企业发展到一定阶段后,家庭与家族的边界逐渐明晰化。

其中,家庭是以婚姻关系为核心结成的社会关系,在经济意义上属于一个独立的产权单位。家庭一般可以分为夫妻与未成年子女组成的核心家庭以及夫妻与成年未婚子女组成的拓展家庭。但是,若在现实生活中指认其为家庭,往往在法律及心理上意味着存在一种紧密的共同关系。③ 而家族则是多个具有亲缘关联的家庭的组合,在经济性质上属于多个产权单位的联合。

在家庭边界之内,人们遵循着利他主义的行为原则各取所需。而在家庭边界之外,当家庭作为一个基本的产权单元参与家族活动时,不同家庭之间的利他主义逐渐减弱。④ 作为家族企业关系治理赖以存在的利他主义主要适用于家庭边界,在家庭边界的范围之外,家族成员对于家族及家族企业的团队产出,相互之间具有一定的竞争关系。在此情况下,家族企业具有团队生产特点,衡量家庭成员的边际贡献有很大难度。由此,家族成员对共同努力的产出就会产生公共产权的困境,成本将由其他人共同负担,而收益则可以独

---

① 参见陕西省高级人民法院(2017)陕民终212号民事判决书。
② 参见陈凌、应丽芬《从家庭/网络家庭到企业/企业网络——家族企业成长的本土视角》,《学海》2006年第4期,第162页。
③ 参见杨光飞《家族伦理、家族愿景和华人家族企业的内部治理》,《伦理学研究》2010年第1期,第42页。
④ 参见李新春《信任、忠诚与家族主义困境》,《管理世界》2002年第6期,第91—92页。

占。尽可能多地攫取家族内的利益，减少对家族资本的再投入，就成为一种理性选择。① 尤其是在分家等重要时刻，家族的每个分支都希望能够获得自己应得的一份，不同家庭成员的心理期待的不一致将导致内在的"不公平感"。在家族企业的司法诉讼案件中，频繁出现的是成家后兄弟姐妹对家族企业资产、股权的争议，以及家长年迈后不同子女对家族企业控制权和管理权的矛盾，这也说明随着家庭与家族的分离，家族企业关系治理所产生的模糊产权关系以及家长权威难以应对家族成员间出现的机会主义倾向。而一些法院的强制解散判决也表明，随着家族规模的扩大，家族企业内出现所有权与控制权分离的现象，部分控制家族公司的股东可能利用自己的控制权压制或排挤其他家族成员，如无故解除家族成员的劳动关系，长时间不分配利润。由此说明，随着家庭独立产权单位的形成，家族股东之间也会出现委托代理问题。

3.4.1.3 家族社会资本的负外部性

家族企业的特殊性在于家族关系和家族规范的涉入。家族关系包含了家族成员构成的人际网络，而家族规范则促进了家族成员之间的相互信任和互利互惠。家族关系网络、信任和规范是社会资本的基本要素。家族关系引入家族企业后，带来的不仅是一个凝聚力极强的社会网络，也带来嵌入于这个网络中的资源。但是，社会资本作为广义的资本形态之一，具有资产专用属性。② 所谓的资产专用性，是指某种资产或资源被用于其他用途而不损失其价值的程度。资产专用属性说明，社会资本的价值只能在一定的边界之内发挥作用。③ 对于家族企业而言，家族社会资本的专用性意味着社会资本只能为家族成员所用。

在家族企业发展到一定阶段后，企业家族需要吸收家族网络外的资源，例如专业的管理人员及外部资金。此时，家族企业关系治理就会出现负面效应。专用性社会资本使得企业内存在一个相对独立和封闭的家族利益集团，

---

① 参见吴炯《团队生产契约下家族治理的动因与对策》，《华东经济管理》2013年第11期，第46页。

② 参见杨玉秀《家族企业代际传承中的家族社会资本》，《当代经济管理》2014年第8期，第24—27页。

③ 参见吴炯《家族企业的家族契约治理——以家族社会资本涉入为视角》，北京大学出版社2016年版，第42—43页。

与外部利益相关者存在异质性利益诉求,外部利益相关者为此可能承担额外的成本。例如,家族成员间的互惠互助可能是以排挤或欺压外部股东、雇员为代价的,造成对家族企业内职业经理人或非家族雇员在薪酬、升职等方面的歧视。这些额外的成本,是专用性社会资本挤压效应所产生的外部不经济的成本。由于家族企业显著的"信号"作用,这些额外成本最终将转移给家族企业,造成家族企业面临更多的人才流失、更高的融资成本。当这些额外的外部不经济成本与家族社会资本的积极效应相抵消时,家族企业无法继续通过强关系治理获得竞争优势,反而会造成管理能力不足、资源匮乏等问题。

在家族企业的治理实践中,一些家族企业及企业主认识到强关系治理产生的不足,自觉地实行能够弥补其缺陷的措施。例如,很多家族企业发展到一定阶段后开始明确家族成员在公司中的权利,确定不同成员的持股比例,改变共同共有所造成的产权不清晰;对一些没有经营管理能力的家族成员,会通过赠与股权、提供补偿等方式劝其离开企业,从而为引入外部专业管理人员提供机会;一些存在家族矛盾的企业家族则选择通过分家的方式,降低家族的复杂性,使得家庭与家族的界限重新合一。

3.4.2 外部治理力量的引入——以顾问委员会为例

如上所述,随着家族、所有权及企业的三极发展,家族企业出现独立的家庭产权单位,家族成员间的利他主义逐渐减弱,信任限度也会随着相互沟通的减少而下降,家族内部的权威面临挑战,家族社会资本对企业发展的负外部性逐渐显现,家族公司的关系治理难以单独发挥作用。有学者认为,环境干扰、资产规模、企业领导价值观以及所有权结构等因素综合决定了企业治理模式的选择。[①] 实证研究显示,在强关系治理、强契约治理的模式下,家族企业可能取得更好的业绩。[②] 因此,在封闭型家族公司发展到一定阶段后,正式的公司治理机制开始发挥制度优势,如在家族企业内建立真正有效的董

---

① 参见宋丽红、李新春《短时逐利还是长期投资——家族所有权与传承意愿的交互作用检验》,《中山大学学报(社会科学版)》2013年第2期,第169—179页。

② 参见李新春《家族企业的关系治理:一个探索性研究》,《中山大学学报(社会科学版)》2005年第6期,第114—115页。

事会，发挥监督和咨询的功能。由于家族成员之间较难实现真正的独立监督，家族内部也无法弥补家族企业在战略决策及资源方面的不足，因此，在家族企业的治理实践中，一些规模较大的家族企业集团往往会引入家族以外的治理力量，以实现对家族纠纷的控制，并且通过构建新的社会关系以弥补家族社会资本的不足。一方面，引入外部治理力量仍然能够保持家族成员间的关系治理；另一方面，相比于职业经理人或外部投资者，这些治理力量也不会对家族的控制造成严重的威胁。因此，引入外部董事或顾问委员成为修补或矫正家族公司关系治理的重要措施。例如，我国一些家族企业会引入相对独立的外部董事。有学者在浙江异兴集团的个案研究中发现，"异兴的董事局会外聘一些技术专家和一些经济、管理以及法律等方面专家担任非股东董事，和家族成员一起构成一个决策机构，借助一定的外来力量进行制度创新，进而纠正自家人决策上的偏狭。异兴集团外聘的董事不仅有国内专家，而且还有来自国外的专家，和独立董事不同，异兴集团给他们相当高的报酬，并且约定每年抽出至少7~15个工作日的时间来异兴参加相关重大问题的论证会。董事局一共聘任45人，分投资、研发、管理、国际贸易等4个小组；每个小组包括11个董事，其中外聘董事占8票，自家人占3票，决议按照三分之二票通过"。而且，异兴集团还规定了董事会决议的基本程序："一般先由异兴集团家族成员提出相关的议案或设想，然后由这些专家董事投票决议赞成或反对，拿出观点和依据，即赞成或反对的理由。如果异兴家族成员的提议首次遭到反对，异兴的家族成员会根据外聘董事的提议进行再次修改，让董事局再次审议，家族成员对董事会的决议（通过或否定的结果）以及相关的论证意见进行认真研究，如果认为董事局（尤其是外部董事的意见）非常合理，尽管和家族意见相左，也会考虑放弃原来的方案。"[1] 在对异兴的访谈中，家族企业创始人认为："董事局的设置主要是纠正家族内部决策的不足，也能更多吸收专家学者的观点，她一再强调：异兴集团的董事局并不是做做样子的，

---

[1] 参见杨光飞《家族企业的关系治理及其演进——以浙江异兴集团为个案》，社会科学文献出版社2009年版，第301页。

它会严格执行一套程序。"① 虽然我国公司法没有强制要求有限公司的董事会引入外部董事,但是,基于实践理性,家族企业开始对家族进行一种自我控制。

实际上,这种类型的董事会对家族企业的治理还具有一个重要的功能,就是能够缓和或化解家族成员内部对于企业经营管理方面的冲突,当家族成员之间对企业发展的观点无法达成共识时,可提交董事会,由董事会投票决定,由此,董事会弥补了家族公司关系治理中家长权威不足、信任度下降的问题。由外部董事参与的董事会充当了一个仲裁者的角色,能够抑制家族内部的冲突,家族成员尊重外聘董事的权威性和专业性,可以弥补家族公司关系治理的不足。

封闭型公司聘请外部董事并非公司法的强制性规范,属于家族公司为了解决其特有的治理问题、增强合法性的理性选择。更重要的是,这种类型的外部董事制度在结构、程序以及功能等方面与上市公司的独立董事制度存在较大的差别。首先,封闭型家族公司的外部董事并不需要完全独立于企业家族,而是与家族成员存在密切的私人关系,这是企业家族能够信任外部人的重要前提;其次,企业家族仍然对公司掌握绝对的控制权,外部董事并非受其他投资者委派监督企业家族,而是企业家族自我约束的一种机制,与上市公司独立董事代表与保护中小投资者的制度定位存在差异。因此,外部董事与企业家族之间更多的是一种相互协作、交流的非正式关系,而不是相互对抗、制衡的关系。外部董事发挥作用的重要前提是企业家族的信任以及愿意提供家族的私人信息,而家族企业则主要在公司战略决策、投资等领域依赖外部董事的意见,增强家族企业在社会公众及监管者中的合法性形象。从异兴公司的个案中就可以看出,其董事会的运作突出相互的协商与参与,关注外部董事提出的实质性理由,但最终的决策仍然掌握在家族成员手中,家族成员需要结合外部董事的意见及家族重要成员的意见,并且考虑企业和家族两个系统的需要做出权衡。《公司法》上正式董事会的董事主要发挥控制、监

---

① 参见杨光飞《家族企业的关系治理及其演进——以浙江昇兴集团为个案》,社会科学文献出版社2009年版,第302页。

督、战略决策及咨询等方面的功能，而家族公司中的董事会及外部董事则主要在咨询方面发挥作用，具有顾问委员会的特征。

（1）顾问委员会的重要性

无论在实际上承担何种功能，一旦被公司股东会选任为董事，公司与外部董事形成委任关系，对公司及全体股东负有受信义务，因而可能承担民事及行政方面的责任，具有一定的法律风险；而且，企业家族在很多情况下也不希望外部董事知悉并且参与家族公司的经营管理。因此，很多家族公司直接采用顾问委员会（board of advisors）的形式引入外部的治理力量。顾问委员会在公司内部属于非正式的治理结构，不是公司法的法定治理机构，顾问不承担法定的治理责任。但是，顾问能够发挥家族公司股东、董事会等正式治理机构无法发挥的作用，是关系治理与正式治理的中间形态。

不同发展阶段的封闭型家族公司应该采用不同的治理模式，可能是完全的关系治理，也可能是完全的契约治理，还可能是两者的混合或折中。不同于公众公司保护投资者利益的强制性规则，在封闭型家族公司中，公司法不应该采取"家父主义"或强制性的方法应对治理问题，而是应该为不同类型的家族公司提供灵活的治理架构，以减少治理的成本与负担。因此，在法政策上，应该允许家族公司在公司法的框架下通过章程自治确定妥当的治理模式。

虽然我国一些法院已经注意到家族公司纠纷的特殊性，但是，法官在识别关系契约中家族成员之间的期待与共识方面仍然存在困难，而且诉讼程序烦琐，费时费力，这种纠纷解决机制需要家族付出很高的经济成本。例如，家族成员间的矛盾可能导致股东在企业中的僵局或压制，但是法院在实践中较难采用明确的审查标准判断是否存在压制，而且解散家族公司也将给家庭投资者及雇员等利害关系人造成严重的损失。即使解散公司，也会对家族成员间的关系造成严重的破坏。

因此，事前防范、阻止纠纷的发生对于家族公司的存续具有重要意义。此外，相比于非家族公司，家族企业具有一些特殊的利益和目标，例如家族企业试图维系其家族成员的和睦，因而会雇用一些家族成员或采取一些非经济理性的行为，从而可能损害企业的长期利益。一个相对专业和独立的机构能够平衡家族涉入的负面效应，专业的顾问人士能够在公司管理人选任、股利分配政策、雇佣政策、税收筹划等方面提供咨询意见。① 代际传承在家族企业的生命周期中具有重要意义，一些研究代际传承的文献强烈建议，应该尽早规划并且咨询外部专业机构人士的意见，减少代际传承相关矛盾对家族成员的负面心理影响。②

一些诉讼案例表明，家族公司的关系治理导致家族财产与公司财产混同现象严重，家族企业的财产在满足企业发展的同时，还可能存在为家长提供养老等多种用途，企业家族成员缺乏专业的法律知识，家庭成员起草的协议过于简单、模糊，导致一些重要的家族企业协议违反法律的强制性规定③或者在解释上存在明显的歧义，④ 进而引发旷日持久的家族诉讼。因此，家族公司应能够从一个相对独立、客观且专业的内部治理结构中获益，在公司做出重大决策时吸收专业人士的意见。⑤

本书认为，发展到一定阶段的家族公司应该建立一个相对独立且专业的顾问委员会。家族公司引入独立和专业的治理力量有助于家族股东、管理者和董事会提升公司的绩效。独立的顾问委员会能够权衡家族的积极因素和消极因素，并且调解和仲裁家族纠纷。同时，家族企业的顾问委员会必须对家族企业的管理及家族与企业的关系有专业的认识。

（2）顾问委员会在公司治理结构中的定位

顾问委员会的定位及权责，取决于家族企业的发展阶段和家族的特别需要。⑥ 为了保证顾问委员会在公司中的地位，公司应该在章程中专门规定顾问委员会的组成、结构、职责。虽然顾问委员会与公司董事会在运作上具有一

---

① Vanessa M. Strike, "Advising the Family Firm: Reviewing the Past to Build the Future", 25 Family Business Review, 156 (2012).
② Claudio Fernández-Aráoz, Sonny Iqbal & Jörg Ritter, "Leadership Lessons from Great Family Businesses", 93 Harvard Business Review, 20 (2015).
③ 参见江苏省高级人民法院（2016）苏民终352号民事判决书。
④ 参见江苏省常州市中级人民法院（2013）常商终字第431号民事判决书。
⑤ See Benjamin Means, "Contractual Freedom and Family Business", in Research Handbook in Partnerships, LLCs and Alternative Forms of Business Organizations, 2015. P40-P41.
⑥ Emma Su & Junsheng Dou, "How does Knowledge Sharing Among Advisors from Different Disciplines Affect the Quality of the Services Provided to the Family Business Client? An Investigation from the Family Business Advisor's Perspective", 26 Family Business Review, 256 (2013).

定的相似性，但是，顾问委员会是一个独立于公司正式治理结构的治理机构，一般不应该由董事会、监事会的成员兼任。这一方面有利于保障其独立性，使得顾问委员会能够在信任和协商的基础上达成共识，而不是其他正式治理机构所强调的少数服从多数，也无须遵循公司法上严格的会议程序与纪录要求。

在规模较小的家族企业或家族企业创业早期，顾问或顾问委员会的主要职责是协助公司管理者制定经营战略，包括选择供应链和寻找风险投资者。在一个成熟的规模较大的家族企业中，顾问委员会一方面需要解决公司面临的成长性困境，提供专业化的管理意见；另一方面需要为企业家族提供代际传承的规划方案。

（3）顾问委员会的组成

为了实现顾问委员会的特殊功能，其人员组成结构至关重要。[1] 在家族公司中，顾问委员会是一种自愿性的、非正式的机构，因此，其权威性不是来源于法律的强制，而是来源于服务的专业性及声誉，形式或面子意义上的顾问委员会对于提升企业的业绩及维系家族的团结没有任何意义，企业家族也不可能真正听取毫无专业性的意见。基于家族企业的多样需求，一个独立、客观且专业的顾问委员会的人员一般应该由具有多种背景和知识的人员构成：首先，顾问委员会的成员中应该有一些企业经营方面的专家，这些专家需要对家族企业的独特性及其竞争优势有所了解，从而制定企业在利润分配、投资方面的战略。在多元化经营的家族企业集团中，需要聘任不同专业背景的人士；其次，顾问委员会应该有特定领域的专业人士，随着家族企业的发展，家族成员内部的冲突以及家族与企业间的冲突逐渐增加，因此，除了企业经营方面的专家，顾问委员会仍然需要律师、税务及心理情感方面的专业人士，为企业家族选择接班人及制定内部规章制度、节税提供支持，并且在家族成员出现纠纷时进行调解，暂时以中立者的身份出任临时的公司管理者，以保证公司度过危机。

---

[1] Vanessa M. Strike, "The most Trusted Advisor and the Subtle Advice Process in Family Firms", 26 Family Business Review, 293（2013）; Craig Aronoff, & John Ward, *Family Business Governance: Maximizing family and Business Potential*, 2011. P123.

3.5 封闭型家族公司关系治理的外部效应——以夫妻公司为例

夫妻公司是我国实践中最为典型的中小型家族企业，这里的夫妻公司在形式上表现为夫妻两人基于共同财产出资，并且登记为公司股东的情形，这类公司能够充分发挥夫妻的人力资本和社会资本优势，形成高度信任、相互默契的关系治理，企业事务的处理原则上由夫妻协商解决，无须召开正式的股东会或董事会，公司法上的正式治理几无用武之地，家族企业成为夫妻共同财产的重要组成部分，也是夫妻及家庭其他成员的重要经济来源，在我国民营经济发达的省份广泛存在，很多大型和上市的家族控股型公司最早也是由这类夫妻公司发展而成。但是，夫妻内部的信任和利他也导致了家庭和企业之间的边界模糊，家庭为企业提供担保和资助，企业资产用于个人消费等情形普遍存在，正式的分红等情形较少出现，股东之间缺乏陌生人之间的监督，进一步导致治理制度、财务会计制度的虚置，由此引发家族企业关系治理下外部债权人的利益保护问题。我国《公司法》已经规定了一般的法人人格否认制度，2023 年修订的《公司法》引入了横向法人人格否认制度，此外，我国《公司法》曾严格规制一人有限责任公司，在人格否认方面规定了举证责任倒置的规则，新公司法又承认了一人股份公司，这些规则会对家族企业的经营产生重要影响。《公司法》删除了旧公司法上关于一人公司的特别规则，仅在《公司法》第 23 条第 3 款保留了一人公司人格否认举证责任倒置的规定 [《公司法》（2018 年修订）第 63 条]。在司法实践中，对于夫妻公司是否能够准用该规定存在较大争议，该问题对夫妻公司的设立及债权人的利益都产生重要影响，在新公司法废除强制审计等规定的背景下，该问题的争议仍然存在。我国 2005 年《公司法》是世界上少有的专门对一人公司予以特殊规定的立法例。① 这一立法在突破传统公司法理论关于公司社团性之桎梏的

---

① 比较法上，意大利《民法》第 2362 条规定（股份有效公司股东为一人之规定），公司全部股份归属一人之期间内，若该公司无力清偿债者，该唯一一人应负无限清偿责任。

同时，也预防性地设定了很多约束一人公司及其唯一股东的规则，以防止一人公司固有的弊病。2005年修订《公司法》之后，商业实践中出现了大量的一人公司，也引发了一人公司的诉讼和相关规则的解释适用问题。其中一个重要的争议就是《公司法》（2018年修订）第63条关于一人公司人格否认的举证责任倒置规则，① 该条被认为是我国公司法的独创。在司法实践中，一人公司的债权人在一人公司不清偿债务时，通常以《公司法》（2018年修订）第63条为请求权基础，起诉一人公司及其股东，② 要求一人公司股东对公司债务承担连带责任。在既有的司法裁判中，法院要求一人公司的股东承担严格的举证责任以证明公司财产独立于个人财产，股东提供经审计的财务会计报告等都不足以完成公司财产独立于个人财产的举证责任，导致一人公司股东被诉的法人人格否认案件中，股东绝大多数情况下被判决承担无限连带责任。③

这一问题也延伸到一人公司之外的家族企业，我国存在很多以夫妻共同财产出资并由夫妻两人完全持股的有限公司（以下简称"夫妻公司"），司法实践中，原告债权人往往主张夫妻公司为实质上的一人公司，要求适用《公司法》（2018年修订）第63条。对此问题，我国地方各级法院长期以来存在截然不同的判决，造成了"同案不同判"的结果。近来，最高人民法院内部也出现了不同立场，最高院2020年做出的判决肯定了下级法院关于夫妻公司可以类推适用《公司法》（2018年修订）第63条的意见（以下简称"肯定性判决"）。对此司法争议，除了部分法官提出了赞同性的评析外，④ 尚未见我国公司法学者对此裁判思路做出深入评析。

本书在一人公司理论及类推适用的法学方法论下，梳理夫妻公司法人人格否认的司法争议史，在此基础上指出肯定性判决在类推适用方面存在的方

---

① "一人有限责任公司的股东不能证明公司财产独立于股东自己的财产的，应当对公司债务承担连带责任。"参见《公司法》（2005年修订）第64条。
② 在执行过程中申请法院追加一人公司股东为被执行人。
③ 参见曹民哲《一人公司人格否认、财务会计报告与举证责任》，《人民司法（应用）》2017年第16期，第75页。
④ 参见陈舒舒、谢佩君《某贸易公司诉广东某服装公司与盘某、李某买卖合同纠纷案——夫妻共同出资的有限责任公司是否属于一人公司》，《法治论坛》2019年第55辑，第353页。

法论不足及可能引起的不利后果，提出相比于类推适用一人公司特殊规定更灵活和科学的裁判路径。

3.5.1 夫妻公司准用一人公司人格否认特殊规定的司法争议

3.5.1.1 2005年《公司法》承认一人公司前对夫妻公司法人格的质疑

我国司法实践对夫妻公司法人格的态度从一开始就与一人公司的立法及政策密不可分。1993年《公司法》规定了公司的法人人格独立和股东有限责任原则，但同时通过该法第19、20条的规定，① 确立了禁止设立一人公司的原则。② 这一立法政策一直延续到2005年修订《公司法》前。

1993年到2005年，我国行政机关和司法机关为了强化禁止设立一人公司的法政策，对夫妻公司这一特殊类型的公司也进行了特别规制。

首先，国家工商管理总局于1995年发布《关于公司登记管理中的几个具体问题的答复意见》，③ 其中第2条规定：家庭成员出资设立有限公司，必须以各自拥有的财产承担相应的责任。登记时需提交财产分割的书面证明或协议。该条对夫妻设立公司提出了特殊的行为要求。此后，1998年《公司登记管理若干问题的规定》④ 以行政规章的形式在第23条做出了类似规定：家庭成员共同出资设立有限责任公司，必须以各自拥有的财产作为注册资本，并各自承担相应的责任，登记时需提交财产分割的书面证明或者协议。但是，这些条文并未明确夫妻等家庭成员以家庭共同财产出资但在登记时未提交财产分割协议的法律后果。

与之相呼应，当时一些法院引用国家工商行政管理总局的前述意见及规章，判决若夫妻以共同财产出资设立有限责任公司，登记时未提交财产分割

---

① 《公司法》（1993年修订）第19条第1项规定，设立有限责任公司股东应当符合法定人数；第20条第1款规定，有限责任公司由两个以上五十个以下股东共同出资设立。
② 严格来说，是禁止设立阶段的一人公司，因未明确规定股东不足法定人数为公司强制解散的理由，1993年《公司法》是否允许存续阶段的一人公司在立法上是不明确的。
③ 工商企字〔1995〕303号。
④ 中华人民共和国国家工商行政管理局令〔第83号〕。但是，为了配合新修订的2005年《公司法》的实施，该规章已经在2006年被《国家工商行政管理总局关于废止有关工商行政管理规章、规范性文件的决定》（工商法字〔2006〕119号）正式废止。后文的分析表明，我国很多地方法院仍然在废止后相当长一段时间援引该规章裁判夫妻公司相关纠纷。

协议或证明的,认定该夫妻公司不符合有限公司的设立条件,① 直接否认夫妻公司的法人格(本质上是认为公司存在设立瑕疵),要求夫妻对公司债务承担连带责任。②

蒋大兴对这种当时流行的裁判路径进行了批判,③ 认为夫妻公司仍然是两个法律主体设立的公司,符合当时公司法关于股东人数的要求,而且夫妻共同财产出资后形成了公司的独立财产,夫妻取得共有股权,不影响公司的独立性,因而不应该径直否定夫妻公司的人格,即使夫妻公司存在滥用权利造成公司形骸化的情形,也应该按照一般的法人人格否认的法理解决。

在1993年《公司法》明确禁止设立一人公司的法政策下,行政机构要求夫妻提供财产分割协议的规定及司法实务否定夫妻公司法人人格的判决的主要目的在于,减少对一人公司设立禁止的法律规避,防范夫妻一方通过"挂名"方式设立所谓的实质上的一人公司,毕竟在夫妻财产共同制下,让配偶挂名是风险最小化的一种选择。但是,这种旧《公司法》政策下的行政规章及司法判决作为我国法律共同体的记忆并未随着我国2005年修订《公司法》承认一人公司而失去影响,而是换一种形式又重新"抛头露面"。

3.5.1.2　2005年《公司法》承认一人公司后的司法争议

2005年《公司法》虽然明确承认了一人公司,并构建了一人公司在治理等方面的特殊规则,但关于夫妻公司法人人格的争议并未消除,而有愈演愈烈之势。在中国裁判文书网中以"一人公司"及"夫妻公司"作为关键词进

---

① 有的判决将1993年《公司法》第20条第1款关于两个以上股东的要求扩张解释为需要"两个以上不同所有权"。而夫妻财产共同共有仅有一个所有权。
② "拓某公司惟一的两个发起人和股东陈某循、刘某琴系夫妻关系,依夫妻财产制,两位股东的财产构成不可分割的整体,以单一主体设立有限公司违反了《公司法》有关有限责任公司设立条件的规定,拓某公司实质上充任了两位股东实施民事行为的代理人,若让拓某公司依法人制度享有有限责任利益,与民法的公平原则相违背,且不利于维护交易相对方的合法权益,因而陈某循、刘某琴应对拓某公司的债务承担无限责任。"参见四川省广汉市人民法院(1999)广汉经字第716号民事判决书。
③ 参见蒋大兴《夫妻公司的法人格:肯定抑或否定——对流行裁判思维的检讨》,蒋大兴主编:《公司法律报告(第1卷)》,中信出版社2003年版,279—329页。

行检索，共得到216篇裁判文书，① 剔除无效和重复的判决，共得到80篇夫妻公司是否适用或类推适用《公司法》（2013年修订）第63条②的相关裁判。可以发现，2005年修法后，关于夫妻公司法人格争议的焦点有所转换，因2005年《公司法》第64条［《公司法》（2013年修订）第63条，现行《公司法》第23条第3款］创设了我国独特的一人公司法人人格否认的举证责任倒置规则，司法实践中的核心争议转换为：夫妻以夫妻共有财产出资设立并由夫妻两人完全持股的有限责任公司是否可以适用公司法上关于一人公司人格否认的特殊规定？而夫妻公司能否适用现行《公司法》第23条第3款的规定，很大程度上直接决定了不同的裁判结果。对此问题，不同法院意见不一。

（1）地方法院之间的争议

对于夫妻公司能否适用《公司法》第23条第3款，我国地方各级法院存在截然相反的两种判决。一种判决持否定态度，主要采用严格形式主义的解释方法。在公开的裁判文书中，广东深圳南山区法院③、山东兖州市人民法院④等较早在2012年、2013年的裁判文书中就对此持否定态度。之后，也有较多法院对此做出了否定性判决。如广东东莞市第三人民法院⑤、广东深圳龙岗区人民法院⑥、河南省高院⑦、河南郑州中级人民法院⑧、湖北枝江市人民

---

① 参见 https://wenshu.court.gov.cn/website/wenshu/181217BMTKHNT2W0/index.html？pageId＝10cc11497df08423be5a0db355ffbdf4&s21＝一人公司，2020年8月1日访问。受裁判文书网开始收录政策的影响，这些裁判文书显示的最早裁判年份为2013年，但显然做出此类判决的裁判文书可以一直追溯到2005年《公司法》修订后。
② 由于案件审理年份跨度较大，而《公司法》（2013年修订）第63条的内容（现行《公司法》第23条第3款）历次修法时未发生变化，因此本节梳理司法裁判情况时，均以《公司法》（2013年修订）第63条为准进行表述。
③ 参见广东省深圳市南山区人民法院（2012）深南法执追字第11号民事裁定书。
④ 参见山东省兖州市人民法院（2013）兖商初字第585号民事判决书。法院同时指出，原告据以主张的工商总局的行政规章已经于2006年废止。
⑤ 参见广东省东莞市第三人民法院（2015）东三法樟民二初字第116号民事判决书。
⑥ 参见广东省深圳市龙岗区人民法院（2016）粤0307民初12294号民事判决书。
⑦ 参见河南省高级人民法院（2016）豫民再125号民事判决书。
⑧ 参见河南省郑州市中级人民法院（2019）豫01民终22719号民事判决书。

法院[1]、湖南衡阳石鼓区人民法院[2]、广西壮族自治区高院[3]、江苏淮安市中院[4]、山东省高院[5]。这些否定性判断的核心理由是，《公司法》（2013年修订）第57条明确定义了一人公司，是指只有一人自然人股东或者一个法人股东的有限责任公司，而夫妻公司显然具有两个自然人股东，不符合公司法关于一人公司的界定，因而不能适用第63条为一人公司所特设的规定。夫妻公司适用第63条缺乏法律依据。此外，还有一些实质方面的重要理由：（1）依据《公司法》（2013年修订）第3条，股东有限责任是公司法的基本原则，除非法律特别规定，不得否定公司人格；（2）公司财产的独立性不会受到股东夫妻身份的影响；（3）原告据以请求的依据《公司登记管理若干问题的规定》已经于2006年被废止；（4）夫妻财产共同制不会导致公司人格的混同等。

同样，也有很多地方法院支持夫妻公司适用《公司法》（2013年修订）第63条，要求夫妻举证证明公司财产独立性，这些判决最终都因夫妻股东未能举证而要求其承担无限连带责任。这类肯定性判决在2015年之后明显增加。例如河北省高院[6]、重庆第一中院[7]、湖北省高院[8]。

这些肯定性判决可以归纳为三种说理方式：第一类属于错误引用条文。一些法院仍然引用国家工商总局《公司登记管理若干问题的规定》第23条的规定，要求夫妻公司提交夫妻财产协议，并据此作出判决，例如登封市人民法院作出的登封某有限公司与新密市某有限公司、谷某云买卖合同纠纷一审民事判决书；[9]第二类判决并不区分法律解释与法律续造，说理较简单，认定以夫妻共同财产出资的夫妻公司出资是单一的，属于实质上的一人公司，可以直接适用《公司法》（2013年修订）第63条的规定，例如山东邹城市人民

---

[1] 参见湖北省枝江市人民法院（2019）鄂0583民初802号民事判决书。
[2] 参见承揽合同纠纷一审民事判决书（2020）湘0407民初467号。
[3] 参见广西壮族自治区高级人民法院（2018）桂民终124号民事判决书。
[4] 参见江苏省淮安市中级人民法院（2019）苏08民终1836号民事判决书。
[5] 参见山东省高级人民法院（2018）鲁民申3225号民事裁定书。
[6] 参见河北省高级人民法院（2015）冀民一终字第435号民事判决书。
[7] 参见重庆市第一中级人民法院（2019）渝01民终1653号民事判决书。
[8] 参见湖北省高级人民法院（2018）鄂民终1270号民事判决书。
[9] 参见河南省登封市人民法院（2019）豫0185民初4675号民事判决书。

法院程某与骆某、吕某民间借贷纠纷一审民事判决书。① 第三类判决明确区分了法律解释和法律续造，承认夫妻公司不符合公司法上关于一人公司的界定（形式一人公司），不能直接适用《公司法》（2013年修订）第63条，但基于构成要件和规范目的上的相似性，仍然应当类推适用《公司法》（2013年修订）第63条关于举证责任倒置的规定。例如，较早的广州市花都区人民法院2015年王某波与广州市花都区某皮革商行、广州市某皮具有限公司、黄某宣、邹某梅买卖合同纠纷一审民事判决书②就通过对夫妻公司与一人公司的相似性比较，得出应该参照适用的结论。这类肯定性判决在法律适用上避免了明显的错误，对类推适用的法律续造方法进行了较充分的说理，因而在最近几年成为其他持肯定性态度的法院所援引的"模板"，如湖北省高院在武汉某制衣有限公司、江西某服饰有限公司申请执行人执行异议之诉二审民事判决书中采用的类推适用方法及理由与上述广州市花都区人民法院的判决具有较高相似性。③ 由此说明，我国地方各法院系统之间对于争议性法律问题，也存在比较、筛选与借鉴的过程。

（2）最高法院内部的不同立场

对于夫妻公司能否类推适用《公司法》（2013年修订）第63条的规定，我国最高法院较长时间都保持了沉默。但在最近几年，最高法院却做出了两个不同意见的判决。

在西安某电气公司、青海某新能源公司建设工程施工合同纠纷案中，④ 原告某电气公司主张，被告青海某新能源公司是李某和妻子成立的夫妻公司，且工商注册没有分割协议，应参照公司法关于一人公司的规定。而一审法院认为，夫妻公司与一人公司并不能完全等同。夫妻共同财产制亦不能等同于夫妻公司财产即为夫妻两人共同财产，公司财产与股东财产相互分离，公司财产仅归公司所有，这并不会因为股东为夫妻关系即发生改变。公司在取得投资者财产所有权之同时，用股权作为交换，投资者也凭该股权获得股东身

---

① 参见山东省邹城市人民法院（2018）鲁0883民初3222号民事判决书。
② 参见广东省花都市（区）人民法院（2015）穗花法狮民初字第648号民事判决书。
③ 参见湖北省高级人民法院（2018）鄂民终1270号民事判决书。
④ 参见最高人民法院（2018）最高法民终1184号民事判决书。

份，在投资之前，股东之间之财产关系如何、是否实际为夫妻共同财产、有无订立财产分割协议，对公司资本构成及资产状况实质并无影响，更不应据此而认定为一人公司。因此，夫妻公司与普通有限责任公司并无人格以及责任独立等方面之差异。据此驳回了原告诉讼请求①。某电气公司向最高院提起二审，②最高院对于能否准用并没有进行细致说理，而是认为，"结合原审查明的事实，青海某新能源公司系李某和其妻子常某青出资设立，公司股东并非一人且均已全面履行出资义务，某电气公司亦无证据证明李某的财产与青海某新能源公司的公司财产发生混同，某电气公司主张参照一人公司的相关法律规定追究李某的连带清偿责任，法律依据不足"。但其隐含的意思显然是股东有限责任是原则，《公司法》（2013 年修订）第 63 条只能用于形式上的一人公司，夫妻公司只能适用人格否认的一般规定。该判决作出后，一些地方法院也援引此判决作为否定参照适用的重要理由。例如，广州中院黎某华、广州某塑料制品有限公司买卖合同纠纷二审民事判决书。③

与此相反，最高法院在 2020 年做出的再审判决"熊某平、沈某霞申请执行人执行异议之诉"④案中，明确肯定了夫妻公司可以参照适用《公司法》（2013 年修订）第 63 条的规则，并且进行了较详细的说理。该案中，熊某平和沈某霞夫妻共同出资设立并持股的青某瑞公司违约未支付猫某公司一笔货款，猫某公司经其他法院依法判决确认该债务后，因青某瑞公司没有财产可供执行，在执行中以青某瑞为实质一人公司而申请追加熊某平、沈某霞夫妇为被执行人，要求其承担连带责任。⑤一审法院驳回了猫某公司的诉讼请求。而湖北省高院二审则推翻了一审判决，其说理主要由三部分构成：首先，青

---

① 一审进而认为，原告提交的证据不足以证明被告存在《公司法》（2013 年修订）第 20 条规定的法人人格否认一般规定。
② 上诉的一个重要理由就是，青海某新能源公司实为"夫妻公司"，李某夫妇作为一利益团体共同拥有公司，公司的经营、决策及控制等全部权利由李某掌握，公司债务承担问题应参照一人公司的特殊规定。
③ 参见广东省广州市中级人民法院（2020）粤 01 民终 7413 号民事判决书。
④ 参见最高人民法院（2019）最高法民再 372 号民事判决书。
⑤ 《最高人民法院关于民事执行中变更、追加执行当事人规定》第 20 条规定，作为被执行人的一人有限责任公司，财产不足以清偿生效法律文书确定的债务，股东不能证明公司财产独立于自己的财产，申请执行人申请变更、追加该股东为被执行人，对公司债务承担连带责任的，人民法院应予支持。因而，该案的核心争议仍然为是否可以准用一人公司的举证责任倒置规则。

某瑞公司的全部股权是熊某平、沈某霞婚后取得的共同财产出资所得，为共同共有的股权。全部股权实质来源于同一财产权，并为一个所有权共同享有和支配，该股权具有利益的一致性和实质的单一性。据此应认定青某瑞公司系实质意义上的"一人公司"。其次，一人公司人格否认特殊规定是为了防范一人公司财产混同的风险，而夫妻公司同样难以避免公司财产与夫妻财产的混同，因而有必要参照举证责任倒置的规定。最后，从法律效果和社会效果分析，夫妻公司对债权人保护存在天然缺陷，债权人得不到有力保护，"而公司实质充任了夫妻股东实施民事行为的代理人，若依法人有限责任制度认定夫妻股东设立的公司承担有限责任的同时，不对夫妻股东其他义务予以强化和规制，则有违民法的公平原则，也不利于对交易相对方利益的平等保护"①。

最高法院的再审判决原则上接受了湖北高院关于类推解释的说理和结论，并且认为：首先，在夫妻没有分割财产的前提下，股权具有利益的一致性和实质的单一性，这是为了论证夫妻公司和一人公司具有构成要件上的相似性。其次，从规范目的上进一步论证了类推适用的必要性，认为《公司法》（2013年修订）第63条的规范原因是："一人有限责任公司只有一个股东，缺乏社团性和相应的公司机关，没有分权制衡的内部治理结构，缺乏内部监督。股东既是所有者，又是管理者，个人财产和公司财产极易混同，极易损害公司债权人利益。故通过举证责任倒置，强化一人有限责任公司的财产独立性，从而加强对债权人的保护。"而青某瑞公司"由熊某平、沈某霞夫妻二人在婚姻关系存续期间设立，公司资产归熊某平、沈某霞共同共有，双方利益具有高度一致性，亦难以形成有效的内部监督。熊某平、沈某霞均实际参与公司的管理经营，夫妻其他共同财产与青某瑞公司财产亦容易混同，从而损害债权人利益。在此情况下，应参照《公司法》（2013年修订）第63条规定，将公司财产独立于股东自身财产的举证责任分配给股东熊某平、沈某霞"②。

由此可见，最高法院最新判决明确支持了类推适用《公司法》（2013年修订）第63条的规定，而且除了"夫妻财产共同制""夫妻实际参与公司的

---

① 参见湖北省高级人民法院（2018）鄂民终1270号民事判决书。
② 参见最高人民法院（2019）最高法民再372号民事判决书。

经营管理"等一般条件外,似乎没有对夫妻公司准用《公司法》(2013年修订)第63条施加特殊的要求,该判决甚至可以抽象为一个类推适用的一般规则,即在夫妻婚姻关系存续期间,以未分割的共同财产出资并登记为夫妻两人股东的有限公司,可以类推适用《公司法》(2013年修订)第63条关于一人公司的举证责任的特殊规定,要求夫妻公司证明公司财产独立于夫妻共同财产,否则夫妻股东需对公司债务承担连带责任。这样的抽象规则虽不是指导案例,仍然会对下级法院产生重要影响。①

那么,对于最高法院前后做出的两个不同判决,该如何评价呢?这显然不能用保守和能动予以解释。近年来,我国法院采用类推解释的方法处理民事纠纷的案件逐渐增多,在法人人格否认领域,最高人民法院第15号指导案例"徐工集团某机械股份有限公司诉成都某工贸有限公司责任等买卖合同纠纷案"就是通过类推解释,将公司法第20条第3款关于母子公司之间的法人人格否认制度(纵向法人人格否认)类推适用于关联公司之间(横向法人人格否认),明确了关联公司之间人格混同,严重损害债权人利益的,关联公司之间相互对公司债务人承担连带责任的指导性规则。那么,夫妻公司类推适用一人公司人格否认的特殊规则之判决是否也应该成为指导性案例,从而结束长期以来我国司法实践关于夫妻公司法人格否认的争论呢?夫妻公司准用一人公司的规定在某些个案中看可能结果上合情合理,但若要成为一个指导性案例或一般规则,则有待进一步的检讨。②

3.5.2 对夫妻公司准用一人公司人格否认特殊规定的理论质疑

包括最高院在内的肯定性判决采用了类推适用的法律续造方法,但仍然未能自觉全面地运用类推适用的基本框架。类推适用系指将法律的明文规定,适用到该法律规定未直接加以规定,但其规范上的重要特征与该规定所明文规定者相同之案型。③我国学者对类推适用提出了一些具体的方法和步骤,如

---

① 从地方法院的实践看,上级法院可以将没有类推适用一人公司特殊规定的下级法院判决认定为法律适用错误而改判,从而对下级法院产生拘束力。
② 在此意义上,本书下面的质疑也并非一定正确,只是从反面给出一些理由,以供司法实务参考与完善。
③ 参见黄茂荣《法学方法与现代民法》(第5版),法律出版社2007年版,第393页。

有学者以合同法上的类推为例指出,我国司法实践中法官类推适用较为混乱,应准确识别法律漏洞,区分"有意"和"无意"的违反计划,并穷尽现存规则之可能的文义,在此基础上首先通过表层和关系的形式类推,再进行价值和利益方面的功能类推,以实现个案裁判中利益的恰当分配和法定的安定性利益的妥当安排。[①] 韩强在《法教义学在商法上的应用——以最高人民法院指导性》一文中也认为,类推适用应符合如下四个条件:存在法律漏洞、法律解释工具失效、构成要件的相似性和适用同一法律效果的妥当性。[②]

按照类推适用的一般性框架及方法,最高法院关于夫妻公司应类推适用《公司法》(2013年修订)第63条的结论未能考虑以下基本问题:对于夫妻公司的法人人格否认,我国公司法是否存在法律漏洞?不类推适用公司法是否会导致个案的不妥当结果?夫妻公司与一人公司的相似点和差异点分别是什么,夫妻公司和其他家族控制的公司的相似性是什么?在规范结果的妥当性上,除了债权人保护利益功能外,夫妻公司准用一人公司的规定是否会对股东有限责任原则构成损害?因此,下文将基于类推适用的方法及一人公司举证责任规则的特殊规定,对夫妻公司是否应当类推适用一人公司的例外规定进行剖析。

3.5.2.1 夫妻公司是否存在法律漏洞及个案不公正

类推适用是填补法律漏洞的一种重要方法,而法律漏洞是指法律存在违反计划的不圆满性。只有法律存在漏洞,不填补将导致个案结果的不公平才需要进行类推适用,否则滥用类推会严重损害法的安定性。

那么,就夫妻公司的法人人格否认而言,是否存在法律漏洞呢?我国公司法确实没有对夫妻公司设定规则,但这不当然构成法律漏洞,法律漏洞并非意味着没有任何规定,而是欠缺特定——依法律的规定计划或其整体脉络,得以期待——的规则。法律漏洞分为开放的法律漏洞和隐藏的法律漏洞,开放的法律漏洞是指就特定类型的事件,法律欠缺依其目的本应包含的适用规

[①] 参见张弓长《中国法官运用类推适用方法的现状剖析与完善建议——以三项主要的合同法制度为例》,《中国政法大学学报》2018年第6期,第30—31页。

[②] 参见韩强《法教义学在商法上的应用——以最高人民法院指导案例15号为研究对象》,《北大法律评论》2014年第15卷第1辑,第116—117页。

则，而对某类事件，法律虽然含有得以适用的规则，但该规则——在评价上并未虑及此类事件的特质，因此，依其意义及目的而言——对此类事件并不适宜，此即隐藏的漏洞。①

通说认为，我国公司法对于法人人格否认制度，有一般规定和特别规定，一般规定为《公司法》第 23 条第 1 款，适用于包括一人公司在内的所有公司，而特别规定为《公司法》第 23 条第 3 款，仅特别适用于一人公司。但一人公司的债权人等可以选择适用第 23 条第 1 款的一般规定，也可以适用第 23 条第 3 款的特别规定。②

就夫妻公司的法人人格否认而言，若认为存在开放的法律漏洞，就意味着立法者在制定第 23 条第 3 款时本应专门再规定，"于夫妻公司，准用之"的类似规定。若认为夫妻公司法人人格否认属于隐藏的漏洞，则应该在第 23 条第 1 款中排除夫妻公司适用一般的举证责任规则，明确规定夫妻公司的全部或部分法人格否认类型实行完全的举证责任倒置。但是，就现有的规范体系而言，很难认为存在违反法律计划的法律漏洞。

首先，夫妻公司即使不适用第 23 条第 3 款的特殊规定，仍然可以适用公司法第 23 条第 1 款的规定，并不一定会在实体结果上造成差异。其次，一人公司第 23 条第 3 款的引入是基于我国 2005 年之前明确禁止一人公司，传统公司法理论对一人公司社团性的批评而专门引入的预防性规定，从而防范一人公司滥用法人人格损害债权人的情形，属于例外规定。对于其他具有社团性的公司，公司法则确立了有限责任的一般原则，并通过其他一般制度，如资本制度、财务会计制度等保障公司债权人的利益，再辅之以一般法人人格否认条款对债权人予以保护，两者之间存在较为明显的界限。

有美国学者也认为，肯定封闭性公司中有限责任为缺省规则，"一个明显的答案是界限划分（live-drawing）问题。大多数人可能同意在单一股东公司的情况下放弃有限责任。但是，拥有 10 个、100 个或 1000 个股东的公司呢？真正的交易各方可以划出一条最符合他们需要的界线，但法律很难根据公司

---

① 参见卡尔·拉伦茨《法学方法论》，陈爱娥译，商务印书馆 2003 年版，第 253 页。
② 参见蒋大兴《一人公司法人人格否认之法律适用》，《华东政法学院学报》2006 年第 6 期，第 16 页。

的规模来绘制一条总线（general line）。毫无疑问，这种困难解释了为什么缺省规则更注重形式（looks to form），而不是大小，虽然将有限责任的可用性建立在企业所采取的法律形式上，而不是基于企业的规模或被动股东数量上是武断的，但其他的选择同样武断，法律必须通过一项明确的缺省规则，明确每个与公司打交道的人都必须预期有限责任是规则"①。同样，我国公司法构造一人公司也是为了确定一个界限，明确只有一个自然人或法人股东的公司才需要对公司财产独立性予以证明，而其他公司股东都一般性地承担有限责任。

最后，夫妻公司不适用第 23 条第 3 款的规定，不一定会确定地产生不妥当的个案结果。债权人一方仍然保留着适用法人人格否认一般规则的权利，这与法人人格否认横向适用的情形存在明显的差异，若不参照适用公司法第 23 条第 1 款的规定，债权人的权益将确定地得不到充分救济，而且会鼓励债务人通过此种方式继续损害债权人利益。而夫妻公司的设立显然不能推定是为了损害债权人利益而设。而且，也没有证据表明，相比于其他公司类型的债权人，夫妻公司的债权人在举证负担上存在特殊的难题。若直接适用举证责任倒置规则，夫妻公司的债权人将没有动力搜集任何证据证明自己的诉讼主张。

因此，就类推适用的前提而言，夫妻公司在法人人格否认方面（具体就是举证责任）是否有法律漏洞存在很大疑问。

3.5.2.2　能否类推适用《公司法》第 23 条第 3 款这一例外规范

在法律体系中，存在与原则规范相关联的例外规范，规范上的原则/例外关系对类推适用存在指导意义：通说主张例外规范不得类推适用。② 其主要理由是："例外规范则是为因应情节变异所设。立法者仅为特定情形制定的规范不应被轻率地普遍化，否则具有常态性的原则规范即有被掏空之虞。因此，若能透过各种解释方法究明，立法者希望尽量扩大原则规范的适用范围，且

---

① 参见斯蒂芬·M. 班布里奇、M. 托德·亨德森《有限责任——法律与经济分析》，李诗鸿译，上海人民出版社 2019 年版，第 78 页。
② 参见易军《原则/例外关系的民法阐释》，《中国社会科学》2019 年第 9 期，第 83 页。

仅针对明定的严格限制的特定事例才允许偏离原则规范,则不得类推适用该例外规范。"①

我国《公司法》第23条第3款关于法人人格否认举证责任倒置的规定显然属于一个例外规范。首先,一人公司属于我国《公司法》上的特殊构造类型,我国公司法对一人公司的规范都属于例外规定,不适用于其他公司类型;其次,我国《公司法》第3条明确规定公司财产具有独立性,股东对公司债务承担有限责任,这属于总则规定,称之为有限责任原则,而法人人格否认则构成一种例外规则,而法人人格否认的例外性质又体现在其较严格的构成要件及举证责任上,以原告承担举证责任为原则。② 因此,一人公司由股东承担举证责任的规定属于公司法例外中的例外。在此意义上,夫妻公司一般也不得类推适用《公司法》第23条第3款这一例外规范。

当然,例外规范并非绝对不能类推,核心还是要看例外规范的性质及功能。有时相较于原则规范所型构的体系,被轻率制定的例外规范与之矛盾,宛如规范群中的孤岛,此时即不宜类推适用该例外规范。换言之,若构成体系外的异常规范,其目的与现行法秩序的内在体系不匹配,不得类推适用就具有很强的说服力。

就《公司法》第23条第3款而言,在该条生效后不久,就有学者提出了批评,认为公司法人关于一人公司人格否认的规定是有罪推定,将无限责任作为原则和常态,是没把一人公司当"公司"。③ 更有学者直接指出:"无论一人公司还是普通有限公司都是闭锁公司,具有显而易见的内部性,其在证明财产混同上的难度并无明显差异。此外,两种公司在被股东操纵的可能性上也并无实在的证据表明存在差异。立法者对一人公司采取如此严厉的规制态度,似乎与其鼓励公司自由之初衷相悖。"④

---

① 参见易军《原则/例外关系的民法阐释》,《中国社会科学》2019年第9期,第83页。
② 而且,按照民事诉讼法学关于举证责任分配规则的理论,由主张法人人格否认的一方承担主要举证责任也是一般原则,由被告公司承担举证责任则属于倒置情形,是例外规定。如环境侵权、医疗侵权及证券虚假陈述侵权都因特殊的举证困难及保护特殊群体的需要才设置了举证责任的例外。
③ 参见毛卫民《一人公司"法人人格滥用推定"制度的法理评析——兼论公司立法的价值抉择》,《现代法学》2008年第3期,第163页。
④ 参见韩强《法教义学在商法上的应用——以最高人民法院指导案例15号为研究对象》,《北大法律评论》2014年第15卷第1辑,第114页。

实践中，该条的适用同样存在明显弊端。虽然条文本身仅是通过举证责任倒置要求股东证明财产的独立性，但本身并未明确股东在何种意义上即完成举证责任，而我国司法裁判及相关研究表明，一旦实行举证责任倒置，股东绝大多数情形都需承担连带责任，因为我国法院设置了很高的举证责任负担，即使在股东提交了经审计的财务报告，大多数法院仍然认定，财务报告本身无法说明公司财产独立于股东财产。① 因此，若夫妻公司准用一人公司的特殊规定，显然也将导致夫妻股东几乎败诉的结果，② 从而产生大量通过适用举证责任分配规则进行判决的案例，有违民事诉讼的基本法理。③

要求股东证明财产独立性实质上是对法人人格持一种怀疑和不信任态度，要求股东通过举证证明公司的独立人格，从而获得有限责任的"特权"，而不是在一般意义上赋予公司以有限责任的权利。将一人公司的这种例外规定扩张适用于其他类型的公司显然与现代公司法的理论及我国公司法的规定相悖。

在有限责任原则的发展史上，公司社团理念曾认为，"所有权与经营相分离"是股东承担有限责任的法理根据，"无支配即无责任原理"。④ 但是，现代公司有限责任的理念已经摆脱团体法的框架，不论大小企业只须有与股东分离且独立之财产，当可取得法人资格并享受有限责任之权利。对此，有学者概括为由人之有限责任变为物之有限责任，⑤ 过去以股东是否掌握支配权作为判断责任基础之人之有限责任，已告消失无踪。由此可见，一人公司基于社团性的旧观点要求其证明财产独立性已是例外，并非各国立法的通例，属于异常的与内在法律体系不符的规范，若再扩大适用范围，要求夫妻股东也

---

① 一项就 2006 年至 2010 年的关于公司法人人格否认的案例研究发现，涉及一人公司的否认率高达100%。参见黄辉《中国公司法人人格否认制度实证研究》，《法学研究》2012 年第 1 期，第 8 页；另一项对 2013 年至 2016 年公司法第 63 条的 45 个案例研究发现，只有一例案件没有支持债权人否认一人公司人格的诉请，其余 44 件都否认了法人人格，而且，其中 13 件案例公司以财务会计报告证明公司财产与公司财产相互独立，但人民法院仍然否认其人格。参见曹民哲《一人公司人格否认、财务会计报告与举证责任》，《人民司法（应用）》2017 年第 16 期，第 75 页。

② 就本书作者统计的 80 件夫妻公司法人人格否认案中，若法院支持类推适用一人公司特别规定的，法院最终都判决夫妻需承担无限连带责任。

③ "民事诉讼应尽量避免出现真伪不明状态，以致不得不以客观举证责任的所在来决胜负的结果。"参见王亚新等著《中国民事诉讼法重点讲义》，高等教育出版社 2017 年版，第 109 页。

④ 参见赵德枢《一人公司详论》，中国人民大学出版社 2004 年版，第 234—235 页。

⑤ 参见赵德枢《一人公司详论》，中国人民大学出版社 2004 年版，第 235 页。

171

证明财产独立性,则将对立法者有意创设的有限责任原则造成过度侵害,有悖比例原则。按此逻辑,只要公司受到某一主体的绝对控制,如某一自然人股东持股99%,而其他股东参股1%,也应参照适用一人公司之规定。

一人公司可以说是一种法定的类型,对此法定类型,不适用类推适用原则同样有例可循,如有学者认为,物权法定属于法定原则,因而不得实行类推适用。在私法的某些特定领域,"相类似之案件,应为相同处理"之正义原则,必须对更为优越的其他基本原则作出让步。①

有学者认为:"除非存在强理由支持相反假定,否则人们不应对那些构成一般性规范之例外的法条进行扩张解释或类比。"意即更严格的理由始能正当化例外规范的类推适用。质言之,裁判者不仅应证明未受法律规制的案型,因与例外规范所调整的典型案型类似,从而应作相同的处理;而且还应证明立法者并无意于将原则规范之例外严格限制在例外规范所列的特定情形。② 但是,就夫妻公司准用于一人公司的特别规定而言,最高法院及相关的支持性判决并未论证,对于这一"例外之例外"规定,立法者为何会接受将之适用于已经为有限责任原则及一般法人人格否认规则所调整之"夫妻公司"?

3.5.2.3 相似性之质疑

(1) 构成要件相似性之质疑

夫妻公司类推适用一人公司特别规定的重要理由是夫妻公司的出资为夫妻共同财产,形成的股权为共同股权,即所谓的"一个所有权"论,双方的利益具有高度一致性。也有法院认为,夫妻双方在意思表示上具有高度一致性。简言之,夫妻在公司事务方面能够达成高度一致。确实,基于家庭利他主义及高度信赖,③ 夫妻双方相比于其他合作方,在利益与意见上较能达成一致。但是,这种一致性与一人公司的一人性仍然存在重要区别。

首先,一人公司在传统理论上主要是因其缺乏社团性,没有相应的公司机关,而对其法人格提出质疑,而不是单纯因为人数这一指标,但是,夫妻

---

① 参见屈茂辉《类推适用的私法价值与司法运用》,《法学研究》2005年第1期,第14页。
② 参见易军《原则/例外关系的民法阐释》,《中国社会科学》2019年第9期,第84页。
③ 参见刘东辉《公司法如何面对家庭秩序——以一个家族公司的裁判为例》,《交大法学》2019年第3期,第129—130页。

公司有两人以上的股权，明显存在社团性，也应设立相应的公司机关，公司法理论上从未否定或质疑过两人公司的社团性，我国《公司法》从未规定两人公司不需要设立股东会、董事会、监事会等，因此其社团性并无缺陷。其次，夫妻即使在利益与意见上高度一致，但与一人公司在程度上也存在差别。一人公司的股东可以完全绝对地支配公司，但夫妻之间仍然存在相互协商与妥协的必要，一方试图滥用股东权利时，不排除另一方的反对和劝说，在日常生活中，即使夫妻财产共同所有制是一般规定，也不意味着夫妻总是无任何争执，否则婚姻法也无须规定夫妻忠实义务，对于关系不好的夫妻而言，双方的对立完全可能超过一般朋友或合作伙伴，某知名互联网公司实际控制人之间的夫妻争斗即是明证。最后，两人之间的利益和意志是否一致事实上取决于很多因素和环境，夫妻之间可能利益一致，也可能不一致，例如，父子、兄弟之间也可能利益一致，但对簿公堂的案例也不少见，法院不能径直推定。① 相比于一人公司，夫妻公司与其他封闭公司之间的相似性显然更多。试问，若夫妻举证，双方通常意见不合，家庭内部争吵不休，是否就不能准用一人公司的特别规定呢？

（2）规范功能相似性之质疑

肯定性判决认为，一人公司规定举证责任倒置的原因是"缺乏社团性和相应的公司机关，没有分权制衡的内部治理结构，缺乏内部监督。股东既是所有者，又是管理者，个人财产和公司财产极易混同，极易损害公司债权人利益"。②

但是，单纯的控制或支配不能成为否定公司人格的标准，"如果单凭控制就足够了，法院就可以刺破几乎所有封闭公司和许多公众公司的面纱，毕竟，前者通常由一个或几个股东完全控制，而且许多后者中也有控股股东或集团"③。就一般的法人人格否认而言，股东在公司控制和支配之外需要一些明

---

① 参见江苏省高级人民法院（2016）苏民终352号民事判决书；绍兴市中级人民法院（2016）浙06民终4425号民事判决书。
② 参见最高人民法院（2019）最高法民再372号民事判决书。
③ 参见斯蒂芬·M.班布里奇、M.托德·亨德森《有限责任——法律与经济分析》，李诗鸿译，上海人民出版社2019年版，第90页。

显的错误。①

由此可见，缺乏内部治理结构及缺乏监督等特征及容易财产混同等都不是立法者制定《公司法》第23条第3款的充足理由，我国广泛存在的多人组成的家族控制公司大多具备这些特征，但立法者仍然在一般原则上肯定了有限责任原则，因为法律允许"企业家和投资者为了获得有限责任而注册设立他们的企业，以限制企业家面临的风险"②。因此，对于《公司法》第23条第3款而言，一个正确的解释是，除了上述理由外，立法者对于一人公司的不熟悉及担忧等是其制定特别规则的重要理由。

因此，即使是具备这些特征的夫妻公司也不足以适用举证责任倒置规则。夫妻公司仍然具有分权制衡的机构，而且也能发挥一些作用，为了避免承担无限责任，夫妻股东仍然可能按照一般法律要求设立与经营管理公司，无证据表明一人公司、夫妻公司及其他一股独大的封闭公司在财产混同的比例及程度上存在明显差异。而且，大多数夫妻公司案例都涉及交易主体间的债权债务纠纷，这些自愿债权人知道并且能够评估夫妻公司的可能风险，完全可以拒绝或提高交易的要求，如要求夫妻提供担保或将交易资金交由第三方存管等，从而补偿可能的高风险。法与经济学的分析也认为，有限责任是公司股东与债权人之间的缺省条款，是在交易成本为零时，多数人在事前会达成的条款。

3.5.2.4 夫妻公司类推适用一人公司特别规定之不利后果

肯定性判决为了论证夫妻公司与一人公司的相似性，即都为"一个所有权"，要求类推适用以夫妻共同财产出资为前提，因此判决中都涉及"夫妻股东未提交财产分割协议"这一工商总局的历史规则，若肯定性判决成为一个普遍的规则为社会所知，夫妻公司的股东可能在事前或事后伪造各种夫妻财产分割协议，以证明双方是分别出资，属于两个独立的所有权。在此情况下，法院不得不审查这些证据的真实性，而且会给正常的家庭关系造成影响。正

---

① 参见斯蒂芬·M.班布里奇、M.托德·亨德森《有限责任——法律与经济分析》，李诗鸿译，上海人民出版社2019年版，第89页。
② 参见斯蒂芬·M.班布里奇、M.托德·亨德森《有限责任——法律与经济分析》，李诗鸿译，上海人民出版社2019年版，第89页。

如一些城市的二套房政策造成很多家庭的"假离婚"一样,伪造夫妻财产分割协议并非不可能,甚至引发事后夫妻关于财产的纠纷。

相反,判定不适用《公司法》第23条第3款不会对夫妻公司造成其他负面激励。因为夫妻公司的股东若滥用股东权利,同样提高了法人人格否认的风险。这也是在德国等没有一人公司法人人格否认举证责任特殊规定的国家,一人公司或其他家族公司仍然是人格否认比例最高的公司类型。①

总之,虽然夫妻公司准用一人公司法人人格否认的例外规则具有简明、方便及一定程度上保护债权人的效果,但是,相比于其他商法领域的类推适用,其在前提、妥当性、必要性等方面仍然存在较大疑问,会对我国公司法确立的有限责任原则构成较大损害。

3.5.3 夫妻公司法人人格否认案件的替代性裁判路径

像夫妻公司这样的封闭性公司,相比于公众公司而言,更容易发生财产混同的现象。究其实质,类推适用的合理性主要在于,夫妻公司的股东滥用股东权利的可能性提高,而债权人作为外部人否认人格的举证负担较重。但这并非意味着法院只能通过准用一人公司的例外规则才能实现对债权人的保护。事实上,在《公司法》第23条第1款之下,法院可以针对个案情形,在实体判断及诉讼规则方面采取多种灵活的方法解决夫妻公司等家族封闭公司的法人人格否认问题,从而更好地平衡有限责任原则与债权人保护,而不是机械地采取否定/肯定举证责任倒置的二分法。

3.5.3.1 夫妻公司作为法人人格否认的一个重要考量因素

学理上对否认公司人格存在较多考量因素或类型的研究,但无论何种类型,某一或某些股东控制及支配公司都是考量应当否认法人人格的重要因素,人员混同、财产混同不过是股东不当控制及支配的结果。在夫妻公司中,夫

---

① 在德国,一人有限公司与多人有限公司具有同样的法人格,"对于证明穿透做法的正当性,仅有一人公司的事实状况还不足够。但在一人公司的特殊情况下,出现一个能够导致将公司与成员同等看待的概率远远大于在多人公司情况下。在多人公司情况下,此概率还随着成员数量的增加而急剧减少。因此,在法院判决中,有关一人有限责任公司的判决也是占了绝大多数"。参见[德]格茨·怀克/克里斯蒂娜·温德比西勒《德国公司法(第21版)》,殷盛译,法律出版社2010年版,第325—326页。

妻显然能够完全控制公司，因此，对于夫妻公司而言，只要能够证明存在一些不当的财产混同现象，就有充足的理由怀疑公司的法人格独立。①

3.5.3.2 对夫妻公司债权人在举证责任及证明标准方面的倾斜

按照《公司法》第23条第1款主张法人人格否认，通说认为应该由原告承担举证责任，证明股东滥用权利损害债权人利益。对于证明责任标准，则没有规定，一般认为应适用民事诉讼上的优势证据规则。对于夫妻公司这类特殊公司的法人人格否认，可以允许适当降低原告的举证责任及相应的证明标准，在原告提供证据证明被告确有财产混同的个别情形或间接证据时，法院可要求被告进行合理解释与说明，若被告无法解释与说明的，此时法官可以基于自由心证认定原告已经达到了证明责任。② 在一些案件中，法院没有直接基于夫妻公司而否定其人格，而是考量了原告的举证内容，值得借鉴。例如，重庆市第一中级人民法院在南阳某金属制品有限公司、孟某荣买卖合同纠纷案中认为"原告刘某举示的证据显示，陈某浪、黄某（夫妻关系）存在频繁从公司账户提取大额现金和以公司资金支付个人消费的事实，且黄某以公司财产购买车辆登记在自己名下后并未支付相应对价，一定程度反映出陈某浪、黄某的财产与泓某公司的财产存在界限不清的状况。基于前述认定和刘某已举示的证据，本院明确要求陈某浪、黄某举示相应证据。审理中，陈某浪仅举示了泓某公司的记账凭证，在刘某对其提出诸多疑点的情况下，未能进一步举示原始会计凭证、员工名册、工资或奖金领取表、归还提取备用金凭证等证据进行补强，无法说明其以备用金、工资、差旅费等名义从泓某公司账户提取的大额现金具有真实、合理用途，且即便根据陈某浪举示的记账凭证，总金额仅为不到180万元，与其该时间段从泓某公司提取的将近600

---

① 对此，仍然意味着原告债权人需要承担一定的举证责任，以达到一定的门槛，从而区别于完全的举证责任倒置。民事诉讼法理论上也有类似的减轻原告举证责任的制度与实践，如"表见证明""间接反证"及"大致推定"等。参见王亚新等著《中国民事诉讼法重点讲义》，高等教育出版社2017年版，第110页。

② "就法官评价证据认定事实的心证程度这个侧面而言，为负有客观举证责任的一方当事人减轻负担及风险还有一种可能的操作方式，即在这种认识过程中人为地降低证明标准来回避真伪不明的状态的出现，关于这种方法在比较法上已有相当的研究。"参见王亚新等著《中国民事诉讼法重点讲义》，高等教育出版社2017年版，第110页。

万元款额之间，仍存在巨大差额无法说明用途和去向"。①同样，无锡市锡山区法院也在夫妻公司的争议中，因被告夫妻股东无法合理说明原告债权人举证的相应款项的去向而判定承担无限连带责任。②也有法院判决直接指出，夫妻公司是一种介于一人公司与一般有限公司之间的一种公司，法律应当课以夫妻公司股东比一般有限公司重，比一人公司轻的责任。③这是一种更精确的利益衡量。

由此可见，对于夫妻公司而言，要求原告债权人承担一定的举证责任证明公司财产具有混同的事实，并不会对债权人造成过重的负担，在此情况下，要求被告解释说明相关事实的真实性、合理性，从而合理分配双方的举证责任。避免一旦认定为夫妻公司，股东就因举证责任而陷入败诉的死胡同。

3.5.3.3 允许法院在夫妻公司纠纷中更积极地主动调取证据

参与经营管理的股东掌握的业务、财务资料，债权人通常较难证明股东滥用权力，夫妻公司尤甚。对此，相较于其他普通公司的案件，法院在一定条件下应更加积极地向夫妻公司或第三方调取证据，以查明夫妻公司是否存在法人人格否认的相关事实，而不是直接根据举证责任规则判决。对此，苏州市中级人民法院的判决值得肯定。该案中，法院认为："第一，某某永、陆某合计持有叶某公司100%的股权，该二人在2017年6月5日之前系夫妻关系。在夫妻共同设立的有限责任公司中，基于夫妻财产的共有属性及夫妻之间特殊的人身关系，股东之间通过相互监督来保障所有权及经营权分离的内部约束机制被弱化，故而虽不能认定夫妻公司即为一人公司，但相较于一般有限责任公司而言，夫妻股东对公司人格独立具有更高的注意义务及证明责任。第二，根据债权人阳某公司的申请，一审法院调取了叶某公司的银行账户交易明细，某某永、陆某从叶某公司支取的款项金额远远超过其向叶某公司支付的款项金额，二股东从叶某公司支取的款项虽列为"费用报销"，但均为大额整数，且未提供与之对应的基础凭证，故某某永、陆某与叶某公司之

---

① 参见重庆市第一中级人民法院（2019）渝01民终1653号民事判决书。
② 参见江苏省无锡市锡山区人民法院（2019）苏0205民初6061号民事判决书。
③ 参见山东省泰安市中级人民法院（2017）鲁09民终1195号民事判决书。

间存在不正常的资金往来。第三，银行账户采实名制，账户名义人系账户资金的权利人。根据《会计法》《税收征收管理法》及《企业会计准则——基本准则》等相关规定，公司应当使用自身账户开展经营活动，以保证公司财产独立性和正常的市场交易秩序。本案中，叶某公司账户与股东陆某、某某永存在频繁、大量资金往来，陆某、某某永并无法提供其取得公司资金的有效基础凭证，且从现有证据看，陆某、某某永从公司取得的现金超过其支付给公司的现金，陆某亦于上诉时自称公司经营困难无法清偿债权。因此，结合陆某、某某永系夫妻关系的事实，现有证据足以认定二股东存在滥用公司独立地位致股东与公司财产混同的情形，且实际损害债权人的合法权益，应对叶某公司债务承担连带清偿责任。"①

该案一审及二审法院虽不认可夫妻公司类推适用一人公司举证责任倒置的规定，但认为夫妻股东要承担更高的举证责任，并且支持了债权人的申请，主动调取了夫妻公司银行交易明细，在综合考虑交易明细及会计凭证的提供情况下，认定公司与夫妻股东构成财产混同。

此外，法院也可要求夫妻公司提供自身所持有和保管的证据，如公司的财务、会计报告，在一定条件下可适用《最高人民法院关于民事诉讼证据的若干规定》第95条的规定。② 因为我国《公司法》第207、第208条明确规定，公司应当建立财务、会计制度，应当编制财务会计报告。

总之，这些更灵活的裁判路径使得法官充分考虑个案情况，在原告承担证明责任的大前提下，尽可能考虑夫妻公司的特殊性，做出合理的裁判。这种裁判路径既不至于在整体上过度冲击有限责任原则，也不会对我国普遍设立夫妻公司的实践造成过大的阻碍，还能够在个案中有效保护债权人的利益，鼓励夫妻公司的诚信，是一种更符合比例原则的裁判路径。

---

① 参见江苏省苏州市中级人民法院（2019）苏05民终2299号民事判决书。
② "一方当事人控制证据无正当理由拒不提交，对待证事实负有举证责任的当事人主张该证据的内容不利于控制人的，人民法院可以认定该主张成立。"参见《最高人民法院关于民事诉讼证据的若干规定》（法释〔2019〕19号）。

正如古希腊哲学家欧布里德（Eubulides）提出的沙堆悖论[①]困扰后代的哲学家一样，一人公司和夫妻两人公司之间到底是量的区别还是质的区别呢？这一问题同样困扰着法律人。

基于我国法官的集体记忆和前见，从1993年《公司法》禁止设立一人公司到2005年《公司法》明确一人公司法人人格否认的特殊规则以来，我国司法实践中夫妻公司与一人公司存在千丝万缕的联系，一直存在否定或质疑夫妻公司法人人格的判决。

《公司法》第23条第3款关于一人公司法人否认举证责任倒置的规定，是基于一人公司缺乏社团性而设的例外规定，其已经导致一人公司在司法实践中几乎被否认人格的违反民诉法原理的结果。司法裁判文书的梳理表明，关于夫妻公司是否应当类推适用第23条第3款的规定又成为司法实务的最新争议焦点，观点明显对立。而最高法院作出的最新判决虽支持了这一做法并给出了类推适用的一些理由，但本书认为，基于是否存在法律漏洞及不公平结果、是否导致适用结果的妥当性等方面存在的巨大疑问，司法实践应该严格限制类推适用这一例外规定，更不能以指导性案例或司法解释的方式将之上升为一般规范，以避免对有限责任原则构成不必要的冲击。

同时，关于夫妻公司应否准用一人公司的规定涉及明显对立的价值判断，宜由立法者全面评估我国一人公司之立法时特别考量，而在此之前，司法者完全可以在《公司法》第23条第1款之下，通过将夫妻控制与支配作为重要考量因素、在原告举证证明夫妻公司存在某些财产混同等情况下，减轻原告的举证责任，由被告解释说明相关情况的合理性以及法官积极主动调查取证等更灵活的替代性裁判路径处理夫妻公司法人格否认案件。司法实践也表明，一些法院已经成功采用了这种折中方案，相比于直接依据举证责任分配规则的裁判，更具有合理性。最新《公司法》删除了一人公司的其他特别规定，也表明立法者意图将一人公司及夫妻公司等小企业纳入公平竞争的营商环境，予以公平对待，未来对于夫妻公司应当通过法人人格否认的一般条款保护债

[①] 有一堆1000000颗沙粒组成的沙堆。如果我们拿走一颗沙粒，那么还是有一堆；如果我们再拿走一颗沙粒，那么还是一堆。如果我们就这样一次拿走一颗沙粒，当只剩下一颗沙粒时，它还是一堆吗？

权人的利益。

3.6 本章小结

我国大多数家族企业都是封闭型公司，其治理实践与公司法上的规则具有很大差异。公司契约论等主流理论难以解释封闭型家族公司的特殊治理现象。

本书借鉴麦克尼尔等合同法学家的关系契约理论，认为封闭型家族公司是家族成员缔结的强关系契约，家庭关系等非合意机制在解释家族股东、家族管理者的期待与共识方面具有重要意义。在封闭型家族公司中，经常出现分家协议等家族契约与公司契约的类型混合现象。

不同于董事会等正式治理机制，关系治理在封闭型家族公司中具有重要作用。关系治理的前提是家族社会资本的涉入。公司内的权力、责任及利益分配大多遵循利他主义、信任、互惠、家族权威等家族伦理规范。关系治理一定程度上替代与抑制了契约式谈判，降低了交易成本。家族公司关系治理具有双重目的，除了实现家族企业的营利目标外，家族企业同时承担家族福利最大化这个目标，家族关系和谐是家族企业的基础前提。

在司法实践中，我国很多法院已经注意到封闭型家族公司关系治理的特殊性。案例研究表明，基于家庭关系而推定同意、对程序性瑕疵的包容、对家庭成员间行为习惯的尊重、强调公司决策发生的家族背景、信任关系对维系家族公司的重要性等是我国法院对待关系治理的司法态度或原则。本书通过某源公司案说明，对于封闭型家族公司内部家族成员的纠纷，法官在径直适用公司法的默认规则前，还需要考虑信任与互惠规范的法律价值，探求当事人的共同期待，在家族成员间适用更高标准的诚实信用原则，体现了公司法对信任等社会规范的尊重。

我国公司法上的一些规则体现了家族公司关系治理的特点，但仍然存在不足。公司法应该充分尊重家族公司的自治，完善股权回购、股东退出等方面的规则。

封闭型家族公司的关系治理有其自身的局限性,家族规模的扩大以及家族社会资本的专用性将限制关系治理的效用。家族公司可以通过在章程中设置顾问委员会等非正式机构,引入外部的治理资源。

第四章 上市型家族公司控制权的法律解释

虽然都存在家族所有、家族控制以及家族管理等家族涉入现象，但上市型家族公司与封闭型家族公司在治理等方面仍然存在诸多差异。封闭型家族公司可以灵活采用关系治理的模式，家庭规范与私人信任在公司治理中发挥重要作用，家族成员容易就家族利益与企业利益达成共识。在上市型家族公司中，除了家族股东与家族管理者外，上市的家族公司还有职业经理人、独立董事、公众投资者、机构投资者等家族外部的利益相关者，这些主体与控制家族之间存在复杂的法律关系，在治理机制与治理目的上也更复杂多样。一方面，家族股东之间、家族股东与家族董事之间、家族管理者之间仍然能够基于亲缘关系实施关系治理，通过家庭规范分享信息、做出一致行动；另一方面，控制家族与职业经理人、中小股东之间则更多表现为正式契约治理。更重要的是，无论是否属于家族控制，上市公司对国民经济与社会的影响巨大，上市公司的治理状况或水平直接影响到投资者对资本市场的信心，因而世界各国都通过证券法、证券监管等强制性规范以及公司治理准则等"软法"规范与引导本国上市公司提高治理水平。在此前提下，上市家族公司的治理更多受到正式治理环境的影响。相比于所有权与控制权完全分离的公众公司，持股集中且稳定的家族控制模式，被认为是解决公众公司治理难题的一种替代性治理模式，能够缓解分散持股模式下中小股东的集体行动困境及职业经理阶层的短视倾向。但是，控制家族可能滥用控制权牟取私利，损害中小股东的利益，这在中小股东权利保护制度不完善的新兴市场国家尤其严重。而且，相比于国家或金融机构的控制模式，家族控制模式存在一些特殊的治理问题，如家族对持续控制的特殊偏好、家族控制权的不稳定与透明度不足、家族管理者的盘踞现象以及家族继任产生的管理能力不足。因此，在上市家族公司中，核心的法律难题是，如何在控制家族的自由裁量权与限制家族滥用权力之间形成平衡，实现企业长期利益的最大化。

既有的实证研究表明，家族涉入的上市公司可能表现出与标准的或最佳的公司治理实践不同之处，如在股东权利、董事会人员的组成及独立性、董事长与总经理是否合一、是否设置独立提名委员会、信息披露的质量和透明度、高管的任期与薪酬制度、公司社会责任承担等各个方面都有特殊的表现。投资者及证券市场也会对上市家族公司的行为及表现作出不同的反应。鉴于研究者对家族公司的界定不一、家族企业内部的异质性以及不同国别制度环境的差异性，对于上市家族公司与非上市家族公司在治理及业绩方面的差异性及其原因没有达成完全一致的结论。下文将充分吸收这些实证研究的成果，从法律制度方面论证正式制度，尤其是与公司治理直接相关的法律规则与治理准则，如何应对上市家族公司的治理问题，影响上市家族公司的治理实践，能否通过法律规则的完善解决家族企业的一些特殊治理挑战？需要说明的是，我国家族上市公司与非家族上市公司处于相同的治理环境，接受相同的规制，也不存在专门针对家族上市公司的规范与治理准则。但是，同一法律规则对于不同类型的公司的边际效应是不同的，作用机理与路径存在差异。例如，针对控股股东、实际控制人的规则将在很大程度上影响家族涉入的程度与方式；独立董事的独立性要求在家族控制公司中与其他类别的公司也存在差异。在一些制度模式的选择上，也应该考虑不同规则可能对家族上市公司产生的不同影响，例如，双层表决权股份能否延续或继承等问题直接影响到家族控制的成本。鉴于已有很多经济学、法学研究对我国上市公司治理问题、法律规则进行了一般性的梳理，下文不再面面俱到地展开论述，而是在吸收家族企业的理论与经验研究成果的基础上，重点分析企业家族强化控制权的机制、独立董事的职能以及高管继任计划等与上市家族公司关联密切的问题，提出在规范和实践层面提升上市家族公司治理水平的可行之道。

4.1 家族控制模式的多样性及其制度关联

在世界范围内，家族控制的上市公司普遍存在。而且，家族控制模式具有多样性，对公司治理、战略决策及绩效方面的影响也各不相同。这种家族控制的多样性及其效果差异很大程度上与一国的法律制度环境存在很大的关联，立法者及社会对家族控制的认识或意识形态，也会在一定程度上影响对家族控制的评价与规制原则。

4.1.1 家族控制模式的普遍性与多样性

在各国的上市公司中，家族控制的上市公司都占据了很高的比重。亚洲和欧洲大多数国家的上市公司主要是家族企业，即使是以股权分散为主的盎格鲁撒克逊模式中，家族企业也具有相当规模。例如，美国标普500指数中大约三分之一的上市公司是家族控制企业。[1] 法国70%以上的上市公司有投票权超过五分之一的控制家族。[2]《福布斯》2014年发布的"中国现代家族企业调查报告"也表明，在我国1485家A股民营类上市公司中，家族控制的企业占比达50.3%。[3]

家族企业不仅在投资者保护制度有待进一步完善的亚洲、拉美国家普遍存在，而且在一些学者所认为的市场与法治完善的国家也具有很高比重和影响力，如北欧国家。家族控制模式在美国等发达国家长期存续的经验表明，上市家族公司能够在激烈竞争的有效市场中为股东及其他利益相关者创造价值，是一种有竞争力的治理模式。例如，福特公司、沃尔玛公司、纽约时报公司这样知名的国际性企业都是上市型家族公司。

但是，在不同的制度环境中，家族控制模式具有多样性。在市场机制与

---

[1] Ronald C. Anderson & David M. Reeb, "Founding-Family Ownership and Firm Performance: Evidence from the S&P 500", 58 Journal of Finance, 1301 (2003).

[2] 参见缪因知《家族企业治理中的控制股东、职业经理人与独立董事》，《北大法律评论》，2013年第14卷第1辑，第176页。

[3] 参见奚菁、罗洁婷等《家族企业子女接班人身份构建研究》，《管理学报》2017年第1期，第9页。

投资者保护法律制度不健全的国家，家族控制模式被认为是对市场与正式制度缺陷的替代。在新兴市场经济国家，企业家族在所有权、控制权以及管理上具有更高的参与度，家族成员在董事会以及高管团队中占有很高比重，而且倾向于管理的家族继任模式。在证券分析师、会计师等专业人士缺乏以及职业经理人市场不完善的情况下，股东与管理者之间存在严重的信息不对称，管理者能够通过各种隐蔽的手段从事自利行为，在此情况下，家族股东聘任外部经理人的风险与成本很高。因此，控制家族会在损失一定代理人效率的情况下，聘任家族成员作为管理者，保持家族对公司的绝对控制与管理，通过家族成员间的利他与信任减少管理者的代理成本。因此，在市场机制与法律制度不健全的国家，家族控制的公司比例更高，而且家族管理的情形更加普遍，甚至锁定在"家族主义"模式中，需要国家正式制度的强力干预予以矫正。

与此不同，在市场机制与中小投资者保护制度健全的国家，家族控制模式是与分散持股模式相竞争的一种治理模式，控制家族可以相机决定不同的家族控制程度，以发挥家族控制的优势。由于存在完善的信息披露制度及职业经理人市场评价机制，家族可以选择单纯的家族持股模式进行最低限度的控制，完全由职业经理人对公司进行战略决策与管理，也可以选择家族持股的同时对公司重大战略作出决策，如选派一定的家族代表董事，也可以在家族后代具有企业家能力及精神时，由家族实现完全的控制与管理。例如，一项针对美国 335 个家族控制公司的 CEO 继任的研究发现，有 122 个是由家族 CEO 继任，即继任者与前任 CEO、公司创始人或公司最大股东具有血缘或姻亲关系，而 213 个继任则是一种非关联继任（unrelated succession）。[1] 一些家族控制公司也表现出交替继任的模式，如福特公司在福特二世之后经历了一段职业经理人管理的模式，但是，2001 年，创始人亨利·福特的曾孙比尔·福特重新担任公司董事长兼 CEO。由此可见，在市场与法律制度健全的前提下，控制家族在家族涉入方面的灵活性更高，能够通过市场机制弥补家族管

---

[1] Francisco Pérez-González, "Inherited Control and Firm Performance", 96 American Economic Review, 1559 (2006).

理能力方面的不足，延续家族长远控制的模式。

4.1.2 家族控制的目的——追求社会情感财富

家族持续稳定地控制上市公司需要承担较高的风险与成本。首先，集中持股而不是分散投资会给家族财富带来巨大风险，家族无法有效规避宏观经济与市场风险产生的不利；其次，稳定的控制需要应对家族人力资本不足的问题，选择家族CEO还是职业经理人是一个艰难的抉择，错误的决策可能导致企业经营的失败，家族成员的天赋回归平均似乎是一个不可抗拒的规律；最后，家族股东内部的矛盾也会影响股权的集中度以及监督企业的能力，通过复杂的家族信托构造，家族股权能够在一段时间内保持紧锁，但家族的持续矛盾很可能导致信托的终止。那么，为何家族控制模式仍然普遍存在呢？

早期的代理成本理论认为，在家族集中持股的情况下，家族有足够的能力和动力监督管理者，如通过选任家族董事、由家族成员担任经理。这些措施有助于使管理者与股东的利益趋于一致，减少管理者的机会主义。而且，在家族成员担任CEO时，家族成员间特有的亲缘利他主义能够使家族管理者更加投入地经营公司，追求公司长期利益的最大化。持股比例较低的公众股东能够从家族的控制与监督中"搭便车"，分享家族控制产生的收益（节约的代理成本），却无须承担相应的监督成本。换言之，家族控制具有正的外部性。但是，法与金融的研究发现，在家族控制公司中，控制股东与小股东之间存在严重的代理问题。在法律制度不完善的国家，这类代理问题产生的代理成本非常高，制约了一国资本市场的发展。这些学者认为，控制家族承担集中投资的风险，不出售股权的重要原因是获取控制权私利。控制权私利是公司的控股股东、实际控制人通过各种方式转移公司利益的行为，而这些行为大多不能创造公司财富，也不能为其他股东所分享，控制权私利的核心特征是"排他性"或"独享性"。控股股东可以通过所谓的"隧道行为"转移资产、侵占上市公司利润，最终导致上市公司被"掏空"。例如，高于市场水平的薪酬与公务消费、不公平的关联交易或关联担保、剥夺公司交易机会、排挤式的两步并购。上述控股股东代理问题及控制权私利理论虽然可以部分解释上市公司存在的内部人士控制及滥用权力问题，但对于家族上市公司的一些特殊行为与现象缺乏解释力。例如，很多家族管理者接受低薪政策，在对待雇员等利益相关者方面更为积极。由此可见，家族控制的动机更为复杂，难以用经济利益进行全面的解释。

与控制权私利理论所强调的经济动机不同，家族企业的专门研究表明，家族控制的重要动机是为了保护和增加控制家族的社会情感财富（social emotional wealth）。[①] 路易斯·戈麦斯-梅嘉等学者借鉴了行为代理理论，没有严格采用代理理论中决策者风险偏好一致的假设，而是认为行为决策人会将备选方案的预期结果与参照点进行比较，确定相关方案是积极的还是消极的。若行为人在预期产出消极结果的方案中做选择，那么就会呈现风险厌恶，相反，若其在预期产生积极结果的方案中做选择，则会表现出风险偏好。而社会情感财富的损益是家族所有者决策的首要参照点。[②] 一般认为，社会情感财富是家族借助家族股权、家族董事或家族CEO在企业中的多种角色从家族企业中事实上获取或可以获取的非经济利益。社会情感财富具体包括行使权力的能力，归属感、情感需要，保全家族社会资本，维系家族伦理义务等。[③] 保护社会情感财富是家族对企业进行控制的重要动机，一旦家族失去对企业的控制，就有可能累及其社会情感财富，如家族成员间亲情淡化、家族地位下降、家族期望无法得到满足。

社会情感财富理论的研究表明，家族控制公司的目的不仅仅是获取经济利益，还包括保留家族独特价值观等非经济利益。对企业所有权情感价值（emotional value of owing a firm）的研究表明，家族在转让企业时往往会提出高于市场价值的出让价格，以部分补偿因出让企业而减损的社会情感财富。而且，家族的跨代控制意愿与他们能接受的出让价格之间存在稳定的正相关关系。[④] 这些研究至少部分说明，控制权溢价不仅来自于私利，更是对家族社

[①] 参见朱沆、叶雪琴、李新春《社会情感财富理论及其在家族企业研究中的突破》，《外国经济与管理》2012年第12期，第56—61页。

[②] See Luis R. Gómez-Mejía, et al., "Socioemotional Wealth and Business Risks in Family-Controlled Firms: Evidence From Spanish Olive Oil Mills", 52 Administrative Science Quarterly, 106 (2007).

[③] 参见朱沆、叶雪琴、李新春《社会情感财富理论及其在家族企业研究中的突破》，《外国经济与管理》2012年第12期，第57页。

[④] See Thomas M. Zellweger, et al., "Family Control and Family Firm Valuation by Family CEOs: The Importance of Intentions for Transgenerational Control", 23 Organization Science, 851 (2012).

会情感的补偿。美国特拉华州衡平法院的判决也指出："企业创始者和其家族后代往往相信他们事业的意义大于股价。创始者经常会在意家族的遗产（legacy），如善待雇员和消费者的文化、对公司品质的承诺等。"[1] 在一些外部人收购家族公司的控制权时，控制家族成员的态度也说明家族对社会情感财富的重视。例如，在《华尔街日报》等相继被收购后，控制《纽约时报》的苏兹伯格家族频繁表态，不会出售世代相传的报业。反之，即使法律制度环境和公司的经营状况没有发生变化，若控制家族内部的价值观发生变化，或者家族声誉因其他原因而受损，控制家族很可能出售家族企业。

与占用公司资金、不公平关联交易等明显损害上市公司及中小股东利益的控制权私利行为不同，控制家族追求社会情感财富对上市公司的影响较为复杂。一方面，追求非经济性的社会情感财富可能造成家族管理者偏离股东利益最大化目标，损害中小投资者的利益。例如，实证研究表明，为了保持家族控制，家族企业倾向于本土化经营，限制了其跨国经营的可能。而管理学的研究表明，跨国经营能够熟悉当地市场、减少关税，是提升企业业绩的重要方式。另一方面，追求社会情感财富也可能使得家族管理者采用有利于长期利益最大化的公司战略。例如，为了保持家族控制的稳定，减少外部职业经理人和投资者的介入，控制家族往往对多元化经营战略保持警惕，因为家族管理者往往缺乏其他领域的专门知识，需要引入外部管理者。而实证研究表明，企业的多元化战略往往会因为整合困难，降低公司的盈利能力与市场价值。由此可见，保持社会情感财富基础的单一化经营并没有给公司带来损害。同样，为了减少破产风险，家族公司会较少采用财务杠杆。为了家族的声誉，家族控制的上市公司可能在承担社会责任方面表现更好。例如，我国学者陈志军等通过对2010年至2013年我国上市家族企业的实证研究发现，随着家族控制加深，家族企业会更倾向于承担社会责任。[2]

由此可见，家族控制现象具有复杂性，对于控制权私利现象的法律政策较为明确，而对于控制家族追求社会情感财富的价值评价则较为复杂，需要

---

[1] See the Upper Deck Company v. the Topps Company, Inc., Del. Ch., 926 A. 2d 58 (2007).
[2] 参见陈志军、闵亦杰《家族控制与企业社会责任：基于社会情感财富理论的解释》，《经济管理》2015年第4期，第42—50页。

综合考虑家族控制的利弊。

4.1.3 家族控制模式的效率之争及规制重心

与早期法与金融研究者将股权模式与法律制度环境一一对应的结论不同,[①] 有学者认为, 股权分散的公众公司与股权集中的控制模式都可能是有效率的。例如, 吉尔森认为,[②] 在法律制度良好的法域, 也存在普遍的控制股东模式, 如瑞典。同样是控制股东模式, 存在有效率的控制股东模式与无效率的控制股东模式之分。从制度比较成本的角度看, 股权分散模式的公众公司存在股东与管理者之间的代理问题, 从而存在第一类代理成本 (principle-agents)。独立董事、控制权市场等治理机制虽一定程度上可以缓和这类代理问题, 但这些机制自身也存在不足, 需要额外的治理成本。相反, 在控制股东模式下, 由于在公司存在巨大的经济利益与情感寄托, 控制股东更有动力有效地监督管理者或者亲自管理。由此, 控制股东结构能够成为一种替代性的治理机制。但是, 控制股东与非控制股东之间也存在代理问题 (principle-principle), 控制股东可能以损害非控制股东的方式取得控制权私利, 掏空上市公司, 从而产生第二类代理成本。因此, 在不同的法治环境中, 特定的控制股东模式是否富有效率取决于第一类代理成本与第二类代理成本的大小。若因控股股东的存在, 节约管理者代理产生的成本而获得的收益大于控制股东获取私利付出的成本, 那么, 对于公众股东而言, 控制股东模式就是有效率的; 反之, 则是一种无效率的控制股东模式。一般而言, 控制股东获取私利的水平取决于一国法律制度的规制体系与执法体系。但是, 控制股东承担监督者的角色, 需要承担流动性与集中投资的风险, 而且会因监督行为付出额外的成本。因此, 控制股东模式的存在要求法律政策给予其一定的私利空间, 在此基础上, 理性的经济人才愿意持续承担控制股东的角色。否则, 承担控制者角色对其而言就是在提供一种公共产品, 是非理性的, 最终公众投

[①] Rafael La Porta, Florencio Lopez-de-Silanes & Andrei Shleifer, "Corporate Ownership Around the World", 54 Journal of Finance, 471 (1999).

[②] Ronald J. Gilson, "Controlling Shareholders and Corporate Governance: Complicating the Comparative Taxonomy", 119 Harvard Law Review, 1641 (2006).

资者也无法通过"搭便车"而持续获益。在法政策上,应该以是否获得经济利益为标准,区分金钱性质的私利与非金钱性质的私利。对于金钱性质的私利,应该进行严格的审查。例如,对于控股股东与公司的关联交易,应该通过事前的公司治理机制与事后的司法审查,减少不公平的交易。而因控制公司而带来的政治与社会声誉、地位等非金钱利益则是控制股东持续承担控制者角色的重要动机,应该为法律制度所直接或间接承认。家族控制集团虽然对公司承担受信义务,但一般的控制权行使行为仍然应该受到商业判断规则的保护。

但是,在市场与法律制度不健全的新兴市场国家,立法者与监管机构的规制重点在于控制企业家族的控制权私利水平,维持中小投资者对上市公司的基本信心,确保其投资能够得到合理的回报。从我国法治与监管机构的实践看,现有的规制体系主要以委托代理理论为基础,通过公司内部治理与外部治理的改善,减少家族股东与中小股东的利益冲突。而在现有的规范体系中,对控股股东、实际控制人的规制成为降低第二类代理成本的重点。因为,在上市型家族公司中,控制家族并不一定通过担任董事、高管等正式职位控制公司,而是通过家族网络及各种非正式方式控制公司,即使没有事实上的持股,但是控股股东的配偶、子女等也能够对家族公司产生事实上的支配效果。

从我国的规制历史看,针对我国上市公司"一股独大"的问题,立法层面和监管机构逐步建立起了严格的控股股东、实际控制人规则。我国《公司法》规定了控股股东、实际控制人的法律概念,明确控股股东不得滥用权利损害公司与其他股东的利益、不得滥用关联关系损害其他股东利益。而《证券法》《首次公开发行股票并上市管理办法》《上市公司信息披露管理办法》《上市公司治理准则》以及沪深交易所《上市规则》等法律、法规及自律性规范性文件建立起了控股股东、实际控制人在受信义务、信息披露、关联交易等一系列的程序与实体方面的要求。例如,《证券法》规定,上市公司应该披露控股股东、实际控制人及其直接、间接持股及变动情况;《上市公司治理准则》第 63 条规定,控股股东、实际控制人对上市公司及其他股东负有诚信义务。深圳证券交易所曾专门制定《中小企业板上市公司控股股东、实际控制人行为指引》，其中第6章第4节要求控股股东、实际控制人履行承诺。在既有的一些规范中，区分了控股股东、实际控制人的类型，直接针对自然人控股股东、实际控制人的规定对控制家族的影响较大。与国家控制或集体控制不同，上市型家族公司的控股股东、实际控制人最终都能穿透到自然人及其家族成员。例如，2023年《公开发行证券的公司信息披露内容与格式准则第57号——招股说明书》第32条规定，发行人应披露实际控制人的基本情况，实际控制人应披露到最终的国有控股主体、集体组织、自然人。这种披露有助于证券市场知悉家族控制的亲缘格局。《公开发行证券的公司信息披露内容与格式准则第2号——年度报告的内容与格式》则明确规定，若上市公司实际控制人为自然人，应当披露其姓名、国籍等个人信息。这些信息披露规则有助于提高控制家族的信息透明度。在自然人控制的情况下，发生实际控制人家族重要成员离婚、死亡以及严重健康问题等情形时，可能对公司股票价格产生较大影响，控制家族应该及时向上市公司披露相关信息。实践中，大多数上市公司对于实际控制人的重大个人信息进行了披露。例如，2018年10月23日，云南某新材料股份有限公司发布了《关于实际控制人李某明家族主要成员去世的公告》，公告内容为：云南某新材料股份有限公司（以下简称"公司"）近日收到公司实际控制人李某明家族的通知，李某明家族主要成员王某某女士逝世。王某某女士名下持有公司股份为5.5%和公司控股股东玉溪某投资有限公司2700万元出资份额（占玉溪某投资有限公司注册资本比例90%），将按照遗嘱由其继承人继承，相关继承及过户手续正在办理中。本次股份过户登记完成后，不会导致公司控制权发生变更。① 但是，也有部分公司未及时披露实际控制人的重要信息，例如，烟台某实业股份有限公司因隐瞒实际控制人死亡消息而遭到证监会的调查。② 此外，也有一些规则考虑到了家族控制中亲缘关系的特殊性，要求实际控制人为其重要家族成员的行为承担相应的责任。例如，深圳证券交易所《中小企业板上市公司控股股东、实际

---

① 《云南某新材料股份有限公司关于实际控制人李某明家族主要成员去世的公告》，载搜狐证券网，https://q.stock.sohu.com/cn，gg，002812，3090276183.shtml，2024年5月20日访问。

② 许洁：《某实业实际控制人去世不报被证监会调查》，载《证券日报》2010年8月25日，转引自中国新闻网，http://www.chinanews.com/stock/2010/08-25/2490376.shtml，2024年5月17日访问。

控制人行为指引》第55条曾规定，控股股东、实际控制人为自然人的，其配偶、未成年子女的行为视同控股股东、实际控制人行为，须适用指引中的相关规定。由此可见，我国法律虽然没有直接对家族控制模式进行规制，但是针对控股股东、实际控制人的规范体系能够直接约束控制家族的行为。

4.2 企业家族的控制权强化机制——以双层股权结构为例

双层股权结构是公司创始人及其家族强化控制权的重要机制，能够在保持控制权的同时满足融资需求。但是，既有的研究主要从科创型企业的角度对双层股权的正当性及其规制措施做出分析，忽视了家族企业背景下研究双层股权结构的特殊意义。事实上，欧洲以及美国采用双层股权结构的上市公司中除了年轻的科创型企业外，很大一部分就是经历代际传承的家族企业。维拉隆加和埃米特的研究发现，美国62%的家族企业通过双重股权增强其家族控制权；[1] 内诺娃的研究发现，采用双重股权结构的样本公司中，高达79%的公司是家族控制型企业，而美国的比例为95%。[2] 由此可见，在允许双层股权结构公司IPO的法域中，家族企业是双层股权结构的重要需求方，而家族企业在治理及绩效方面的特殊性会对证成双层股权结构及具体的规制措施产生重要影响。鉴于我国已经在上海证券交易所科创板等市场推行双层股权结构，这些科创型企业中有部分属于家族企业，而其他创始人控制的企业也很有可能发展成为家族控制公司，因此，借鉴域外学者及实践中对家族上市公司双层股权结构的探讨，能够为完善我国双层股权结构的制度设计提供有益帮助。

4.2.1 家族企业强化控制权的现实需求

上市公司与家族声誉休戚相关，为了维持家族的社会情感财富，企业家

---

[1] See Belén Villalonga & Raphael Amit, "How Are US Family Firms Controlled?", 22 The Review of Financial Studies, 3047 (2009).

[2] See Tatiana Nenova, "The Value of Corporate Voting Rights and Control: A Cross-Country Analysis", 68 Journal of Financial Economics, 325 (2003).

族有足够的动力维持家族的控制,追求企业经营的特殊价值观,很多家族企业在营收和规模上都称得上"隐形冠军"①,但为了保持家族的绝对控制,选择维持封闭型公司的形态。在决定是否上市时,能否维持控制权以及如何维持控制权成为控制家族的重要考虑。但是,企业发展及家族传承的需要会导致家族控制权的减弱,在特定的法律框架下,企业家族对于强化控制权具有特殊的需求。

4.2.1.1 融资需求与控制权保持之间的矛盾

家族关系网络能够提供的财务资金有限,融资对家族企业的扩张与发展具有重要作用。"家族企业的进一步发展必然要依靠外源融资。"② 股权融资是企业外源融资的重要方式,但控制家族在发行新股之后势必导致其持股比例的下降,当股权融资达到一定规模后,家族控制权可能因持股比例的稀释而面临外部投资者的挑战。

为了维持家族的控制,企业家族在融资、投资方面表现出保守性。一方面,在 IPO 时,企业家族会尽量减少新股发行的比例,以保持一定的家族持股比例;另一方面,企业家族倾向于选择保守的投资项目,对大规模的投入较为审慎,以减少公司现金流的支出。重视控制权的家族管理者有可能会放弃投资回报率为正的投资项目。但是,有研究表明,双重股权结构能够缓解控制权被稀释产生的不利,减少公司管理者的短期市场压力。③ 家族控制权得到巩固之后,家族管理层更有能力实施长期投资战略,从而实现企业长期价值的最大化。

而且,在我国公司治理水平有待提高的背景下,很多上市型家族公司有意通过引入优秀的战略投资者,改善公司治理水平,提高控制家族的合法性形象。战略投资者的引入还能够为家族企业提供广泛的资源支持,协助控制

---

① See Melissa Carey Shanker & Joseph H. Astrachan, "Myths and Realities: Family Businesses' Contribution to The US Economy—A Framework For Assessing Family Business Statistics", 9 Family Business Review, 107 (1996).

② See Susan Coleman & Mary Carsky, "Sources of Capital for Small Family-owned Businesses: Evidence from the National Survey of Small Business Finances", 12 Family Business Review, 73 (1999).

③ See Paul A. Gompers, Joy Ishii & Andrew Metrick, "Extreme Governance: An Analysis of Dual-class Firms in the United States", 23 The Review of Financial Studies, 1051 (2010).

家族监督职业经理人，促进家族企业的国际化战略。例如，美的集团是由何享健家族控制的上市公司，2011年10月，美的投资控股有限公司将其持有美的集团15.30%的股权转让给睿融投资（工银国际为其实际控制人）和鼎晖嘉泰，两家机构分别持有美的集团12.18%和3.12%的股权。2013年，美的集团整体上市后，何氏家族通过其控制的美的控股和宁波开联实业发展公司合计持有美的集团的股权为36.64%。[①] 由此可见，家族企业基于一些特殊的战略安排，需要出让家族股权引入外部资源，这些往往建立在家族保持控制这一前提上。而控制权强化机制有利于企业家族更灵活地安排投融资活动，降低家族控制带来的封闭性与保守性。

4.2.1.2 传承需求与控制权保持的矛盾

在非家族上市公司中，控制权削弱的主要原因是企业投资、扩张或兼并产生的融资需求。但是，上市家族公司除了企业需求外，创始人家族的发展及其传承需求也会对家族控制权产生影响。在上市家族企业的代际传承中，控制家族需要现金维系家族团结，为不参与公司经营的家族成员的创业等活动提供支持，还有可能设立慈善基金会从事家族慈善，增加控制家族的社会声誉；部分企业家族还会采取设立单一或联合家族办公室等方式为家族成员的税收筹划、理财、家族治理提供专业化的服务，这些追求家族愿景的活动使得企业面临较大的财务压力。例如，2017年7月，美的集团创始人何享健公布了60亿元慈善捐赠计划，何享健将其持有的1亿股美的集团股票和20亿元现金捐赠给广东省和的慈善基金会，用于支持佛山乃至全国的精准扶贫、教育、医疗等多个领域的公益慈善事业。[②]

一些家族企业不得不通过出售公司股权为家族成员提供流动性支持，即使是采取股权信托结构的家族公司也需要为家族信托的受益人提供教育、医疗等基本需求。随着代际传承，家族人口规模不断扩大，这些需求有增无减。例如，福特汽车公司在1969年IPO时，福特家族通过信托持股7.1%，而到

---

① 参见张京心、廖子华、谭劲松《民营企业创始人的离任权力交接与企业成长——基于美的集团的案例研究》，《中国工业经济》2017年第10期，第174—192页。
② 参见《75岁时捐60亿做慈善何享健的"美的"人生》，中国青年志愿者网，http://www.zgzyz.org.cn/content/2017-07-26/content_16334963.htm。

2015 年时，福特家族持股仅有 1.8%。同样，1978 年康卡斯特公司上市时，罗伯茨家族持股达 68%，而 2015 年时持股仅 0.4%。

家族企业诉讼纠纷也表明，我国家族企业仍然存在诸子分家的传统，在家族后代结婚后，倾向于成为独立的产权单位。随着家族的代际传承，家族管理者所持有的股权越来越少，不同家族分支持有的公司股权存在较大差异，难以统一行动。而且，随着亲缘关系的淡薄化，家族成员之间缺乏共同生活的经历，沟通与协作减少，较难形成共同的价值观与企业经营的目标，部分家族成员对继续持股缺乏足够的兴趣。在此情况下，希望维持家族控制的部分家族成员需要以较高的价格回购其他成员的股权，以维持家族控制权。

家族企业的传承产生家族控制的现实挑战。而控制权强化机制是家族企业应对家族传承问题的重要方式。在美国的资本市场，存在很多历经数代的世系家族企业，这些企业家族大多通过家族信托持有特殊表决权股的方式维持家族控制，应对家族代际传承产生的税收、家族矛盾等问题。表 4-1 的统计表明，美国绝大多数经历了代际传承的上市家族公司都采用了特殊的控制权结构，包括双层股权结构以及董事选任的超级多数规则。在本书作者梳理的 34 家长期存续的上市家族公司中，仅有沃尔玛一家没有采用特殊的控制权结构。由此表明，控制权强化机制与家族长期控制之间具有很高的关联度。

表 4-1　美国标准普尔 1500 指数企业中家族持续控股企业

家族公司名称	设立时间	控制家族	特殊控制结构	备注
A. O Smith	1874 年	斯密斯家族	有	
Brady Corporation	1914 年	贝迪家族	有	
Brown-Forman Corporation	1870 年	布朗家族	有	2016 年被收购
Comcast Corporation	1963 年	罗伯茨家族	有	
Constellation Brands, Inc.	1945 年	桑德斯家族	有	
Ford Motor Company	1903 年	福特家族	有	
Greif, Inc.	1877 年	格雷夫家族	有	

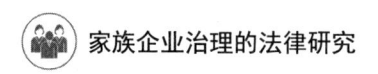

续表

家族公司名称	设立时间	控制家族	特殊控制结构	备注
Haverty Furniture Companies, Inc.	1885 年	哈弗蒂家族	有	
Hub Group, Inc.	1971 年	耶格尔家族	有	
Hubbell Incorporated	1888 年	哈博尔家族	有	
Intl Speedway Corp A	1953 年	弗兰斯家族	有	
Kelly Services, Inc.	1946 年	凯利家族	有	
Lamar Advertising Company	1902 年	赖利家族	有	
Lennar Corporation	1954 年	米勒家族	有	
Lithia Motors, Inc.	1946 年	迪波尔家族	有	
Meredith Corporation	1902 年	梅瑞迪斯家族	有	
Molex Incorporated	1938 年	克雷比尔家族	有	
Movado Group, Inc.	1881 年	格林贝格家族	有	由格林贝格收购
News Corporation	1979 年	默多克家族	有	
Ralph Lauren Corporation	1967 年	劳伦家族	有	
Scholastic Corporation	1920 年	罗宾逊家族	有	
Seneca Foods Corporation	1949 年	沃尔科特家族	有	
Stewart Information Services Corporation	1893 年	莫里斯家族	有	创始人第五代子孙
Telephone and Data Systems, Inc.	1963 年	卡尔森家族	有	
The E. W. Scripps Company	1878 年	克里普斯家族	有	家族信托持股
The Estee Lauder Companies Inc.	1946 年	罗德家族	有	家族信托持股
The Marcus Corporation	1935 年	马尔克斯家族	有	
The New York Times Company	1835 年	苏尔兹伯格家族	有	

续表

家族公司名称	设立时间	控制家族	特殊控制结构	备注
The Standard Register Company	1912年	谢尔曼家族	有	家族信托持股
The Washington Post Company	1877年	格兰汉姆家族	有	现更名为格兰汉姆控股公司
Tootsie Roll Industries, Inc.	1896年	戈登家族	有	
UniFirst Corporation	1936年	克罗厄特家族	有	
Universal Health Services, Inc.	1979年	米勒家族	有	
Wal-Mart Stores, Inc.	1962年	沃顿家族	无	

(注：作者根据2012年控制股东公司数据的整理，剔除了创始人控股的企业)①

4.2.2 既有控制权强化机制及其问题

家族维持控制权的矛盾主要体现在如何用较少的持股（现金流）能够有效地控制公司，这种稳定的控制权主要体现在选任家族董事或直接选任家族管理者的权力。在我国公司治理实践中，控制家族除了通过家族成员的一致行动外，主要通过金字塔结构和交叉持股方式实现家族现金流权与控制权的分离，以较少的经济风险实现对公司的完全控制。金字塔股权结构是一种纵向的多层级控股，处于最高层级的控股公司设立控股子公司，再由控股子公司设立次一级的控股子公司，不断引入外部小股东，增加金字塔顶端控制者的资产控制规模。由此，金字塔股权结构能够以较小的现金流权控制集团内的所有公司。②而交叉持股是一种公司集团内公司之间相互持股方式，在这种股权结构下，控股股东通过组建企业集团，由集团内的公司相互持股以达到控制整个集团的目的。交叉持股结构能够帮助控股家族有效保持集团内某一

---

① See *Controlled Companies in the Standard & Poor's 1500: A Ten Year Performance and Risk Review*, https://www.weinberg.udel.edu/IIRCiResearchDocuments/2016/03/Controlled-Companies-IRRCI-2015-FINAL-3-16-16.pdf（last visited Dec. 2 2018）.

② 参见王蓓、邓建明《金字塔控股集团与公司价值研究》，《中国工业经济》2010年第2期，第110—119页。

公司的控制权。① 集团内的公司越多，公司与公司之间相互持股的股权份额就越大，控股股东控制其中一个公司所需的现金流权就越小。目前，我国现行的《公司法》《证券法》以及相关监管机构都没有明确禁止金字塔结构或交叉持股，仅要求公司上市时保持股权的清晰，并且披露所有的中间层股权结构或关联公司，通过信息披露的方式间接抑制复杂的股权结构。

然而，上述两种控制权强化机制是建立在企业集团化的前提下的，而且会增加企业的不透明性，可能成为集团企业间的关联交易或其他不当利益输送的工具。此外，韩国学者的研究也发现，韩国家族企业通过交叉持股的企业集团内的不公平关联交易将家族上一代控制的企业的利益输送到家族后代控制的企业中，以规避遗产税。

双层股权结构与金字塔股权结构等控制权强化机制之间具有替代效应。例如，1990年之前，以色列上市公司较多采用双层股权结构，但是1990年以色列监管机构禁止双层股权结构后，证券市场双层股权结构的上市公司逐渐减少，到2009年，双层股权结构的公司锐减到9家。与此同时，高度杠杆化的金字塔结构开始被广泛采用，引发了以色列经济的系统性风险。为了解决此问题，2013年以色列对金字塔结构采取了分阶段规制的方法，要求新设的金字塔结构需限定在两层之内，对既有的金字塔结构，要求在四年内减至三层，六年内最终减至两层。② 因此，允许双层股权结构的法律政策能够在一定程度上减少公司采用复杂金字塔结构的动机。

---

① 参见苏启林、万俊毅、欧晓明《家族控制权与家族企业治理的国际比较》，《外国经济与管理》2003年第5期，第2—8页。
② 参见郭青青《规范视域下的中国上市公司控制权强化机制》，《西南政法大学学报》2016年第1期，第98页。

4.2.3 家族控制公司采用双层股权结构的价值

4.2.3.1 双层股权结构的基本设计

双层股权结构是强化控制权的典型股权设计,[①] 与"一股一票"的一般股权结构不同,双层股权结构是一种差异化的表决权安排。如图 4-1 所示,双层股权结构公司发行 A、B 两类普通股,A 类普通股按照传统的一股一票原则,而 B 类股一股享有数倍于 A 类股的表决权。一般而言,A 类股由普通投资者持有,可以在股票市场自由转让,B 类股由公司创始人团队或创始家族直接或间接持有,不得自由流通,公司章程一般会设置自动转换条款,约定若 B 类股对外转让即自动转化为 A 类股。

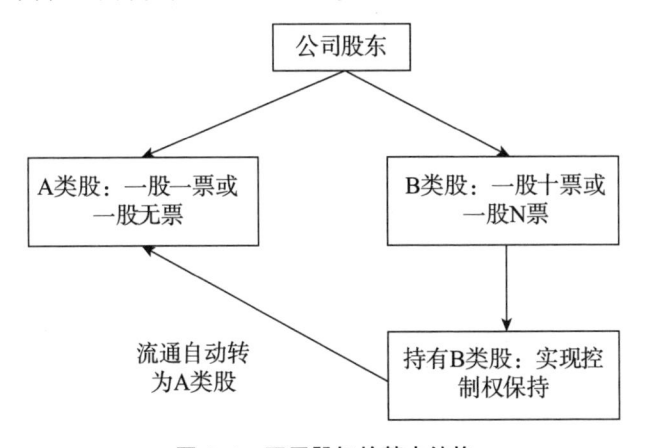

图 4-1 双层股权的基本结构

双层股权结构在法律上造成股权与表决权的分离。按照传统的委托代理理论,双层股权结构会激化控制股东与中小股东的利益冲突,增加了控股股东攫取控制权私利的经济诱因。一些实证研究的结论也表明,双层股权结构的置入削弱了经理人市场、控制权市场的有效性,造成企业管理者在薪酬等方面的恶化。例如,阿莫阿科-阿杜等的研究发现,在双层股权结构的家族公

[①] 《上海证券交易所科创板股票上市规则》第 4 章第 5 节将此称为"表决权差异安排",双层股权结构可以认为是表决权差异的一种安排。

司中，家族管理者具有较高的薪酬水平。①

双层股权结构不是各国证券市场的主流，但在一些投资者保护制度健全的法域，仍然有一定比例的企业能够在 IPO 时实行这种特殊的双层股权结构，在一定的条件下，双层股权结构所产生的优势能够弥补其可能增加的代理成本，获得投资者的认可。②

近来对双层股权结构的关注与争论主要以谷歌等新兴行业的创始人企业为主，但是，早期的双层股权结构主要为家族企业维持控制权所创设，如挪威、丹麦等国的家族企业普遍实现双层股权结构。在美国，很多知名的家族公司都采用了双层股权结构。例如，基于自己独特的创业历史及对资本的极端不信任，福特汽车公司的创始人亨利·福特在公司上市时发行了 A 股和 B 股，其中 B 股只有福特家族才能持有。③ 此外，伯克希尔哈撒韦公司和默多克家族的新闻集团、《纽约时报》《华盛顿邮报》等典型的家族控制公司也采用了双层股权结构。④

有学者研究发现，双层股权结构的使用能够有效增加家族企业的生命周期，采用双层股权结构的控股型公司的平均生命周期为 31 年，而同样存在控制股东但采用单一股权结构的公司的平均生命周期仅为 15 年。⑤

在美国，对于双层股权结构正当性的争论也一直存在。例如，在一些研究机构和机构投资者的呼吁下，标准普尔公司的道琼斯指数以及罗素 3000 指数等都表示，将限制有特别表决权结构的公司纳入相关指数成分股。一些针对双层股权结构公司的实证研究也发现，存在双层股权结构的公司在代理成

---

① Ben Amoako-Adu, Vishaal Baulkaran & Brian F. Smith, "Analysis of Dividend Policy of Dual and Single class US Corporations", 72 Journal of Economics and Business, 1 (2014).

② 例如，有学者研究认为，公司治理是由代理成本与被代理人成本共同决定的，双层股权结构在一定条件下可以减少被代理人成本。See Zohar Goshen & Richard Squire, "Principal Costs: A New Theory for Corporate Law and Governance", 117 Columbia Law Review 767 (2017).

③ 参见马一：《股权稀释过程中公司控制权保持：法律途径与边界——以双层股权结构和马云"中国合伙人制"为研究对象》，《中外法学》2014 年第 3 期，第 723 页。

④ 参见马一：《股权稀释过程中公司控制权保持：法律途径与边界——以双层股权结构和马云"中国合伙人制"为研究对象》，《中外法学》2014 年第 3 期，第 723 页。

⑤ See Controlled Companies in the Standard &Poor's 1500: A Ten Year Performance and Risk Review, https://www.weinberg.udel.edu/IIRCiResearchDocuments/2016/03/Controlled-Companies-IRRCI-2015-FINAL-3-16-16.pdf (last visited Dec. 2 2018).

本、业绩等方面表现更差。但是，这些研究主要是对采用双层股权结构的公司与没有采用双层股权结构的公司进行比较，没有专门关注双层股权结构对家族企业可能产生的影响。在最新的研究中，罗纳德·安德森和大卫·里德等学者以罗素3000指数（该指数成分股的市值约占美国股市总市值的98%）样本股2001年至2015年的相关数据为基础，对采用双层股权结构的家族企业进行了研究。① 首先，在他们统计的罗素3000指数的2379个公司（剔除了金融股和公用事业股）中，有大约9.4%的公司采用了双层股权结构，而这些公司中有93%属于家族控制企业，② 其中89%为创始人家族直接持股的企业，4%为家族后代通过特殊结构控制的企业。但是，在同一样本中，采用单一股权结构的家族企业的比例仅为28%。由此说明，保持控制权仍然是美国家族企业的主要目标。其次，采用双层股权结构的家族企业的平均现金流权为30.2%，而平均控制权为58.2%，现金流权与控制权分离的程度为27.1%，与此同时，单一股权结构的家族企业的平均持股为22.9%。由此说明，采用双层股权结构的家族公司仍然持有公司较多权益，并不一定意味着严重的现金流权与控制权分离。再次，通过对比研究发现，采双层股权结构的家族企业在IPO时存在明显的折价效应，相比于单一股权结构的非家族企业，采双层股权结构的家族企业平均的折价比例为12%，但是，在采用双层股权结构的非家族企业中，却没有发现这种折价效应。由此表明，双层股权结构本身对投资者的投资影响不大，家族控制才是投资者所特别考虑的因素，这同时也说明企业家族为获取公司控制权承担了较高的融资成本。最后，研究发现，若投资者采取"买入并持有"的投资策略，相比于单一股权结构的非家族企业，采用双层股权结构的家族企业平均每年能够为投资者多产生350个基点的超额回报，而采用双层股权结构的非家族企业却没有这种超额回报现象。

---

① See Ronald C. Anderson, Ezgi Ottolenghi & David M. Reeb, "The Dual class Premium: A Family Affair", Social Science Electronic Publishing（2017），also see Social Science Research Network, http://papers.ssrn.com/so13/papers.cfm? abstract_id=3006669（last visited Dec. 13, 2018）.

② 家族所持有的有效表决权超过5%的企业。See Ronald C. Anderson, Ezgi Ottolenghi & David M. Reeb, "The Dual Class Premium: A Family Affair", Fox School of Business Research Paper（2017），also see Social Science Research Network, http://papers.ssrn.com/so13/papers.cfm? abstract_id=3006669（last visited Dec. 13, 2018）.

由此表明，采用双层股权结构的家族企业在业绩表现上较优。企业家族承担了双层股权的成本，但并没有损害外部投资者的利益。相反，外部投资者能够通过投资双层股权结构的家族企业获取所谓的"家族溢价"（family premium）。此外，研究者还对比了家族创始人担任 CEO、家族后代担任 CEO 以及职业经理人担任 CEO 的家族企业，发现前两类家族企业的业绩表现更为突出。这一研究说明，家族企业与非家族存在较大差异，在家族企业背景下，投资者能够通过市场的 IPO 定价机制保护自己的利益。虽然这一研究是以美国特殊的公司治理环境为基础的，但能够在一定程度上说明，家族企业采用双层股权结构并不一定会造成严重的投资者损害问题。

4.2.3.2 家族企业采用双层股权结构的优势

反对双层股权结构的核心理由是代理问题及控制权私利现象的恶化。但是，双层股权结构不仅没有在市场竞争中消失，反而越来越多地为一些高成长、高回报的企业所采用。因此，有学者开始探讨双层股权结构的正当性以及这些公司取得优秀业绩的合理解释。部分观点从市场有效性的角度出发，认为双层股权结构本质上是一种公司契约安排，应满足投资者的异质性投资偏好。但是，这些观点只是从消极意义上解释了为何不应该禁止双层股权结构，无法解释双层股权结构的优势以及应该如何对双层股权结构的公司进行特别规制或治理结构的完善。根据既有的研究文献，从创始人及创始家族的角度而言，主要有两个理论可以解释创始人及其家族通过强化控制权能够产生的积极效果。

（1）追求特殊的企业家愿景

与控制权私利所强调的独享性不同，有学者认为，外部投资者能够从企业家控制中分享收益。佐哈·戈申和阿萨德·哈姆达尼的论文《公司控制与独特性愿景》认为，企业家努力保持控制权是为了实现特殊的企业家战略，因为他们具有异质性或独特性的愿景（idiosyncratic vision）。[①] 而且，由于信息不对称及证券市场在有效性方面的缺陷，这些异质性的愿景难以完全为市

[①] See Zohar Goshen & Assaf Hamdani, "Corporate Control and Idiosyncratic Vision", 125 Yale Law Journal, 560（2015）.

场投资者所发现或认同。面对证券分析师、对冲基金的压力,企业家在很多时候不得不放弃为实现特殊愿景所需的长期研发与投资计划,注重短期的股价与投资回报。而通过双层股权结构,企业家能够避免被短期化倾向的投资者或持怀疑态度的投资者不合理干预的风险。在企业家通过其努力实现特殊愿景的情况下,公司的价值将得到明显的提升。这种公司价值的提升能够充分反映在股价中,而不是由企业家所专享。以福特公司为例,亨利·福特在1903年的第三次创业中坚持对企业的完全控制权,因为他从前两次创业经历中认识到,金融资本提供者为获得稳定的回报可能挫败其关于公司发展的企业家愿景,在前两次创业中,其他投资者拒绝支持福特关于继续开发完善车型而不能立即投产的商业判断。① 此外,谷歌创始人也公开表示,谷歌所处的传媒和科技行业存在普遍的敌意收购与合并,其运用双层股权结构是为了追求团队特殊的创新方法和长期价值,因为这些都需要较长的时间、稳定性和独立性。

实现企业家独特愿景的观点能够解释创始人通过双层股权结构强化控制权的正当性,却难以解释创始人家族后代持续控制公司的合理性。创始人的天赋、能力很大程度上具有专属性和不可继承性,家族后代无法仅通过股权继承实现对经营能力的传承。正是基于对家族后代管理能力平庸的担忧,一些学者主张监管机构应该在双层股权结构的公司章程中强制加入所谓的"日落"条款(sunset clause),抑制双层股权结构公司差异化表决权的代际传承。

(2) 充任管家角色

但是,也有学者借鉴管家理论,认为除了创始人控制外,家族延续控制权也具有合理性。根据管家理论,控制家族成员的行为并非都是建立在自利基础上的。家族企业的实践表明,在企业经营面临危机时,控制家族会为企业提供关键资源,而且这种投资行为的收益也能为其他投资者所分享。允许企业家族长期承担管家角色有利于企业决策的长期化,更多考虑利益相关者的利益。而强制要求创始人家族在特定时间或事件后放弃家族控制权则是对

---

① See M. Todd Henderson, "Everything Old Is New Again: Lessons from Dodge v. Ford Motor Company", in Corporate Law Stories, 2009. P37, cited from Zohar Goshen & Assaf Hamdani, "Corporate Control and Idiosyncratic Vision", 125 The Yale Law Journal, 560 (2015).

管家氛围的破坏，可能造成企业家族在控制权过渡阶段的短视化和机会主义。例如，比杰利等对意大利"股票统一化"①的研究发现，企业管理层会在股票统一化公告之前大量购买没有投票权的股票，然后利用统一化进程增加自己的财富。②

家族长期控制企业会形成家族声誉与企业声誉的相互"捆绑"，企业家族为了维系家族的声誉，增加家族成员的社会情感财富，更可能以管家的角色行事，抑制家族成员的机会主义。

美国各州的公司法以及联邦层面的证券法都没有禁止双层表决权股的继承，证券交易所也允许企业家族通过家族信托方式不间断地持有优级表决权股。美国很多企业家族正是基于这样的法律政策而长期稳定控制公司。例如，有评论认为："若你选择购买纽约时报的股票，你就是在接受由家族主导一切，因为这已经延续了一个多世纪。而且，苏兹伯格家族会将时报的利益放在首位，这是家族的基因。"由此可见，在世系家族企业中，投资者及消费者特别看重企业家族隐形的声誉保证。

与其他解释不同，管家理论认为，即使创始人后代缺乏独特性的愿景或企业家精神，企业家族仍然能够通过持续控制发挥其他积极作用。例如，福特家族的后人可能不再拥有亨利·福特那样的经营天赋与才能，但是，福特家族控制公司的主要原因在于其能够充任一个良好的管家，投资者将福特家族的控制视为公司长期主义的表征。例如，在美国2008年金融危机时，福特公司是唯一一家没有接受政府财政援助的汽车公司，相比于竞争者，创始人亨利·福特的曾孙比尔·福特更主张公司财务的安全性，福特家族也在金融危机时通过增持股份表达了对共度时艰的信心。是否能够充任一个良好的管家，也是公司董事会是否支持家族控制的重要理由。例如，福特公司的部分积极股东多次提出股东提案，要求废除福特家族的特别表决权股，2019年福特公司董事会对此提案提出了反对意见，其中一个理由就明确提道："福特家

---

① 股票统一化是指由双层股权结构变为单一的股权结构。
② Marco Bigelli, Vikas Mehrotra & P. Raghavendra Rau, "Expropriation through Unification? Wealth Effects of Dual Class Share Unifications in Italy", Annual Meeting of the European Financial Management Association, 28 (2006).

族已经涉入公司事务超过115年，他们与公司的密切关联不仅建立在持有超级表决权股而产生的经济意义上，更建立在传统、管家职责与忠诚基础上。福特家族的成员在公司上市前后都在公司中扮演了主要角色。作为双层表决权结构的直接结果，福特家族对于公司长久的成功具有特别的利益，并且能够在公司面对市场的短视压力与干扰时提供稳定性。"① 虽然这并不意味着福特公司能够在福特家族的控制下持续为投资者提供超额的回报，但在以股权分散模式为主的美国证券市场，福特等具有明显家族色彩的双层股权结构公司显然有助于我们对控制结构及公司治理多元化的理解。

4.2.4 家族企业采用双层股权结构的治理问题及对策

4.2.4.1 家族企业使用双层股权的特殊治理问题

虽然家族企业运用双层股权结构强化控制权存在诸多优势，但不可否认，家族控制可能激化双层股权结构产生的代理问题。② 首先，强化的控制权使得创始人或家族成员长期盘踞公司董事长、总经理等高层职位。相比于非家族企业，家族管理者的任期较长，这一方面是因为家族股东对家长权威的尊重，另一方面也是为了保护家庭成员间的团结与和睦，家族股东对家族管理者在业绩表现等方面的容忍程度更高。因此，双层股权结构可能造成很多创始人或家族管理者在高龄或健康状况不佳时仍然控制公司。例如，美国传媒巨头维亚康姆公司的控制股东萨姆纳及其女儿借助双层股权结构长期控制公司。2016年，93岁的萨姆纳仍然担任公司执行董事，但是，其身体状况已经非常差，差不多有一年没有出席公司会议。有报道称，由于对控制人身体状况的担忧，很多公司不愿继续和维亚康姆公司合作，部分重要职员也宣称要离职，

---

① "The Ford family has more than an 115-year history of significant involvement in the affairs of the Company; they are bound to the Company not just in an economic sense through Class B shares but also on the basis of heritage, stewardship, and loyalty. Members of the Ford family always have played an important role in the Company both before and after it went public in 1956. As a direct result of the dual-class structure, the Ford family has a special interest in the long-term success of the Company and provides stability in the face of short-term market pressures and outside influences." See https://s201.q4cdn.com/693218008/files/doc_flipbook/2019-Proxy/PDF/ford-proxy2019_0081.pdf (last visited May. 18, 2024).

② See Lucian A. Bebchuk & Kobi Kastiel, "The Untenable Case for Perpetual Dual-class Stock", 103 Virginia Law Review, 585 (2017).

与此相应,维亚康姆公司的股价两年来已经下降了46%。2016年,维亚康姆公司的前CEO和一个长期任职公司的董事向法院提起诉讼,主张萨姆纳患有严重的身体和心理疾病,已经不具备继续在公司任职的能力。之后,萨姆纳家族与原告方达成和解,对原告做出了补偿。但是,公众股东仍然无法改变这种长期控制局面。其次,在家族企业进入第二代、第三代控制时,受限于家族人力资源资本,家族企业可能缺乏合格的管理者。若家族后代能够继承或通过股权信托等方式持有特别表决权股,公司董事会独立选任公司CEO的职权将受到严重影响,造成能力平庸的家族成员长期控制公司的局面。大量家族企业的实证研究也证明,家族后代担任CEO的家族公司在业绩表现方面往往不如家族创始人或职业经理人经营管理的公司。[①]因此,家族后代可能无法实现经营或者监督管理者的任务,使外部投资者面临较大的投资风险。随着家族传承,家族对企业的持股比例会逐渐降低,造成更严重的现金流权与控制权分离。由于对代际传承的特殊期待,即使双层股权结构在经济上已经是一个无效率的安排,家族成员仍然可能为了非经济目的而继续保持双层股权结构。

总之,在理想情况下,家族后代持续控制公司会带来管家效应,但同时也会因代际传承而产生额外的风险。在不同的公司治理环境中,立法者及监管机构基于不同的法政策判断,会对家族企业采用双层股权结构制定不同的约束机制。

4.2.4.2 平衡家族控制的治理手段

在允许双层股权结构公司IPO的前提下,已经有很多学者提出各种规制措施,平衡控制权强化可能给投资者造成的损害。总体而言,采用双层股权

[①] See Ronald C. Anderson & David M. Reeb, "Founding-Family Ownership and Firm Performance: Evidence from the S&P 500", 58 Journal of Finance, 1301 (2003); Morten Bennedsen, et al., "Inside the Family Firm: The Role of Families in Succession Decisions and Performance", 122 The Quarterly Journal of Economics, 647 (2007); Nicholas Bloom & John Van Reenen, "Why Do Management Practices Differ across Firms and Countries?", 24 Journal of Economic Perspectives, 203 (2010); Francisco Pérez-González, "Inherited Control and Firm Performance", 96 American Economic Review, 1559 (2006); Belen Villalonga & Raphael Amit, "How do Family Ownership, Control and Management Affect Firm Value?", 80 Journal of Financial Economics, 385 (2006).

结构的公司更应该符合公司宪制理论所主张的分权制衡和程序正义。① 目前，我国已经允许符合一定条件的科创型公司在 IPO 时采用双层股权结构，《上海证券交易所科创板股票上市规则》第 4 章第 5 节"表决权差异安排"对采用双层股权结构的条件及特别表决权股的丧失等作出了规定。下文将重点探讨日落条款、信托持股等影响家族持续控制的规则。

(1) 公司章程中"日落条款"的设定

别布丘克等认为，应该通过强制性的"日落条款"（sunset clause）对双层股权结构的存续时间有所限制。日落条款是指在公司章程中规定在特定时间或事件到来时，特别表决权股自动转为一般表决权股，除非经公司无利害关系的多数股东同意通过延长双层股权结构的时间。按照性质，日落条款有三类，第一类是固定时间条款，如经过十五年，双层股权结构条款自动失效；第二类是事件触发类条款，主要是控制股东离世或因健康原因无法履职，例如，我国香港联交所主板上市规则第 8A 章第 17 条规定，不同投票权受益人身故的，必须终止该安排；第三类是所有权比例条款，如控制股东持股比例低于 10%的，双层股权结构自动失效。别布丘克认为，相比于第二类、第三类条款，固定时间条款更能弥补创始人能力下降，以及家族后代管理能力不足等问题。虽然固定时间条款具有确定性，但是，创始人何时丧失能力缺乏准确标准，家族企业可能通过聘任职业经理人等弥补其所出现的管理不足，家族企业中家族 CEO 和职业经理人交替管理公司的现象十分普遍。换言之，一个固定的时间模式难以适应复杂的家族企业治理实践。更重要的是，固定时间模式还可能破坏企业家族充任管家角色，导致企业在固定时间即将来临时的机会主义。同理，事件触发类条款存在类似的问题。因此，本书认为，所有权比例可能是更优的一类模式。持股比例直接决定家族经济利益，最低持股比例要求控制家族始终对公司保持足够的监督与管理动力，能够促使其发挥管家角色，而且持股比例是一个灵活的指标，控制家族可以灵活调节，在必要时增加对公司的投资，从而减少家族的机会主义。当然，这也意味着还需要通过其他机制完善家族企业内部选任管理者的机制。

---

① 参见施天涛《公司治理中的宪制主义》，《中国法律评论》2018 年第 4 期，第 89—106 页。

(2) 强制性的提名委员会制度

家族企业在代际传承过程中的一个重要问题就是能否选任合适的接班人，在双层股权结构的家族企业中，特别应该克服控制家族选任不适格家族成员担任公司高管的问题。由独立董事为主的提名委员会能够很大程度上缓和这一问题。提名委员会可以提前制定接班人计划和程序，对接班人的资格等提出要求。① 美国一些家族企业已经在实践中试图通过专门委员会增强家族管理的合法性。例如，苏兹伯格家族虽然控制了《纽约时报》，但是对于公司的继任问题，公司还是专门成立了独立委员会并授权其完成继任决策。② 根据我国2018年《上市公司治理准则》第38条的规定，对于一般的上市公司，审计委员会是强制性的，而提名、薪酬等专门委员会都是任意性的。但是，我国家族企业盛行子承父业或兄终弟及，对于采用双层股权结构的家族企业而言，提名委员会与薪酬委员会具有同等重要的地位。③ 相比于一个低薪而无能的家族管理者，公司更需要一个合格的高管团队。当然，提名委员会能否真正发挥作用仍然取决于组成的人员及其独立性，香港联交所主板上市规则第8A章第24条就明确规定，对于委任或罢免独立非执行董事这一事项，采用一股一票原则，控制股东不能行使特别表决权，这一定程度上可以保障非家族股东能够选任独立董事，以提升各专门委员会的独立性。

4.3 家族控制公司中独立董事的治理功能

董事会是现代公司治理的核心，而董事会的规模、人员构成直接影响其功能及有效性。独立董事制度是为了提升上市公司治理水平而引入的强制性内部治理机制，主要目的是解决我国上市公司"一股独大"所产生的控制股

---

① 根据我国《上市公司治理准则》（中国证券监督管理委员会公告〔2018〕29号）第41条，上市公司提名委员会的主要职责包括：（一）研究董事、高级管理人员的选择标准和程序并提出建议；（二）遴选合格的董事人选和高级管理人员人选；（三）对董事人选和高级管理人员人选进行审核并提出建议。

② See Benjamin Means, "The Value of Insider Control", 60 William & Mary Law Review, 891 (2019).

③ 香港联交所《主板上市规则》（8A.27，8A.28）也规定，具有不同投票权架构的上市发行人必须成立提名委员会，并且由独立非执行董事担任主席。

东与中小股东的利益冲突问题。从制度定位而言，独立董事的主要功能是代表中小投资者监督与制约控股股东、实际控制人及公司内部管理者，防止内部人滥用控制权。但是，独立董事制度的作用方式及有效性仍然取决于具体的制度与企业环境，相比于股权分散的公众公司及国有控股的上市公司，在我国上市型家族公司中，独立董事的独立性问题更为突出，面临更复杂的"家族主义"困境。

4.3.1 上市型家族公司的治理困境

4.3.1.1 中小投资者利益被忽视

我国证券市场存在明显的家族控制与投资散户化现象，控制家族与中小投资者之间存在严重的代理问题。控制家族可以通过各种方式转移公司利润，损害中小投资者的利益。不同于公众分散持股的上市公司，职业经理人市场、控制权市场等外部治理机制无法发挥监督家族管理者的作用。我国上市型家族公司中，创始人及其家族成员担任董事长、总经理及董事的现象十分普遍，家族参与度极高。

控制家族通过提名董事选出家族代表，在家族化及泛家族化的管理模式下，公司内部董事因受制于家族成员的身份，无法提出有效的反对意见。家族创始人可能盲目自信，使得家族企业的投资决策面临巨大风险。虽然《公司法》等法律法规一再强调，董事对公司或全体股东负担受信义务，实现公司利益最大化，而不是为个别股东的利益服务，但是由于公司利益较难界定，内部董事往往沦为家族利益的"代言人"。国内外的实证研究表明，在家族现金流权与控制权分离程度较高的情况下，控制家族获取控制权私利的现象十分严重。例如，家族企业中存在很多为家族成员所特设的"名实不符"的职位，如顾问或名义主席。这些家族成员领取高额的报酬，却无法为企业提供相应的价值。在关联交易、并购重组、私有化等场合，控股股东与小股东具有明显的利益冲突，单纯依赖控股股东的自我约束以及事后追责机制无法减少控股股东的自利行为。

4.3.1.2 家族社会资本的缺陷

除了家族控制产生的代理问题，家族社会资本的不足也是限制上市家族公司发展的主要障碍。家族关系的封闭性与排他性导致了家族社会资本的不足。在企业发展早期，家族网络能够低成本地提供合格的人力资源和经营管理知识。但是，家族关系、家族网络等家族社会资本的载体具有专用性，当家族社会资本的范围无法覆盖企业的范围时，企业发展将受到资源方面的约束。按照格兰诺维特的社会关系理论，家族成员之间的关系属于"强关系"，这种强关系具有高度的同质性，因而无法提供高质量的信息与知识。家族管理者与家族董事大多处于同一关系圈，在决策时具有类似的信息来源与价值观，无法为企业的战略决策提供异质性的信息，造成企业决策质量的下降。

由于家族成员间的裙带关系，无论家族成员的实际能力如何，控制家族都偏好由家族成员继任公司高管，尤其是家族男性后代。[①] 对美国、丹麦等国家族企业的实证研究发现，家族后代继任 CEO 企业的平均业绩低于创始人及职业经理人担任 CEO 的企业。由于家族企业的管理更少受到外部控制权市场的制约、管理者的平均管理期限更长，如何通过公司内部程序保障家族企业的经营管理水平是家族企业能否长期存续的重要因素。

即使控制家族选择聘任外部管理者，家族成员持有的"差序格局"观念也将造成严重的"内外有别"，家族企业较难与职业经理人形成良好的合作关系，控制家族存在严重的泛家族化思维，要求职业经理人表现出对家族利益的忠诚，尤其是在家族危机时"辅佐"家族成员保持对企业的控制权。而职业经理人则大多按照市场逻辑，基于对未来职业声誉的考虑，更强调公司业绩与独立性。而公司契约和法律制度都具有不完备性，无法对公司的剩余控制权做出清晰的切分。在控制家族与职业经理人的私人信任关系破裂后，公司董事会成为双方争夺控制权的重要场域。在此情况下，公司的内部董事只能选择在控制家族与职业经理人之间站队，无法充当矛盾的调停者。

4.3.1.3 家族矛盾引发经营冲突

在世系家族企业中，家族后代之间的亲缘利他主义减弱，家族成员间难以通过信任而集体行动，家族成员间产生机会主义行为。家族内部的矛盾或

---

① See Morten Bennedsen, et al., "Inside the Family Firm: The Role of Families in Succession Decisions and Performance", 122 The Quarterly Journal of Economics, 647 (2007).

成员间的恩怨会从家族延续到企业，影响企业的正常经营与战略决策，甚至造成企业的短视化。例如，部分家族股东主张高额的股息，不投资具有正现金流的项目。家族内部矛盾是影响家族企业长期存续的主要原因。韩国学者的研究发现，在企业家族的家长同时考察多个家族继任候选人时，家族候选人之间为了争夺权力，会在经营管理过程中做出过度冒险的投资决策，通过赌博式的经营实现超常经营业绩，以获取家族长辈及公司利益相关者的认可，但是这种高风险的经营管理策略很多时候并不符合其他投资者的利益。这种家族候选人之间的争夺类似于古代的王位争夺，会出现"全有或全无"（all or not）的结果，因而候选人有充分的动机"放手一搏"[1]。因此，在家族成员对公司经营战略出现分歧时，尤其需要公司董事会发挥战略决策作用，提供客观中立的意见，以减少低效率兼并等扩张活动。

总之，上市型家族公司在中小投资者保护、合格管理人选任及调和家族管理者矛盾等方面，存在明显的治理困境，而公司内部董事较难发挥作用，需要引入外部的治理力量。这不仅有利于维护中小投资者的利益，还有利于改善控制家族的治理能力。

4.3.2 独立董事的监督功能及独立性标准的完善

监督是我国独立董事制度的基本定位，也是独立董事需履行的受信义务。相比于家族董事及其他内部执行董事，独立董事独立于控股股东的特殊地位使其能够承担监督家族管理者的角色。美国学者的实证研究发现，独立董事与家族代表董事的比例直接影响控制家族的机会主义动机，独立董事的比例与公司的业绩呈正相关。[2] 达赫亚等人对22个国家的上市公司进行研究后发现，独立董事的比例与公司的价值具有正相关关系，而且，这在投资者保护水平较弱的国家尤为显著。[3] 事实上，独立董事有多种方式发挥监督与制衡作

---

[1] See Sang Yop Kang, "'Games of Thrones': Corporate Governance Issues of Children's Competition in Family Corporations", 15 Berkeley Business Law Journal, 185 (2018).

[2] See Ronald C. Anderson & David M. Reeb, "Board Composition: Balancing Family Influence in S&P 500 Firms", 49 Administrative Science Quarterly, 209 (2004).

[3] See Jay Dahya, Orlin Dimitrov & John J. McConnell, "Dominant Shareholders, Corporate Boards, and Corporate Value: A Cross-country Analysis", 87 Journal of Financial Economics, 73 (2008).

用。第一种方式是在董事会决策过程中积极与公司管理者、内部董事及实际控制人沟通，对相关决定提出质疑，从财务、法律等方面指出可能产生的不利后果，最终控制股东选择放弃之前的计划，提出更优化的方案，这是一种"隐性"的监督；第二种是所谓的"用脚投票"，独立董事为了维护自身社会声誉，主动辞去独立董事职位，能够向市场提供明确的信号；第三种是"用手投票"，即对董事会相关议案投反对票。① 我国独立董事"用手投票"的情况较为少见，这是一个很强烈的提示信号，即使独立董事的反对票很少能真正挫败一家公司实际控制人的决策，但是这种行为也向市场和股东传递了有价值的信息。有学者基于2005—2016年所有A股上市公司董事会上独立董事的投票信息数据，② 对独立董事针对董事会议案提出反对意见的行为进行了研究。根据他们的统计，独立董事提出反对意见的议案类型主要集中在担保（共298次）、人事变动（共168次）、关联交易（共168次）、年报披露（共144次）。③ 一般认为，像担保、关联交易等类型的议案有较大可能损害中小股东利益。由此可见，我国的独立董事在保护中小股东的利益方面起到了一定作用。实证结果也表明，独立董事发表反对意见可以显著提升公司价值。④

有美国学者认为，独立董事是家族企业中唯一的制衡力量，在家族企业的多个场景中，独立董事都能发挥监督控股家族的作用。⑤ 由于家族的全面涉入，控股家族在高管薪酬、管理者继任以及外部收购等事项上与中小投资者存在不同的偏好，家族利益与公司利益经常发生冲突。独立董事主导的薪酬

---

① 上海证券交易所和深圳证券交易所于2004年12月开始要求上市公司披露独立董事在董事会上的具体意见。独立董事的投票意见类型有以下几类：同意、反对、保留意见、无法发表意见、弃权。实证研究一般将保留意见、无法发表意见、弃权归于反对意见；不同类型的反对意见强烈程度不同，其中最强烈的是反对意见，而保留意见、弃权和无法表示意见则相对缓和。

② 参见徐祯、陈亚民《我国上市公司独立董事"用手投票"行为研究》，《华东经济管理》2018年第5期，第140—148页。

③ 根据《上市公司独立董事管理办法》的相关规定，独立董事发表意见的事项主要有以下几类：人事变动、高管的薪酬与激励、年报披露（财务报告、利润分配的补充修改）、关联交易、投资收购、审计等。

④ 参见徐祯、陈亚民《我国上市公司独立董事"用手投票"行为研究》，《华东经济管理》2018年第5期，第140—148页。

⑤ See Deborah A. DeMott, "Guests at the Table: Independent Directors in Family-influenced Public Companies", 33 Journal of Corporate Law, 819 (2007).

委员会、提名委员会等专门机构能够对家族管理者薪酬的合理性及任职资格、条件等进行事先审查，减少或避免明显不合理的现象。在外部收购中，控股家族出于对控股权的特殊偏好，往往操控董事会拒绝收购者合理的市场价格，使中小投资者失去溢价退出的机会。而独立董事组成的特别委员会可以就收购要约做出相对客观的评估，保障中小投资者的利益。

此外，在世系家族企业中，独立董事还能够协助控股家族监督职业经理人，弥补控制家族在财会、法律等专业知识方面的不足，弥补我国职业经理人市场的欠缺。在家族持股较少且不直接参与经营管理的情况下，控股家族往往只关心投资回报，对企业经营情况十分陌生，缺乏监督能力。例如，曾控制道琼斯公司的班克罗夫特家族长期聘任职业经理人对报业进行管理，家族成员对家族事业缺乏兴趣与了解，最终导致道琼斯公司被默多克的新闻集团所收购。在我国职业经理人市场还不健全的情况下，独立董事或可成为控股家族引入职业经理人的重要制度基础，是家族企业自愿"去家族化"的保障。

虽然很多实证研究都表明，独立董事能够提升公司治理水平，提升公司绩效。但一个基本的共识是，独立董事监督职能的实际效果，有赖于独立董事的独立性程度以及履职的制度保障，如专业知识、时间、公司信息等。原则上，法律要求独立董事与其所受聘的上市公司及其主要股东不存在可能妨碍其进行独立客观判断的关系，但何种类型和程度的关系足以构成妨碍，较难准确认定，我国现有的法律法规及交易所规则主要从事前资格审查、备案、异议等程序确保独立董事的独立性。① 就持股分散的公众公司而言，独立董事独立性的核心标准是独立于企业、公司 CEO 及高管团队。但是，在家族控制公司中，这些标准难以满足独立董事对控制家族的独立性。一些研究发现，在家族控制公司中，独立董事的独立性程度较弱，影响了其抑制控制权私利的职能。我国《上市公司独立董事管理办法》《深圳证券交易所上市公司自律监管指引第 1 号——主板上市公司规范运作（2023 年 12 月修订）》等监管文件一定程度上考虑了我国自然人及家族控制的普遍性，从控股股东、实际控

---

① 参见《上市公司独立董事管理办法》（中国证券监督管理委员会令第 220 号）。

制人的角度确定独立董事的独立标准,这些规则反映了我国广泛存在的家族主义文化。例如,上市公司现职人员的大部分亲属都不得担任公司独立董事,公司主要股东或者实际控制人的直系亲属不得担任独立董事。但是,现有的列举类型仍然无法完全涵盖中国广泛的亲缘关系。本书认为,鉴于我国家族控制公司的普遍性,应该从控股家族与独立董事之间的关系构建独立性标准。在现有的标准下,控制家族可以聘任家族姻亲、远房亲戚担任独立董事,这些名义上的独立董事成为家族利益的"代言人"。例如,我国很多家族企业创始人的妻子不在公司担任任何职务,公司聘任女方亲属没有直接违反独立性要求。此外,家族企业的泛家族化经营也使得家族成员具有很广泛的社会关系网络,可以聘任同乡、校友等。现有研究发现,公司实际控制人和独立董事的社会关系会影响独立董事的选择,控股家族倾向于任命与自己有社会关系的独立董事,且控股家族权力越大该现象越明显。① 有学者专门研究了英国、法国以及德国公司治理准则中的独立董事的独立性标准,认为这些标准主要考虑了独立董事相对于公司、公司高管的独立性,忽视了董事与控制家族的关系,难以满足家族控制公司的独立性要求,② 使得家族企业中存在大量独立董事"名实不符"的情形,即公司年报中披露的独立董事事实上与控制家族在亲缘、商业利益等方面存在密切关联。作者认为,真正的独立董事除了满足外部(outsiders)且非关联(unaffiliated)的标准外,还应该从以下几个方面进行完善:(1)与控制家族没有任何的血亲与姻亲关系;(2)不是由控制家族提名;(3)不属于由控制家族控制的其他企业的董事或雇员;(4)没有与家族董事同时在其他企业中担任董事职务。根据这种调整后的独立董事标准,该研究发现真正的独立董事与家族公司的 CEO 继任具有很大的关联性。公司董事会的独立性越强,公司聘任外部 CEO 的可能性越大。由此说明,提高独立董事的独立性程度,能够减少控制家族对公司管理人选的不当干预,减少家族利益与公司利益的冲突。各国治理实践中,也有部分国家的

---

① 参见刘诚、杨继东、周斯洁《社会关系、独立董事任命与董事会独立性》,《世界经济》2012年第12期,第83—101页。

② 该文对家族公司的定义为,公司最大股东是一个家族,至少持股25%的表决权,且现任 CEO 是家族成员。

公司治理准则对独立董事提出了更高的要求。例如，西班牙公司治理准则对独立董事要求符合严格独立的标准，即独立董事由提名委员会提名。

相较而言，我国现行法仅要求独立董事独立于控股股东、实际控制人，忽视了企业家族内部的整体性以及家族广泛存在的社会关系。更重要的是，上市公司持有上市公司已发行股份1%以上的股东可以提出独立董事候选人，造成实践中独立董事大多由控制家族提名的情况。控制家族倾向于提名与自己存在或远或近社会关系的群体，以确保独立董事对家族的忠诚。本书认为，我国《上市公司治理准则》可进一步要求公司章程提高独立董事的独立性标准，对于存在自然人控股股东、实际控制人的，应要求独立董事与自然人及其近亲属没有亲属关系与商业上的关联关系，并要求一定比例的独立董事由公司提名委员会提名。

4.3.3 独立董事的资源支持功能

根据资源基础观理论，家族企业的竞争优势来源于企业家族所提供的重要的稀缺资源，如企业主的社会关系与政治地位。但是，上市型家族公司大多属于成熟企业，企业家族提供的资源越来越难以满足专业化的经营管理需求。而且，在企业家族对公司保持绝对控制与管理的情况下，家族内部的封闭性会造成其在价值观、信息以及知识等方面的高度同质性以及决策上的群体思维①倾向。而独立董事所具有的独立性与异质性可以弥补企业家族在资源方面的不足。除了发挥监督的正式制度功能外，独立董事可以弥补家族企业在社会资本方面的不足，发挥"社会桥"的功能。由于独立董事具有独立性，其与公司及控制家族之间是一种"弱关系"，能够为家族企业提供异质性的信息和资源，弥补泛家族化产生的决策质量不足。这种资源支持既包括独立董事利用自身的知识、信息为企业决策提供的咨询功能，也包括独立董事的社会网络所能产生的社会资本。有学者研究了我国独立董事在企业异地并购中

---

① 群体思维（group thinking）是指高内聚力的群体认为他们的决策一定没有错误，为了维持群体表面上的一致，所有成员必须坚定不移地支持群体的决定，与此不一致的信息则被忽略，即群体决策时的倾向性思维方式。参见毕鹏程、席酉民《群体决策过程中的群体思维研究》，《管理科学学报》2002年第1期。

的咨询功能，发现当收购公司中有目标公司所在地的异地独立董事时，异地并购的效率显著提升，而且，这一效率的提升与目标公司所在地的地方保护主义程度成正比。当地关系网络是异地独立董事发挥咨询功能的主要途径，由此说明了异地独立董事运用其社会资本帮助主并公司突破异地并购障碍方面存在中国式的咨询功能。[1] 企业家族大多仅拥有特定领域的管理经验与社会关系，在并购等多元化战略决策方面存在明显的专业能力空白，在此情况下尤其需要依赖外部的咨询与建议。在市场机制相对健全的美国同样如此。有学者通过对美国 2001 年至 2010 年上市公司样本的研究发现，相比于非家族企业，家族企业更多地选择聘任"家族友好型"的独立董事，即具有担任家族企业创始人、高管、董事等类似经历的人。研究发现，更多的家族友好型董事与企业并购所产生的超额回报呈正相关，由此说明，家族友好型董事能够在战略决策方面为企业提供有价值的咨询服务。而且，这些家族友好型董事嗣后更有可能被其他家族企业所雇用。一个重要的理由是，在家族企业背景下，这些董事在管理者继任、家族控股股东与外部投资者关系的处理等方面具有特殊的知识和经验。我国学者的研究也发现，独立董事的网络规模、异质性等特征，与上市家族企业的研发支出呈正相关，认为独立董事制度不会破坏既有的家族边界，又能提升家族企业的社会资本和生产效率。[2]

独立董事能够为家族企业提供的资源既包括政治关系等能够实际产生经济利益的社会资本，也包括提升家族企业的合法性，改善家族企业社会形象的作用。

不同于监督功能所强调的高度独立性，资源支持功能的发挥不仅依赖独立董事的外部性，也很大程度上有赖于独立董事的专业性与异质性。结构洞理论认为，行动者在社会网络中的"非冗余联系"是获取社会资源的关键，这要求行动者所连接的其他人不能来自同一个"强关系"连接的网络，在此基础上的高质量网络构成一个可以联系异质性资源的网络，这有利于对全新

---

[1] 参见刘春、李善民、孙亮《独立董事具有咨询功能吗？——异地独董在异地并购中功能的经验研究》，《管理世界》2015 年第 3 期，第 124—136 页。

[2] 参见吴炯《独立董事、资源支持与企业边界连结：由上市家族公司生发》，《改革》2012 年第 7 期，第 138—145 页。

知识进行探索和获取。我国现有的独立董事多元化与专业化要求很大程度保障了独立董事的异质性。例如,《深圳证券交易所上市公司自律监管指引第1号——主板上市公司规范运作(2023年12月修订)》第3章第5节第3条要求,独立董事候选人应当具备上市公司运作相关的基本知识,具有五年以上法律、经济、管理、会计、财务或者其他履行独立董事职责所必需的工作经验。从法律知识的角度而言,我国很多家族企业在上市前采用完全的关系治理方式,家族财产与公司财产混同,挪用公司资金现象严重,对内幕交易、虚假陈述等犯罪行为缺乏必要的认识。在我国市场经济转型及资本市场起步阶段,发生了很多民营企业家及企业家族犯罪现象,如黄光裕内幕交易案、顾雏军虚假陈述案等。而具备法律知识的独立董事能够一定程度上为企业家族提供法律建议,[①] 在维护上市公司利益的同时,也起到了维护家族利益与声誉的作用,例如,有学者以沪深两市A股2002年至2009年的主板上市公司为样本,考察了独立董事法律背景[②]在抑制高管犯罪、防范企业风险中发挥的作用与方式。研究发现,法律背景独立董事能够起到抑制上市公司高管职务犯罪的作用。律师背景的独立董事在任职过程中能够发挥积极的监督作用。[③]对于内幕交易等白领犯罪,企业家族并非都是基于故意,也可能是源于对相关法律知识的不理解,而我国企业家较少有聘请家族律师的传统与习惯,法律背景的独立董事某种程度上可以说为企业家族提供了部分法律资源。

4.3.4 独立董事的调停功能

家族企业的矛盾不仅来自企业层面,也来自家族层面。在企业家族内部出现派系冲突时,不同分支的家族股东可能对企业的经营发生分歧,进而造成企业决策的混乱。这尤其会发生在家族企业创始人再婚、家族股权继承等

---

① 据统计,2002年至2014年,我国主板A股上市公司共聘请了9506名(59887人次)独立董事,其中1453(8845人次)具有法律背景。而且,法律背景独立董事所占比例从2002年10.84%一路攀升至2014年的16.99%,呈现逐年扩大的趋势。参见全怡、陈冬华《法律背景独立董事:治理、信号还是司法庇护——基于上市公司高管犯罪的经验证据》,《财经研究》2017年第2期。
② 包括律师事务所律师、法学研究人员及公检法司退休人员。
③ 参见全怡、陈冬华《法律背景独立董事:治理、信号还是司法庇护?——基于上市公司高管犯罪的经验证据》,《财经研究》2017年第2期,第34—47页。

特殊时期。

独立董事作为外部人,能够避免家族情感等非理性因素的影响,发挥协调家族成员冲突的调停者(mediator)角色。有学者通过对新加坡华人家族企业持续三年的个案跟踪研究发现,很多华人家族企业中独立董事会介入家族与企业的冲突,能够通过专业知识产生的权威协调不同的利益,帮助家族企业管控分歧。[①] 独立董事能够较好地区分家族利益与企业利益,并且在法律框架内对两者的冲突作出合理的安排,提出可行的方案。例如,通过股权回购、股利分配决策等方式兼顾不同家族股东的期待。

但是,与监督和资源支持功能的普遍存在不同,能否发挥调停者的功能及其有效性大多取决于家族企业的相关要素。首先,独立董事过度介入家族内部事务可能与其独立性身份相悖,产生相关的法律风险;其次,独立董事与控股家族的社会关系也可能影响其调停效果,家族成员是否信赖独立董事的中立性是一个重要因素。有学者发现,我国独立董事大多与上市公司高管存在广泛的社会关联,如校友、共同工作经历、老乡或专业协会成员。这种私人关系能促成独立董事与高管的信息交换,减少敌意,降低高管对于私密信息泄露的顾虑,促进交流和协作。[②] 独立董事与控股家族的社会关系会影响家族对独立董事的开放与信任程度,进而对独立董事的信息获取产生影响。

4.4　家族控制公司的 CEO 继任及制度完善

CEO 继任(succession)[③] 是企业生命周期中的重要事件。公司 CEO 是公司战略决策者、政策制定者与推动者,协调与管理公司团队,对保证公司的成功向董事会负有最终责任。鉴于公司 CEO 的极端重要性,股东等利益相关

---

① See Wilson Ng & Roberts John, "'Helping the Family': The Mediating Role of Outside Directors in Ethnic Chinese Family Firms", 60 Human Relations, 285 (2007).
② 参见陈霞、马连福、贾西猛《独立董事与 CEO 私人关系对公司绩效的影响》,《管理科学》2018 年第 2 期,第 131—146 页。
③ 公司 CEO 不是我国公司法上的法定概念,实践中,CEO 指公司经营管理的最高领导,在我国上市公司中,CEO 往往是董事长兼总经理,但也可能是董事长或总经理。因实证研究中都采用 CEO 的概念,因而本文也用 CEO 继任表述我国家族公司中发生的董事长或总经理变更现象。

者往往将 CEO 的继任视为公司未来发展的一个重要信号，CEO 继任的成败直接决定公司的业绩与存续。相较而言，家族企业的 CEO 继任面临更复杂的挑战与问题，在企业"权杖"交接中，面临多元的利益纠纷和冲突。[①]

上市家族公司是否制定继任计划以及如何选择合格的继任者不仅对企业家族影响巨大，还会直接影响中小股东等利益相关者的利益。既有的研究主要从管理的角度分析上市家族公司的 CEO 继任，如家族创始人如何将自己的社会资源、默会知识传递给家族后代 CEO。但是，在家族企业的背景中，企业创始人长期任职或聘任不合格的家族 CEO 的现象普遍存在，造成家族企业业绩下降等不利后果。因此，应该从治理的角度研究上市家族公司的 CEO 继任问题，通过正式治理结构与治理机制的完善促进与激励上市家族企业制订合理的继任计划，选择能够胜任的 CEO。

4.4.1 家族控制公司中 CEO 继任产生的治理问题

中国民营企业中约有 90%为家族企业，未来 5~10 年内，中国将有 300 万家民营企业面临接班问题。[②] 我国上市家族企业的创始人 CEO 平均年龄为 50~60 岁，面临家族企业的代际传承问题，代际传承的一个重要方面就是企业管理权从创始人 CEO 传递给家族后代或职业经理人。CEO 的变更是一个权力传递过程，涉及企业战略、管理层的调整，家族企业何时开始这个过程，以及如何保障公司权力的平稳过渡直接影响公司的业绩。相比于其他公司类型，家族控制公司的 CEO 继任面临两个特殊的问题。

4.4.1.1 **家族创始人的长期任职偏好及其问题**

创始人是民营企业初创时期的"灵魂人物"，他们整合运用各种可利用的资源创立企业，将创新和秩序引入企业，并带领企业成长，在企业创立、成长过程中扮演着无可替代的重要角色。在我国当前转型经济背景下，制度环境存在不确定性，创始人的独特能力是企业价值创造的关键资源，具有不可

[①] 参见陈凌、应丽芬《代际传承：家族企业继任管理和创新》，《管理世界》2003 年第 6 期，第 89—97、155—156 页。

[②] 参见张京心、廖子华、谭劲松《民营企业创始人的离任权力交接与企业成长——基于美的集团的案例研究》，《中国工业经济》2017 年第 10 期，第 174—192 页。

复制性。但是，随着家族企业创始人年龄的增长及企业的发展，创始人长期控制公司经营管理可能产生负面效应。在家族企业的特殊环境中，创始人更容易出现长期任职的问题，即其年龄与身体状况已经不适合继续领导企业事务。一方面，创始人家长对企业具有特殊的情感依赖与偏好，家族后代基于对家族权威的尊重，一般也不会主动提出继任问题；另一方面，创始人是公司的控股股东或实际控制人，能够全面控制公司董事会，董事会难以发挥选聘与辞任董事长、总经理等基本职能，由此造成创始人长期盘踞。根据《价值线》杂志对2017年A股上市公司年报的研究，A股上市公司最年长的50位董事长年龄都超过了72周岁，这些企业大部分都是家族控股的上市公司。根据本书的统计，最年长的9位董事长都来自于典型的家族上市公司，其中最年长的桃李面包董事长吴志刚83岁，太阳电缆董事长李云孝81岁，海天精工董事长张静章、诚益通董事长梁学贤、电光科技董事长石碎标、山东墨龙董事长张恩标、龙元建设董事长赖振元、金奥博董事长明景谷及双汇发展董事长万隆都是78岁。这些上市家族公司的年报显示，部分企业已经由家族成员担任总经理或副董事长，一定程度上说明其有管理权家族传承的意愿，但是否有继任安排及计划则不明朗。这些家族企业的特点是企业家族持股比例高，对公司具有完全的控制力。例如，截至2018年12月，桃李面包的实际控制人吴志刚家族持股达82.62%。① 2019年公司公告称，董事长吴志刚减持300万股后操作失误，错误买入7200万股公司股票，构成短线交易，董事会对其作出了内部通报批评。② 在如此高龄的情况下，作出公司重大战略决策对其意志与能力都是极大考验，容易导致公司经营的不确定性。例如，81岁的李云孝控制的太阳电缆同样面临危机，公司短期债务已经达到16.5亿元，而公司货币资金仅有3.48亿元，公司的资产负债率达62.95%，远高于同行公司不到40%的负债率。太阳电缆公司的实际控制人是李云孝、刘秀萍夫妇和儿子李文亮。李云孝任公司董事长和总裁职位，李文亮仅为公司董事，较

---

① 包括吴志刚本人及其妻子、子女和妻子的兄弟姐妹。参见《桃李面包十大股东一览》，载东方财富网，http：//data.eastmoney.com/gdfx/stock/603866.html，2018年12月31日访问。

② 参见《桃李面包股份有限公司董事长因误操作导致短线交易情况的公告》，载巨潮资讯网，http：//static.cninfo.com.cn/finalpage/2019-01-17/1205775859.PDF。

难看出该公司是否有接班或继任安排。

在创始人长期担任公司董事长等关键职位的情况下，家族后代或职业经理人难以真正获得公司权威，在创始人个人出现突发事件时，容易形成公司权力的真空和混乱，最终不得不面临激进式的继任。这种外因导致的意外辞职将给公司经营造成很大的风险。

除了"高龄"控制产生的风险外，我国上市家族公司创始人的突然离世、自杀等问题也会影响家族企业的顺利继任，造成很多年轻的家族二代仓促接班。

4.4.1.2 控制家族对家族 CEO 的偏好及其问题

即使创始人及其家族决定考虑公司 CEO 继任问题，仍然存在接班人的继任标准、培养、考察等程序问题。无论是控制权私利理论还是社会情感财富理论都认为，相比于外部职业经理人，企业家族更偏好于选择家族成员继任 CEO。在投资者保护制度及职业经理人不成熟的法域，这种偏好尤为明显。家族继任被认为是企业家族持续控制的重要手段，这种特殊偏好限制了家族企业对 CEO 的选择范围。创始人的社会关系及重要才能无法为家族后代所继承，家族后代的智力与能力具有向平均水平回归的必然规律。正如巴菲特所言，那些选择家族后代继任的企业就类似于选择 2000 年奥运冠军的儿子参与 2020 年的比赛。

家族成员继任具有绩效折损效应。大量实证研究表明，相比于职业经理人继任 CEO 的企业，家族后代继任 CEO 的企业的业绩较差。例如，有学者对美国 335 个管理权继任的研究发现，家族 CEO 在聘任时平均比非关联 CEO 年轻 8 岁。通过观察继任后三年的经济数据，可以发现，家族 CEO 管理的企业比职业经理人管理的企业的资产收益率低 14%。而且，作者进一步对家族 CEO 的教育水平进行了研究，因为大学教育一定程度上代表了继任者的能力。研究发现，那些没有接受一定水平大学教育的家族 CEO 会带来更显著的低业绩回报，这类家族 CEO 管理的家族企业在继任后三年内比非关联 CEO 管理的企业在资产回报率上低 25 个百分点。而在家族 CEO 接受一定水平的大学教育的家族企业中则不存在这种效应。由此说明，聘任家族 CEO 很可能给中小投资者造成损失。当然，这个研究也说明，并非在任何情况下企业家族都应该排斥家族CEO，而是应该选任具备一定管理能力的CEO，单纯的裙带主义会影响公司利益最大化。① 一些学者也指出，家族创始人有"王朝"倾向，这种考量是非经济的，会影响家族企业的继任过程。一些学者对加拿大、丹麦及德国的实证研究都表明，家族继任会导致更差的业绩表现。

由此可见，CEO的继任涉及家族和非家族股东的利益冲突，单纯依赖企业家族的理性或自我控制，难以确保家族企业能够产生一个合格的继任者。

4.4.2 家族控制公司CEO继任的制度完善路径

公司CEO继任不仅仅是一个日常管理或商业判断问题，而是一个影响公司发展与利益相关者利益的重大问题。CEO的继任问题涉及到家族和非家族股东的利益冲突，选任家族CEO很多时候是以牺牲外部投资者的利益为代价的。而且，既有的理论与实证研究发现，选择家族CEO或是职业经理人是由企业内外的因素综合决定的，除了家族控制水平、创始人对企业的情感依赖、候选人的管理能力、公司的往期业绩外，公司所处法域的投资者保护水平、董事会的独立性等治理层面的要素也会影响CEO的类型。② 下文将从两个层面对此展开分析。

4.4.2.1 实际控制人的受信义务

如前所述，家族公司的创始人在是否确定继任计划及选择接班人的过程中处于支配地位，并且控制着公司董事会及高管团队，这使得董事会、提名委员会对此较难有所作为。家族公司的创始人一般都是公司控股股东或实际控制人，对公司负有受信义务。那么，一个法理上的问题是，控股股东或实际控制人对公司CEO的继任决策应该尽到何种程度的义务，是否可以通过强化受信义务对家族公司创始人的行为进行矫正？

---

① See Francisco Pérez-González, "Inherited Control and Firm Performance", 96 American Economic Review, 1559 (2006).

② See Iram Fatima Ansari, Marc Goergen & Svetlana Mira, "How Reported Board Independence Overstates Actual Board Independence in Family Firms: A Methodological Concern", 3 Annals of Corporate Governance, 81 (2018).

控股股东、实际控制人的受信义务主要包括注意义务和忠实义务。一方面，受信义务要求控股股东、实际控制人在支配或控制公司决策过程中履行必要的注意、善意以及将公司利益置于个人利益之上；另一方面，控制股东在满足受信义务的前提下仍然保有足够的自由裁量权，可以制定不同的继任标准和程序。但是，什么样的继任者是合格的或胜任的是一个事实性的判断，取决于各种可能的要素，只能从程序的角度审查控制股东是否尽到合理的注意义务，这也是商业判断规则的核心。商业判断规则要求董事的决策是基于充分的信息而做出的，在决定选择家族CEO还是职业经理人时，控制股东需要对继任者的能力、品行等进行一定的了解与调查，公司董事会应该对继任者的标准及能力进行正式的讨论，而单纯基于裙带主义确定接班人显然违反了决策的程序要求。因此，为了履行控股股东的注意义务，控制股东应该推动董事会制订继任计划，对继任的标准予以明确，保障继任计划具有最低限度的程序正义和价值，避免选任出明显与公司经营管理能力不匹配的家族CEO。尤其是在控制股东已经进入高龄或身体状况不佳时，更应该及时制定继任程序。当然，注意义务并不意味着要求创始人放弃家族继任，而是确定一个妥当、透明的程序。

控股股东的忠实义务意味着其在选任家族CEO时可能存在利益冲突，应该受到更严格的司法审查，确定候选人是否符合公司利益最大化的要求。为了避免这种严格审查，控股股东应该事前披露这种利益冲突，并且将CEO的继任条件及候选人交由独立董事组成的提名委员会事前审查。但是，在我国上市家族公司治理实践中，提名委员会不是必须设立的专门委员会，董事长、总经理或总裁大多由控股股东、实际控制人提名。

在公司CEO继任问题上，控股股东、实际控制人应该符合受信义务的基本要求，但是受信义务的实施有赖于股东派生诉讼及完善的司法审查。在我国现有的制度环境下，通过治理准则或上市公司章程指引要求公司制订CEO继任计划是一个更优的路径。

4.4.2.2 家族企业CEO继任计划的制定与信息披露

我国现行法及监管机构的监管规则对公司CEO继任问题缺乏明确的规

定，投资者无法知悉公司董事会是否制订了继任计划，如是否有合适的候选人群，是否有相应的增强候选人能力的发展方案。

CEO继任计划能够减少权力交接的不确定性，保持公司战略的稳定性。有学者研究了美国上市公司9084个CEO继任事件后发现，制订并披露继任计划能够显著降低公司股价和回报率的波动，减少创始人CEO的盘踞效应，并且降低聘任一个不合格继任者的概率。[1] 对于那些披露CEO继任计划的公司，在宣布新CEO时，能够产生股价的超额回报。[2] 此外，有很多实证研究发现，继任计划能够提高管理权传递的效率，降低风险和成本。[3]

在美国证券市场，很早就有机构投资者通过股东提案要求上市公司披露是否存在CEO继任计划。在SEC早期的规则中，CEO的变更与公司一般雇员的雇用、升职及终止聘任一样，属于公司的一般业务管理事项（ordinary business operation），SEC据此可以驳回股东关于要求公司披露继任计划的提案。但是，随着越来越多的CEO变更提案，监管机构意识到CEO继任对公司及股东的重大意义。2009年，SCE颁布了14E公告，认为"公司董事会的主要职能之一是提供继任计划，以便公司不会因领导职位空缺而受到不利影响。最近发生的继任事件强调了该董事会职能对公司治理的重要性。我们现在认识到，CEO继任计划是一个关于公司治理的重大政策问题，该问题超越了日常业务管理范畴。因此，我们已经审查了我们对CEO继任计划提案的既有立场，并决定修改我们对此类提案的处理方式。我们认为公司通常不能依据规则14a-8（i）（7）排除与CEO继任计划密切相关的提案"[4]。有研究发现，

---

[1] See John J. McConnell & Qianru Qi, "Just Talk？CEO Succession Plan Disclosure, Corporate Governance and Firm Value"，(2018), also see Social Science Research Network, https：//papers.ssrn.com/sol3/papers.cfm？abstract_ id=2871628（last visited May. 18 2024）.

[2] See John J. McConnell & Qianru Qi, "Just Talk？CEO Succession Plan Disclosure, Corporate Governance and Firm Value"，(2018), also see Social Science Research Network, https：//papers.ssrn.com/sol3/papers.cfm？abstract_ id=2871628（last visited May. 18 2024）.

[3] See Dragana Cvijanovic, Nickolay Gantchev & Sunwoo Hwang, "Changing of the Guards：Does Succession Planning Matter？", https：//blog.iese.edu/financeseminars/files/2017/03/Cvijanovic.pdf（last visited May. 18, 2024）.

[4] See Division of Corporation Finance Securities and Exchange Commission, *Shareholder Proposals*：*Staff Legal Bulletin No.14E（CF）*, SEC.gov, https：//www.sec.gov/interps/legal/cfslb14e.htm（May, 27, 2024）.

因 SEC 相关政策的调整,美国披露继任计划的上市公司从 2003 年的 10%提升到 2013 年的 58%。通过信息披露,能够推动公司前任 CEO 及董事会制订合理的继任计划,降低投资者对公司管理风险的担忧。

在我国的一些家族企业 CEO 继任中,企业家族为了增强家族 CEO 继任的合理性,会要求董事会提名委员会对家族成员进行审核,较为详细地披露家族 CEO 的教育水平、工作履历等信息。例如,江苏某集团披露"经公司实际控制人、董事长王某兴先生提名,董事会提名委员会审核,公司于 2019 年 1 月 10 日召开第四届董事会 2019 年第一次临时会议审议通过了《关于聘任王某峰先生为公司总经理的议案》,同意聘任王某峰先生为公司总经理"。王某峰是实际控制人、董事长王某兴之子,公司公告的简历包括以下信息:加拿大约克大学毕业,上海交通大学 MBA,本科学历,高级经济师,曾任苏州某光电科技有限公司总经理助理、深圳市某科技有限公司副总经理、某科技集团股份有限公司副总经理、常州某电缆有限公司总经理、江苏某电子信息科技有限公司总经理、江苏某电力技术有限公司总经理。[①] 从其工作经历看,创始人已经有意对家族后代进行培养。

鉴于我国家族企业创始人长期任职及家族继任的偏好,本书认为,应该在上市公司治理准则中要求公司董事会制订并披露 CEO 继任计划。继任计划的内容包括:(1)符合公司未来经营战略的 CEO 继任标准;(2)内部 CEO 候选人的培养与发展计划;(3)董事会每年度对候选人的评估计划。

4.5 本章小结

家族控制是世界各国普遍存在的模式。上市家族公司的利益相关者众多,更多受到正式治理环境的影响。

家族控制的目的具有多样性,除了代理理论主张的攫取控制权私利外,

---

① 《江苏某集团股份有限公司关于变更公司总经理的公告》,http://file.finance.sina.com.cn/211.154.219.97:9494/MRGG/BOND/2019/2019-1/2019-01-11/9806916.PDF,2024 年 5 月 17 日访问。

家族控制的另一个重要目的是追求社会情感财富。我国法律上的控股股东、实际控制人规制体系有利于限制企业家族的控制权私利水平。

双层股权结构是公司创始人及其家族强化控制权的重要机制。既有的理论认为，双层股权结构有利于创始人及其家族追求特殊的企业家愿景、充任管家角色，但也可能导致企业锁定在家族后代的低效控制。不同法域对于是否应该允许企业家族通过信托持股等方式保有优级表决权股存在不同的规范模式。在我国法律语境下，可以通过强制持股比例以及强制性的提名委员会制度抑制双层股权结构可能产生的代理问题恶化。

独立董事是上市型家族公司内部唯一不受控制家族支配的制度力量。独立董事在家族公司中具有多种治理功能。独立董事能够发挥监督与制衡控制家族的作用，但在家族控制的背景下，应该从控制家族的角度重构独立性标准。独立董事的独立性与异质性也能为家族企业提供特殊的社会资源，弥补家族社会资本的不足，在特殊情况下可以发挥家族企业调停者的治理功能。

上市家族公司能否选任合格 CEO 对中小股东影响巨大，应该从治理的角度分析公司 CEO 继任问题。在家族控制的背景下，为了维护家族的社会情感财富，家族创始人具有长期任职的动机，控制家族具有让家族后代继任 CEO 的偏好，单纯依赖企业家族的理性或自我控制难以确保家族企业能够产生一个合格的继任者。大量实证研究表明，家族后代继任 CEO 将导致公司业绩、股价更大的波动性，损害公司的盈利能力。

家族公司的控股股东、实际控制人应对 CEO 继任决策承担受信义务，对继任标准及继任人的信息尽到必要的注意义务，包括制订一个合理的继任计划。为了避免利益冲突，应该由公司提名委员会审查 CEO 的任职条件。

美国证交会将 CEO 继任视为一个重要的公司治理问题，鼓励公司制订并披露 CEO 继任计划。实证研究也支持 CEO 继任计划有利于企业绩效。我国正处于上市家族公司管理权代际传递的高发期，监管机构可通过治理准则要求特定类型的公司披露 CEO 继任计划。

第五章　企业家族的家族治理及其法律适用

无论是封闭型家族公司还是上市型家族公司，企业家族的规模、结构以及家族成员间的关系都将对企业的目标与发展产生重大影响。① "齐家"或治家是家族企业"富过三代"的重要保障，也是家族企业特有的治理难题。企业家族的社会身份及声誉对于其是否以及多大程度上攫取控制权私利具有重要制约，而这种身份及声誉很大程度上来源于家族的价值观及家族慈善等活动。

家族治理是欧美国家世系家族企业（dynasty family business）中较常出现的治理现象，也为大多数国家的家族企业咨询机构及政府权威机构所推荐和鼓励。② 近年来，我国香港地区、我国台湾地区企业家族的家族治理也越来越得到学界与实务界的关注，③ 家族治理成为我国监管机构明确允许信托公司在开展家族信托业务时提供的服务类型。④ 但是，总体而言，家族治理对于我国

---

① See Franz W. Kellermanns & Kimberly A. Eddleston, "Corporate Entrepreneurship In Family Firms: A Family Perspective", 30 Entrepreneurship Theory and Practice, 809 (2006).
② See Marta M. Berent-Braun & Lorraine M. Uhlaner, "Family Governance Practices and Teambuilding: Paradox Of The Enterprising Family", 38 Small Business Economics, 103 (2012).
③ See Dennis T. Jaffe & Sam H. Lane, "Sustaining a Family Dynasty: Key Issues Facing Complex Multi-generational Business-and Investment-Owning Families", 17 Family Business Review, 81 (2004).
④ 《关于加强规范资产管理业务过渡期内信托监管工作的通知》（信托函〔2018〕37号）第2条规定：家族信托是指信托公司接受单一个人或者家庭的委托，以家庭财富的保护、传承和管理为主要信托目的，提供财产规划、风险隔离、资产配置、子女教育、家族治理、公益（慈善）事业等定制化事务管理和金融服务的信托业务。

企业家和学术界仍然是一个较为陌生的概念。①

一般认为,家族治理是指家族企业为了家族和企业的长远发展,规范家族内、跨家族以及家族—企业之间的家族成员行为和利益协调的制度安排。因此,家族治理是对家族本身的"改造"与制度改进。家族治理是家族企业治理区别于一般公司治理的重要特征。随着家族与企业规模的扩大与复杂化,家族成员间以及家族与企业的关系会发生显著的变化,如何维系家族成员的信任与团结、家族通过何种方式控制企业、哪些因素会影响家族治理的过程与结果?正式的法律制度与非正式的家族自治如何相互配合?家族治理是家族组织化的过程,也是家族企业理性化的过程,能够为家族企业持续创造与培养企业家及企业家精神提供制度土壤,帮助企业应对社会与市场环境的冲击,保障家族企业代际传承的平稳过渡。家族治理不仅对于家族有效控制企业具有重要意义,而且会影响家族企业的治理和业绩,对企业雇员、债权人等利益相关者也具有积极作用。② 下文将系统梳理国内外家族治理的最新研究成果,探讨家族治理所需要的组织与制度支撑。

5.1 家族治理的内涵与特征

5.1.1 家族治理的界定

婚姻与家庭是人类最古老的制度与组织形态,因血缘与婚姻而产生的家庭是人类最自然、最紧密的组织。无论是什么规模与财富的家庭,其本身都有一定的结构与机制,能够发挥满足人类基本的物质与精神需求的功能。相比于因契约合意而组建的社团,家族成员往往具有更一致的目标与默契,较少发生欺诈、敲竹杠等机会主义行为。夫妻、父母子女之间存在相对明确的

---

① 一些家族企业的咨询类书籍对此已经有所介绍。例如,新财道财富管理股份有限公司《家族财富管理之道——目标管理下的系统规划》,中国金融出版社 2018 年版;[丹]莫顿·班纳德森、范博宏《家族企业规划图》,陈密容、付兆琪译,东方出版社 2015 年版。
② See Nadine Kammerlander, et al., "Value Creation in Family Firms: A Model of Fit", 6 Journal of Family Business Strategy, 63 (2015).

角色定位与行为期待，家庭成员能够就家庭事务进行高效的协作与无私的支持。社会关于家庭的伦理观念及规范能够发挥自我约束与自我实施的作用。[①]就实现一般的家庭劳作、抚育、情感需求而言，传统的家庭组织方式与制度安排完全能够胜任。尤其是随着社会分工与大公司的发展，家庭的传统功能部分被市场所取代，家庭在财富创造与技术革新等领域能够发挥作用的空间越来越小。即使家庭关系在出现一些重大变故时，也可以依据一般的社会习惯以及基础性私法规范弥补当事人意思自治的不足，如离婚、继承、分家、收养的社会规范及民法规则在很大程度上是按照一般家庭的"原型"所构建与演化的，符合社会上大多数家庭的实际情况与需求，适用私法上的任意性规定不致对家庭生活以及家庭成员的期待造成显著不利。以继承为例，家长按照自己的意愿制定一个简单的遗嘱即可分配自己的现金等遗产。即使家长不立任何遗嘱，通过我国《民法典》上的法定继承规则，继承人可以获得较为公平、合理的分配结果，符合家长"诸子均分"的传统观念。这主要是因为大多数家庭可供继承的遗产价值不多，遗产形态也以现金、不动产等有形财产为主，简单的继承方案不会对遗产的价值、家庭成员的关系造成明显的损害。而且，一般家庭人数较少，相互之间的关系紧密，即使出现争议，事后的沟通与协调成本也较低。总之，一般规模且以维系情感目的为主的家庭无须对家庭生活做出特别的改变与调整，既有的社会规范和法律秩序整体上可以应对家庭出现的问题，[②] 自我控制及约束的家族治理制度只会徒增成本。

在人类历史上，大多数家庭的组织方式都符合上述传统形态，但仍有部分家庭在组织规模与组织目标上超出了一般家庭的范畴。[③] 一些家族创始人或长辈认识到了家庭组织的弹性或韧性，试图通过对传统家庭的扩展与改造实现更高级别与复杂的组织功能与目标。就我国而言，典型的就是古代的宗法

---

① See Melanie B. Leslie, "Enforcing Family Promises: Reliance, Reciprocity, and Relational Contract", 77 North Carolina Law Review, 551 (1998).

② 当然，这也不是绝对的，离婚率的上升、同性婚姻的出现等都困扰着很多传统的婚姻法规则。参见刘征峰《家庭法中的类型法定原则——基于规范与生活事实的分离与整合视角》，《中外法学》2018年第2期，第472—492页。

③ See Linda C. McClain, "Family Constitutions and the (New) Constitution of the Family", 75 Fordham Law Review, 833 (2006).

传家与精神传家模式。宗法家族主要由拥有共同祖先的男性维系，试图通过一系列宗法制度实现祖先祭祀与家族人丁兴旺。① 宗法传家在中国专制社会有国家意识形态与国家官僚机构的直接或间接支持，一定程度上弥补了国家对乡土社会正式管理与福利供给的不足，因而在一些历史时期得到了显著发展。② 在理学发展的宋代，宗法制盛行，出现了一大批著名的家族，如范仲淹的范氏义庄"克服了科举制下官僚身份的一次性和家产均分制下财富日益稀薄化的难题，成功实现了官僚士大夫的累世再生产和宗法家族的长存不坠"③。这些宗法家族以族规、族谱为规范基础，以族长为组织权威基础，以族田、族产为经济基础，设立家族私塾、义庄等家族慈善性质的机构维持家族的发展、提升家族的社会影响力。④ 在我国的南方，如福建、广东以及香港地区，宗法性的家族仍然在发挥重要作用。

另一些家族则对家族成员的行为标准提出更高的要求，特别注重家族后代的教育与价值观，以培养家族成员具有某些特别的精神。在中国古代，这些家族往往推崇儒家思想，拥有严格的家规，家长在其中发挥精神领袖作用。如近代著名的曾国藩家族就是精神传家的典范，家族后代在科技、教育等领域人才辈出。⑤ 在国外，也有一些典型的宗教家族，要求家庭成员遵循共同的宗教教义，家族团结的一个重要目的是传播与发扬特定的宗教，如注重家庭的很多美国摩门教家族在家族信托中明确要求家族受益人信奉该宗教，对婚姻稳定等提出具体的要求，否则家族受益人将失去受益资格。⑥

宗法传家和精神传家的典型特征有：首先，其视野从典型的家庭拓展到家族，不仅希望影响核心家庭成员，也希望影响有直接血缘关系的其他家庭

---

① 参见王三山《宗法家族组织与中国专制政治》，《法学评论》1998 年第 2 期，第 87—93 页。
② 参见 [日] 远藤隆俊《宋代士大夫家族的秩序与构造——范氏十六房的形成》，《北京师范大学学报（社会科学版）》2017 年第 1 期，第 115—126 页。
③ 参见朱林方《家的法律构造——以范氏义庄为中心的考察》，《社会中的法理》2014 年第 1 期，第 3—26 页。
④ 参见李学如、曹化芝《近代苏南义庄的经营管理制度》，《中国经济史研究》2014 年第 1 期，第 69—87 页。
⑤ 参见李育民《曾国藩的治家思想论析》，《暨南学报（哲学社会科学版）》2017 年 9 期，第 93—112 页。
⑥ See Linda C. McClain, "Family Constitutions and the (New) Constitution of the Family", 75 Fordham Law Review, 833 (2006).

成员及家族后代；其次，会对家族成员的行为规则提出更严格的要求，制定更严格的规范，并且通过经济利益等方式激励家族成员符合特定的规范；最后，相比于个人主义及原子化的个体倾向，积极追求家族的集体目标以及价值观，如团结、合作以及对家族利益的服从或牺牲，一定程度上限制家族成员的自由选择，如婚姻选择。[1] 这些特殊家族的存在表明，亲缘共同体本身具有较大的弹性，具备从核心家庭拓展为具有一定组织方式与治理目标的功能性家族。

近代工业革命以来，企业家族在经济社会中扮演重要角色，得到政府、社会公众的广泛关注，[2] 企业家族掌握着社会重要的经济财富，在慈善、政治参与等方面具有重要地位。[3] 能否富过三代、基业长青不仅影响到家族的兴衰，也影响到企业的存续。不同于宗法与精神传家，企业家族涉及家族与企业两个复杂的系统，需要应对家族社会资本、人力资本及金融资本变化这三个方面的挑战，如何平衡家族、所有权以及企业之间的关系成为企业家族的难题。从家族企业的生命周期看，家族企业的起点往往是家庭科层制企业，核心家庭牢牢控制与经营企业，但家庭科层制企业势必面临代际传承的问题，企业能否顺利从第一代创始人传递到第二代、第二代传递给第三代面临着巨大的不确定性风险。因此，本书所研究的家族治理的对象主要是拥有一个或数个经营性企业的企业家族，并且将家族治理界定为由企业家族（business family）自愿创建、旨在管理与完善家族与企业关系以及企业家族成员之间关系的包含一系列结构、程序与机制的制度安排。

5.1.2 家族治理的两类机制

从经济学的角度而言，契约的内涵包括一切安排交易方权利义务关系的交换协议，这些协议有些是法律上能够执行的合同，有些是当事人之间的共

---

[1] See Joseph P. H. Fan, Yupana Wiwattanakantang & Pramuan Bunkanwanicha, "Why do Shareholders Value Marriage?", ECGI-Finance Working Paper, 227 (2008).

[2] See Marianne Nordli Hansen, "Self-made Wealth or Family Wealth? Changes in Intergenerational Wealth Mobility", 93 Social Forces, 457 (2014).

[3] See Mariacristina De Nardi & Fang Yang, "Wealth Inequality, Family Background, and Estate Taxation", 77 Journal of Monetary Economics, 130 (2016).

识或期待，这些共识可能无法得到法律或司法的承认与执行，但是在安排与实现当事人预期方面具有重要意义。在此意义上，很多学者将婚姻关系、家庭关系也理解为契约性的社会关系，① 只是这些契约大量包含社会关系与社会规范的内容，属于关系契约，具有高度的不完备性与模糊性。② 同样，企业家族中家族成员之间的关系及家族与企业的关系也具有契约的性质，是家族成员之间关于彼此行为及关系的共识。协调家族关系及家族与企业关系需要通过家族缔约（family contracting）的方式实现。家族缔约是指在家族成员之间缔结相互关系的契约，重塑或明确化家族成员对家族、所有权、企业各个层面的共识和理解，这里的契约是广义的契约范畴。③ 家族缔约的内容不仅包括所有权配置等相对明确的物质利益交换，也包括家族价值观（values）、家族愿景（visions）、家族身份认同等家族社会资本的投入与再生。家族成员间的缔约关系不可能是单纯经济性的交易关系。因此，家族治理所形成的家族契约是一种广义上的自治性安排与组织，涉及不同治理机制的冲突与协调，其复杂性远高于市场主体的交易性契约。

总体而言，按照家族契约内容的刚性或约束强度的差异，可以将家族治理的规范与组织分为，具有法律约束力的正式治理机制与不具有法律约束力的非正式治理机制。正式的治理机制包括婚前协议、家族股东协议、家族信托、家族控股公司、家族办公室等，这些正式协议或组织能够将家族成员间模糊的共识转化为明确的权利义务，在引发争议时能够被法院等第三方权威机构识别与承认，因为这些机制本来就是正式法律制度的一部分，为法律共同体及相关专业人士所熟知。

在部分家族成员从事机会主义行为或者不满足于既有的治理结构与利益安排时，这些法律机制能够经受住诉讼上的挑战。更重要的是，正式治理机制能够引入家族外的合法性资源，改善家族在专业管理能力方面的不足，如选任家族成员以外的专业机构或家族友好人士担任家族信托的受托人，为家

---

① See Benjamin Means, "Nonmarket Values in Family Businesses", 54 William & Mary Law Review, 1185（2013）.
② 参见康娜《关系契约视野下的婚姻和婚姻立法》，西南政法大学，2008年博士学位论文。
③ 参见谢宏《家族企业中的家族缔约问题及其治理机制研究》，浙江大学，2007年博士学位论文。

族企业的发展提供更加独立与专业的判断。① 但是，正式治理机制也存在一些不足与缺陷：首先，正式治理机制只能包含部分家族成员，尤其是家族股东和家族管理者，其他家族成员往往难以参与，但不参与家族企业管理的家族成员对家庭关系具有重要影响，这些家族成员的不信任与机会主义行为容易引起家族矛盾；其次，正式治理机制较为封闭与刚性，较难适应家族与企业的变迁，第一代创始人设定的正式治理机制可能成为家族后代引发无休止纠纷的导火索；② 最后，正式治理机制会产生其他代理成本，如家族信托、家族办公室等外部专业机构的引入不仅需要承担运营成本，而且会产生企业家族与专业受托人（fiduciary）之间的委托代理问题。③

家族缔约所形成的非正式治理机制没有确定的法律拘束力，主要依靠家族成员相互信任及社会声誉等自我实施的软性安排，包括家族宪法、家族理事会（family council）、家族教育等，这些非正式治理机制体现了家族的价值观，具有框架性和灵活性，注重家庭情感，有助于家族成员的参与和沟通，增强企业家族的身份认同，从传统、仪式、符号等方面增强家族成员对家族与家族企业的认同，促进家族共同体的团结，这些非正式治理机制对家族成员的影响是原则性的、潜移默化的、长期的，能够缓和正式治理机制产生的负面影响。④ 更重要的是，在家族成员无法就彼此的权利义务达成明确的共识或者因为家族事务的复杂性，无法将当事人的共识表达为特定的契约条款时，非正式的家族组织能够通过促进持续沟通与磋商，管控家族成员的分歧，并且在正式安排不适应家族发展时做出调整。事实上，公司法、信托法等强调的忠实、善意等与家族成员间的行为要求具有很高的契合度。⑤

当然，在家族治理的实践中，特定的治理文件或组织决定能否产生法律

---

① See Marion McCollom, "The Ownership Trust and Succession Paralysis in the Family Business", 5 Family Business Review, 145 (1992).

② 参见高皓《家族与企业双层治理：突破家族信托的局限》，《清华金融评论》2015年第5期，第101—102页。

③ See Thomas Zellweger & Nadine Kammerlander, "Article Commentary: Family, Wealth, and Governance: An Agency Account", 39 Entrepreneurship Theory and Practice, 1281 (2015).

④ See Fred Neubauer & Alden G. Lank, *The Family Business: Its Governance for Sustainability*, 2016.

⑤ See Teemu Ruskola, "Conceptualizing Corporations and Kinship: Comparative Law and Development Theory in a Chinese Perspective", 52 Stanford Law Review, 1599 (1999).

约束力，仍然需要结合当事人的意思表示及缔约背景具体分析。例如，一些家族企业的家族宪法中包含家族股东之间关于股份回购、股权内部转让或股权价值评估等内容，这些内容虽然没有在家族公司章程中正式规定，对家族股东而言仍然具有一定的法律约束力，法官在裁判相关案件时也应该具体分析家族宪法中的相关内容。

5.1.3　家族治理的特征

5.1.3.1　自愿性

与国家治理及公司治理不同，家族治理主要体现为企业家族的自愿与自主行动，是为了解决家族企业特有的问题并获得合法性资源而产生的实践，是家族的理性化过程。家族治理的自愿性意味着企业家族能够充分考量家族、所有权以及企业等不同环节的特殊情况与发展阶段，构建符合自身目标的制度。

但是，自愿性的家族治理并不完全是一种社会实验，仍然会受到一国法律、制度环境及家庭意识形态方面的深刻影响。例如，身份法上的一些强制性规范会影响家族治理的范围与效力，信托法等以任意性规范为主的法律也会影响家族治理的路径选择和组织成本。此外，政府及非政府组织也可通过各种方式直接或间接影响家族治理的内容和社会接受度，如国家通过财政、税收等支持家族治理实践，为家族治理提供规范化的文本，以鼓励更多企业家族完善家族治理结构。

5.1.3.2　持续性

家族治理是一个持续性过程，这个过程贯穿于家族企业的整个生命周期及家族的代际传承。[①] 家族治理结构与体系的建构往往经历事件触发、准备、讨论、实施、评估与完善等多个环节。所有权的代际传承以及家族变故成为企业家族考虑如何协调家族关系的触发点。

随着家族规模的不断扩大，家族治理的结构与任务会变得越来越复杂，

---

① See Scott E. Friedman, Andrea H. HusVar & Eliza P. Friedman, "Advising Family Businesses in the Twenty-First Century: An Introduction to Stage 4 Planning Strategies", 65 Buffalo Law Review, 425 (2017).

在家族企业的早期，家族成员完全持股并且参与经营管理，家族成员通过一个非正式的家庭会议就能够相互沟通企业经营问题。但是，在家族企业完成第二代或第三代接班后，自然意义上的家族会出现离散化的趋势。以控制香港利丰集团的冯氏家族为例，冯氏第二代有 11 个子女，共形成 8 个核心家庭，只有 5 个子女参与了公司的经营管理，由于采取了"诸子均分"的股权继承模式，未参与公司经营管理的家族成员持股达到 47.25%；之后，冯氏第三代共有 35 个子女，家族股权进一步分散，企业家族内部的所有权与管理分离现象更为突出。① 在家族成员数量明显增加的情况下，所有家族成员都参与家族治理的集体决策成本很高，需要进行治理结构的调整。

家族治理的过程观也充分体现在家族成员对家族历史、价值观以及家族治理程序的学习、熟悉与认同上。在企业家族开始实施家族治理时，家族成员对于自己在家族治理中的角色不甚明了，需要很长一段时间的辅导与磨合。有学者对 16 个存在家族治理实践的西班牙企业家族进行了跟踪式调研，受访的家族成员坦言："一开始，家族议会被认为是表面文章，但是随着时间的延续，其对家族的功效越来越明显，而且也更容易使家族成员团结在一起。"② 而美国 Timmons 家族第三代从 2006 年开始第一次召开家族会议商讨家族治理，其间经历了家族愿景的确定，家族理事会、各专门委员会的建立，到 2013 年，该家族的治理才算得上较为成熟，能够接纳家族第四代的逐步加入。③

5.1.3.3 外部专业人士的参与

家族治理的主要参与者是家族成员，但是成功构建家族治理体系并且顺利运行有赖于专业人士的协助。④ 聘请独立的专业人士参与家族治理是很多企

---

① 参见李新春、檀宏斌《家族企业内部两权分离：路径与治理——基于百年家族企业香港利丰的案例研究》，《中山大学学报（社会科学版）》2010 年第 4 期，第 178—188 页。

② Lucia Ceja, Jorge Barbat & Josep Tàpies, "Key Issues in Family Councils: Insights from the Spanish Experience", https://blog.iese.edu/in-family-business/files/2013/10/3-A-WP-1070-.pdf (last visited Jan. 3, 2019).

③ See Kelly LeCouvie & Jennifer Pendergast, *Family Business Succession: Your Roadmap to Continuity* 2014. P195-P206.

④ See Brooke Harrington & Vanessa M. Strike, "Between Kinship and Commerce: Fiduciaries and the Institutional Logics of Family Firms", 31 Family Business Review, 417 (2018).

业家族的惯例。① 例如，美国知名的家族企业咨询集团（Family Business Consulting Group）专门为家族企业提供咨询服务，出具专业的报告。② 首先，家族治理旨在协调家族、企业与所有权的关系，制订接班人计划，因而需要准确评估企业的资产、战略及人力资源等情况，而家族成员因利益冲突及专业能力缺乏等原因很难胜任；其次，家族治理涉及家族成员间权利义务的确定，需要起草相关法律性文件，没有律师、会计师等专业人士的介入，后续可能引起更多的法律纠纷，案例研究表明，实践中企业家族的一些分家协议往往没有区分家族资产与企业资产，造成相关协议缺乏法律约束力。③ 最后，家族治理还涉及家族成员心理、情感等方面的调节以及家族婚姻纠纷等的调停，④ 需要具有心理学、社会工作（social work）背景的专业人士参与。

5.2 家族治理的动因、功能与任务

5.2.1 家族治理的动因

5.2.1.1 家族社会资本负外部性的显现

社会资本是"行动者在行动中获取和使用的嵌入在社会网络中的资源"⑤。家族社会资本的高效整合和使用正是家族企业的独特制度优势。但是，家族社会资本作为一种家族资源，本身有一定的适用边界，超出其适用范围会产生负外部性成本。⑥ 企业家庭变成企业家族后，家族内部出现多个核心家庭，从经济学的角度而言，单一家庭为一个相对独立与封闭的产权单位，单

---

① See Vanessa M. Strike, "The Most Trusted Advisor and the Subtle Advice Process in Family Firms", 26 Family Business Review, 293 (2013).
② See Family Business Consulting Group, https://www.thefbcg.com/ (last visited Apr. 9, 2019).
③ 参见陕西省高级人民法院（2017）陕民终212号民事判决书。
④ See Chris Johnson, "Once You Enter This Family There's No Getting Out: Ethical Considerations of Representing Family-Owned Businesses", 75 UMKC Law Review, 1085 (2006).
⑤ 参见程民选《论社会资本的性质与类型》，《学术月刊》2007年第10期，第62页。
⑥ 参见吴炯《专用社会资本外部性视阈下的家族企业治理模式》，《经济理论与经济管理》2010年第10期，第56页。

一家庭的数量越多,社会资本在家族内的调集与使用成本也就越高。首先,家族社会资本的形成有赖于对家族关系的投资,包括为家族成员提供就业机会、福利等,对企业以及企业的其他利益相关者而言,这种家族关系的投资具有"转移支付"的特点,会在短期内减少企业的利润,延迟对企业其他利益相关者的支付,①而且这种家族关系的社会资本投资产生的收益最终也无法为该企业所独占;其次,社会资本的专用性使得利他主义只能在家庭边界内有效运作,建立在信任基础上的关系治理机制在大家族中的作用有限,甚至会造成部分家族成员的偷懒和卸责;最后,家族社会资本的专用性还会对家族外部人产生"挤出效应",当家族企业的规模大于家族社会资本能够提供的信任范围时,家族内的私人信任会对家族外的管理者及非家族股东产生"歧视",提高家族企业的用人成本和融资成本。家族社会资本的负外部性使得企业家族面临重要的选择,包括如何平衡家族利益与企业利益,如何克服家族内各家庭成员的机会主义,由谁来负责监督和评估各个家族成员的工作和贡献。有学者将此归纳为家族内的团队生产问题。②

5.2.1.2 家族企业代理问题的出现

在规模较小的家庭科层式企业中,核心家庭成员掌握公司股权并参与经营管理,家长权威、利他主义以及高度信任使得这类企业较少出现委托代理理论所预设的代理问题,"创始人—家长"通常以管家理论所预设的方式管理家族事务与公司事务。但是,当家族第二代、第三代接班时,家族与企业的复杂性明显增加。首先,家族内部出现所有权与管理的分离,部分持有家族企业股权的家族成员不再参与公司经营管理,以获取利润分配作为主要的收益方式,容易导致家族所有者之间出现关于企业投资、分红等方面的利益冲突,由此可能产生两种情况,一种是部分家族管理者压制或排挤其他家族股东,③另一种是部分消极家族股东实施机会主义,对家族管理者"敲竹杠",

---

① 参见吴炯《家族涉入、家族理性与家族企业目标偏好——基于一项比较案例的探索》,《商业经济与管理》2012年第5期,第23—30页。
② 参见吴炯《团队生产契约下家族治理的动因与对策》,《经济理论与经济管理》2010年第10期,第45—49页。
③ 参见洛阳市中级人民法院(2012)洛民二初字第35号民事判决书。

如要求家族企业以高价回购股权或分配巨额利润,① 无论何种情况,都会影响家族企业的长期利益;其次,企业家族还会出现参与企业经营的家族成员与没有参与企业经营成员之间的代理问题,家族的未成年子女、家族成员的配偶虽不具有企业所有者或管理者的身份,但是这些成员与家族管理者的关系密切,他们是潜在的家族企业参与者,事实上会影响家族企业的决策,若这些成员与家族所有者之间产生矛盾,会破坏家族企业既有的合作关系,激化家族矛盾;最后,在上市家族公司中,家族既有的社会资本、人力资本以及财务资本难以满足企业发展的资源需求,家族需要引入职业经理人及机构投资者,由此产生家族委托人与经理人以及家族股东与非家族股东的代理问题。若控制家族对于家族目标、家族愿景模糊不清,缺乏共识,职业经理人无法平衡家族与企业的利益,难以制定企业的长远战略规划,② 最终将损害企业的绩效。

5.2.1.3 家族成员心理契约的模糊性

企业家族成员的冲突会损害企业长期存续的能力,其中一个重要问题就是家族成员如何管控家族企业中因家族、所有权以及企业三者的互动产生的角色冲突,家族成员对此的冲突不仅影响家族成员的关系,而且会妨碍企业的正常运行。家族成员的内部冲突源于多种因素,如在家族企业中工作的成员觉得受到了不一致的对待或没有达到其关于回报的预期,家族成员的风险偏好差异也会产生决策冲突,这些都会在家族成员间以及家族与企业间造成紧张对立。这种冲突或紧张部分源于家族成员心理契约(psychological contracts)的不确定性。③ 家族成员往往在彼此之间以及家族与企业之间创设一种心理契约。一般而言,心理契约是一种个人确信,认为在彼此之间已经商定了相互的义务,这种确信主要来源于彼此的熟知、经验以及感觉,认为相

---

① See Eric A. Chiappinelli, "Stories from Camp Automotive: Communicating the Importance of Family Dynamics to Corporation Law Students", 34 Georgia Law Review, 699 (1990).
② See Benjamin Means, "Family Business Disputes", 2015 Business Law Today, 1 (2015).
③ 参见储小平、汪林《家族企业中的心理契约破坏——组织与员工的双重视角》,《中山大学学报(社会科学版)》2009年第3期,第213—220页。

互之间已经有了一系列承诺与交换,从而可以约束彼此达成互惠性义务。① 例如,在本书第三章分析的某源公司案中,家长杨某元可能认为,其已经通过家庭生活消费及股权低价转让实现了对子女的恩惠,子女不应该再对租金有所主张;而其女儿则可能认为,其在家庭财富分配中受到了不公平对待。

心理契约广泛存在于雇佣等社会关系,② 在家族企业中,心理契约意味着家族成员对彼此的关系以及能够从该关系中获得何种回报存在确信和期待。这种心理契约的最大问题在于它们本质上是含蓄的(implicit),相比于明码标价的市场化契约,心理契约的双方对于彼此应负之互惠义务的内容可能存在很大的理解差异。③ 因此,一方很可能按照自己对于对方应当如何行为的期待而责备对方。家族成员所拥有的这种期待,来源于对其他家族成员及企业的观察、个人间的互动以及其他形式的种种信号或信息。从这个意义上说,家族成员心理契约建立在家族成员主观上所感受到的彼此承诺,这与企业主或其他成员明确表达的承诺之间存在明显的差异。④ 家族成员对于违背心理契约的反应对于家族企业有重要影响。一方面,若家族成员感到对方违反了其确信的心理契约,如认为企业没有履行对家庭成员的照顾义务,他们认为有必要报复或者退出企业,甚至在家族成员间挑起纠纷,这是很多家族成员最终对簿公堂的重要原因;另一方面,当家族成员确信其心理契约得到履行的情况下,他们会投入更多的精力以回馈企业。鉴于家族心理契约的模糊性和重要性,有必要通过家族治理明确当事人关于家族、企业以及所有权的期待,尽可能多地达成真正的共识,降低心理落差带来的误解和分歧,减少家族纠纷。

---

① Sandra L. Robinson & Denise M. Rousseau, "Violating the Psychological Contract: Not the Exception but the Norm", 15 Journal of Organizational Behavior, 245 (1994).

② Sandra L. Robinson & Elizabeth Wolfe Morrison, "The Development of Psychological Contract Breach and Violation: A Longitudinal Study", 21 Journal of Organizational Behavior, 525 (2000).

③ 参见李原《心理契约违背的理论模型及其应用》,《经济与管理研究》2006年第8期,第82—85页。

④ 参见储小平、汪林等《人际信任、心理契约违背与组织导向偏差行为——来自家族企业样本的实证证据》,《南方经济》2015年第5期,第67页。

5.2.2 家族治理的功能

5.2.2.1 家族治理促进家族的组织化

家族企业的研究一再表明,家族并非同质化的单一实体。① 相反,家族成员成年并组成核心家庭后,家族具有天然的分离倾向。在强调家族集体观念的中国古代,联合家庭或所谓的"五世同堂"只是儒家家庭伦理的理想类型,而现实中只有极少数的家庭能够达到这种理想状态。② 在我国家族企业的实践中,很多企业因分家而分立,无法形成大规模的家族企业集团。这部分缘于我国传统的诸子分家习惯,但也有更深层次的经济与制度原因。第一,欠缺家族权威能够协调不同家庭分支的矛盾;第二,缺乏特定的组织与机构应对部分家族成员的机会主义。家族治理的实践表明,企业家族能够通过家族治理维系家族成员的团结与信任,培养优秀的家族人力资本,应对部分家族成员的分离挑战。例如,控制欧尚、迪卡侬等著名跨国企业的穆里耶家族通过家族治理实现了对庞大家族与企业集团的协调。到目前为止,穆里耶家族已经传承到第5代,家族成员超过1000人,有近800名家族成员持有家族企业的股权,但是穆里耶家族并没有出现明显的家族纠纷,而且由家族控制的各企业业绩表现不俗。③ 正如公司的高度组织化、专业化使得其能够整合足够的资源与人员,家族治理同样能够整合家族,使其能够成为一个家族团体,以共同体的形象与名义对外行动,甚至通过家族基金会、私人信托公司这样的家族组织实现法律上的拟人化。④

5.2.2.2 家族治理能够提升家族企业绩效

家族治理的理论研究表明,家族治理能够增强家族成员对企业的身份认

---

① See Peter Jaskiewicz & W. Gibb Dyer, "Addressing the Elephant in the Room: Disentangling Family Heterogeneity to Advance Family Business Research", 30 Family Business Review, 111 (2017).

② [美]易劳逸《家族、土地与祖先——近世中国四百年社会经济的常与变》,苑杰译,重庆出版社2019年版,第48页。

③ See Morten Bennedsen & Nicolai Foss, "Family Assets and Liabilities in the Innovation Process", 58 California Management Review, 65 (2015).

④ See Iris J. Goodwin, "How the Rich Stay Rich: Using a Family Trust Company to Secure a Family Fortune", 40 Seton Hall Law Review, 467 (2010).

同,增加家族成员对企业的心理投资和情感依赖,减少家族成员间的代理成本。一些针对具体治理机制的经验研究也表明,家族治理有助于家族的长远规划和顺利实现代际传承,如家族议会有助于延长家族企业的生命周期。①

因为企业治理、财务的数据与材料相对容易获得,企业正式治理(如董事会、CEO 薪酬激励)与企业绩效之关联的研究成果较多,但是,家族治理对于家族企业绩效的影响研究较少,因为家族治理的信息相对私密,企业家族采用家族治理的个性化程度较高。在一些开创性的研究中,已经有实证数据表明,包括家族宪法、家族行为准则、正式的家族沟通机制以及家族团聚(family reunions)在内的家族治理实践(family governance practices)能够提升家族企业以及家族管理的其他财富的财务业绩。玛尔塔·贝伦特-布劳恩等对 18 个国家中的 64 个家族企业进行了样本分析,得出家族治理实践能够提高企业业绩的结论。他们认为,这主要是源于企业家族通过家族治理形成一个维护与增加家族财富的团队(team),产生了共同的目标和价值追求。研究发现,家族治理是家族企业化的过程,在此过程中发挥作用的是集体学习与集体价值观,而非个人的独立倾向。②

西班牙的家族企业较多运用家族治理措施,因很多地方政府为家族企业制定家族宪法提供财政支持,如瓦伦西亚等七个地区的政府为家族企业制定家族宪法(Family Constitution Protocol)及获取相关治理的专业服务提供资金支持,使得西班牙有大量制定家族宪法的家族企业存在,研究者可以从政府那里获取申请财政支持的家族企业的相关信息。罗西奥·阿特亚加等以西班牙家族治理对于企业绩效的影响展开了实证研究,他们以 2003 年至 2013 年 530 个家族企业为样本,其中 265 个是获得过财政支持的已经制定家族宪法的家族企业,另外 265 个是没有制定家族宪法的对照组家族企业,控制变量后的比较发现,制定家族宪法的家族企业在实施家族宪法后两年内企业的绩效显著提高,而对照组则没有发现此现象。若这些制定家族宪法的企业存在非

---

① See Ethiopia L. Segaro, Jorma Larimo & Marian V. Jones, "Internationalisation of Family Small and Medium Sized Enterprises: The Role of Stewardship Orientation, Family Commitment Culture and Top Management Team", 23 International Business Review, 381 (2014).

② See Marta M. Berent-Braun & Lorraine M. Uhlaner, "Family Governance Practices and Teambuilding: Paradox of the Enterprising Family", 38 Small Business Economics, 103 (2012).

家族CEO、有多个家族所有者或者由家族后代控制的情况,则制定家族宪法与企业业绩提升之间的正相关关系更为显著。① 该研究不仅支持了家族宪法的积极意义,而且说明家族与企业的复杂程度越高,制定家族宪法对于家族企业降低家族股东间以及家族成员间的代理成本的作用越明显。

也有学者认为,家族宪法提升业绩的另一个可能路径是家族宪法显著提升了家族对企业的身份认同,进而产生家族品牌效应。② 家族宪法不仅是家族对企业的长期承诺,某种程度上也是家族对消费者、债权人等利益相关者的积极承诺,家族宪法通过社会公众的传播能够改善消费者对家族企业的印象。例如,李锦记家族通过家族治理提升了其作为家族企业的声誉,使得很多研究机构、政府部门都直接或间接为其宣传。③

5.2.3 家族治理的任务

不同企业家族的复杂性不同,面临的问题也各有差异,但从家族涉入企业的各个层面而言,主要涉及家族愿景、家族规则、家族决策及家族权益四个方面的内容。

5.2.3.1 家族意愿的统一

家族企业的一个重要特征就是家族意愿的涉入,家族意愿是指企业在经营中对家族愿景的追求,家族企业往往通过"强势主脑"(家族领袖)去塑造和实现家族愿望,并潜意识里希望企业能稳定地代代相传。④ 家族意愿的统一是家族治理的重要目标。在家族治理中,家族意愿主要涉及企业家族关于家族与企业关系的最根本与原则性的思考与总结,是家族价值观的重要体现。家族以何种方式经营企业、家族利益与企业利益如何平衡很大程度上取决于

---

① See Rocio Arteaga & Susana Menéndez-Requejo, "Family Constitution and Business Performance: Moderating Factors", 30 Family Business Review, 320 (2017).
② David L. Deephouse & Peter Jaskiewicz, "Do Family Firms Have Better Reputations Than Non-Family Firms? An Integration of Socioemotional Wealth and Social Identity Theories", 50 Journal of Management Studies, 337 (2013).
③ 参见李雪松《李锦记四代家族传承宝典》,《中外管理》2014年第3期,第60—62页。
④ 参见岳瑨《从愿景或共同梦想看家族企业管理的伦理气质》,《东南大学学报(哲学社会科学版)》2010年第5期,第26—30页。

家族对企业的愿景，有些家族将家族股东利益最大化作为企业经营的目标，而有些家族则将承担社会责任以及履行宗教义务等作为企业经营的重要考量，例如美国的霍比罗比公司。[1] 这些都会影响家族企业的具体政策，包括家族企业的雇佣政策、接班人计划以及利润分配政策。在家族企业发展的早期，企业家族即使不考虑家族与企业的关系也不会对家族企业的发展造成明显的不利，具有绝对权威的家长能够按照自己的意愿以及家族—企业的现实需求相机抉择，随时调整家族与企业内的态度与政策。但是，在规模较大的家族企业集团中，不同分支的利益冲突增加，对家族企业的认同以及理解会出现严重的分歧，在"黄某辉与西乡县某水电开发有限公司、及黄某润、黄某平股东资格确认纠纷"案[2]中，黄某刀、谢某夫妇生育八个子女，共同经营管理公司，但这些子女已经成家立业，对企业利益分配存在不同诉求。若不能对家族愿景形成共识与谅解，势必影响家族成员的实际行动。著名的李锦记家族就是在经历数次家族纷争之后确立了"家族至上"的家族理念，这一家族愿景充分反映在李锦记家族宪法中，李锦记集团坚持家族控股，具有血缘关系的家族成员才能持有公司股份，酱料和保健品两大核心业务的主席必须是家族成员。[3]

也有家族宪法明确了家族世代控制的期望，规定："每个股东都可以自由地将自己的权利份额分配给他/她的孩子。但是，如果与家族以外的个人或法人实体建立权益关系（例如转让股份，参与增资），需要经过股东大会和董事会的绝对多数（100%）通过。"[4]

从组织制度学的角度看，家族价值观与家族愿景属于认知层面的合法性资源，能够引导家族成员形成对家族企业的认同。在我国家族企业的传承实

---

[1] Alan J. Meese & Nathan B. Oman, *Hobby Lobby, Corporate Law, and the Theory of the Firm: Why for-Profit Corporations Are RFRA Persons*, 127 Harvard Law Review Forum, 273（2013）.
[2] 参见陕西省高级人民法院（2017）陕民终 212 号民事判决书。
[3] 参见李新春、何轩等《战略创业与家族企业创业精神的传承——基于百年老字号李锦记的案例研究》，《管理世界》2008 年第 10 期，第 127—140 页。
[4] Alan L Carsrud & Malin Brännback, *Family Firms in Transition: Case Studies on Succsion, Inheritance, and Governance*, 2011. P21.

践中，出现很多家族第二代不愿意接班的现象，① 其中一个原因是对家族经营企业的价值存在负面评价，认为家族企业不是一项值得追求的事业，由此反映出家族愿景的缺失导致家族成员缺乏责任感与使命感。

5.2.3.2 家族规则的设定

家族规则是家族意愿的外显或具体化。在很多家族企业中，家庭的日常规则直接成为企业内的行为规则，如家长制领导、任人唯亲、裙带主义。但是，这些家庭规则很可能无法适应家族与家族企业发展的现实，需要按照家族价值观、家族复杂程度以及企业发展阶段制定更加明确、妥当的行为规则。企业家族中个别成员的行为将影响家族的声誉，进而影响消费者以及其他利益相关者对家族企业的评价。因此，企业家族需要制定更高的行为标准，通过物质激励与家族教育引导家族成员。家族治理中的家族规范主要可以分为两类，一类是家族成员个人的行为规范，包括私人生活及公共言行。例如，李锦记家族第三代掌门人李文达与第四代约了"三不原则"，即"不要晚结婚，不准离婚，不准有婚外情"。② 另一类是关于家族成员与家族企业的关系规范，如成为家族企业接班人或家族企业雇员需满足的程序与要求；家族成员从家族私募基金中获取创业资助的条件。李锦记家族宪法规定了关于第五代接班的条件：第五代家族成员要到家族外的企业工作三至五年，方可有机会进入家族企业；而且家族成员和非家族成员适用相同的应聘程序和考核标准。③

5.2.3.3 家族沟通与决策机制的确定

坦诚的交流及沟通活动能够分享家族成员有价值的信息，减少信息不对称，有利于家族成员间维持互信关系。但是，在规模较大的家族中，家族成员生活彼此独立，日常沟通机会减少，需要特定的家族组织安排家族聚会。

---

① 参见余明阳《富家接班那些事》，上海交通大学安泰经管学院官网，https://emba.sjtu.edu.cn/news/media/ZHEMBA3774.html，2024年5月17日访问。
② 参见李新春、何轩等《战略创业与家族企业创业精神的传承——基于百年老字号李锦记的案例研究》，《管理世界》2008年第10期，第133页。
③ 参见李新春、何轩等《战略创业与家族企业创业精神的传承——基于百年老字号李锦记的案例研究》，《管理世界》2008年第10期，第134页。

此外，对于重要的家族事务，也需要有特定的意思表达与形成机制。否则，家族难以形成共识。家族的沟通与决策机制可以是非正式的、民主形式的，如非正式的家庭会议，也可以是正式的、具有科层性质的代议机构，如家族议会或家族委员会。

5.2.3.4 家族权益的配置

家族治理的一个核心问题是以家族企业为主的家族权益的配置，这也是面临代际传承的家族创始人在考虑家族治理时最棘手的问题。家族对企业的权益可以理解为单一的所有权或股权，也可以理解为一个权利束，包括所有权、控制权、管理权、受益权等一系列权益的配置。例如，家族的所有权是"聚"还是"散"，家族的控制权是"内"还是"外"，家族成员按照何种标准获益，如何退出等。家族权益的不当配置易引起家族成员的纠纷与诉讼，若执意在兄弟之间进行股权的平均分配，则需要事前规定出现公司僵局时的处理方案。家族中的权力不仅包括正式的权力，如所有权，还包括作为家族权威或家族领袖所具有的非正式权力，例如，海鑫集团董事长李某仓意外死亡，虽然企业存在多个接班人选，最终在家族元老李某春（李某仓之父）的支持下，李某仓之子李某会接班。[①]

因为信息不对称与有限理性，家族缔约所形成的家族治理同样具有不完全性，存在剩余权力，家族领袖在安排家族事务的日程以及统合家族意见上具有重大影响力。在一般情况下，家族权威同时也是企业的领导者，其作为家族团队最大的剩余索取权人，能够产生足够的激励去监督与约束其他家族成员，提升家族的社会资本。

---

① 参见吴炯、刘阳、邢修帅《家族企业传承的权威基础与权威冲突——合法性的中介作用》，《经济管理》2017年第2期，第52—65页。

5.3 家族治理中的非正式治理机制

5.3.1 家族治理文件——家族宪法

家族宪法又称家族宪章、家族章程或家族协议,是企业家族关于家族、所有权与企业的共同价值与商业目标的成文化协议。① 家族宪法是企业家族实践中的产物,但也有部分国家对家族宪法或家族协议的内容及公示手段进行了规定,如西班牙政府于 2007 年发布了《规范家族协议的成立》的法令。② 在该法令中,家族宪法被认为是"企业家族考虑到家族企业的经济特点和对其自身利益的合法自我管理的需要,特别是家族企业的传承方面,为家族公司的世代变化提供了可预测性"。该法令第 2 条规定,家族宪法(家庭议定书)被理解为家族伙伴彼此签订的协议或其与第三方签订的协议,这些协议影响着非上市公司背后家族的家庭关系,在这些协议中家族成员有着共同的利益,以便在决策中实现沟通和达成共识,并规范与影响有企业实体的家庭,财产和公司之间的关系。③ 一般认为,相比于公司章程、股东协议等正式文件,家族宪法具有三个方面的特征:首先,家族宪法通常由所有家族成员签署,既包括家族股东,也包括非股东身份的家族成员;其次,通常而言,家族宪法对签署者没有法律上的约束力,仅代表一种道德义务(moral obligation);④ 最后,家族宪法的内容具有根本性与指导性,其内容一般不涉及企业日常管理等细节。但是,也有公司治理准则的权威文本建议,家族宪法应该

---

① See Holger Fleischer, "Family Firms and Family Constitutions: A Legal Primer", 15 European Company Law, 11 (2018).
② 第171/2007 号皇室法令, https://www.boe.es/buscar/doc.php? id = BOE - A - 2007 - 5587, 2018 年 11 月 23 日访问。
③ 第171/2007 号皇室法令, https://www.boe.es/buscar/doc.php? id = BOE - A - 2007 - 5587, 2018 年 11 月 23 日访问。
④ Linda C. McClain, "Family Constitutions and the (New) Constitution of the Family", 75 Fordham Law Review, 833 (2006).

具有法律约束力。① 家族宪法是一个自愿性协议，每个家族可以根据自己的价值观与需求制定个性化的文本。一般而言，家族宪法包括一系列的原则和程序，处理利润分配问题、雇佣程序和条件、做出家庭决策的机构、成为一个所有者的责任和权利，也可以有一些更具体的细节，如家族投资新领域愿意承担的风险水平以及家族使用资金的程序。② 家族宪法的主要目的不是限制或监督家族成员的行为，而是指导并促进家族成员坦诚地、富有建设性地探讨家族、所有权及企业相关的问题。这种坦诚的交流有助于维持和强化家族的团结、帮助家族成员理解作为一个家族所有者、管理者的责任。家族宪法还能通过事先阐述和明确家族成员的期待与共识，减少或管控家族成员的分歧与冲突。

作为一种治理机制，家族宪法与企业治理是相互关联的，会影响企业治理的过程与效果，进而影响家族企业的战略与业绩，因而属于家族企业治理的一个重要部分。例如，在一则土耳其家族宪法的个案中，因家族企业从事教育行业，人力资本对家族企业的发展具有重要影响，因此该家族宪法明确规定家族优先的价值是确立劳动者神圣原则，认为："我们的机构是劳动密集型组织。直到今天，在我们所有的组织中，我们尊重员工，并没有不公平地对待员工。基于此，劳动者的权利应该是神圣的，而且家族每一代都应该遵循该原则。"③

5.3.1.1 组织公平理论视角下的家族宪法

关于家族宪法的作用及如何运作的经验研究较少，已有的一些经验研究认为，家族宪法有助于形成家族愿景（shared vision），促进企业做出高质量与执行性强的决策，提升企业绩效。其中，苏伊斯的研究认为，包括家族宪法在内的家族治理实践能够促进家族成员间的坦诚对话，协助家族成员以互

---

① See Isabel C. Botero, et al., "Family Protocols as Governance Tools: Understanding Why and How Family Protocols are Important in Family Firms", 5 Journal of Family Business Management, 218 (2015).

② See Isabel C. Botero, et al., "Family Protocols as Governance Tools: Understanding Why and How Family Protocols are Important in Family Firms", 5 Journal of Family Business Management, 218 (2015).

③ Alan L Carsrud & Malin Brännback, "Family Firms in Transition: Case Studies on Succsion, Inheritance, and governance", 2011. P19.

信的方式行动，促使家族与企业的目标趋于一致。① 但是，这些研究对于家族宪法如何发挥作用缺乏理论阐述。下文将运用组织公平理论的观点论证家族宪法如何减少家族成员因期待不一致造成的冲突。

组织公平理论（equity theory）的主要目的是理解个体存在比较的需要，即比较自己的行为及其结果与他人的差异性。② 该理论认为，个体的行动并非完全符合经济理性，而是根据特定情景中的公平感行动。在社会互动中，个体总是倾向于评估他们自己的投入与回报以及他人的投入与回报，从而判断特定情形是否公平。该理论假设，根据特定的社会规范或团体规范，个体存在一种何为公平的清晰的期待。例如，在行为经济学的很多实验中，行为人没有追求个人效用的最大化，而是关心他人的利益，表现出对不公平现象的不满，属于典型的"社会人"形象，这在最后通牒博弈（ultimatum game）的实验中得到了充分的体现。在最后通牒博弈实验中，两人共同分配一定数额的金钱，首先由提议者提出分配方案，如果接收者接受该方案，则二者按这一分配方案进行分配，如果接收者拒绝，则二人都不能获得任何数量的金钱。若在理性经济人框架下，提议者会为了自我利益最大化向另一方提供最少的金钱，接收者将接受任何大于零的分配。但是，很多研究结果都与理性经济人的假设不符，提议者通常会选择分配约 40%~50% 的金钱，而接收者则会拒绝任何低于 20% 的分配方案。③

当相对人违背公平期待时，一方会形成不公平感，进而产生心理上的不协调，在这种不协调感的作用下，当事人会产生一种与不公平感所对应的压力，需要通过特定行为缓释这种压力。④

公平理论的研究表明，在家族关系背景下，家族成员总是会比较自己以

---

① See Julia Suess, "Family Governance – Literature Review and the Development of a Conceptual Model", 5 Journal of Family Business Strategy, 138（2014）.

② 参见马飞、孔凡晶《组织公平理论研究述评》，《经济纵横》2010 年第 11 期，第 121 页。

③ 参见马红宇《最后通牒博弈中的公平偏好：基于双系统理论的视角》，《心理科学进展》2018 年第 2 期，第 319 页。

④ See Joseph H. Astrachan & Peter Jaskiewicz, "Emotional Returns and Emotional Costs in Privately Held Family Businesses: Advancing Traditional Business Valuation", 21 Family Business Review, 139（2008）.

及其他重要成员对家族和企业的投入和产出,当家族成员通过比较感到不公平时,他们会采取措施试图恢复公平感。这既包括增加自己的投入(当其认为其他人的付出更多时),也包括减少投入或增加索取(当感觉自己的投入与付出不成比例时),有时干脆结束与其他家族及企业的任何关系。通过这些行为,家族成员能够减少心理的不协调和负担。这就解释了为何在某源公司案中,女儿/女婿为何一再提起诉讼,因其形成了父母没有在子女间进行公平分配的确信。此外,很多家族企业的诉讼旷日持久,矛盾不断升级,除了经济利益的追求外,很重要的原因也是心理不公平感在作祟,必须要讨一个公平的说法。

根据组织公平理论,家族宪法若要发挥减少与管控分歧、促进家族互信的作用,必须了解家族成员的不同期待,在家族成员间就投入与产出达成明确的共识,规定家族成员能够从企业获得的收益,并提供一个允许家族成员表达不满的交流与缓释机制,而不是坐等矛盾不可控的地步。

5.3.1.2 家族宪法的制定与实施过程

家族宪法的制定过程比最终的内容重要。在此过程中,能够了解家族成员的共同利益、动机以及愿景。家族宪法的过程观表明,家族宪法不仅是一系列的规则,而且是一个协商与交流后达成共识的过程。基于此,不同的家族能够明确各自潜在的冲突领域、家族成员的风险偏好水平、希望实现的组织目标。不同的企业家族拥有不同的目标,最后形成的家族宪法也存在很大差异。但是从过程的角度看,不同地域甚至国家的企业家族在制定与形成家族宪法时仍然有如下共性:首先,家族宪法的制定与形成大体应该有类似的程序。其次,应该对家族企业有充分的认识与了解,包括家族、所有权以及企业三个子系统以及相互的适配情况。再次,家族企业不是一个封闭的系统,会与其所处的环境之间随时发生互动与交换,家族企业的每一个子系统所处的环境会发生改变,每个子系统的需求也会发生改变,因此,需要持续关注和评估家族宪法能否适应变化了的环境。最后,应该确保家族宪法具有适应性,在评估之后做出相应的调整与变化。

有学者认为,一个成功的家族宪法应该是对话、制定、实施、监督、评估、再对话这样一个循环的过程。① 最初倡议或主导发起家族治理的活动可以被看作类似于国家的政治协商。在此过程中，家族成员间的对话与信息搜集是最重要的步骤，这些信息包括家族、所有权和企业三个方面的已有信息。家族企业的专业人士可以协助家族制定类似的调查表格，统计相关信息。② 例如，家族这一子系统的信息主要包括家族特征、家族活力（dynamics）、家族对企业的承诺、家族治理结构、家族适应能力等。其中，家族特征主要包括家族成员的数量、参与企业的家族成员的数量、参与企业的家族成员的辈分及代数、家族成员所具备的竞争力或特长。家族活力则包括家族的价值观、家族价值观的共识程度、家族成员的信任程度、家族的和谐程度、姻亲的参与程度、信息的交流和分享机制、家族已经使用过的管理和解决冲突的办法、家族成员的合作程度。③

5.3.1.3 家族宪法的性质及可能的规范意义

家族宪法的内容千差万别，企业家族对其的期许或约束强度也不同，难以在统一或绝对的意义上回答家族宪法的法律地位或性质。在既有的研究中，对家族宪法的性质主要有三种观点。④

第一种观点主张将家族宪法解释为家族成员间的民事合伙协议，认为通过缔结家族宪法，家族内部成员形成了民法上的合伙关系，即使家族宪法中存在"本家族宪法不产生任何法律权利、义务或效果"的条款也并不意味着当事人完全欠缺效果意思，家族成员签订的家族宪法仍然具有一定的约束力，尤其是当家族成员试图违反特定规则，而其他家族成员寻求法律救济时。这种观点事实上是主张法院积极介入家族的自治范围，若不探求家族宪法的具体内容和缔约背景，积极主张其合伙的法律性质，可能违背家族成员通过非

---

① See Tommaso Minola, et al., "Corporate Venturing in Family Business: A Developmental Approach of the Enterprising Family", 10 Strategic Entrepreneurship Journal, 395 (2016).
② See Maria-Isabel Rodríguez-Zapatero, et al., "Using PLS-SEM to Model Family Business Behavior When Addressing the Protocol", 8 European Journal of Family Business, 153 (2019).
③ See Isabel C. Botero, et al., "Family Protocols as Governance Tools: Understanding Why and How Family Protocols are Important in Family Firms", 5 Journal of Family Business Management, 218 (2015).
④ See Holger Fleischer, "Family Firms and Family Constitutions: A Legal Primer", 15 European Company Law, 11 (2018).

正式机制治理家族关系，减少家族纠纷的主要目的，企业家族可能不愿再通过制定家族宪法规范自己的活动，而这不利于家族企业的发展。

第二种观点认为，家族宪法是一种道德契约，产生的是道德义务，当事人之间没有任何的法效意思或寻求法院强制执行的意图，类似于"绅士之约"或情谊行为，属于不应该受法律调整的法外空间。但是，也有德国学者认为，家族企业中的家族宪法可以产生法律拘束力，但不能向法院主张强制履行，因而类似于自然之债。家族成员根据家族宪法的规定自愿做出的行为具有法律效果，事后不得主张不当得利。本书认为，道德义务的观点契合家族宪法中大部分内容的性质，尤其是关于家族价值观与家族愿景等方面的内容，这些方面的内容具有高度的原则性与伦理性，即使具有法律约束力，也难以通过合同解释产生具体的权利义务关系。对于一些具体的条款，如对家族成员违反特定行为所做出的轻微惩罚，类似于公司等社团约束成员所进行的社团罚，[①] 将其解释为类似自然之债性质的义务也符合当事人的期待。例如，李锦记家族规定家族聚会不得迟到，迟到需罚款2000元港币，2007年的一次家族聚会中，家族成员李惠中迟到，即被要求缴纳2000元港币，他也按规定当场缴纳了罚款。[②] 从法律关系的角度而言，其行为不应该被解释为是赠与或情谊行为，而是基于事前制定的家族规范所产生的一种负担，是存在法律上原因的给付，这更符合家族缔约的背景。

第三种观点认为，家族宪法的订立与形成只能被解释为一种社会契约（social agreements），其法律强度不同，部分具有互助、互惠性质，在法律上可以被解释为赠与。社会契约的观点认为，家族宪法的解释与执行主要依靠社会规范与社会声誉发挥作用，即使认为家族宪法具有法律拘束力，法律或司法裁判在其中能够发挥的作用也非常有限。

本书认为，家族宪法中的条款具有多种类型，需要具体分析，有纯粹的道德义务、自然之债，也有具有法律拘束力的合同。但是，无论其具体内容

---

① 参见蒋大兴《社团罚抑或合同罚——论股东会对股东之处罚权》，《法学评论》2015年第5期，第152—163页。

② 参见《富不过三代？这家企业已活了127年了》，凤凰网，https://ifinance.ifeng.com/yidian/14117572/news.shtml?ch=ref_zbs_ydzx_news，2024年5月17日访问。

与性质如何，本身是否有法律拘束力，家族宪法对于公司其他治理性文件的解释都具有一定的规范上的意义，会在事实上影响家族成员在公司中的思考与行为决策。

5.3.1.4 家族宪法可能具有的法律意义

（1）家族宪法用于补充解释公司章程

对于公司设立时的协议以及制定章程过程的相关背景能否被用于解释公司章程的内容在法律上存在争议，德国最高法院的一个判例就认为，公司章程应该做严格的客观解释，其他附带性或口头承诺不得用于解释公司章程的内容。① 但是，家族公司具有关系契约的性质，家族协议和公司章程、股东协议是相互关联的，有学者将之称为"关联合同"②，将两者割裂与分离不仅不符合相关协议的制定过程，也将违背当事人的真实意思表示与期待。在家族治理中，很多股东协议本身就是家族宪法的具体化，家族宪法在原则上规定家族公司的雇佣政策或利润分配政策，家族股东协议则通过具体的条款明确利润分配的条件、比例等，当股东对关于利润分配的股东协议产生争议时，家族宪法可以提供补充性的解释。例如，当股东协议或章程中关于子女、近亲属等概念的范围存在多种解释时，家族宪法中很可能已经对这些概念在本家族中应有的内涵做出了界定。有学者研究发现，欧盟部分国家的法院已经将家族成员的协议用于解释公司章程。③

（2）家族宪法补充解释控股股东或董事的受信义务

一般认为，封闭公司与合伙具有相似性，封闭公司的股东通常会像合伙企业那样管理公司，股东关系也应该像合伙关系那样是一种信托、信任和忠诚关系。美国部分州公司法判例认为，与公众公司中股东的义务不同，封闭公司的股东之间应该承担像合伙人之间那样的受信义务，即最大善意和忠诚，

---

① See Holger Fleischer, "Family Firms and Family Constitutions: A Legal Primer", 15 European Company Law, 11 (2018).

② See Benjamin Means, "The Contractual Foundation of Family-Business Law", 75 Ohio State Law Journal, 675 (2014).

③ See Holger Fleischer, "Family Firms and Family Constitutions: A Legal Primer", 15 European Company Law, 11 (2018).

这是一种严格的、更高要求的义务。① 在著名的多纳修案中，美国马萨诸塞州最高法院确立了封闭公司股东之间直接的受信义务，即最大的善意和忠诚。

但是，对于这种合伙性质之义务的适用前提及其妥当性，美国州判例法上存在很大的争议。所有的封闭公司都可以适用最大善意和忠诚义务，还是需要具体考察特定封闭公司内部股东之间的关系。

马萨诸塞州最高法院在威尔克斯案中认为，若控制股东能够举证证明自己的行为有正当的商业目的，是本着公司的最大利益，那么，除非小股东能够证明还存在其他较少损害其利益、同样能达成商业目的的方式，否则，控制股东的行为就不构成对小股东受信义务的违反。但是，对于如何判断合法的商业目的以及如何适用所谓的"最小伤害原则"，该案并没有提供任何指导。

家族股东和公司的利益时有冲突，在司法诉讼中，法官需要判断家族管理者或控股股东的行为是否违反其对家族小股东的受信义务，是否构成权利滥用。本书认为，在家族宪法的背景下，家族宪法对于裁判相关纠纷具有如下意义：家族宪法的制定本身就意味着企业家族以一种更紧密的方式经营管理公司，希望家族成员维持更高程度的信任与团结，因此，在封闭型家族公司中，要求家族股东之间承担严格的受信义务符合家族成员制定家族宪法的本意，例如，若家族宪法明确规定了家族利益优先，家族成员有权在公司任职，家族控股股东在没有特别正当事由的情况下解除家族成员的职务，则更应该被认定为权利滥用。若家族宪法特别强调家族成员的公平对待，则家族公司在股权回购等事项上的区别对待也可能构成受信义务的违反。当然，家族股东间更高程度的受信义务不仅针对控股股东，家族小股东也应该承担更高程度的受信义务。在强制股利分配案中，若家族宪法倾向于企业优先的政策或特别强调公司自有资金的安全，或者对利润留存有更具体的规定，则家族小股东不能仅以公司留存大额公积金为由主张强制分配。例如，一个拥有多所私立高中与大学的教育性家族企业的家族宪法规定，作为股息分配的年度利润份额由合法授权的主体确定。在考虑该数额时，提高机构的物理和学

---

① 参见施天涛《公司法论（第四版）》，法律出版社2018年版，第403页。

术条件的研发投入应该被优先考虑。在确定这一数字后，必须合法分配利润。①

总之，家族宪法的制定意味着企业家族以更高的道德要求及集体主义方式规范家族成员的行为，追求个人经济利益最大化的理性人路径很可能不符合家族宪法制定者、参与者的期待。家族宪法应该发挥解释作用的另一个重要原因是，家族后代的股权并非个人投资所获得，而是基于家族身份和继承所获得，因而可以将这些更高的义务要求理解为，是家族成员继承所有权时应负担的义务。当然，本书不是主张家族宪法应该完全替代公司法上的规范，只是主张在适用受信义务或滥用权利原则等一般性条款时，其有助于具体化股东间的权利义务。

（3）家族宪法补充确定家族股东的合理期待

合理期待标准是美国大多数州在判断是否构成股东压制所采用的标准，我国公司法学者也主张应该借鉴合理期待标准判断是否强制解散公司。② 合理期待理论认为，股东投资成为公司股东是存在特定期待的，如取得一定的经济利益。若公司在分配利润、雇员政策以及高管聘任等方面发生重大变更，导致股东的合理期望无法实现，将构成对股东的压制。既有的判例认为，合理期待的形成不仅包括股东进入公司时所拥有的共识，而且包括在参与公司关系中所形成的期待，这些期待不仅可以是书面的，也可以是来源于股东之间的任何行为或口头承诺。但是，合理的期待不能是股东纯主观意义上的，而应是为相对方所知道或应当知道的。在美国判例法上，很多适用合理期待标准的案件都涉及家族企业这一特殊背景，如在迈泽尔曼诉迈泽尔曼案中，北卡罗来纳最高法院就针对家族企业展开了合理期待适用范围的分析。该案中，原告迈克尔和被告艾拉是兄弟关系，分别拥有30%和70%的股份，而且这些股份源于父亲的遗产，两兄弟都参与公司经营管理，因而是一家典型的第二代共同经营管理的家族公司。但是，后来艾拉解雇了迈克尔，迈克尔提

---

① See Alan L Carsrud & Malin Brännback, *Family firms in transition : Case studies on succsion, inheritance, and governance*, 2011. P21.
② 参见耿利航《有限责任公司股东困境和司法解散制度——美国法的经验和对中国的启示》，《政法论坛》2010年第5期，第133页。

起诉讼，认为艾拉将其排除出公司管理，要求解散公司或者由艾拉以公平的价格回购他的股份。在该案中，迈克尔没有自己投资入股，而是通过继承取得股权，当然不具有公司设立时的合理期待。法院认为，判断股东的期待是否合理，不仅需要考量公司设立时的情况，而且需要综合考虑股东在处理公司事务过程逐渐变化、不断累积的预期。① 由此可见，在家族公司中，判断合理期待内容的一个重要方式就是追述家族的历史与曾经的互动模式。而家族宪法的一个重要功能就是减少心理契约产生的模糊性与含蓄性，在家族成员间建立共识，家族宪法中的规定显然可以被认为是当事人都明知的关于企业目标与政策的合理期待。因此，在判断解雇家族成员等行为是否构成压制时，法官应该特别注重考察家族宪法的相关规定。例如，土耳其一个家族企业的家族宪法规定："如果家族理事会认为家族成员的价值观不符合本宪法规定的价值观，则保留个人与股东相关的合法权利，但终止其管理性特权。"② 若公司董事会以违反家族宪法的价值观为由解雇家族雇员，法院应该参考家族宪法的内容判断公司的解雇行为是否符合家族宪法的精神，以充分尊重家族企业内参与者的共识。

5.3.2 家族治理结构——家族会议

与公司治理结构类似，家族治理结构是指由家族成员组成的维护与代表家族利益的组织结构。根据沃德等人的研究，③ 家族议会等家族治理组织具有三个方面的功能：首先，提供家族参与的意义和目的，鼓励家族成员参与家族—企业相关的事务；其次，教育与培养家族成员；最后，为家族进行统一的意思表示及行动提供有效的决策程序，为家族利益的延续提供领导力（leadership）。这三种功能共同促进家族企业的永续发展。正如封闭公司的组织结构较为简单，而上市公司的治理结构较为复杂（董事会及各种职能的专

---

① 参见耿利航《有限责任公司股东困境和司法解散制度——美国法的经验和对中国的启示》，《政法论坛》2010 年第 5 期，第 133 页。
② Alan L Carsrud & Malin Brännback, *Family Firms in Transition: Case Studies on Succsion, Inheritance, and Governance*, 2011. P20.
③ See Randel Carlock & John Ward, *Strategic Planning for the Family Business: Parallel Planning to Unify the Family and Business*, 2001.

门委员会），家族治理组织同样需要根据家族的规模及家族成员间的关系等情况确定。按照复杂程度，家族治理结构存在非正式的家庭会议、正式的家族会议、家族委员会、家族专门委员会等设置。

根据对企业家族的访谈，有学者发现，实践中存在两类家族会议：第一类是所有家族股东组成的家族会议，这类家族会议具有所有者会议（owner's council）的特征，该家族会议的功能是讨论和处理家族与企业的事务。但是，与正式的股东会（shareholder's meeting）不同的是，其在程序以及目的上都具有家族组织的特征，较为柔性化。第二类家族会议的目的是保存与延续家族传统，促进家族的团结，不对企业事务做出决策，也不管理家族的其他金融性资产，主要是组织家族成员的聚餐、娱乐、教育等，增进家族成员的感情。①

家族治理结构的最终目的是实现家族的自治，因而需要对组织的权力、程序做出规定。但是，家族组织以维系家族成员的信任与团结为基础，相比于效率规范，公平在家族组织的运作中应该占据更重要的地位。组织公正理论认为，②在组织中，存在三种形式的公正，即分配的公正、程序的公正和人际的公正。这三类公正共同代表了组织中成员因相关事件所感受的公平。

组织公正的信念与氛围有利于形成成员对组织的有效承诺、信赖。③因此，要想在家族企业中营造持续的信任氛围，家族组织的决策应该从结果、程序以及人际三个方面体现对家族成员的公平对待。对一个决策是否公正的认知不仅仅取决于经济利益分配的结果，用于达成这一结果的过程也很重要，程序公正能显著提高成员对组织的承诺和对领导的信任。一般而言，程序公正的实现有赖于以下6个要素：一致性、代表性、控制偏见、正确性、用于决策的信息准确无误和伦理性。④因此，哪些家族成员应该参与决策、决策是

---

① John Ward, *Perpetuating the Family Business: 50 Lessons Learned from Long Lasting, Successful Families in Business*, 2016.
② 参见皮永华《组织公正与组织公民行为、组织报复行为之间关系的研究》，浙江大学，2006年博士学位论文。
③ 参见李绪红《组织公正：从理论到应用》，《经济理论与经济管理》2002年第7期，第57—61页。
④ 参见李绪红《组织公正：从理论到应用》，《经济理论与经济管理》2002年第7期，第57—61页。

否经过了详细解释与说明、是否考虑到个别家族成员的特殊性,都是家族治理结构设计时应该考虑的重要内容。

事实上,家族通过一定的组织方式实现自治不仅是一种理论主张,而且具有伦理性和实践性,得到近现代欧陆国家亲属法、继承法的承认。这些法律对家族自治的方式、程序等做出了较详细的规定,其中一个重要的体现就是对家族亲属会议的规定。我国台湾地区"民法典"亲属编规定了亲属会议制度,以体现团体性的家族主义。我国台湾地区"民法"上的家是指以永久共同生活为目的而同居之亲属团体。家这一亲属团体设置家长,"家长由亲属团体中推定之,无推定时,以家中之最尊辈为之。尊辈同者以年长者为之"①。而亲属会议是指为处理亲属间法定职权事项,由当事人、法定代理人或其他利害关系人召集而由一定亲属临时组成的会议机构。在我国台湾地区,亲属会议处理的职权事项包括确定监护、抚养方法、遗嘱认定、遗产管理等多种事务。关于有资格参与亲属会议的人员,按照我国台湾地区的"民法典",亲属会议的会员分为法定会员和指定会员,法定会员主要是血亲,指定会员是在法定会员不足法定会议人数时,由法院根据召集人的请求,在其他亲属中指定的人员。

亲属会议有明确的召集和决议程序。首先,应开亲属会议时,由当事人、法定代理人或其他利害关系人召集;其次,亲属会议最低应由3人以上会员出席,并需经出席会议会员过半数同意才能形成有效决议,有利害关系的会员应该回避。由此可见,这种正式的家族自治机构严格遵守程序正义,并实施民主决议方式。但是,在现代社会,我国台湾地区的社会结构及人们的生活方式逐渐发生变化,大家族制较少,普遍是小家庭制,家族成员流动性大,大多鲜有往来,亲属关系松散,导致亲属会议无法发挥应有的重要功能。王泽鉴认为:"现行民法设亲属会议乃出于亲属自治的理念,即以司法机关对于亲属法上之众多事项,尚难一一干预之前,亲属会议之容认,实有许多便利。然今日家族意义已渐行减弱,亲属四散,亲属会议之召集、决议,实有困难;纵能召集,由亲属会议决议,是否合理妥当,亦非无疑问。亲属会议的职务,

---

① 参见王泽鉴《民法概要》,北京大学出版社2009年版,第565—566页。

应由法院取代。"① 但是，与一般的小家庭不同，企业家族仍然有设置家族自治机构的特殊需求，即使无法得到法律的直接承认，企业家族治理机构做出的决策或意思表示，在特殊情况下仍然可能产生法律效力或具有一定的规范意义。例如，公司虽然没有召开股东会批准特定的交易，若家族会议已经正式讨论并同意该方案，而且已经实施特定交易的情况下，家族会议中曾表示同意的家族股东一般不得再主张决策存在程序瑕疵，否则应被认定为违反诚实信用原则。

在规模较大的家族，除了设置一般的家族会议外，还会设置间接的、代议制机构，即所谓的家族委员会或家族理事会，由所有家族成员参与的家族会议选举特定的代表组成。例如，穆里耶家族规模庞大，家族成员上千人，除设置一般的家族会议（家族联合会）外，还设置了家族委员会。家族联合会成员选举产生家族委员会。家族委员会负责对进入家族联合会的成员进行审核。按照穆里耶家族的家族宪法，家族联合会每5年举行一次会议，会议选出7名家族联合会成员共同组成家族委员会。②

家族治理结构设计的一个困难是如何处理家长（家族领袖）和家族成员的关系。在不同的家族治理结构中，根据家长的权威程度及发挥的作用，家长可能承担多种角色，从而形成一个连续的谱系。家长的一个极端是发挥传统权威的作用，类似于古代的家父，能够决定家族事务，而家族会议的其他成员则发挥协助、咨询、执行等辅助作用；第二种家长则是发挥家庭民主制下的主席角色，类似于公司中的董事长，负责家族会议的召集、议案的准备等，但在决定家族事务上与其他成员的权重是一样的；第三种家长则是在家族较松散的情况下发挥一种家族矛盾仲裁者的角色，近似于族长；家长的另一个极端可能类似于君主立宪制下的皇权，一般不参与家族事务的决策，但在仪式、家族教育等方面发挥重要的维系功能。

---

① 参见王泽鉴《民法概要》，北京大学出版社2009年版，第564页。
② Is It Impossible to Stay Together in a Large Multi-Generational Family Firm? The Daily Guardian, https://thedailyguardian.com/is-it-impossible-to-stay-together-in-a-large-multi-generational-family-firm/ (last visited May. 17, 2024).

5.4 家族治理中的正式治理机制及协调问题

5.4.1 家族治理中的正式治理机制

家族治理实践中的非正式机制主要是为了维系家族的情感、信任与团结，减少家族矛盾，而正式治理机制（法律机制）主要是为家族企业及其他财富的世代传递提供有力的法律工具与结构，保护家族财富免受家族成员分离，及政府、市场的侵蚀。[1] 正式治理机制既包括股东协议、婚前协议、遗嘱等较为简单的法律行为，也包括复杂的家族信托合约、具有组织科层性的家族控股公司、家族基金会、家族办公室、家族私人信托公司。这些复杂的正式治理机制具有两个重要的特点：首先，是对国家法的吸收与运用，具有明确的法律效力或法律执行力，能够得到法院、仲裁机构等权威第三方的准确理解与执行，因而这些法律安排能够经受家族个别成员的反对或挑战；其次，这些正式机制能够不同程度地引入外部专业机构或负有受信义务人士的参与和协助，以应对变化的外部经济与政治环境，如经济危机、税制变化或对财富家族的敌视意识形态。这两个方面的特征决定了正式治理机制实现家族延续的功能与方式，即实现家族财产的实体化或法人化，进而通过家族财产的这种法人化来独立保护家族财富，实现家族独立于家族个别成员而永续存在的目的。在一般的家庭中，上一辈的家庭财产所有权通过分家或继承等方式由下一代的个体持有，"家"本身不留下任何独立的象征或符号，或者说上一代的家庭已经完全被下一代的家庭所吸收，而在家族信托或家族基金会等法律结构下，家族财产的所有权被独立出来而存续，家族意志被独立出来而存在，家族下一代成员无法直接支配家族财产，这些家族财产表征了家族的存在，具有特殊的"信托"目的，如我们熟知的洛克菲勒家族、福特家族等。这些

---

[1] See George E. Marcus, "Law in the Development of Dynastic Families Among American Business Elites: The Domestication of Capital and the Capitalization of Family", 14 Law & Society Review, 859 (1979).

法律机制已经独立于家族成员而存在，家族成员仅取得有限的权利或利益，企业或财富由广义的受托人（fiduciary）管理，正如马库斯所言，此时，信托、基金会等法律机制成为"家族"的替代物（surrogates）而存在，① 因为家族权威或领导难以完全整合家族的资源，尤其是在家族传递到第三代、第四代之时。由于利益的严重分化、亲情的淡漠化，单凭非正式治理机制难以支持组织化的家族。通过对美国两个世系家族的研究，马库斯发现，家族要想以一种组织的形式长期存在而不解体，法律机制以及协助法律机制运行的外部受托人必须成为家族组织的重要资源。法律机制不仅仅是在出现纠纷时发生作用，而是贯穿于家族治理的整个过程，家族延续的时间越久，其发挥的作用越明显。这些法律机制决定了家族纠纷被解决的程序与结果，为家族成员设定更正式与明确的法律角色，如信托的受托人或监察人，从而改变其既往与家族成员相联系的方式与权力。因此，家族的治理或自治只能说是一种半自治（semi-autonomous），仍然受到外部制度及制度行动者的影响。美国及世界范围内的财富家族的实践也表明，大量的家族财产通过银行、律所等外部人士进行管理，"美国的多代家族面对的一个现实是大多数资产（90%）在传承到家族的第三代时已经为信托所持有"②。另外，服务企业家族的专业机构也推动法律制度与政策方面的变革，促进法律向家族友好型方向发展。例如，美国证交会发布"家族办公室法规"的征求意见稿后，很多从事相关服务的律师事务所对此做出了评论，SEC 则有条件地吸收与借鉴了这些评论内容。③

正式治理机制的一个重要功能是保护企业在内的家族财富与维持家族在社会公众中的影响力，而这些机制能够多大程度上发挥上述作用主要取决于三个方面的因素：法律机制应对外部环境所具有的自治性或灵活性；法律机

---

① See George E. Marcus, "Law in the Development of Dynastic Families Among American Business Elites: The Domestication of Capital and the Capitalization of Family", 14 Law & Society Review, 859 (1979).

② [美] 柯比·罗思普洛克编著《家族办公室完全手册》，吴飞等译，线装书局2017年版，第181页。

③ See Ryan M. Harding & Elise J. McGee, "To Register or not: SEC Investment Adviser Guidance for Family Offices", 26 Probate and Property, 23 (2012).

制对于家族内部活动的权威性或约束力；法律机制本身所具有的特性。下文将主要从以上三个方面对不同治理机制的特性及功能做出评价。

5.4.1.1 家族协议

家族协议是指家族成员签订的具有法律约束力的合同，如家族股东表决权拘束协议、一致行动协议。这些家族协议能够实现家族股东的集体行动，具有灵活性、私密性和低成本性的优点，家族成员能够根据需要磋商或修改相关条款。但是，家族协议的约束力较弱，在法律上存在一定的期限，而且一般只能约束部分家族成员，随着继承等事件的发生，家族协议对后代的约束力和权威性变差。除了协调家族成员的行动外，家族协议较难应对外部环境的挑战。因此，家族协议一般用于规模较小的家族企业或者配合其他法律机制使用。

5.4.1.2 家族信托

家族信托是财富家族或企业家族为了保护与传承家族财富或家族企业而引入的信托法律结构。一般认为，家族信托具有如下功能：集中家族财富或股权；保持家族控制；实现家族财产破产隔离；减少遗产税和代际传递税；避免遗嘱继承引发的风险；弥补家族受益人的能力缺陷；灵活实现家族成员的个性化需求。家族信托并非一个法律概念，家族信托属于民事信托、他益信托，家族信托的委托人一般不以自己取得投资回报为目的。就受托人的类型而言，可以由专门的信托公司等金融机构按照营业信托的要求从事家族信托的受托人业务，也可以由家族成员或家族友好人士个别地充任家族信托的受托人，从而构成非营业信托。根据家族财富规模和家族目的的差异，家族信托的实际样态不一，以企业家族的家族信托为例，主要是指家族企业创始人以家族企业的股权作为主要信托财产所设立的信托结构，信托目的主要是集中股权，分配企业收益或者代表家族成员行使股东的各项权利。通过信托构造，家族企业的股权在法律上属于受托人，而家族成员则成为受益人，无法直接决定股权的转让、公司重大决策事项。在家族企业中，引入信托结构，事实上也就引入了信托的特殊制度，对于家族企业的存续与业绩都会产生特殊的影响。首先，家族信托具有灵活性，能够适应不同规模家族企业的需要，例如，在家族与企业规模都较小的情况下，可以由家族成员担任受托人，受托人同时担任公司董事，随着家族与企业的规模变化，可以出现家族与外部人共同作为受托人，家族成员担任董事；完全的外部受托人，完全由家族成员担任董事；混合受托人、混合董事等多种控制权安排。[1] 其次，家族信托具有延续性，家族信托在法律上可以存续很长时间，只要有合适的受托人，就能够经受跨代传承的考验，从这个意义上说，家族信托是一种代际契约。再次，相比于一般的董事、高管义务，信托结构引入受托人义务，信托受托人需承担比董事更高的受信义务，能够更好地全面保护家族受益人的利益。最后，家族信托能够引入外部专业、独立的受托人，在家族成员缺乏经营或监督能力时，专业机构与专业人士能够更好地发挥家族管家的角色。但是，家族信托也存在一些缺陷：首先，家族信托的存续时间越长，既有的信托条款可能越不符合家族以及企业的现实，一方面，源于信息不对称和有限理性，委托人难以预测家族企业发生的所有情况；另一方面，家族成员的利益分化会越来越严重。其次，家族信托可能产生较高的运营成本和代理问题，尤其在引入外部机构和专业人士的情况下，家族成员与外部受托人之间的关系具有委托代理关系的性质，受托人可能因为利益冲突等原因侵害家族成员的利益。[2] 换言之，作为一个治理结构，家族信托本身也存在被治理的需要。最后，家族信托结构具有一定的保守性，受托人为了避免可能产生的法律风险，往往对企业的经营持保守态度，留存大量利润而不愿意投资风险项目，即产生所谓的"死钱"（dead money）问题，最终影响家族企业的长远利益。

5.4.1.3 家族办公室

家族办公室是为管理超富有人士及其家族在税务、财富转移、投资管理、治理、遗产规划、风险管理、合规、教育、沟通和理财教育等方面的事务而设立的服务组织。家族办公室可采用多种组织形式，可能是家族企业内设的一个机构，也可能由单一家族设立或多个家族联合设立。从法律形式上看，

---

[1] See Louise Scholes & Nick Wilson, "The Importance of Family Firm Trusts in Family Firm Governance", 38 Entrepreneurship Theory and Practice, 1285 (2014).

[2] See Lawrence A. Frolik, "Trust Protectors: Why They Have Become the Next Big Thing", 50 Real Property, Trust and Estate Law Journal, 267 (2015).

家族办公室可以是有限责任公司、股份公司或合伙企业等任何企业组织。从这个意义上而言，家族办公室本身就是一个由家族所有并控制的企业。但与一般的经营性家族企业不同，家族办公室以管理家族金融资产及服务家族事务为主。企业家族设立家族办公室同样对家族企业具有重要影响。首先，家族办公室能够帮助企业家族分散风险，如通过出售家族企业部分股权，投资于其他行业或领域。其次，家族办公室能够为家族成员的创业提供资金支持，有利于形成企业家家族。最后，家族办公室的专业人士可以协助家族应对外部的经济危机等挑战。但是，家族办公室具有很高的运营成本，需要大量依靠专业人士的协助，在家族私密性、代理成本等方面存在缺陷，能否真正发挥作用还取决于其所处法律环境对私人财富的保护程度。

5.4.1.4 **家族基金会**

家族基金会是以家族名义设立的以从事慈善事业为目的的非营利性法人。企业家族用家族企业的全部或部分股权设立家族基金会，实现所有权与控制权的分离。

设立家族基金会的一个重要功能是减少继承税或遗产税，但家族基金会也具有家族治理与企业治理的功能，能够实现企业家族特殊的价值观与愿景。以德国著名的家族企业博世集团为例，博世集团的绝大部分股权由家族基金会——罗伯特博世基金会持有，博世家族仅持有不到10%的股权，但是基金会持有的股权没有表决权。通过家族基金会，博世家族后代虽然无法获得企业经营的大部分收益，但企业的控制权也不会因家族代际传承而受到敌意收购等挑战。家族基金会的设置主要有以下几个方面的作用：首先，通过设立家族基金会，能够显著提高企业家族的社会声誉，增加家族社会资本，实现企业家族的长久荣耀；其次，基金会是法律专门规定并监管的法人组织，其组织结构需符合法律的要求，除了一定的家族成员比例外，还需要有外部独立的理事或董事参与，能够缓和家族矛盾对企业产生的影响，在特殊情况下，民政部门等政府权威机构还会参与基金会的治理，代表基金会的利益应诉，减少基金会的代理问题；最后，基金会是一个稳定的持股机构，相比于营利性的个人或组织，对企业经营的压力较小，有助于企业的长期利益最大化。

对欧洲基金会持股企业的研究表明，基金会是一个具有长期主义倾向的股东，基金会持股企业更换管理者的频率更低、企业财务杠杆率更低，在融资、投资、雇佣等方面都表现出更明显的长期主义（long-termism）。① 由此可见，家族基金会在延续性、权威性、独立性以及应对环境挑战等方面都具有明显的优势，在家族与企业利益中更偏向于企业优先的价值观。当然，家族基金会也存在一些不足：首先，因无法享受企业经营的收益，家族成员可能逐渐失去对企业的关注与投入，家族成员间的互动减少，企业最终脱离家族的控制，成为完全的公众企业；其次，参与经营的家族成员与企业之间可能产生较严重的代理问题。

5.4.2 正式与非正式机制的互补

处于不同发展阶段、文化背景及制度环境中的家族系统具有多样性，导致家族嵌入企业的程度、方式及其影响也具有多样性，因此，在理论上只能提出家族治理的原则性框架，不可能建立标准化的家族治理模式。在家族治理的框架中，家族系统的定位决定了家族企业的定位。② 上述正式与非正式的家族治理机制都是一种试图实现家族一体化、实体化或组织化的家族缔约安排。但是，这些制度可能还没有及时建立或发挥作用，家族已经产生裂痕，或者虽已经发挥作用但由于其自身固有的缺陷或外部环境的复杂性，难以应对家族、所有权及企业各方面的挑战。宋丽红等通过我国多个家族企业的案例研究发现，当家族内部小团体利益的出现打破整体格局时，家族委员会、家族宪法等制度无能为力，家族企业的分家不失为一种替代家族整体治理的战略举措，以解决家族冲突。③ 在企业家族中，家族成员之间的契约（广义的）具有多样性，这些契约关系的变化不仅影响家族成员的私人关系，而且直接映射到家族企业的治理结构上。因此，企业家族在设计自身的家族治理

---

① See Steen Thomsen, et al., "Industrial Foundations as Long-Term Owners", 26 Corporate Governance: An International Review, 180 (2018).
② 参见吴炯《家族企业的分立治理结构选择及案例解析》，《管理案例研究与评论》2011 年第 6 期，第 445 页。
③ 参见宋丽红、李新春、张书军《从家族企业到企业家族：基于分家的多案例研究》，《管理学报》2012 年第 6 期，第 807 页。

结构时，需要充分考虑到家族的特征、不同治理机制的成本及问题，综合运用非正式治理机制与正式治理机制。下文将主要分析两种重要的影响要素。

5.4.2.1 家族社会资本的状况

家族社会资本的高效调集是家族企业的竞争优势。但是，在家族企业的发展过程中，家族社会资本的状况会随时发生变化，如家族成员间信任度的下降；企业对家族社会资本的依赖度也会发生变化，随着企业规模的扩大，市场等外部资源成为企业发展的主要动力。社会资本的专用性及负外部性决定了准确评估家族社会资本的现状是选择家族治理模式的重要前提。当家族社会资本的存量难以应对家族企业发展的需要时，应该考虑构建家族治理的实践，增加家族社会资本。

家族企业的家庭单元为争夺家族专用社会资本的利益会产生机会主义行为，这类机会主义行为是家族治理的核心对象，应该根据家族社会资本的专用性程度以及家族社会资本的相对重要性程度，调整家族的治理结构与机制。[①] 当家族企业仍然处于家庭企业这一早期发展阶段时，家庭成员的利他主义程度及信任程度较高，家庭成员数量较少，企业对资金、人力资本的要求也较低，既有的家庭规范完全能够满足企业发展的需要，家长同时充当家庭与企业中的最高决策者，此时，家庭内无须建立科层制的家族治理结构，家族宪法或家族议会等治理措施可能产生较高成本，也会阻碍家庭内的正常信息交流及情感需要，非正式的家庭会议或家庭聚会即可商讨企业内部的事务。在所有权层面，产权关系较为简单，往往由家长作为名义上的股权登记主体，而其他家庭成员通过家长的利他与互惠而事实上享有家族企业，无须处理所有权分散产生的问题，因此，与所有权分配有关的正式机制，如股权信托，一般也无须在此阶段设置。在家族与企业的关系上，由于家庭成员的高度信任以及企业在此阶段对家族社会资本的高度依赖，家族成员参与公司经营管理大多有利于公司降低交易成本，因而一般无须设置特别的家族雇佣政策或利润分配政策。但是，当家族企业发展到一定规模后，家族既有的社会资本

---

① 参见吴炯《家族企业的分立治理结构选择及案例解析》，《管理案例研究与评论》2011年第6期，第444—458页。

难以满足企业发展的需要，需要建立相对正式的家族治理体系。不同家族企业所处的发展阶段不同，对家族社会资本状况的判断需要结合家族成员的数量、家族成员的互动关系、家族所具有的社会网络等综合判断。一般而言，在家族企业代际传承前后，家族社会资本容易发生变化，家族纠纷造成家族成员的不信任与冲突，在此过程中，应该通过家族宪法、家族会议明确家族成员对代际传承过程中之企业的期待，维系家族成员的团结。在所有权层面，代际传承中的企业家族需要明确不同家族分支对企业的受益权，并且通过股东协议、信托等机制维系家族所有者的集体行动，因此，正式的法律机制成为代际传承中家族企业的重要治理工具。在家族与企业的关系上，代际传承过程中的企业需要重点考虑管理权的分配问题，一些没有能力或兴趣的家族成员可能退出家族企业，如香港利丰集团案显示的那样，由部分家族成员管理的家族企业将产生较为明显的利益分化，一个相对独立的董事会以及公平的雇佣政策都是此阶段的家族企业应该重点筹划的治理任务。

在家族社会资本已经明显减少或者家庭矛盾重重的情况下，或者企业已经严重不依赖家族社会资本时，可以考虑家族企业的分立或出售，减少家族、所有权及企业三个子系统的复杂性程度。另外，应当制定较为严格的家族参与政策，减少家族成员对企业的涉入和干预，引入独立董事和职业经理人等外部治理主体，甚至考虑通过上市方式实现一定程度的去家族化，改善企业的治理水平。

5.4.2.2 家族治理的权力成本

若将家族这一单位视为与企业或公司一样的组织，则家族治理的成本在很大程度上与家族权力的集中度有关。譬如代际传承中的长子继承制与诸子均分制之争，属于家族权力集中度的选择问题。家族权力集中度主要指企业所有权以及控制权在家族成员间分配时，集中于个别家族成员或成员群体的程度。按照亨利·汉斯曼的企业所有权理论，不同的所有权集中程度会产生不同的权力成本。[①]

不同的家族治理机制会产生不同的权力集中程度，相应产生不同的权力

---

① 参见[美]汉斯曼《企业所有权论》，中国政法大学出版社2001年版，第39页。

配置成本和权力使用成本。以家族信托为例，虽然信托持股结构可以实现股权的集中与控制权的稳定，产生所谓的股权紧锁，这种结构形成较为集中的家族权力，也会产生额外的权力成本。有学者通过对香港家族信托持股的上市家族公司的研究发现，相比于家族成员直接持股的所有权结构，信托持股的公司倾向于支付更高的股利，更少做长期投资，在经济不景气的情况下业绩表现更差。[1]

事实上，即使家族创始人表达了基业永续的目的，法院也会充分考虑到社会情势的变化而对信托的相关条款做柔性化解释，以减少家族成员间的矛盾。例如，在普利策遗产案中，普利策的遗嘱信托中包含了强制性的股权保留条款，禁止受托人在任何情况下出售家族企业的股权，而受托人是普利策的三个儿子。他们提请法院豁免适用强制性保留条款，声称公司近五年来持续亏损，如果公司不被允许出售，它可能会变得"分文不值"。法院适用了情势变更规则，将遗嘱解释为包含出售股份的默示权利。法院认为，受托人对信托的管理应当以保护信托财产为原则，而不能盲从遗嘱使用的字面用语。[2]因此，在确定股权信托受托人的数量、受益权的分配时仍然需要持续考虑家族成员的需要，并且通过家族会议、家族委员会协调家族成员的矛盾，减少权力集中产生的配置成本。

总之，家族社会资本的状况和家族权力成本是影响家族治理结构及其效果的重要因素，鉴于家族社会资本的复杂性及家族权力成本的多样性，法律制度应该给予企业家族充分的自治空间，并且提供多元化的治理工具。

5.5 本章小结

家族治理是指家族企业为了家族和企业的长远发展，规范家族内、跨家族以及家族—企业之间的家族成员行为和利益协调的制度安排。家族治理主

---

[1] See Joseph Fan & W. Leung, "The Structure of Ownership in Family Firms: The Case of Family Trusts", Chinese University of Hong Kong, Working Paper (2015).

[2] See Thomas P. Gallanis, "The New Direction of American Trust Law", 97 Iowa Law Review, 215 (2011).

要通过家族成员的缔约过程实现，具有自愿性、持续性以及专业人士参与等特点。家族治理存在非正式治理与正式治理两种机制。两种机制的法律约束力不同，作用机制也存在差异。

因家族社会资本的负外部性、家族成员代理关系的出现以及家族成员心理契约的模糊性，企业家族具有家族治理的现实需求。研究表明，家族治理有利于促进家族的组织化、提升家族企业业绩。家族治理的重要任务包括家族意愿的统一、家族规则的设定、家族沟通与决策机制的确定以及家族权益的配置。

家族宪法是家族企业治理的根本性文件，西班牙等国通过法律及财政支持鼓励家族企业制定家族宪法。根据组织公平理论，家族宪法能够减少与管控家族成员分歧，明确家族成员的共识。在家族公司中，家族宪法可用于补充解释公司章程、股东受信义务，明确家族股东的合理期待。

家族治理结构是指由家族成员组成的维护与代表家族利益的组织结构，主要形式是家族会议。

家族治理实践中的非正式机制能够维系家族的情感、信任与团结，减少家族矛盾，而正式治理机制能为家族企业及其他财富的世代传递提供有力的法律工具与结构，两者是一种互补关系。家族协议、家族办公室、家族信托、家族基金会在法律约束力、代理成本以及应对外部环境变化的能力等方面存在差异，应该充分考虑家族的社会资本状况以及家族权力配置的成本，确定适合不同阶段的企业家族的治理机制。

第六章　助推家族企业治理与传承的法律路径

由于家族所有、控制及家族意愿的涉入，家族企业治理具有不同于一般公司治理的目标与机制。① 家族企业治理是企业治理与家族治理的结合，无论是企业还是家族层面的治理，非正式治理机制和正式治理机制都发挥着重要作用，两者之间具有互补关系。家族企业治理的空间与具体形态除受到一国公司法、证券法等企业组织方面的法律影响外，还受到婚姻法、继承法、信托法等家事法及家庭社会规范的影响。② 但是，企业家族仍然具有广泛的自治空间，可以对家族企业治理的相关事项做出符合家族价值观的安排。③ 我国大量家族企业正在经历代际传承，直接影响家族企业的存续与发展。而构建一个家族企业治理的框架或开始家族企业治理的设计有助于家族企业提高应对传承危机的能力，减少家族与企业的冲突，发挥家族企业独特的竞争优势，也有利于维护企业雇员、债权人等其他利益相关者的利益。④ 但是，家族企业治理（尤其是封闭型家族企业的治理）无法通过法律的直接强制完成，域外国家的家族企业实践也表明，家族企业治理存在一个制度化的过程，需要由包括政府、市场以及专业机构等多元力量共同推动。按照新制度主义的观点，

---

① See Michael Carney, "Corporate Governance and Competitive Advantage in Family-Controlled Firms", 29 Entrepreneurship theory and practice, 249 (2005).

② See Andrew Ellul, Marco Pagano & Fausto Panunzi, "Inheritance Law and Investment in Family Firms", 100 American Economic Review, 2414 (2010).

③ See Benjamin Means, "Contractual Freedom and Family Business", in Research Handbook in Partnerships, LLCs and Alternative Forms of Business Organizations, 2015. P40-P41.

④ See Suess, Julia, "Family Governance – Literature review and the Development of a Conceptual Model", 5 Journal of Family Business Strategy, 138 (2014).

组织为了获取生存所需的合法性资源，需要适应制度环境的压力，除了因受到强制性制度影响而改变外，组织还会基于规范及模仿的压力而改变组织结构与行为，从而出现组织的趋同现象。家族企业治理与传承的实践同样如此。

家族企业的长期存续受到多种环境因素的挑战，① 鉴于家族企业的普遍性及其对社会经济的重要性，很多国家通过相关法律及政策直接或间接影响着家族企业的治理实践，如为家族企业提供税收方面的优惠、减少家族传承的家事法方面的障碍及为家族治理提供财政支持。这些法律政策虽然不能直接决定企业的治理结构或行为，也不一定能立刻产生实际的效果，但是，从长远来看，会对家族企业的治理实践产生激励与模仿效应。由于我国家族企业的存续时间尚短，法律政策对家族企业和企业家族的关注不足，通过考察域内外相关制度的演进有助于了解法律制度与家族企业治理的关联或作用机制。本书认为，不同于强制性规范，家族企业治理与传承的完善更适合采用法律制度与社会力量的"助推"，行为经济学开创者塞勒和桑斯坦基于现实中行为人的直觉思维和认知偏差，曾系统论证了如何通过轻微的、非强制的方式来改变人们的选择框架，使其更符合行为人的长期利益和社会公共利益。他们强调了在设计选择环境时使用"助推"来引导人们朝着更理性、更有益的方向做出决策。"助推"可以通过改变信息呈现方式、调整选择结构或提供激励等方式来实现。②

下文将重点梳理助推家族企业治理与传承的法律与政策路径，为完善我国家族企业治理和传承提供制度化的建议。

6.1 增加家族治理的法律组织形式

家族治理的研究已经表明，企业家族或家族所有者并非一个同质性的实体，随着家族规模的扩大，如姻亲等新成员的加入，自然的家族纽带难以维

---

① 参见余立智《浙江民营家族企业的制度锁定与制度创新》，《浙江社会科学》2002年第4期，第41—46页。

② 参见［美］理查德·塞勒、卡斯·桑斯坦《助推：如何做出有关健康、财富与幸福的最佳决策》，刘宁译，中信出版社2018年版。

系既有的信任与互惠关系。即使家族成员具有家族利益最大化的共同目标,不同家庭在风险偏好、财产规模、时间视野和社会情感财富等方面的差异仍然会使家族所有者之间产生冲突。由于家族团队生产的性质,难以量化家族成员的贡献,造成家族成员的机会主义,这种由家族所有者之间的冲突及机会主义产生的成本属于家族所有制的成本,是家族企业特殊的代理成本。企业家族为了避免或减少这种家族所有制产生的成本,需要采取多种形式的正式治理机制或治理结构,对家族企业的所有权、管理权、分红政策、雇佣政策、退出机制等涉及家族成员利益与行为的内容进行规范。这些治理机制的核心是在家族成员与家族企业或财富之间增加中间层治理结构及外部治理力量,以实现家族与企业或其他财富之间一定程度的分离,实现家族所有权的集中,风险隔离,同时引入专业人士,弥补家族管理与监督的不足。根据家族与企业的分离程度差异,存在家族成员分别持股、企业内置家族办公室、单一家族办公室、家族信托/基金会等治理结构。分离程度越高,这种中间层治理结构的稳定性越强,家族企业越能抵挡家族成员冲突产生的不利影响。[①]例如,家族信托使得家族成员成为消极的受益人,能够减少家族成员对企业经营的不当干预。[②] 而由公益性的基金会持有家族股权则将产生企业和家族在所有权层面高度分离的效果,确保了股权本身的完整性和独立性。

但是,家族与企业的分离也会出现代理人监督次级代理人的现象,从而产生双重代理成本,这种代理成本既包括需要额外的管理费用,也包括代理链条过长导致的道德风险。家族与企业的分离程度越高,这种代理问题可能越严重。例如,在家族信托中,家族受益人与专业受托机构之间存在较严重的信息不对称,会产生较高的代理成本,[③] 需要信托监察人、保护人等治理机制约束受托人享有的自由裁量权。[④]

因此,家族治理的结构与机制取决于不同环境下家族所有者成本和双重

[①] Thomas Zellweger & Nadine Kammerlander, "Article Commentary: Family, Wealth, and Governance: An Agency Account", 39 Entrepreneurship Theory and Practice, 1281 (2015).
[②] See Fred Neubauer & Alden G. Lank, *The Family Business: Its Governance for Sustainability*, 2016.
[③] See Robert Sitkoff, "An Agency Costs Theory of Trust Law", 89 Cornell Law Review, 621 (2003).
[④] See Stewart E. Sterk, "Trust Protectors, Agency Costs, and Fiduciary Duty", 27 Cardozo Law Review, 2761 (2005).

代理成本的平衡，家族的规模与信任度、家族企业的发展阶段与行业属性等都会影响家族治理结构的选择。法政策应该允许企业家族根据家族企业的发展阶段选择不同的治理机制。但是，治理机制的可选择范围很大程度上取决于法律上的组织与契约类型供给。例如，一些欧洲国家基于特殊的历史原因，其民法典对继承等身份法问题的规定较为严格，存在很多强制性规范。部分欧洲国家的民法典曾明确禁止继承协议，《意大利民法典》第458条（关于继承的约定的禁止）规定，不论何人，处分自己继承的一切合意，均为无效。同样，不论何人，基于未开始的继承将应归属于自己的权利进行处分，或者将其放弃等一切行为，亦一概无效。由此，家族继承人无法事前对将来的继承财产做出灵活的安排。但是，欧盟1994年关于中小企业代际传承的指令要求成员国为家族企业的代际传承提供制度保障。2006年，意大利议会将家族协议引入《意大利民法典》第768条。该条款允许家族成员订立关于家族企业所有权和管理权代际传承相关安排的协议，获得家族企业股权的一方需要补偿其他未获得股权的家族成员。该规定为家族企业的传承提供了更广泛的自治空间。

同样，以家族信托为例，美国各州及一些离岸金融中心为了吸引财富家族，信托法提供了不同治理类型的信托，以便企业家族选择不同程度的控制与监督机制。

2004年，英属维尔京群岛（BVI）颁布了《英属维尔京群岛特别信托法案》（The Virgin Islands Special Trust Act，VISTA），创设了VISTA信托（见图6-1），用立法的形式确保了委托人对信托中公司股份的控制权。

VISTA信托主要解决家族如何保持对家族控股公司（家族财产）的控制问题，并且避免了被认定为"虚假信托"的法律风险。[①] 在VISTA信托下，受托人的核心义务就是持有股权，而且该法阻止受托人对公司日常管理、经营的干涉，从而确保了BVI公司的日常管理和经营权将牢牢掌握在以家族成员为主的BVI公司的董事会手中，并间接达到了对家族控股公司（家族财产）

[①] See Simon Gray, "VISTA Trusts Allow BVI to Slough Off Past and Attract Global Businesses", 17 The Lawyer, (2005).

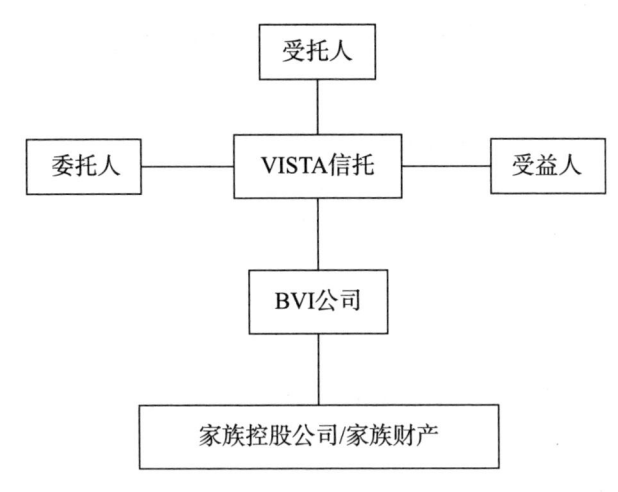

第六章　助推家族企业治理与传承的法律路径

图 6-1　VISTA 信托基本结构

的控制。

又如，除了营业信托公司或银行信托部等专业受监管的信托机构外，美国很多州都为企业家族管理家族企业或家族财富提供了私人信托公司（private trust company）这一受托人形式。① 私人信托公司是由家族组建并且担任家族信托受托人的公司形式。私人信托公司的股东一般是目的信托或家族基金会，以确保私人信托公司的股权维持稳定。私人信托公司的目的是家族财富管理，与面向公众委托人或投资者的信托公司或其他金融机构在功能上具有明显的差异，产生的风险也不同。与专业的金融机构相比，私人信托公司受到的监管更少，一般无须向监管机构披露营业信息。② 相较而言，私人信托公司具有高度的灵活性，能够在家族与外部人控制之间达成多种可能的平衡，实现家族治理的多种功能。首先，私人信托公司在组织形式上属于公司制，存在董事会和管理层，企业家族成员可以通过担任董事或其他高管直接参与家族财富的管理决策，这种参与是制度化的结果，一般不会导致信托财产独立性的丧失。其次，相比于自然人受托人，私人信托公司具有永续性特征，不受自然人生命周期的影响，增强了信托的稳定性及管理的延续性。最后，私人信

---

① See Alan V. Ytterberg & James P. Weller, "Managing Family Wealth Through a Private Trust Company", 36 ACTEC Law Journal, 62 (2010).
② Wayne M. Gazur & Robert M. Phillips, *Estate Planning: Principles and Problems*, 2015. P10.

托公司可以聘任外部专业人士作为公司独立董事,从而实现家族与企业更高程度的分离。①

欧洲大陆法系国家大多没有专门的信托法,但其基金会(财团法人)制度较为完善,除了公益形式的基金会外,欧洲国家普遍允许设立私益目的的家族基金会,由家族创始人以家族企业股权等资产作为出资设立家族基金会,明确家族基金会的目的、基金会管理机构,家族成员仅作为基金会的受益人,按照基金会章程的规定获得一定的收益,不能取得对基金会的控制权,由此实现了和英美法私人信托公司类似的"所有权与控制权"相分离的制度安排,可以实现家族企业的专业化管理,避免家族企业股权的分散,同时保障家族成员的经济利益。例如,由于波兰不承认信托或类似信托的法律制度,为了给家族企业和家族财富的代际传承(intergenerational succession planning)提供制度保障,波兰于2023年出台了专门的《家族基金会法》(family foundation act),法案的核心是为了保护家族企业,避免家族企业的股权对外转让。据统计,该法案生效7个月内,申请设立家族基金会的申请人就超过800个。这种私人的家族基金会实质上类似于法人型信托,信托财产通过基金会实现法人化,同时也具有更高的透明度,可以解决长期困扰我国民事信托发展的非货币财产设立信托、信托财产登记、信托财产独立性等制度性难题,同时为税收监管等提供透明的信息基础,值得我国借鉴。

相较而言,我国《基金会管理条例》仅承认公益性的基金会,《信托法》虽允许自然人或其他机构作为民事信托的受托人,但是,信托公司是我国目前主要的受托机构,以从事投融资的商事信托为主,家族信托业务仍处于起步阶段。作为家族信托的受托机构,信托公司具有资金雄厚、管理能力强及长期延续等特点,但是在成本、个性化、私密性及家族参与度等方面存在诸多不足。因此,在我国现有的制度框架下,需要信托监管机构充分考虑家族信托的特殊性,为信托公司从事家族信托业务制定区别于一般商事信托的监管规则,吸引我国的财富家族设立本土化的家族信托。从长远来看,我国也

---

① See Iris J. Goodwin, "How the Rich Stay Rich: Using a Family Trust Company to Secure a Family Fortune", 40 Seton Hall Law Review, 467 (2010).

应该为财富家族的治理提供多元而灵活的组织形式，借鉴英美信托法或欧陆家族基金会法的立法模式，降低家族治理的成本。例如，我国可以在现有《基金会管理条例》的基础上制定基金会法，允许财富家族设立私益为主的基金会，作为家族企业的持股主体，同时规定基金会的章程需要明确一定比例的基金财产用于从事公益慈善活动，这种混合形式的基金会不仅有助于企业家族对企业所有权的控制与传承，同时激励其积极从事公益慈善活动，助力第三次分配。

6.2 制定家族企业治理准则与指引

主流的公司治理理论和制度主要关注上市公司的治理，大多数国家都制定和发布了上市公司治理准则或最佳实践范例，为上市公司的公司治理提供指导，如我国证监会颁布的《上市公司治理准则》。而公司法则主要关注公司内部治理结构，包括股东会、董事会、监事会的职权配置和决议程序。但是，除了上市公司，非上市公司的家族公司同样存在治理的特殊需求。一些研究机构和组织逐渐认识到非上市公司治理的重要性，研究制定了非上市公司治理准则。例如，比利时的雇员组织和专家委员会于2005年发布了《非上市公司治理准则》，该准则第9章的标题是"家族企业的特殊建议——家族治理"[1]，专门对家族企业特有的家族治理提出了建议与指导，内容涵盖家族会议、家族宪法、继任及冲突解决。其中，该准则建议企业家族在家族宪法中建立一套约束家族成员的规则，这些规范应该考虑：家族价值观与愿景；家族财产；家族的财务目标；家族企业的周期；受雇于家族企业之家族成员的薪酬水平；家族企业的治理；家族的治理；家族企业的领导；家族企业中非家族成员的角色；沟通机制等。该准则建议家族宪法应该具有一定的法律约束力。这些家族企业治理准则能够在企业家族中形成治理的意识，提高相关知识的可获得性，深化企业家族在家族企业治理方面的认知水平。

---

[1] See Alexander Koeberle-Schmid, Denise Kenyon-Rouvinez & Ernesto J Poza, *Developing Governance with the Help of a Governance Code*, *Governance in Family Enterprises*, 2014. P197-P221.

同样，世界银行集团旗下的国际金融公司（IFC）也专门制定了家族企业治理手册，[①]从家族成员在公司治理中的角色、家族治理、家族企业的董事会、家族企业的高管、家族企业上市这几个方面对家族企业治理的框架、程序提供了建议。而且，该手册在相应的中文版本中补充了中国家族企业治理的内容，包括中国家族企业治理的一般特征、中国家族企业治理的法律环境及中国家族企业治理案例三个部分。

这些家族企业治理准则为企业家族探索个性化的家族企业治理方案提供了参考框架，能够在家族企业中形成最佳治理共识。此外，这些机构所推出的家族企业治理准则也逐渐为银行等金融机构所接受，是金融机构判断家族企业是否存在良好治理实践的重要标志，从而间接影响到家族企业的融资成本及商业合作。[②]

部分国家为了弥补一般公司法适用于家族企业治理与传承的制度缺陷，专门制定了家族企业法，为家族治理和家族纠纷的解决提供特别法规则。阿拉伯联合酋长国于2022年通过了《家族企业法》，该法将多数股份由同一家族所有的公司界定为家族公司，家族公司除了按照一般公司法注册外，需经过特殊的家族企业登记程序。家族企业法的目的是规范家族企业的所有权和治理，促进家族企业的代际传递，支持家族企业的连续性。该法的主要内容包括：（1）企业家族可以制定家族宪章，对全体股东具有约束力，家族宪章可以规定家族所有权、目标和价值观，股份评估机制、利润分配方式，家族股东需要具备的学历等条件，政府部门应该制定家族宪章指南。（2）家族股东仅能将股权转让给其他家族股东或亲属，家族公司或家族股东可以回购非家族股东的股权。（3）家族企业可以回购不超过30%的自己股份。（4）家族公司可以发行类别股。（5）除非章程另有约定，家族公司应该每年分配部分利润。（6）公司章程可以规定董事会成员名单。（7）家族事务可以通过建立和组织委员会、理事会等，来管理与家族企业的关系，如家族协会、家族议

[①] See Esteban R. Brenes, Kryssia Madrigal & Bernardo Requena, "Corporate Governance and Family Business Performance", 64 Journal of Business Research, 280 (2011).

[②] *Overview of Family Business Relevant Issues*, http://www.europeanfamilybusinesses.eu/publications/81/29/Overview-of-Family-Business-Relevant-Issues (last visited Dec. 12, 2018).

会和家族办公室。(8) 公司章程或公司宪章可以规定组建一个由股东、家族成员或第三方组成的理事会，该理事会的目的是考虑在股东之间、股东与家族成员之间，以及股东、家族成员与家族企业之间可能发生的纠纷并进行调解。(9) 每个酋长国应成立一个"家族企业纠纷解决委员会"。(10) 公司章程和公司宪章的解释。在公司章程或公司宪章中缺乏明文规定或存在歧义的情况下，应根据家族企业的创始人及其股东的共同目的以及家族企业建立的目标进行解释，以帮助家族企业的延续、发展、良好经营、顺利过渡和分离、避免冲突和冲突的代际延续。(11) 内阁应发布其认为适用于登记簿上登记的家族企业的优惠和激励措施。

概言之，阿联酋的家族企业法涵盖了企业治理、家族治理及家族纠纷解决等诸多方面的内容，有针对性地为家族企业治理与传承提供了规则体系。我国虽不一定要制定专门的家族企业法，但仍然可以通过制定相关家族企业治理的指引为家族企业规划家族传承提供参考模版。

2023年，我国发展与改革委员会专门设立了民营经济发展局，旨在跟踪了解和分析研判民营经济发展状况，统筹协调、组织拟订促进民营经济发展的政策措施。家族企业是我国民营经济的重要组成部分，民营经济发展局应该借鉴其他国家在促进家族企业治理与传承方面的经验，制定适合中国家族企业的治理准则，为家族企业传承规划提供政策支持与公共服务。

6.3 出台家族企业治理与传承的财税激励政策

家族企业治理与传承的研究表明，我国家族企业面临大规模的传承，但囿于企业家心理、制度工具缺失、缺乏政策指引等原因，我国家族企业通常对传承缺乏有效的安排，本书相关司法案例的研究也表明，家族股权结构不清，家族财产与企业财产混乱，家族契约的不完善等问题严重影响家族企业的发展，甚至陷入旷日持久的家族纠纷。因此，从行为经济学的角度而言，相关法律制度应该"助推"家族企业治理与传承的完善。虽然家族企业能否传承取决于很多因素，但国内外家族企业传承的理论和实践都表明，家族企业不同于一般财产的继承，家族企业的价值更多受到企业家精神、技能和社会资本的影响，尽早安排和规划家族股权、家族管理权是重要因素。一些国家的实践也表明，一定程度的财政支持能够让家族企业主意识到传承安排的重要性，在企业家族内部形成家族治理的共识，促进尽早安排代际传承。

家族企业治理与传承是企业家族的自愿性治理，无法也不宜通过法律强制推动实施。在既有的家族企业治理实践中，部分国家通过政府财政补贴、免费培训、提供家族企业治理框架性准则等多元方式帮助企业家族了解并尝试构建家族治理体系。[①] 本书将介绍部分国家通过财税政策支持家族企业完善治理与传承的相关法律政策，在此基础上提出我国完善家族企业治理与传承的财税法路径。

6.3.1 家族企业治理与传承的双重困境

6.3.1.1 心理障碍与非理性

正如行为经济法研究表明，在经济交往中，大多数人处于有限理性和有限信息之中，受到系统性认知偏差的影响，存在迟延、损失厌恶、有限注意等问题。而在家族企业治理与传承问题上，心理方面的问题更加复杂。一方面，家族企业治理容易形成路径依赖和自我锁定，因家庭与企业早期的互动形成的关系治理模式难以被完全打破，家族与企业之间的边界不断模糊，因早期创业的成功，企业家容易受到过度自信的心理偏差的影响，对于企业的发展阶段和家族的发展阶段缺乏清晰的认知；另一方面，在家长权威下，企业家往往不愿意考虑传承安排，忌讳继承等问题，而家族后代则出于对家长权威的尊重，也不愿过早介入公司，导致很多家族企业错失时机。匆忙的传承安排往往导致不合理的股权结构和不适当的利益分配，会增加家族的诉讼风险。从案例中也可以看出，我国很多家族企业往往在家族出现裂缝或矛盾时才考虑所有权、管理权的分配，且通常签订一份简单的家族协议，较少考虑公司组织法上的特殊性。

---

① See Marta M. Berent-Braun & Lorraine M. Uhlaner, "Family Governance Practices and Teambuilding: Paradox of the Enterprising Family", 38 Small Business Economics, 103 (2012).

6.3.1.2 复杂性与专业知识的匮乏

家族企业的治理与代际传承具有复杂性，需要统筹考虑家族与企业两个系统，家族成员之间的缔约具有关系性契约的特征，关系的存续和企业的发展都是家族企业治理的重要目标，家族企业不可能采取完全市场化、陌生化的谈判缔约模式，心理契约和模糊的产权关系进一步导致了家族成员在贡献、参与度、利益方面的模糊，而企业家一般仅具有经营企业的专业知识和能力，缺乏家族企业治理和传承方面的经验，通常基于传统的家庭观念分配家族企业财产，忽视了企业股权增值与传承的特殊性。尤其是封闭型的家族企业，缺乏退出和稳定的现金流，导致家族企业所有权整体转让的困境。我国学者通常关注家族内的所有权代际传承的重要性，忽视了员工、外部投资者在家族企业所有权转移中的价值。家族企业的传递应该根据具体情况，设置灵活的所有权转移，如通过员工持股计划由员工主导公司经营，也可能通过产业的收购兼并提供退出渠道。

而我国家族企业的案例分析表明，家族企业的分家等通常没有聘请专业的会计师、律师对家族企业既有的经营、财务、法律风险进行评估和分析，而是由家族成员协商决定，导致事后出现不公平的心理效应，引发持续的诉讼。

6.3.2 激励家族企业治理与传承的立法例

家族企业是各国经济的支柱，为经济发展、就业做出了重要贡献，因而很多国家都重视家族企业的治理与代际传承问题，认识到家族企业治理与传承的独特挑战和困境，相比于直接的法律强制或一般的教育宣传，财税政策的支持可以为家族企业提供经济便利，激励家族企业尽早安排传承或对外转让所有权。

6.3.2.1 企业家族适用遗产税的法政策考量

遗产税对家族企业代际传承的意愿与成本影响巨大，[1] 会影响企业的所有

---

[1] See Magnus Henrekson & Daniel Waldenström, "Inheritance Taxation in Sweden, 1885–2004: The Role of Ideology, Family Firms, and Tax Avoidance", 69 The Economic History Review, 1228 (2016).

权结构与组织形式。遗嘱税或继承税要求持有家族企业所有权价值达到一定数额的被继承人或继承股东按照估值缴纳一定比例的税负。① 一般认为，遗产税会增加家族企业延续的交易成本，给企业家族造成过重负担，使得家族后代更倾向于解散或出售企业。这直接降低了家族企业的生存能力，② 尤其是家族企业面临流动性危机或遭遇宏观经济危机时。③ 一个优待家族企业的遗产税制有利于家族企业的存续，从而维护就业等宏观经济。④ 例如，欧盟1994年就建议成员国在家庭法、继承法及金融法等方面不得妨碍家族企业的存续，应该减少遗产税对家族企业存续的不利制约。2006年欧盟的调查发现，25个成员国中已经有21个实施了减少遗产税的政策或正在规划相关政策。⑤ 一些国家直接废除了遗产税，部分国家则对企业的继承与赠与不再纳税。也有国家有条件地对家族企业的继承予以税收优待，如家族企业符合一定的资本金、雇员数额以及经营年限，可以享受低税率或延期纳税。总体而言，大多数国家都通过税收的减免促进家族企业的延续，减少家族企业代际传承的负担。但也有学者研究认为，家族企业的代际传承虽然可以减少交易成本，提供就业，但是家族后代经营才能下降，家族内部的管理传承可能造成后代经营的非效率。⑥ 因此，科学地设置家族企业遗产税的减免条件是一个重要前提。有学者主张，家族企业减免遗产税应该以实施家族治理为前提，以此促使企业家族制定家族宪法等规范性文件。⑦

另外，高额的遗产税也会造成企业家族采用复杂的家族企业治理结构，

---

① See Per-Olof Bjuggren & Lars-Göran Sund, "Organization of Transfers of Small and Medium-sized Enterprises Within the Family: Tax Law Considerations", 18 Family Business Review, 305 (2005).
② See Michael J. Brunetti, "The Estate Tax and the Demise of the Family Business", 90 Journal of Public Economics, 1975 (2006).
③ See Pasi Malinen, "Like Father Like Son? Small Family Business Succession Problems in Finland", 2 Enterprise and Innovation Management Studies, 195 (2001).
④ See Karen Maru File & Russ Alan Prince, "Attributions for Family Business Failure: The Heir's Perspective", 9 Family Business Review, 171 (1996).
⑤ See Margarita Tsoutsoura, "The Effect of Succession Taxes on Family Firm Investment: Evidence from a Natural Experiment", 70 The Journal of Finance, 649 (2015).
⑥ See Volker Grossmann & Holger Strulik, "Should Continued Family Firms Face Lower Taxes than Other Estates?", 94 Journal of Public Economics, 87 (2010).
⑦ See Michael Carney, Eric Gedajlovic & Vanessa M. Strike, "Dead Money: Inheritance Law and the Longevity of Family Firms", 38 Entrepreneurship Theory and Practice, 1261 (2014).

进而增加企业所有权的配置成本。例如,美国企业家族往往通过家族信托、家族基金会等方式筹划遗产税及代价传递税,这增加了财富家族设置家族办公室的必要性。①

西班牙、德国等征收遗产税的欧洲国家规定符合一定条件的家族企业资产可以豁免征收。同样,美国国内税收法典也制定了一个家族所有型企业的抵扣条款,对于符合一定条件的企业家族可以进行遗产税的抵扣。②

我国虽然还没有推出遗产税,但近年来对新设遗产税的呼声较高,鉴于我国家族企业的普遍性,目前正处于家族企业代际传承的高发期,需要特别评估该税种对家族企业发展可能产生的不利影响,从遗产税的起征点、缴纳方式等方面考虑家族企业传承的特殊性。

6.3.2.2 家族企业治理与传承的财税支持

对家族企业税负的关注也直接促进了对家族企业的专门立法。2017年,欧盟成员国马耳他共和国专门制定和颁布了《家族企业法案》,因该国大约75%的企业属于家族企业,该法以"促进家族企业的监管、治理和代际传承;激励并协助家族企业加强他们的内部组织和治理结构,以便有效地经营企业,为家族企业的顺利传承而努力;并处理其他相应或附带的事项"③为宗旨,该法为企业家族提供了家族企业这一企业注册形式,符合条件的企业可以申请注册为家族企业,并据此享受税收、土地使用等方面的优惠与补贴。该法还专门规定设置家族企业监管者,其主要职责是向政府经济部门提供有关的立法和政策建议,以支持家族企业的发展;鼓励企业家族就家族企业的经营原则达成书面协议。在该法律的基础上,马耳他政府为登记注册为家族企业的企业提供了多项激励计划,其中包括家族企业补助金计划。家族企业补助计划在三年内为每个家族企业提供最高15000欧元的补助,补助范围涵盖咨询服务和调解服务。家族企业补助金计划旨在支持注册为家族企业的企业解决

---

① See Dianne H. B. Welsh, et al., "Perceptions of Entrepreneurship Across Generations in Family Offices: A Stewardship Theory Perspective", 4 Journal of Family Business Strategy, 213 (2013).

② See Melissa Carey Shanker & Joseph H. Astrachan, "Myths and Realities: Family Businesses' Contribution to the US Economy—A Framework for Assessing Family Business Statistics", 9 Family Business Review, 107 (1996).

③ Family Business Act, https://legislation.mt/eli/cap/565/eng/pdf (last visited May. 14, 2024).

传承问题，在继任规划期间和继续开展业务活动时，为家族企业获取外部顾问提供的咨询和调解服务提供便利。

2007年，西班牙政府颁布了专门关于家族宪法或协议的法令，允许法院、工商管理机构对家族企业的家族宪法等家族性协议进行工商登记，从而增加公众知悉家族宪法等内容的途径，增强公信力。同时，该法令规定，将为那些自愿公布家族宪法的家族企业提供更便利的外部融资与市场竞争条件。[1] 西班牙的瓦伦西亚地区政府自2005年就为当地家族企业制定家族宪法提供财政补助。家族企业可以向政府申请最高8000欧元的财政补助，用于支付制定家族宪法所产生的费用，如咨询专家支出的费用。这项计划是由当地家族企业组织（institute for family business of valencia）向政府提议的，[2] 旨在促进当地家族企业的发展和延续。因为当地大部分企业是家族企业，为地区的就业和经济做出了重要贡献。当地政府研究发现，顺利从第二代传承到第三代的家族企业比例明显减少，而家族宪法是一个能够促进多代传承的有效治理工具。申请财政补助的法令规定，申请者必须确保其所制定的家族宪法的使用期限不低于5年。申请资助的家族企业必须提交最终的家族宪法文本、费用证明等材料。[3] 此外，西班牙营业额低于800万欧元且至少50%的权益由家族成员持有的家族企业，聘请外部管理人员的费用还可享受5%的税收抵免。

类似地，德国营业额低于200万欧元且至少50%的权益由家庭成员或亲属持有的家族企业，获取有关传承计划的专业建议的费用可享受4000欧元的税收减免。

东亚地区也有类似的法律制度。日本为了推动和支持中小企业的顺利传承，于2021年推出了针对中小企业的"事业承继·接班补助金"政策。根据日本中小企业厅的调查，在已经准备关停的中小企业中，有超过四成的中小

---

[1] See Europea Commission, *Overview of Family-Business-Relevant Issues: Research, Networks, Policy Measures and Existing Studies*, Europe: European Commission, Directorate-General for Enterprise and Industry, 2009.

[2] *Overview of Family Business Relevant Issues*, http://www.europeanfamilybusinesses.eu/publications/81/29/Overview-of-Family-Business-Relevant-Issues（last visited Dec. 12 2018）.

[3] *Overview of Family Business Relevant Issues*, http://www.europeanfamilybusinesses.eu/publications/81/29/Overview-of-Family-Business-Relevant-Issues（last visited Dec. 12 2018）.

企业"其事业内容在未来仍有足够的发展空间",同时超过三成的企业之所以关停,其中最重要的原因就是"没有接班人"。对此,日本政府经济产业省中小企业厅推出了经营革新事业、专家活用事业和关停·再挑战事业三大类补助金申请事项。其中,经营革新事业包括家族内部或公司内部员工完成接班传承的情况,也包括通过并购实现企业退出的情形。专家活用事业主要是指在通过并购或其他方式实现接班传承的过程中,如果引入第三方评估机构等咨询服务,所需的部分费用可以申请补助金,增加家族企业等中小企业获得专业服务的机会。2022年,日本政府中小企业厅的"事业承继·接班补助金"事务局前后共实施了四次公开募集,平均补助率已超过了50%。该制度可以一定程度上缓解家族企业代际传承中的资金难题,促进家族企业尽早安排代际传承与治理的完善。

这些国家层面的制度设计都是为了解决本国制约家族企业发展的现实问题而产生的,具有很强的本土性。但是,整体上仍然体现了法律政策对中小企业,尤其是家族企业的政策倾斜。我国民营企业是市场经济发展的重要力量,更应该从政策上支持完善家族企业的治理及其代际传承。

6.3.3 中国家族企业财税法的完善方向

本书认为,政府对家族治理的支持至少可以在两个方面促进企业家族实施相关治理措施。首先,财政补贴增加了企业家族聘任外部专家的可能性,家族企业专家能够提供专业的咨询服务,增加了企业家族接受最佳治理实践的可能性;其次,政府财政补贴也具有社会宣传效应,当越来越多的企业家族实施家族治理后,其他家族企业就会产生制度模仿的压力。例如,最新的调查显示,家族宪法在西班牙家族企业尤其是大型企业中的运用较为广泛。①

我国《民营经济促进法》已经提上立法进程,该法聚焦依法保护民营企业产权和企业家权益、公平参与市场竞争、平等使用生产要素、公平执法公正司法、中小企业账款拖欠治理等民营企业核心关切的问题,建立和完善相

---

① *Overview of Family Business Relevant Issues*,http://www.europeanfamilybusinesses.eu/publications/81/29/Overview-of-Family-Business-Relevant-Issuest(last visited Dec. 12, 2018)。

关制度,以法治思维和法治方式保持政策制定和执行的一致性、稳定性,进一步提振信心,激发各类经营主体的内生动力和创新活力,推动加快发展新质生产力。家族企业是我国民营经济的重要组成部分,占据绝对比例,家族企业传承能否顺利完成影响到企业家的重要权益。因此,《民营经济促进法》应该关注家族企业传承的制度安排,明确国家财政与税务部门应该为家族企业的传承提供财税激励。

6.4 创建家族企业的信息和转让平台

家族企业的治理和传承需要观念的革新,也有赖于专门的知识、信息和平台。欧盟一些国家的政府部门专门设立了家族企业的信息平台,吸引家族企业、专业投资者、并购组织、专业服务机构的参与,增加了家族企业了解相关信息的可能性。

家族企业的相关协会和平台除了为企业家族提供相关信息与指导外,还能够通过特殊的安排及活动改变企业家族对治理、传承等方面的认识,改变家族继承人的价值观。根据新制度理论,组织为了获取合法性资源会对其环境中其他组织的行为、价值观作出反应,进而模仿环境中表现优秀组织的规则与实践。部分家族企业的治理变革来源于家族内部的冲突或变故,但很多家族企业治理的变化也受到外部组织的影响。有学者通过对家族企业的研究发现,家族企业专业组织在形成、扩散及正当化相关家族企业治理实践中发挥了重要作用。[1] 以西班牙的家族企业为例,通过加入家族企业网络(family business network)这一组织,参与和讨论家族企业治理的问题,比较原生家庭价值观与其他家族企业的差异,一些企业家族逐渐改变了落后的、传统的家族企业价值观和实践模式,例如从长子继承制的观念变为自由挑选接班人;从性别差异到性别平等,从所有者即管理者到专业化管理,而且还会接受一

---

[1] See Maria José Parada, Mattias Nordqvist & Alberto Gimeno, "Institutionalizing the Family Business: The role of Professional Associations in Fostering a Change of Values", 23 Family business review, 355 (2010).

些新的价值观，如家族股东权利的保护，单一 CEO 制。家族企业专业组织的一些实践项目和研讨会分享了家族企业治理具有共性的最佳实践经验，使得参与学习的家族企业成员认识到改变治理结构和企业价值观的必要性。例如，家族企业专业组织会向家族企业提供那些保障家族企业延续的成功价值观。

一些国家的政府组织与研究机构合作为家族企业提供更详细的代际传承方面的知识与建议。例如，2004 年，荷兰的经济部联合部分家族企业组织开发了企业传承信息包，为企业家提供代际传承的信息。① 该国经济部的研究发现，代际传承是家族企业得以延续的重要一环。实践中，至少有 10% 的企业因没有得到适当的规划而解散。与我国类似，荷兰有大量的企业家因年龄原因面临传承问题。良好的规划准备是顺利传承的基本条件，这项服务能够促使企业家认识到传承的重要性。企业传承信息包括如下几个重要知识：企业传承需要完成的重要步骤；企业传承需要满足的重要条件；企业传承需要处理哪些法律与财务问题；可以从哪些顾问机构获得帮助。信息包中包含了相关专业咨询机构的名单。为了增加企业家族对传承知识的了解，荷兰经济部每年都会向 55 周岁以上的企业家发送及时筹备企业传承的提示信。尚不清楚这些与传承相关的信息能够在多大程度上帮助企业家族建立传承计划，但是，每年主动向荷兰经济部申请获得相关信息包的企业家超过 8000 人。由此可见，从信息扩散的角度而言，这些公共产品性质的服务能够一定程度上提醒企业家族进行传承相关的安排。我国同样面临严重的企业二代接班问题，这些较为简易可行的政策措施值得借鉴。

上市型家族公司同样需要通过市场设施的完善提升其可接受性。一些国家的实践表明，无论是政府还是市场主体，都逐渐认识到家族控制上市公司的普遍性以及提高家族企业治理水平的重要性。例如，欧洲最大的证券交易所，也是欧洲首家跨国交易所的欧洲交易所（euronext）专门推出了针对家族企业的服务计划，旨在为家族企业的融资、传承及治理等挑战提供服务。该服务计划主要包括三个方面的内容，一是通过制定专门的分析报告和创设一

---

① *Overview of Family Business Relevant Issues*，http：//www.europeanfamilybusinesses.eu/publications/81/29/Overview-of-Family-Business-Relevant-Issues（last visited Dec. 12，2018）.

个在欧洲交易所交易的家族企业指数，以增强家族企业在投资者中的接受度；二是为家族企业提供一个专门的一年期的培训计划，使家族企业的股东、高管及家族成员更好地了解资本市场及相关的规则；三是创设一个家族企业的网络，为家族企业间分享经验和建议提供平台。2017年2月，欧洲交易所推出了家族企业指数（euronext family business index），发布时该指数包括90家上市的家族企业，分别来自法国、葡萄牙、比利时及荷兰四个国家。交易所推出该指数的一个重要原因是家族企业在管理和价值创造上具有独特的模式，机构投资者能够通过投资家族企业获得高额收益，而欧洲大量存在的家族企业也应该有更好地通过资本市场获得资金的途径。① 此外，欧洲也有一些机构投资者设计与推出了家族企业投资基金（family business fund），专门追踪与投资具有价值的家族企业，例如，西班牙的March资产管理公司在2014年推出的家族企业基金就取得了非常好的投资回报，成为该公司旗下最赢利的投资策略。②

我国一些为企业家族服务的财富管理机构也已经尝试通过相关的研修班或项目为家族企业提供治理方面的知识与服务。例如，新财道财富管理股份有限公司的家族学院在北京、浙江、河南等地为其家族企业客户提供家族治理、家族信托方面的课程，除了企业家外，家族企业的接班人是这些课程的主要受众。③ 在这些课程中，除了提供家族企业的一般知识外，企业家族逐渐接触家族宪法等将家族组织化的治理机制。随着我国家族企业步入代际传承的高峰期，家族企业治理的需求逐渐增多，这些专业机构对家族企业治理的认知与表达将很可能影响未来一段时间我国家族企业的治理实践。

此外，从民营经济发展的角度而言，家族企业并非仅有家族成员代际传承这一条路径，很多家族企业可能因家族成员没有能力或兴趣经营家族事业而面临停业，因此，为家族退出家族企业提供多元化的路径同样是法律政策

---

① Euronext, https：//www.euronext.com/en/listings/family-business（last visited Nov. 3, 2018）.
② From its launch until May 2015, compound returns reached 63％, making it March A. M.'s most profitable investmentstrategy. See Cristina Cruz & Lucía Garcés Galdeano, *Corporate Governance in Publicly Traded Family Firms*, https：//www.ie.edu/business/centros/Proyectos/Informe%20Gobierno%20Corporativo_EN_ultimo.pdf（last visited Nov. 3, 2018）.
③ 参见新财道官网，http：//www.chinaforeland.com，2018年11月3日访问。

上应该考虑的问题。对家族企业而言，员工是家族企业的重要利益相关者，我国一些知名的家族企业往往采用员工持股的方式促进企业发展，如宗庆后家族控制的娃哈哈集团实行了普遍员工持股模式。一些家族企业完全可以采用员工持股计划收购或取得部分企业家族的股权，由企业员工继续经营管理公司，避免家族退出导致的公司停业或解散，在家族有能力时还可以按照员工持股计划的约定从员工处回购股权，避免家族企业的出售。但是，我国并没有一般的员工持股计划的法律，仅有证监会针对上市公司出台的《关于上市公司实施员工持股计划试点的指导意见》（中国证券监督管理委员会公告〔2014〕33号）。与之不同，美国的员工持股计划规定在《国内税收法典》第401（a）（*Internal Revenue Code*, *Section* 401（a））条中，员工持股计划不仅是一种员工退休计划，也是封闭型家族企业的传承与退出计划，公司可以通过员工持股计划借款，公司股东向员工持股计划出售股票达到减少税负的目的，因而常被未上市的家族企业用于家族股权的转让。员工持股计划的资金通常来源于金融机构的贷款或融资，美国税法为员工持股计划和金融机构的效贷提供了税收优惠，员工持股计划可以逐年通过公司利润偿还贷款。

我国现有的多层次资本市场主要是从融资角度为家族企业的公众化提供发行与交易服务，因涉及公众投资者利益，通常设置了较严格的门槛。但是，家族企业的所有权转移不同于一般的融资或证券发行，是整体资产业务的出售，属于营业转让。现有的股权转让平台，如新三板和地方股权交易中心都缺乏对家族企业收购交易的专门规定。这些家族企业并不像其他企业一样有挂牌公开交易的需要，也没有持续融资的需要，而是作为家族企业退出的一种手段，涉及企业家族和外部专业投资者、产业相关企业的交易，在交易风险和交易需求方面不同于一般的股权交易中心，尤其需要专业服务和并购方面的信息匹配，即使存在家族企业传承过程中的特殊融资需求，如为员工持股计划提供融资，主要的融资对象也是银行和金融机构。因此，我国应该在既有的多层次资本市场外，专门为家族企业的传承和所有权退出提供特殊的信息和交易平台，允许家族企业在交易平台上发布所有权整体转让的信息，同时，通过财税等手段，激励金融机构，专业服务机构进入平台，发布相关收购要约，增加家族企业所有权对外转移的可能性，从而减少营利性家族企业因缺乏接班人而被迫暂停营业或简单的资产出售等造成的社会福利损失。当然，为了降低金融风险，保护公众投资者，家族企业的信息和交易平台应该有一定的准入门槛。对于家族企业而言，仅限于企业所有权或控制权的转移或出售，而不能是单一的发行股份或家族财产的份额化。对于投资者而言，应该以其他同行业企业、金融机构为主，普通投资者一般不得参与交易。律师事务所、会计师事务所等符合条件的机构也可以成为平台法律服务、评估服务的提供者，为家族企业的传承、出售提供专业的服务。家族企业的所有权转移不同于一般的证券发行，属于对整体所有权的出售，不适用证券法。我国可以考虑先在各省建立家族企业的交易平台，然后构建全国性的家族企业行业协会，在此基础上组建全国性的家族企业代际传承及外部转让的平台，提升我国家族企业的转让效率。

这些家族企业的创始人或接班人应当尽可能获得相关的专业服务和引导。家族企业同时存在家族的制度逻辑[①]和企业的制度逻辑，而这两者往往存在冲突。企业或商业的制度逻辑是促进个体和组织追求利润、市场主导、理性化和效率，假设竞争和任人唯贤的合理性，具有短期缔约和机会主义的表现。而家族的制度逻辑则是满足情感需要、社会团结和尊重传统，其核心前提是亲属成员间的忠诚、利他及稳定的长期化互动。当然，家族企业的实践表明，这两种相互矛盾的制度逻辑在特殊情景下能够整合成一体，从而发挥其特殊的制度优势，而平衡家族企业制度逻辑冲突的核心主体往往是家长及企业的创始人。但是，这种制度逻辑的紧张关系一直存在，当家族企业发生代际传承时，家长/创始人可能无法发挥这种平衡作用，造成家族企业的制度逻辑偏向于家族这一端，如注重家族传统与规范，将家族企业所有权转让给没有管理能力的长子；视企业为家族成员的"私人银行"，通过超额分配等方式获取公司利润而不对企业的发展做出任何有意义的投资或贡献；对家族企业没有兴趣或没有长远投资的意愿，希望尽快分割股权、出售企业变现。代际传承中可能发生的这些注重家族制度逻辑的行为，也许会严重损害家族企业的存

---

① 制度逻辑是规则、社会规范和实践的集合，通常是个体和组织无意识地和牢固持地思考和行动方式。

续和竞争力，进而造成家族企业的解体。这也是为何大多数企业无法存续到第三代、第四代的重要原因。但是，仍然有部分家族企业能够经历代际传承的考验，成为具有竞争力的家族企业而长期存续。一个重要的原因是，律师、会计师、信托受托人等广义上的专业受托人（fiduciary）替代家长担当了中间人的角色（man in the middle），这些专业的受托人除了具有专业上的权威性，能够为企业家长提供专业服务外，另一个重要的特征就是与企业家族的受托人关系，法律将这些关系定位为受信关系，这些专业人士在为企业家族提供服务时需要负担较高的注意义务和忠实义务，避免从事利益冲突行为与家族隐私的泄露。通过对来自18个国家的65名专业受托人的结构性访谈和参与专业人士的培训项目，哈灵顿和斯特赖克发现，这些专业受托人能够发挥重新使家族企业理性化和稳定家族企业的双重作用，从而使得家族制度逻辑和企业制度逻辑重新达到一个平衡。① 首先，理性化意味着专业受托人会更强调企业而非家族，使得家族企业更注重财富创造，如鼓励任人唯贤而不是仅考虑家族传统，按照个人的贡献获取回报，恢复家族成员的沟通机制等。例如，专业人士通过制定合理的接班人计划、股利政策及雇佣政策，能够激励家族成员按照企业逻辑行事，改变"企业是私人银行"的观念。在一些严格遵守家族制度逻辑的法域，家族企业的代际传承面临更多的困难，例如，在很多伊斯兰国家，家族财富应该被平均分配和管理，即使部分家族成员对家族企业的创立与发展没有任何贡献和能力。而专业受托人则可以通过与创始人合作设置一个离岸信托，使得家族企业的股权和管理权可以传递给有能力的家族后代，而非严格按照家族逻辑。更重要的是，一些家族企业的家长和家族后代可能存在较多矛盾，并且已经无法通过正常对话解决问题，而作为外人的专业人士则可以成为重新建立沟通机制的桥梁，了解并交换双方的真实想法，减少家族成员对簿公堂的可能性。其次，专业受托人的第二个作用是为家族企业的稳定发展或延续提供相应的解决方案或机制，从而使得家族与企业的结合更加稳定，能够抵御家族领导人变动带来的冲击。这包括三个方面

---

① See Brooke Harrington & Vanessa M. Strike, "Between Kinship and Commerce: Fiduciaries and the Institutional Logics of Family Firms", 31 Family Business Review, 417 (2018).

的内容：容纳家族冲突、家族治理的正式化及顺利实现代际传承。家族成员间的矛盾很多时候是不可避免的，专业受托人并不一定能解决冲突或矛盾，但是，通过提供信托、婚前协议等法律机制，能够减少家族冲突对企业产生的负面影响。因此，受托人能够实现容纳冲突的功能。由此表明，专业受托人是家族企业制度化的主要力量，能够引导企业家族在家族与企业之间达到平衡。

但是，律师、会计师成为企业家族中间人的前提仍然是取得家族的信任。家族信任主要是私人信任，企业家族往往排斥家族以外的成员，正如家族企业引入职业经理人具有很大难度。因此，从法律制度的角度而言，应该强化受托人受信义务的性质，建立特定的家族企业或家族财富管理的自律组织，形成较严格的行业标准。最近几年，除了商业银行私人银行业务、保险公司、信托公司等受监管的金融机构为财富家族提供资产配置等服务外，我国出现了很多以某某家族办公室、某某家族财富管理命名的市场化服务机构，如富瑞家族办公室的公司官网对公司的介绍是"从客户角度出发，为客户量身定做全面资产管理方案，包括家族治理、家族企业治理、法律筹划、税务筹划、全球投资体系构建、全球资产管理实施、家族信托规划、家族风险管理、家族保险管理、家族教育规划、家族慈善规划、家族生活方式管理等"[①]。不同于为单一家族提供服务的家族办公室，这种市场化的家族办公室同时为很多企业家族提供服务，而且在资产配置时与很多金融机构有密切的合作，这种类型的家族办公室尤其应该避免利益冲突和加强个人信息数据的保护。

6.5 完善家族财富管理的差异化监管

在我国家族企业的实践中，普遍存在家族财产和企业财产边界模糊，家族需求和企业需求不协调的问题。例如，家族成员利用企业财产或股权为自身债务提供担保，转移企业财产，造成了企业现金流和财务状况的恶化。同

[①] 参见公司介绍，http://www.fortune-hk.com/guanyuwomen/jituanjieshao/，2019年1月3日访问。

时，也存在企业过度扩张和多元化经营，导致家族成员过度为企业提供担保，成为对赌协议、"明股实债"等融资模式下的债务人，损害了家族成员的利益，导致企业和家族的"双破产"现象。这两类现象都将导致企业风险和家族风险的相互外溢，影响企业和家族的可持续发展。企业家族拥有多样化的财富，除了家族创业形成的核心企业或企业集团外，还包括存款、证券、保险、理财产品、不动产等其他非企业资产，这些资产往往具有较大的流动性，这些非企业资产部分源于家族企业经营产生的利润或增值，部分源于家族的其他投资活动。因企业家族往往具有较大规模的家族成员，不同家族成员因是否参与家族企业经营管理而产生不同的风险偏好，为了适应企业家族的财富管理需求，国内外形成专门针对财富家族的财富管理服务或产品。专业化、理性化的家族财富管理基于家族企业、家族金融资本、人力资本的整体状况，对家族企业和家族非企业资产进行区别管理，能够在一定程度上减少家族和企业之间的不当干扰。通过家族财富的专业化管理，实现家族财富的保值增值，家族其他具有流动性的非企业财产能够通过长期投资满足家族成员的生活、教育等方面的需求，减少对企业资产和利润的不当攫取，为家族成员提供其他的创业和就业机会，减少对企业的过度依赖。与此同时，家族财富的管理能够为家族成员提供流动性和创业支持，成为家族企业回购部分家族成员股权、实施员工持股计划等方面的重要资金来源。

从世界各国家族企业治理的典型案例看，一些企业家族通常会在家族其他财产和家族企业之间建立相对明确的"防火墙"，由专业的机构或家族办公室管理家族的其他财富。因此，一个健全和完善的家族财富管理市场不仅能够保护家族利益，而且对于完善家族企业的治理，明确家族和企业之间的权责，减少家族成员之间因偏好不同而产生的内部争议具有重要价值。

家族企业治理与传承涉及家族成员之间的利益，如表现为追求共同利益，即家族成员共同协商达成家族治理与企业治理的组织、契约，但同时家族成员或同一家族内部的不同家庭单位也存在利益冲突，当律师、会计师、投资顾问等专业机构为家族提供服务时，不得不面临为不同家族成员服务的利益冲突问题。

不同于单一的家族办公室，我国市场上出现了数量众多的面向家族企业或家族财富管理的市场化的家族办公室,主要包括由银行、信托、保险、证券等金融机构设立的家族办公室,也包括财富管理公司,律师事务所背景的家族办公室,广东省地方金融风险监测防控中心发布的《家族办公室企业风险分析报告》称,目前全国大大小小冠以家族办公室名义的机构已有近一万家,半数以上本土家族办公室成立于2015—2016年。[1] 这些所谓的家族办公室通常提供理财、税务、法律、家族治理等综合服务。一些地方政府也推出了支持家族办公室的政策。例如,郑州市政府曾发布《郑州市金融支持经济高质量发展若干措施》(郑政〔2023〕13号),其中提道:"支持家族信托、家族办公室等新兴财富管理业态发展。"深圳市福田区金融工作局公布的《深圳市福田区支持金融业高质量发展若干措施》将家族财富管理办公室列为支持对象之一,"对新落户的家族财富管理办公室,依条件给予一般不超过100万元一次性落户支持"[2]。2023年《昆明市人民政府关于调整昆明市促进基金业高质量发展若干措施的通知》(昆政发〔2023〕21号)中也提到"支持有条件的机构开展家族办公室类业务,鼓励引导家族财富投向昆明市私募股权投资基金"。这些地方政府认识到家族财富管理可能成为地方经济发展的重要资金来源,增加税收,但是可能忽视其风险。家族办公室一定程度上能够对家族非企业财产和家族企业之间形成一定的隔离,明确家族与企业的边界,家族财富的管理也能够减少对家族企业的过度依赖,因而具有重要意义。但是,我国的家族办公室和单一家族办公室或几个家族建立的联合家族办公室存在差异,这些单一或联合家族办公室的财富规模较大,且主要是家族出资和选聘家族办公室的专业人员,有直接的委托代理或信托关系,而且部分家族成员直接参与家族办公室,是家族办公室实际的控制人,因而家族办公室专业人员的利益冲突的可能性较少,家族有能力自我保护,因而域外法律往往仅对这类家族办公室采取豁免监管的态度。

我国多元化的家族办公室应该采取差异化的监管思路。首先,对于信托

---

[1] 广东省地方金融风险监测防控中心:《家族办公室企业风险分析报告》,转引自陈嘉玲:《21深度 | "家办"江湖各大门派揭秘》,《21世纪经济报道》2023年8月11日。

[2] 《再加码!深圳支持私募投资基金行业发展》,深圳市绿色金融协会官网,https://www.szgfa.com/teachers_view.aspx?nid=26&typeid=50018&id=1289,2024年5月20日访问。

公司、证券公司、保险公司等金融机构开展的家族办公室业务，若未形成独立的业务子公司，仅作为增强既有的家族信托、家庭信托等业务的功能，无须专门的家族办公室牌照，但需要配置具有家族财富管理方面的专业人员，而且家族信托、家庭信托等事务类信托与金融投资密切相关，对于家族信托、家庭信托的销售仍然具有一定的标准化特点，且面临既有金融产品销售与家族信托服务的利益冲突，因此，家族信托、家庭信托不能完全豁免适用《资管新规》，仍然应该适用投资者适当性管理制度、信息披露制度等规则。此外，我国商业银行、信托公司等往往采用联合销售、共同服务等形式，以发挥各自的专业优势，但由此也导致家族信托中各方权责不清，多重收费，服务通道化等问题。例如，奚某与中国工商银行股份有限公司私人银行部等服务合同纠纷一案中，原告诉称其与中航信托签订了《工银家族·中航信托·六合鲲鹏2020009号家族信托之综合顾问协议》，《综合顾问协议》约定，原告聘请工行私银部作为"2020009号家族信托"的综合顾问，为原告相关合理需求提供建议，并为中航信托公司管理、运用"2020009号家族信托"项下的信托财产以及为信托财产管理、运用过程中的事务性工作提供建议，但工行未提供相关服务，且收取了综合顾问咨询费。由此可见，家族信托也似乎出现了类似资管产品的通道化倾向，家族信托核心的业务可能是由银行完成的，信托公司仅提供牌照服务。因此，为了弥补可能出现的家族信托纠纷，监管机构应该明确家族信托、家庭信托服务中相关金融机构的服务类型和收费，避免不必要的转委托和多层嵌套。

其次，对于市场化的家族办公室，应该设定特殊的牌照与从业人员制度。我国资产管理市场主要是卖方市场，缺乏独立的买方投顾，现有的《证券投资顾问业务暂行规定》（中国证券监督管理委员会公告〔2020〕66号）下的投资顾问主要针对普通投资者，申请门槛较高，数量较少，且主要提供证券咨询服务，不同于家族财富管理类的投资顾问、法律和税务等整体家族事务性咨询。因此，我国可以考虑单独设立家族办公室的金融牌照，为市场化家族办公室业务提供专门的监管框架。该牌照属于独立的买方金融牌照，不同于私募基金等销售金融产品的机构，因而能够增强企业家族的信任度，为家族财富管理提供专业和独立的意见，同时能够提供法律、税务等综合性服务。

对于该金融牌照的申请,应该满足人员、资本、治理等方面的基础要求,同时禁止向不特定社会公众提供投资或咨询服务,仅能向具有一定财富规模的个人或家族提供咨询、建议等特定服务,该类家族办公室需保持独立性,充分披露咨询和推荐金融产品中的利益冲突,履行受托人义务。

6.6 本章小结

家族企业治理机制的完善以及传承计划的制订是促进家族企业可持续发展的重要方式,但是,我国企业家族面临信息、专业、认知偏差等诸多方面的障碍,导致实践中家族财富和企业财产之间的边界不清,家族企业所有权传承设计过于简单。

虽然家族企业治理与传承的完善很大程度上取决于企业家族的自觉与自治,但是法律政策仍然可以在多方面发挥助推作用,激励企业家族尽早完善家族治理,制订所有权、经营权的传承计划。

针对我们法律政策在家族企业治理与传承等方面的缺失,借鉴发达国家和部分发展中国家的经验,我国应该从提供多元化的家族治理组织形式、制定家族企业治理准则、提供家族企业治理与传承的信息平台、为家族企业治理与传承提供财税激励等方面完善相关制度。

以《民营经济促进法》的制定为契机,应该在该法律中明确国家支持家族企业有序传承的整体政策与目标,为家族企业治理与传承计划的完善提供财税和其他合理支持,要求民营经济发展局等国家机构和行业协会协同研究我国家族企业治理与传承面临的挑战,根据家族企业的类型、规模等标准出台相关配套规则。

附录1　阿拉伯联合酋长国家族企业法

2022年联邦法令第（37）号
关于家族企业

我们，穆罕默德·本·扎耶德·阿勒纳哈扬，阿拉伯联合酋长国总统，已审议了宪法；以及

1972年联邦法令第（1）号，有关部长职权和部长职能及其修改的法令；以及

1985年联邦法令第（5）号，颁布民事交易法及其修改的法令；以及

1992年联邦法令第（10）号，颁布民商事交易证据法及其修改的法令；以及

1992年联邦法令第（11）号，颁布民事诉讼法及其修改的法令；以及

1993年联邦法令第（18）号，颁布商事交易法及其修改的法令；以及

2004年联邦法令第（8）号，有关金融自由区的法令；以及

2005年联邦法令第（28）号，有关个人身份及其修改的法令；以及

2012年联邦法令第（7）号，有关司法机关专家职业的规定；以及

2013年联邦法令第（4）号，有关公证职业及其修改的法令；以及

2016年联邦法令第（9）号，《破产法》及其修改的法令；以及

2016年联邦法令第（14）号，有关联邦政府中的行政违规行为和处罚的法令；以及

2018年联邦法令第（6）号，有关仲裁的法令；以及

2019年联邦法令第（19）号，有关破产的法令；以及

2022年联邦法令第（32）号，有关商业公司的法令；以及

2021年联邦法令第（37）号，有关商业注册的法令；以及

根据经济部长的提案，并经内阁批准，颁布以下法令：

第一条
定义

在适用本法令时，除非上下文另有规定，否则下列词语各自应具有以下含义：

国家：阿拉伯联合酋长国

部：经济部

部长：经济部部长

公司法：关于商业公司的2021年联邦法令第（32）号，或其他任何替代它的法律

有关当局：联邦和地方政府机关

主管当局：有关酋长国[①]企业事务的地方当局，包括自由区

自由区：国家设立的金融自由区和非金融自由区

家族：血统和婚姻关系

家族企业：根据公司法的规定成立的公司，其大部分股份或股权由属于单一家族的人拥有，并应根据本法令的规定在登记簿中注册为家族企业。内阁应根据部长的建议发布决议，说明"单一家族"的含义。

公司章程：由有关当局认证的家族企业的章程

家族宪章：调整与家族企业相关的家族事务治理以及家族与家族企业的关系的书面文件

登记簿：根据本法令的规定建立的家族企业的统一登记簿

合伙人[②]/股东：家族企业的股份或股权所有者

---

① 阿拉伯联合酋长国是一个由七个酋长国组成的联邦国家。参见《阿拉伯联合酋长国国家概况》，中国外交部官网，https：//www.fmprc.gov.cn/web/gjhdq_676201/gj_676203/yz_676205/1206_676234/1206x0_676236/，译者注。

② 原文为"partner"，以下根据语境，译为"股东"，译者注。

股份：家族企业中的合伙份额或股东股份

委员会：本法令第二十条规定的家族企业纠纷解决委员会

受托人：法院根据破产法①或自由区现行立法任命的受托人，视情况而定

第二条

法令目标

本法令旨在实现以下目标：

1. 在国家内制定全面且易于达成的法律框架，以规范家族企业的所有权和治理，并促进其在世代之间的传承；

2. 支持家族企业的持续发展，增强私营部门在国家经济增长和社会贡献中的作用；

3. 为与家族企业相关的争端解决提供适当的机制；以及

4. 提高家族企业对国家经济和竞争力的贡献。

第三条

适用范围

1. 本法令的规定适用于我国内本法令生效时任何现有的家族企业，或者在本法令生效后成立的家族企业。控股股东应根据本法令的规定将其登记为家族企业。家族企业应采取公司法中规定的任何形式的公司，包括个人公司或根据自由贸易区的现行法规确定的公司形式；

2. 股份有限公司和合伙公司②不在本法令的适用范围内；

3. 本法令的规定适用于在自由贸易区设立的、在组织、设立或注册方面不与相关自由贸易区的法律、法规和立法相冲突的家族企业及与之相关的所有事项；

4. 本法令的规定适用于在本国内任何酋长国内设立的家族企业，若酋长国存在有关该家族企业的地方立法，则本法令的规定仅适用于未制定上述法

---

① 原文为"bankruptcy law"和"insolvency law"，前者指破产程序法，后者指陷入破产状态法，译文用"破产法"表述，后文则译为"破产法"或"破产程序法和陷入破产状态法"，译者注。

② 原文为"Partnership Company"，译者注。

律的地区。酋长国可以通过地方立法或相关主管机构发布的决定，允许在其管辖范围内注册的公司遵守本法令的规定。

第四条

家族企业登记

1. 有关主管机构有一个专门的登记簿用于登记家族企业，符合本法令规定条件的家族企业应与该主管机构协调，在专门登记簿上登记；

2. 部长应出具文件，声明公司已经按照家族企业登记，并声明在有关主管机构登记家族企业时发生的任何变更；以及

3. 部长在与有关主管机构协调下，就在家族企业登记簿中有关的数据和文件、家族企业登记的程序和管理发布决定。

第五条

家族企业章程

1. 除公司法或自由贸易区现行法规之外，家族企业章程还应视具体情况符合法律规定和本法令规定；以及

2. 部长应制定一个家族企业章程指南，供咨询本法令规定时使用。

第六条

家族宪章

1. 家族可有一部包括家族所有权、目标和价值观、股份评估机制、利润分配方式、教育并使家族成员能够胜任家族企业及其子公司工作、与家族企业有关的家族纠纷以及其他规则和条款的宪章；

2. 宪章可以规定股东和家族成员必须具备的最低教育学历和实际经验。这些标准的遵守将受到隶属于家族委员会的审计委员会（如有）审计；

3. 如果公司章程和宪章之间存在冲突，应适用公司章程的规定，家族宪章中任何与公司章程或本法令冲突的规定应被废除；

4. 宪章应由家族委员会成员的多数批准或修改，如果委员会不存在，则由家族股东的多数批准；

5. 家族企业可以将宪章副本存入登记簿，存入方式、管理和要求应由部长的决定制定；以及

6. 部长应为家族准备一个或多个宪章指南。

第七条
家族企业

1. 作为对公司法或自由贸易区现行法规的例外，家族企业可以由任意数量的股东拥有；

2. 家族企业的公司资本应由根据公司章程、有权以相同或不同权利获得公司利润的股东股份组成；

3. 除非依据本法令的规定，否则家族企业股份不得转让；以及

4. 任何人在加入家族企业之后，接受家族章程和家族宪章的规定。

第八条
股东股份转让

1. 如果股东中的任何一方希望转让其在家族企业中的股份，他应向家族中的其他股东转让。作为例外，他可以放弃他的股份并转给他的妻子或任何一级亲属①以内的亲属，无论是否向其他股东提供补偿。家族宪章或章程均不可另有规定；

2. 任何公司均不得将其自身股份出售给家族外的其他人，② 除非经拥有至少四分之三股权或公司章程另行规定的比例的股东同意。只要目标股份是可再分配的，股东可以和其他股东之间达成协议出售股份。在保持家族企业存在的条件下，允许代表家族将本法令第十二条规定的 B 类股临时或永久地出售给家族外人员；

3. 如果家族外的第三方拥有家族企业股份，除本条第 2 款规定的情形外，其余股东可以在第三方收购之日起六十天内要求收回该股份。收回的股份份

---

① 即父母、子女、兄弟姐妹，译者注。

② 原文为"No company may dispose of its share to a foreigner from the Family"，根据语境，"foreigner"译为外地人更妥当，本款第三句同，译者注。

额取决于该第三方股东在家族企业中持有的份额，如果一个或多个股东不愿收回则超过该份额，股份收回的价格应根据他们和第三方股东之间达成的协议确定，或在未达成协议的情况下由委员会确定。

4. 如果没有任何股东要求赎回该股份，则该股份将提供给家族企业。如果该股份在提供给家族企业之日起三十天内没有全部或部分清偿，则第三方可以获得该股份；在任何情况下，股份应根据本法令和我国现行立法进行转让；以及

5. 根据本条第3款的规定，某一家族企业股份被家族外的第三方所持有时，不应导致家族企业身份的丧失。家族成员的持股比例不得低于股份中的多数。

第九条

赎回权

1. 如果一个股东拥有家族企业股份不低于90%，他应通知非家族成员股东购买其股份的意愿。非家族成员股东有权按照双方达成的价格出售，在存在分歧的情况下，任何一方可请求由委员会根据本条第2款的规定确定出售价格；

2. 股份应由委员会根据公司章程或家族宪章规定的机制进行评估。如果公司章程或家族宪章中不包含此类规定，则由委员会选择具有财务和技术专业知识的一位或多位专家进行评估，费用由买方承担；以及

3. 如果一个股东拥有家族企业有表决权股份不低于95%，他应通知其他家族股东购买其股份的意愿。其他家族股东可按照双方达成的价格出售，在存在分歧的情况下，任何一方可请求由委员会根据本条第2款的规定确定出售价格。

第十条

股东进入破产程序或陷入破产状态

1. 如果家族企业中一位股东进入破产程序或陷入破产状态，应遵循国家现行的相关法律规定及程序。其他股东有权以由法院认定的价格和期限优先

购买进入破产程序或陷入破产状态的股东股份;和

2. 如果其他股东未能持有本条第1款所述的陷入破产的股东股份,应适用国家现行破产法规定。

第十一条
家族企业股份回购

1. 在以下情况下,家族企业可以回购不超过30%的自身股份:

a. 减资;

b. 购买或赎回希望出售其部分或全部股份的破产股东的股份,且其他股东没有购买这些股份的;

2. 在所有情况下,除非公司章程对通过比例另有规定,否则应在家族企业股东大会中得到代表大多数股份股东的同意。该情况下购买或赎回的股份在家族企业持有期间不得在股东大会的讨论中投票;以及

3. 部长应与主管机关协调,在公司法或酋长国或自由区域现行法规下未特别作出规定时,视情况就购买家族企业股份的程序发布决定。

第十二条
股份类别

1. 家族企业可以发行两类股份:

a. A股:股东有权获得利润并在公司股东大会上投票;

b. B股:股东仅有权获得利润,无投票权。

2. 公司章程可以规定B股转换为A股或反之的条件,包括时间或其他条件。公司章程还可以规定根据分配给各自的投票权或利润将A股或B股划分为不同类别。这些股份的总和应等于公司的总股份;以及

3. 根据本条第1款和2款,家族企业可以在公司章程中规定在价值、投票权、利润、优先权和其他权利或特殊利益方面不同的其他股份类别。股东的责任应与分配给每种股份的权利和特殊利益保持一致。部长应与主管机关协调,发布规定各股份类别条款和细则的决定。

第十三条
利润分配

家族企业应在每个财政年度结束时将其年度利润的一部分分配给其股东,每个股东分得的利润应与其在家族企业中的股份成比例,除非公司章程另有规定。

第十四条
家族企业管理

1. 家族企业应由公司章程任命的董事管理。如果公司章程中没有此类规定,除非公司章程对通过比例另有规定,那么经股东大会上至少拥有51%股份的股东决定可以任命董事。该董事可以是一人或多人,可以是股东本人或他人,也可以是法人。如果家族企业中有多名董事,那么至少其中一名必须是自然人;

2. 有限责任的家族企业可在公司章程中规定成立董事会管理家族企业,并在公司章程中规定董事成员名单。公司章程规定董事会形成的规则、限制和条件、董事会权力、成员资格、董事会成员薪酬、解职、替补人员任命、决定作出机制、董事会下属委员会及其权力,确定适合成为董事会及其附属委员会成员的个人和客观标准,以及其他问题;

3. 如果有董事会,则应有一位主席,此时家族企业的董事将作为董事会代表遵循董事会主席的指示,除非公司章程另有规定。董事会成员可兼任家族企业经营者。但董事会主席和家族企业经营者不得兼任;以及

4. 董事或董事会成员必须具有法定年龄、完全行为能力、良好品行,以及可以合理预期的其他同等职位人员具备的知识和经验。

第十五条
董事权限

1. 除非公司董事的任命合同、公司章程或规章制度限制赋予董事的权力,否则他可以行使必要的权力和职责来管理家族企业,包括:

a. 家族企业的经营管理;

b. 根据公司章程和本法令的规定，依据公司股东大会的决定分配家族企业利润；

c. 从应付给任何股东的利润或利益中扣除该股东对家族企业所欠的债务；

d. 面对委员会、司法机关和其他机构时代表家族企业；

e. 寻求他认为适当的协助他管理家族企业的人的帮助；

f. 公司章程中规定的其他不与家族企业的目的和国家现行法律相冲突的权力。

2. 如果公司股东去世，在公司章程没有另行规定的情况下，公司董事应承担去世股东股份的受托人职责。公司董事应对这些股份的所有权按每个继承人法定继承份额转移的程序进行监督。在解决与这些股份有关的任何可能权利或对家族企业或第三人所负的任何可能债务后，公司董事应采取措施修订公司章程。

第十六条
董事义务

1. 在遵守公司法规定的义务的前提下，董事应运用必要的注意和勤勉管理家族企业，特别是，他应遵守以下规定：

a. 除非公司章程规定或大多数股东同意，否则董事不得直接或间接地为自己或他人的利益拥有或管理与家族企业或其子公司竞争的经济活动；

b. 董事应向股东提交家族企业管理的年度报告；

c. 董事应以个人名义借款，以家族企业资产作为担保；

d. 除非公司章程允许并在实现合作目标的范围内，否则董事不得处置家族企业资产；以及

e. 公司章程中规定的其他义务。

2. 在管理家族企业时，董事应特别考虑：

a. 公平对待所有股东，不偏袒某个股东的利益；

b. 意见独立，不受一时的心血来潮和个人利益的干扰，并将家族企业的利益置于任何其他考虑之上。

3. 在不妨碍国家现行法规规定的处罚情况下，如果有证据证明董事违反

了本法令或公司法规定的任何义务或责任，除非章程没有规定，必要时可以请求法院解雇他或使他支付赔偿。

第十七条

董事解雇

解雇董事时，解雇条件应符合他被任命时委任合同的约定或公司章程的规定。如果公司章程中明确规定该董事为无限期任命，则只能由与修改该章程条款所需的相同多数通过予以解雇。

第十八条

家族事务治理

1. 家族事务可以通过建立和组织委员会、理事会等，来管理与家族企业的关系，如家族协会、家族议会和家族办公室。它们应在各自职责范围内管理家族事务并将其与家族企业的关系合法化，具体包括教育、对其成员及其在家族企业、子公司和各自创业计划中的工作进行培训。它涉及家族资产所有权和治理与家族企业所有权和治理的分离。它对家族投资进行监督，组织其慈善工作和社会贡献计划，并帮助控制利益冲突和进行和解。它应考虑可能发生的家族成员之间以及家族成员与股东之间的纠纷；以及

2. 部长应制定与家族企业和家族治理有关的规则条例，明确其权限范围和其他问题。

第十九条

家族企业纠纷解决

1. 公司章程或公司宪章可以规定组建一个由股东、家族成员或第三方组成的理事会①，该理事会的目的是考虑在股东之间、股东与家族成员之间以及股东、家族成员与家族企业之间可能发生的纠纷并进行调解，并明确该理事会的成员、权力及其会议和发布建议的管理机制；

---

① 原文为 BOD，为和公司董事会区分，此处译为理事会，下同，译者注。

2. 如果公司章程或公司宪章未根据本条第 1 款的规定组建理事会，或者如果理事会在从纠纷提交之日起的最长期限三个月内未能成功进行调解（除非在此期间内通过协议延长），或者纠纷各方同意不将其分歧提交给该理事会，除非公司章程另有规定，股东之间、股东与家族成员之间以及股东、家族成员与家族企业之间所有由公司章程、家族企业的管理或所有权或本法令规定引起的争议，由委员会裁决；

3. 委员会应在三个月的最长期限内对申诉作出决定，可以根据相关方的理由请求延长相同期限。该委员会有权采取必要的预防和紧急措施，以维持家族企业的连续性，防止在纠纷解决期间家族企业的业务中断或声誉或财务状况受到影响；

4. 委员会的决定可向国家的有关司法机关上诉；

5. 作为本条第 2 款规定的委员会职权的例外，纠纷各方可以达成以下协议：

a. 根据国家现行法律提交仲裁；

b. 向国家金融自由区法院提起诉讼；

6. 委员会应向部长提供一份年度报告，汇报年度内提交的纠纷及其处理结果。

第二十条

家族企业纠纷解决委员会

每个酋长国应成立一个名为"家族企业纠纷解决委员会"的委员会，视情况由司法部长或当地司法机构的负责人决定。当委员会审议提交给它的家族企业纠纷时，它可以寻求任何它认为合适的有经验和专业知识的人的帮助。

第二十一条

金融自由区家族企业纠纷的解决

与在金融自由区注册的家族企业相关纠纷的解决，应受到该区域现行法律的约束。

第二十二条
公司章程和公司宪章的解释

1. 在公司章程或公司宪章中缺乏明文规定或存在歧义的情况下，应根据家族企业的创始人和其股东的共同目的以及家族企业建立的目标进行解释，以帮助家族企业的延续、发展、良好经营、顺利过渡和分离、避免冲突和冲突的代际延续；以及

2. 如果公司章程或公司宪章包含与本法令、国家现行法律或公共秩序不一致的条款或规定，则公司章程或公司宪章仍然有效，但该条款或规定无效。

第二十三条
家族企业的终止或在登记簿中注销

1. 如果本法规定的家族企业多数有表决权的股份由家族外的人拥有，家族企业应终止。此时，根据任何利益相关方的请求或主管机关的决定，家族企业应从登记簿中注销。公司将按照其在获得家族企业身份之前存在的形式继续存在，并相应修改其章程。任何与此过渡过程有关的争议应提交给委员会；

2. 根据本条第1款的规定终止家族企业时，对于其资本中的B类股份，除非股东与公司达成协议以另一价格进行交易，公司应以委员会确定的价格购买这些股份。在协议中，公司应根据公司法协调其立场；

3. 除非章程中另有约定，否则家族企业的性质不会因为一名股东的死亡、被监禁或破产而消灭。在陷入破产状态以及本条第4款情形下，根据本法令和公司法修改公司地位，相关期限可以通过主管机关的决定延长；

4. 如果不少于拥有家族企业资本四分之三的股东决定请求部长根据本法令的规定从登记簿中注销家族企业。

第二十四条
正确行为

1. 为实施本法令的规定，家族成员的组织根据本法令或自由区现行法律的规定对家族企业的股份或资产的所有权和转让进行的行为，无论是通过出

售、捐赠或用益权，只要是在行为股东生前完成，都不违反所提到的人员身份法的规定；

2. 继承人有权按照他继承的份额，继续以股东身份留在家族企业，或者在遵守本法令第 8 条的前提下处置其股份；

3. 在家族企业登记前，任何根据先前立法所进行的程序、交易和行动仍应有效。

第二十五条
家族企业的优惠和激励措施

1. 根据部长的提议并与有关部门协调后，内阁应发布其认为适用于登记簿上登记的家族企业的优惠和激励措施、以及与这些利益和激励措施相关的规定和条件；以及

2. 在符合上述规定和条件的情况下，酋长国的主管机关可以向家族企业提供任何其他优惠和激励措施。

第二十六条
商业公司法规定的适用

1. 对于本法令未明确规定的一切事项，除了自由区现行法律的规定外，家族企业还应适用公司法和其他法律规定；

2. 家族企业不应被视为上述公司法中商业公司的一种新类型。

第二十七条
废止

违反或与本法令规定相抵触的任何规定均应被废止。

第二十八条
法令的发布和生效

本法令应在官方公报上公布，并在其发布之日后的三个月后生效。

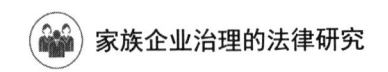

穆罕默德·本·扎耶德·阿勒纳哈扬
阿拉伯联合酋长国总统

我们在阿布扎比总统府颁布：
日期：伊斯兰历 1444 年，Rabi' al-Awwal 月 7 日
对应于：2022 年 10 月 3 日

附录2 马耳他共和国家族企业法案

本法体例

第一节　前言　　第1—2条

第二节　一般规定　第3—16条

第三节　监管者　　第17—32条

第四节　犯罪和处罚第33—37条

附录1　家族企业的申请注册表

附录2　年度申报表（由2018年ⅩⅩⅩⅦ号法令删除）

第565章

家族企业法案

本法旨在促进家族企业的监管、治理和代际传承；激励并协助家族企业加强他们的内部组织和结构管理，以便有效地经营企业，为家族企业的成功传承而努力；并处理其他相应或附带的事项。

2017年1月1日

2016年XLⅧ号法令，经2018年ⅩⅩⅩⅦ号法令和2021年ⅩⅩⅩⅠ号法令修改。

第一节
前言

1. 本法简称为《家族企业法案》。
2. 在本法和根据本法制定的任何规则或条例中，除非主题或上下文另有要求：

"申请人"是指根据本法注册为家族企业的企业；

"补贴"是指根据《税务和单证转让法》《马耳他企业法》《商业促进法》和部长依据条例制定的任何其他法律或计划，向注册的家族企业提供的任何资助或救济；

"在马耳他设立的机构"是指一家企业的总部、代理机构或分支机构或其部门，并应包括该企业在马耳他的永久存在；

"家族企业"的含义参见第 3 条；

"家族成员"是指家族企业主的配偶、直系亲属及其配偶、兄弟姐妹及其后代，或部长规定的人员；

"指引"是指监管者为进一步执行本法规定而不时发布的一套规则和以下条例：为家族企业的规制、管理和转让以及在马耳他的治理有关的释义、申请、管理、补贴发放和撤销、计划和其他安排；

"有限责任公司"是指根据《公司法》第五节的规定，正式成立和注册的公司；

"部长"是指负责马耳他企业的部长以及在授权范围内根据本法获得授权代表前述部长的任何人；

"所有者"是指直接或间接地在一个家族企业中持有股份或其他权益的最终受益自然人；

"合伙企业"是根据《公司法》第三节和第五节的规定正式成立和登记的普通合伙企业或有限合伙企业；

"制定"是指部长根据本法制定条例或监管者根据本法制定具有约束力的指引（除非另有明文规定），如果部长制定的条例与监管者就任何特定事项制定的指引之间有冲突，应以条例为准；

"私人基金会"是指为私人利益而设立并根据《民法典》附录 2 注册或以其他方式被承认为法人的基金会；

"公众有限公司"是指根据《公司法》第五节正式成立并注册的公司；

"监管者"是指根据本法第 17 条被任命为管理、监管和施行家族企业登记册的人员；

"配偶"是指《婚姻法》规定的配偶和《民事结合法》规定的伴侣；

"信托"是指《信托和受托人法》中规定的信托。

第二节
一般规定

3.（1）本法规定有注册资质的家族企业是指在马耳他设立的以下企业：

(a) 在受监管市场上市或在多边交易机构进行交易的公众有限责任公司，该公司的大部分股份（包括股权）应由至少两名属于同一家族的家族成员直接或间接持有；

(b) 以 (a) 项所述之外的方式成立的有限责任公司：

（ⅰ）该公司的所有股份直接或间接地由同一家族中至少两名家族成员所持有；以及

（ⅱ）至少有一名家族成员正式参与公司的综合治理、适当管理和公司的经营：

若非家族成员直接或间接持有股份的总发行价值不超过公司发行股份的 5%，该股份就本项而言应不予考虑；

此外，若家族企业内连续从事全职工作三年以上且非家族成员的雇员直接或间接持有股份的总发行价值不超过公司已发行股本的10%，该股份就本项而言应不予考虑；
此外，若企业资产以租赁方式持有，家族成员占租赁协议中承租人的多数时；
(c) 普通合伙企业和有限合伙企业：
(ⅰ) 合伙企业的全部出资应直接或间接地由同一家族中至少两名成员缴纳，且他们有权直接或间接地获得大部分可分配利润；并且
(ⅱ) 其中至少一人拥有多数决策权；
若非家族成员直接或间接的出资总额不超过合伙企业中所有合伙人出资总额的5%，该出资就本项而言应不予考虑；
此外，若家族企业内连续从事全职工作三年以上且非家族成员的雇员直接或间接的出资总额不超过合伙企业中总出资额的10%，该出资则就本项而言应不予考虑；
此外，若企业资产以租赁方式持有，家族成员占租赁协议中承租人的多数时；
(d) 为了作为受益人的家族成员的利益，家族企业的所有股份或权益由受托人通过信托方式管理，且信托关系已通过签署书面文件而确定，所有受益人是企业的所有者和同一家族的家族成员的家族企业；
若其他非家族成员受益人的总收益不超过家族企业信托的5%，或者如果他们只是剩余受益人（由于在同一家族中没有现存的家族成员能够在任何相关时间从信托中受益，而仅在信托终止时才能从信托中受益），该受益人就本项而言应不予考虑；
此外，若家族企业内连续从事全职工作三年以上非家族成员的雇员作为受益人直接或间接享有的总收益不超过家族企业信托的10%，或者如果他们只是剩余受益人（由于在同一家族中没有现存的家族成员能够在任何相关时间从信托中受益，而仅在信托终止时才能从信托中受益），该受益人就本项而言应不予考虑；
此外，若企业资产由受托人以租赁方式持有，则受托人占租赁协议中承租人的多数时；
(e) 家族成员采用的 (c) 项所述情况以外的其他合伙形式经营的企业，且该企业及其资产直接或间接地由同一家族中至少两名家族成员拥有和控制；
若非家族成员持有的其他资产总价值不超过家族企业净资产的5%，该资产就本项而言应不予考虑；
此外，若家族企业内连续从事全职工作三年以上且非家族成员的雇员直接或间接持有的其他资产总价值不超过家族企业净资产的10%，该资产就本项而言应不予考虑；
此外，该企业应遵守《民法典》及相关附录中有关未注册组织的所有规定；
此外，若企业资产以租赁方式持有，则家族成员占租赁协议中承租人的多数时；以及
(f) 部长认定的任何其他企业。
(2) 就本条而言，所提及的家族成员在企业中所间接持有的股份、权益、其他资产或对企业的间接出资是指通过以下方式持有的股份、权益、其他资产或出资：
(a) 根据具体情况，公司至少85%由家族成员实益拥有；或
(b) 为同一家族成员的利益而设立的信托受托人，若其他非家族成员的受益人的总收益不超过家族企业的5%，或如果他们只是剩余受益人（由于在同一家族中没有现存的家族成员能够在任何相关时间从信托中受益，而仅在信托终止时才能从信托中受益），该受益人就本项而言应不予考虑；
此外，若其他收益人中有家族企业内连续从事全职工作三年以上且非家族成员的雇员，

且其直接或间接持有的总收益不超过家族企业的10%，或者如果他们只是剩余受益人（由于在同一家族中没有现存的家族成员能够在任何相关时间从信托中受益，而仅在信托终止时才能从信托中受益），该受益人就本项而言应不予考虑；或

(c) 为同一家族的家族成员的利益而设立的私人基金会；如果其他受益人非同一家族成员，且其总收益不超过家族企业的5%，或者如果他们只是剩余受益人（由于在同一家族中没有现存的家族成员能够在任何相关时间点从信托中受益，而仅在信托终止时才能从信托中受益），该受益人就本项而言应不予考虑；

若私人基金会的其他受益人中有在家族企业内连续从事全职工作三年以上且非家族成员的雇员，如果他们从私人基金会获得的总收益不超过基金会的10%，或如果他们只是剩余受益人（由于在同一家族中没有现存的家族成员能够在任何相关时间从信托中受益，而仅在信托终止时才能从信托中受益），该受益人就本项而言应不予考虑；

此外，若家族企业资产以租赁方式持有，则家族成员占租赁协议中承租人的多数时。

4. (1) 就本法而言，一家公司的股份或股本是指：
(a) 公司发行的股本；
(b) 有分红权的股份；
(c) 有表决权的股份；及
(d) 在清算时有权获得资产和利润的股份。

(2) 就本法而言，其他所有股份均应不予考虑。

5. (1) 在以下情况下，同时是家族成员的所有者，不得拥有所有权或实益权益：
(a) 若家族企业为公司，直接或间接持有家族企业发行股本的80%以上；或
(b) 若家族企业为普通合伙企业或有限合伙企业，直接或间接对该合伙企业的出资占比80%以上；或
(c) 若家族企业为信托，享有80%以上的信托财产收益；或
(d) 若家族企业是其他任何形式的合伙，直接或间接对该合伙企业持有80%以上的资产；
(e) 间接持有80%以上的企业股份、权益、其他资产或企业出资。

(2) 80%是按照第3条的规定扣除非家族成员出资额5%并扣除企业雇员出资额10%后得出的百分比。

6. 如果受托人为了家族成员的利益直接或间接地持有一家家族企业，那么只有当获得正式授权的临时权益受托人将附录1规定的声明和文件提交给监管者后，信托持有的家族企业才可以依照本法进行登记。

7. (1) 当监管者根据第28条批准企业注册后，该企业即为已注册的家族企业。

(2) 经股东或其他权益持有人决议通过后，家族企业可以提前三个月通知监管者，要求取消登记为家族企业。在此情况下，监管者认为符合第31条规定时应发布相关命令以取消登记。

8. 已注册的家族企业应明确指定一名家族企业代表，并在变更时将其联系方式提供给监管者。

9. 如第3条规定的事项发生变更，已注册的家族企业应在变更后十日内通知监管者。

10. 如果一家企业不能连续进行经营交易三年以上，则该企业不具有家族企业的注册资格。

11.（1）根据本法提供的补贴是为了便于已注册的家族企业所有权从同时是家族成员的所有权人转让给同一家族中的其他家族成员。
（2）家族成员向其家族长辈转让所有权不能享受任何补贴；
（3）在领取补贴后，已注册的家族企业或家族成员不可将依据本法发放的激励补贴全部或部分转移或转让给任何其他个人或企业。
（4）当已注册的家族企业计划申请本法或者其他法律规定的任何补贴时，家族企业应当获得监管者颁发的最新证明，以证明该企业仍然满足本法规定的家族企业注册的资格。
（5）《文件和转让税法》规定的补贴只授予已注册的家族企业，这些企业的所有财务申报表和社会保险费在转让时均已按时提交，并且根据《文件和转让税法》应缴的税款在转让前已全额支付。
（6）任何企业只有经正式注册为家族企业，才有资格享有不时生效的、提供给家族企业的激励、补贴或方案。
（7）在向家族企业提供补贴时，政府或其他任何实体应查阅并可信赖根据本法第26条规定建立的登记册中所载信息。
12. 当已注册的家族企业按照《商业促进法》的规定，分别以租赁或永租契约①的形式占用政府的工业场所或土地时，须符合租赁协议或永租契约的所有条款。监管者应建议马耳他企业公司②或马耳他工业园区③续订租约，当续约的目的是确保家族企业在家族成员之间的延续性时，续期不应被无理拒绝。
13.（1）根据本法进行注册而享有奖励措施的已注册家族企业，应在日历年底之前将附录1中的年度申报表提交给监管者。如违反该规定，每推迟一个月，将被处以25欧元的罚款。如持续一年违规，应正式取消注册，所有的补贴应立即退还和补偿。
（2）家族企业的年度申报表应涵盖一个日历年：从注册日起至注册日后一年。
14.（1）所购置的任何不动产根据本法请求补贴，必须在已注册的家族企业内保留至少三年，如果这类不动产被转让，则必须以能为已注册的家族企业获得同样补贴的类似资产所替换，或在监管者批准的其他期间内转让。
（2）所获得的任何股份、利息、出资或其他资产根据本法请求补贴，必须在已注册的家族企业内保留至少三年，如果这类股份、利息、出资或其他资产被转让，则必须以能为已注册的家族企业获得同样补贴的类似股份、利息、出资或其他资产所替换，或在监管者批准的其他期间内转让。
（3）已注册的家族企业的所有者须承诺，在获得补贴后企业将连续三年（或在监管者批准的其他较短期限内）从事家族企业经营管理。如在上述期限内终止业务，所获得的任

---

① 源自罗马法，初始含义为土地出租人将土地长期或永久性地租给承租人，用于耕种或建造房屋或作其他用途，只保留每年收取租金的权利，引自元照英美法词典，译者注。
② 原文为 Malta Enterprise Corporation，是政府负责经济发展的机构，其任务是吸引新的外国直接投资并促进现有业务的增长，参见 *About Malta Enterprise*，https：//maltaenterprise.com/about-maltaenterprise（last visited May. 17, 2024）和 Malta Enterprise Act § 7-8，译者注。
③ 原文为 Malta Industrial Parks，即马耳他工业园区有限公司（MaltaIndustrial Parks Ltd.），是一家公有公司，负责管理政府拥有的工业区，参见 *Malta Enterprise | Procurement Opportunitie*，https：//maltaenterprise.com/procurement-opportunities-0（last visited May. 17, 2024）。

何补贴应退还和补偿。
15. 如果已请求补贴的已注册家族企业未如第 14 条所示在至少连续三年期限内继续作为家族企业而存在并保持注册，则该企业应退还已获得的补贴：
若一企业因家族成员意外死亡而不再构成家族企业，在此情况下，如果该企业仅由两位家族成员直接或间接拥有，则该企业无须退还因先前企业转让而获得的补贴。
16. （1）部长可通过条例规定如何正确实施本法的各项条款。
（2）部长还可以通过条例修订本法的附录。

第三节
监管者

17. （1）应为家族企业设立一个监管者，由部长任命。
（2）监管者的任期为 3 年，并可在任期届满后连选连任：
在任职期间，监管者不得担任任何与其职务相冲突或影响其正常行使职务的任何职位，或有悖于该职务的公正性或有违公众对其的信任。
（3）监管者有权获得部长规定的薪酬。
（4）当监管者职位空缺时，可任命一人暂时行使监管者职务，直至继任人员获得委任为止。部长可在监管者职位空缺或出现在其认为必要的任何其他临时事由时，随时任命一人行使监管者的职务，直至监管者能够恢复执行职务为止。
（5）应向监管者提供场所和足够数量的官员和职员，以履行本法赋予他的职能。
（6）部长还可任命一名或多名副监管者，以按照监管者的指示协助履行其职务。
被任命协助监管者的副监管者、官员和职员有权获得部长规定的薪酬。
17A. （1）监管者应具有独立且明确的法律主体资格，并应在不违反本法规定的情况下，可以订立合同，可以因其职能获得、持有和处分任何种类的财产，起诉和被起诉，以及进行附随的或有助于行使或履行本法规定的职能的所有事项和所有交易，包括借出或借入资金，但监管者无权：
(a) 借入或借出多笔资金，除非获得部长和负责财政的部长的书面授权和同意；或
(b) 为促进其职能而建立任何形式的商业伙伴关系，除非获得部长书面授权；或
(c) 以本法规定以外的方式委托其任何职能。
（2）监管者的法定代表权属于监管者本人：
监管者可指定其任何一名官员或雇员，以监管者的名义代表监管者出现在任何司法程序和任何法案、合同、文书或其他文件中。
18. 以下人员不具有被任命或留任为监管者的资格：
(a) 主审法官或地方法官；或
(b) 被裁决破产或已与其债权人订立任何协议；或
(c) 收到法院禁令或丧失行为能力；或
(d) 被判处影响公众信任、盗窃或欺诈的罪行，或明知而收受盗窃或欺诈所得的财产；或
(e) 根据《公司法》第 320 条被取消资格；或
(f) 是一名公职人员或成为一名公职人员。
19. （1）只有在已证明不能履行监管者职务或有不当行为的情况下，部长才可将监管者免职或停职。

(2) 监管者可随时向部长发送书面通知，辞去其职务。
20. (1) 监管者必须对根据本法申请注册为家族企业的所有申请人进行评估，一旦注册后，应确保他们能持续遵守相关的要求和规则。
(2) 监管者应履行本法和根据本法制定的任何条例所赋予他的义务和职责，包括：
(a) 根据本法受理或者拒绝企业提交的家族企业注册申请；
(b) 为符合本法规定的注册资格的企业提供注册场所；
(c) 保存和更新已注册的家族企业登记册；
(d) 监督已注册的家族企业的活动，以确保它们切实遵守本法适用的相关条款，或遵守依据本法制定的任何条例和准则；
(e) 在符合条件的情况下，向已注册的家族企业提供更新的登记证明，以证明该企业仍符合本法规定的家族企业资格；
(f) 根据本法向家族企业提供有关注册登记的条件、补贴和义务的信息和指南；
(g) 向部长提供有关的立法和政策建议，以支持家族企业的发展；
(h) 协助政府、政府部门、公共机构、政府控制的机构和实体制定和审查家族企业的扶持政策；
(i) 调查与本法有关且与已注册家族企业或声称根据本法注册为家族企业的企业有关的书面申诉，此外，根据职权调查任何已注册的家族企业是否有任何不足，并采取行动，纠正他注意到的任何正当申诉，包括在他认为合适时，将其调查结果提交警方；
(j) 通过与有关主体交流、传播和沟通相关资讯信息，鼓励和促进家族企业发展；
(k) 鼓励家族企业考虑就家族企业的经营原则达成书面协议；
(l) 与相关主管当局进行协调沟通，以便利家族企业的登记和注册程序；
(m) 履行部长根据本法、本法实施条例以及任何法律分配给他的其他职责。
(3) 在履行职务时，监管者应公正行事，不得受其他任何人或机构的指示的影响。
(4) 监管者可以通过签署书面文件，将本法或其他法律分配或授予他的具体职责、权力或职权委托其内设办公机构中的任何人，并可随时撤销或更改该委托；
该委托不得视为剥夺监管者的任何职责、权力或职权，监管者也可在其认为适宜时，与受委托人一起履行该职责，权力或职权。
21.《财务管理和审计法》第 72 条的规定不适用于监管者和根据本法履行其职责的其他任何人。
22. (1) 为履行其职责，监管者可向任何政府实体、公共机构或部门索取任何资料。
(2) 根据本法对其职责履行的要求，任何有关机构应配合监管者。
(3) 如果监管者要求任何有关机构提交任何文件资料。
根据本条提出的要求也可以发送给受《职业保密法》规定的职业保密义务约束的人员，根据该法第 6A 条，监管者应被视为公共机构。监管者根据上述要求获得的任何信息只能用于本条规定的目的。
23. 监管者可不时就已注册家族企业的活动发布准则，任何违反该准则的行为或陈述应作为撤销家族企业注册证明的考量因素。
24. 任何不遵守依据其他任何法律制定的规则条例的已注册家族企业，监管者可自行决定撤销其注册。
25. (1) 监管者应在每日历年年底后不迟于 8 周的期限内，编写并向部长提交年度报告，其中应包括：

(a) 关于前一年监管者办公活动的报告；

(b) 马耳他家族企业情况以及任何可能影响该领域发展的概述；

(c) 有关家族企业的立法、条例、政策或其他事项的任何建议；以及

(d) 本法要求的账目和其他财务记录。

(2) 监管者应为其办事处的运营正确保存账目记录和其他财务记录，并在每一财政年度编制一份账目报表。每个财政年度结束后且不迟于本条第（1）款所述的报告提交给部长时，监管者应安排将审计后的账目报表副本以及审计员就该报表或监管机构的账目所作的任何报告的副本提交给部长。

26.（1）监管者应保存家族企业登记册，其中包含与现行的注册流程有关的信息和数据（如附录1和附录2所示），并有附录所述的文件作为依据。

(2) 注册时，监管者应当为家族企业分配一个唯一的注册号码，并以"FB"开头，该注册号以下简称为"家族企业号"，注册后的家族企业可在其发布的任何材料、信函、通知、广告和其他文件中引用该家族企业号。

(3) 登记册中的家族企业名称列表可通过书面请求提供。除家族企业名称外，任何其他信息或内容均不得向外披露，但本法所述的发放补贴的有关机构除外。

27. 监管者应根据《数据保护法》的规定为本法编制和保存登记册。

28.（1）对于要注册的家族企业，须将包含所要求文件的申请提交监管者，监管者自行决定其申请是否符合本法规定。

(2) 企业可以提交监管者提供的法定申请表申请注册。

(3) 每次申请注册时，不论结果如何，均须缴纳管理费，且不可退还。

(4) 在评估申请时，监管者可要求申请人提供与企业有关的补充信息，或就监管者对申请存疑或关注的任何事项做陈述说明。

(5) 监管者可根据下列任何一项理由，接受或拒绝任何注册申请：

(a) 是否遵守本法和其他法规规定的正式程序；

(b) 企业宗旨和目标不符合法律或商业道德，是否导致合法性欠缺；

(c) 是否根据相应法律履行缴纳社会保障款的义务；

(d) 企业未根据相应法律履行缴纳应纳税款的义务；或者

(e) 企业没有提供根据规定所要求的信息，或者提供了错误的信息。

(6) 如监管者要求申请人提供的证据未达到本条第（5）（c）、(d) 及 (e) 项的要求，则应接受申请人原籍国或来源国行政机构出具的相关证明，作为充分证据证明上述要求已经得到满足。

29. 注册证明应被视为公开文件，在监管者书面请求并说明理由后，应交给监管者。

30. 监管者可要求已注册的家族企业提供任何信息及说明，并可进行必要核实，以确信企业符合本法规定或根据本法制定的任何规则、条例或准则。已注册的家族企业应设法尽快满足监管者的要求，如违反要求，监管者可撤销其注册证明。

31.（1）监管者可以发出撤销通知，责令撤销家族企业的注册，并立即生效。

(2) 如果已注册家族企业有以下情况，监管者可以酌情作出撤销注册的决定：

(a) 企业不符合附录1和附录2或根据本法制定的任何其他规定、规则、条例和准则规定的相应标准；或

(b) 连续12个月以上或监管者选定的更短时间内未能持续运作、经营、贸易或经营业务；或
(c) 根据严重不正确或不完整的信息注册，且如果监管者知晓正确或完整信息，将拒绝准予注册；或
(d) 未能达到和遵守本法的目标；或
(e) 注册证书的使用方式不当或伪造。
(3) 在发出撤销令以责令撤销家族企业注册之前，监管者应当书面通知该企业向其发出撤销通知的意向。监管者应给予该企业一定期限以陈述不应撤销的理由。在此之后，监管者可给予该企业一定期限以进行整改并遵守本法的规定。如果企业在规定期限内未整改（监管者可根据情况自行延长该期限），监管者应依据本条第（1）款的规定，责令撤销该家族企业的注册。
(4) 监管者应发布通知并在公报上公布任何终局性的撤销令，并通知所有有关当局。
(5) 如果企业被撤销或者停止经营、运作、交易或任何形式的业务开展，应当依法终止该家族企业。
32.（1）如家族企业的注册被撤销，家族成员应立即向监管者交回该家族企业的注册证明，未能在监管者通知的时间内交还该证明的企业和任何人应被处以250欧元的行政罚款。
(2) 如家族企业的注册被撤销，则因注册给予该企业的所有补贴，将从撤销决定生效之日起失效。
(3) 因第31条第（2）款所述理由而被撤销注册的，企业应当退还该企业或任何其他个人因本法规定凭借注册而获得的任何补贴。除非本法另有规定，监管者可对该企业和与该企业有关的任何人发布相关命令：
当监管者根据《组织和民事诉讼法典》第466条发出司法函件要求退还任何补贴时，将被视为监管者以其本人身份或以有权获得上述退款的人的受托人身份对企业或任何指定的管理人中家族成员的执行令①。
(4) 一旦形成终局判决，或在相关期限内未提起诉讼，监管者针对家族企业或任何指定的家族成员的命令应被视为执行令具有强制执行力。

第四节
犯罪与处罚 ②

33.（1）任何个人或企业为了获取和维持家族企业的地位：
(a) 以任何方式伪造或变造注册证明，使人认为他代表已注册的家族企业行事，属于犯罪，应处以与《刑法典》第183条规定处罚相同的处罚；
(b) 错误歪曲已注册的家族企业或者作虚假陈述的，应根据本法处以刑事处罚；
(c) 任何人以任何方式滥用注册证明或家族企业商标，应根据本法处以刑事处罚；
(d) 没有合理理由，就本法所涉任何事项做任何错误声明或提供任何不正确的信息，应

---

① 原文为"executive title"，此处结合文义译为"执行令"，译者注。
② 目录中为"Offences and Penalties"，但此处标题为"Offences"，似为一纰漏，因此译为"犯罪和处罚"，以和目录及正文内容保持一致，译者注。

根据本法处以刑事处罚。
(2) 任何人或企业如犯有第(1)款所述的任何罪行,一经定罪,应被处以13个月至4年的监禁。
(3) 任何人或企业供认或被发现犯上述任何罪行,一经定罪,监管者应撤销向该家族企业签发的任何注册证明。
(4) 监管者应就事实发表公开声明,提醒公众注意任何个人或企业的不法行为。
34. (1) 任何人或企业有意根据本法或本法实施条例谋取利益,实施或协助他人实施下列行为的:
(a) 在为本法或根据本法而制作、准备或提交的申报表或任何其他文件或说明中,略去应包括在内的任何事项;或
(b) 在为本法或根据本法而准备或提交的任何申报表或其他文件或说明中作出虚假陈述或输入;或
(c) 对根据本法的规定询问或提出的信息要求,给出任何口头或书面的错误答复;或
(d) 制作、保存或授权制作、保存任何虚假账簿或其他纪录,或伪造或授权伪造任何账簿或记录;或
(e) 使用或授权使用任何欺骗手段、诡计或手段①,
属于犯罪,一经定罪,将处以不少于2000欧元及不超过12000欧元的罚款,或处以不超过四年的监禁,或同时处以罚款及监禁。
(2) 任何人如承认或被发现犯上述任何罪行,法庭一经定罪,可撤销向该注册家族企业签发的任何证明。
35. 任何人或企业违反或不遵守本法或根据本法制定的任何条例,如无特别规定的处罚,应属于犯罪,一经定罪,应处以不少于250欧元及不多于1500欧元的罚款。
36. 本法关于犯罪和处罚的规定不影响对同一行为或疏忽规定了犯罪和处罚的任何其他法律的实施,亦不影响任何其他法律规定的任何更高刑罚的适用。
37. 监管者可在本法规定的犯罪行为实施后的五年内提起诉讼。

附录1
(第13条)
年度申报表

1. 目的
本年度申报表的目的是向监管者和任何相关主管当局提供享有本法激励措施的已注册家族企业的最新信息。
2. 内容和形式
各家族企业每年应向监管者提交的年度申报表的内容和形式如下:
企业的年度申报表的内容和形式

---

① "欺骗手段、诡计或手段"原文为"fraud, art or contrivance",参照香港《税务条例》82条(1)(g)项中英文版作此翻译,译者注。

(a) ……的年度申报表（插入企业正式名称）
(b) 家族企业编号：
(c) 联系人姓名和职务：
(d) 过去一年对家族企业结构进行的任何更改：

完整性和正确性声明
我们特此确认所提供的详细信息在内容上是完整和真实的。

家族企业代表签名：
姓名：
日期：

附录2
（第13条）
由2018年XXXVII号法令删除

主要参考文献

中文著作和论文

1. 施天涛：《公司法论》，法律出版社 2014 年版。
2. 邓峰：《代议制的公司：中国公司治理中的权力和责任》，北京大学出版社 2015 年版。
3. 黄茂荣：《法学方法与现代民法》（第 5 版），法律出版社 2007 年版。
4. 李清池：《商事组织的法律结构》，法律出版社 2008 年版。
5. 罗培新：《公司法的法律经济学研究》，北京大学出版社 2008 年版。
6. 史尚宽：《民法总论》，中国政法大学出版社 2000 年版。
7. 孙良国：《关系契约理论导论》，科学出版社 2008 年版。
8. 王洪亮：《债法总论》，北京大学出版社 2016 年版。
9. 王军：《中国公司法》，高等教育出版社 2015 年版。
10. 王亚新等：《中国民事诉讼法重点讲义》，高等教育出版社 2017 年版。
11. 王泽鉴：《民法概要》，北京大学出版社 2009 年版。
12. 王泽鉴：《民法总则（增订版）》，中国政法大学出版社 2001 年版。
13. 杨祥：《股权信托受托人法律地位研究》，清华大学出版社 2018 年版。
14. 赵德枢：《一人公司详论》，中国人民大学 2004 年版。
15. 朱庆育：《民法总论》，北京大学出版社 2013 年版。
16. 中国民（私）营经济研究会家族企业研究课题组：《中国家族企业发展报告（2011）》，中信出版社 2011 年版。

17. 吴炯：《家族企业的家族契约治理——以家族社会资本涉入为视角》，北京大学出版社 2016 年版。

18. 谢宏：《家族治理与家族企业治理模式发展研究——关系契约与企业规则融合的困境与出路》，浙江大学出版社 2011 年版。

19. 中国民营经济研究会家族企业委员会：《中国家族企业与共同富裕研究报告》，中华工商联合出版社 2023 年版。

20. 李维安等：《公司治理手册》，清华大学出版社 2015 年版。

21. 新财道财富管理股份有限公司：《家族财富管理之道——目标管理下的系统规划》，中国金融出版社 2017 年版。

22. 杨某飞：《家族企业的关系治理及其演进——以浙江异兴集团为个案》，社会科学文献出版社 2009 年版。

23. 余立智：《家族企业的成长机理与变迁路径》，中国财政经济出版社 2003 年版。

24. ［丹］莫顿·班纳德森、范博宏：《家族企业规划图》，陈密容、付兆琪译，东方出版社 2015 年版。

25. ［美］Ian R. 麦克尼尔：《新社会契约论》，雷喜宁等译，中国政法大学出版社 2004 年版。

26. ［美］贝克尔：《家庭论》，王献生、王宇译，商务印书馆 2005 年版。

27. ［美］盖尔希克等：《代代相传——家族企业发展模型》，高皓等译，东方出版社 2014 年版。

28. ［美］柯比·罗思普洛克编著：《家族办公室完全手册》，吴飞等译，线装书局 2017 年版。

29. ［美］理查德·塞勒、卡斯·桑斯坦：《助推：如何做出有关健康、财富与幸福的最佳决策》，刘宁译，中信出版社 2018 年版。

30. ［美］斯蒂芬·M. 贝恩布里奇：《理论与实践中的新公司治理模式》，赵渊译，北京大学出版社 2012 年版。

31. ［德］阿图尔·考夫曼：《法律获取的程序——一种理性的分析》，雷磊译，中国政法大学出版社 2015 年版。

32. ［德］迪特尔·梅迪库斯：《德国民法总论》，邵建东译，法律出版社 2005 年版。

33. ［德］格茨·怀克、克里斯蒂娜·温德比西勒：《德国公司法（第 21 版）》，殷盛译，法律出版社 2010 年版。

34. ［德］卡尔·拉伦茨：《德国民法通论》（上册），王晓晔等译，法律出版社 2003 年版。

35. ［德］卡尔·拉伦茨：《法学方法论》，陈爱娥译，商务印书馆 2003 年版。

36. ［加］布莱恩 R. 柴芬斯：《公司法：理论、结构和运作》，林华伟等译，法律出版社 2001 年版。

37. ［美］大卫·弗里德曼：《经济学语境下的法律规则》，杨欣欣译，法律出版社 2004 年版。

38. ［美］弗兰克·伊斯特布鲁克、丹尼尔·费希尔：《公司法的经济结构》，罗培新等译，北京大学出版社 2014 年版。

39. ［美］汉斯曼：《企业所有权论》，于净译，中国政法大学出版社 2001 年版。

40. ［美］莱纳·克拉克曼，亨利·汉斯曼等：《公司法剖析：比较与功能的视角》，刘俊海等译，北京大学出版 2007 年版。

41. ［美］络德睦：《法律东方主义：中国、美国与现代法》，魏磊杰译，中国政法大学出版社 2016 年版。

42. ［美］斯蒂芬·M. 班布里奇、M. 托德·亨德森：《有限责任——法律与经济分析》，李诗鸿译，上海人民出版社 2019 年版。

43. ［美］易劳逸：《家族、土地与祖先——近世中国四百年社会经济的常与变》，苑杰译，重庆出版社 2019 年版。

44. ［日］滋贺秀三：《中国家族法原理》，张建国等译，商务印书馆 2013 年版。

45. 美国法律研究院：《公司治理原则：分析与建议（上卷）》，楼建波等译，法律出版社 2006 年版。

46. 潘灯、高远译：《西班牙商法典》，中国政法大学出版社 2009 年版。

47. 边燕杰、丘海雄：《企业的社会资本及其功效》，《中国社会科学》

2000 年第 2 期。

48. 曾斌：《家族上市公司治理的现状与展望——以深市上市家族企业为例》，《清华金融评论》2018 年第 10 期。

49. 陈嘉文、姚小涛：《组织与制度的共同演化：组织制度理论研究的脉络剖析及问题初探》，《管理评论》2015 年第 5 期。

50. 陈建林：《家族企业绩效研究分歧及其整合》，《外国经济与管理》2008 年第 9 期。

51. 陈建林：《利他主义、代理成本与家族企业成长》，《管理评论》2011 年第 9 期。

52. 陈凌、应丽芬：《从家庭/网络家庭到企业/企业网络——家族企业成长的本土视角》，《学海》2006 年第 4 期。

53. 陈凌、应丽芬：《代际传承：家族企业继任管理和创新》，《管理世界》2003 年第 6 期。

54. 陈凌：《信息特征、交易成本和家族式组织》，《经济研究》1998 年第 7 期。

55. 陈勇军：《制度与组织——新制度主义对组织理论的探索》，《前沿》2010 年第 13 期。

56. 陈志军：《家族控制与企业社会责任：基于社会情感财富理论的解释》，《经济管理》2015 年第 4 期。

57. 程民选：《论社会资本的性质与类型》，《学术月刊》2007 年第 10 期。

58. 储小平、李怀祖：《家族企业成长与社会资本的融合》，《经济理论与经济管理》2003 年第 6 期。

59. 储小平、汪林：《家族企业中的心理契约破坏——组织与员工的双重视角》，《中山大学学报（社会科学版）》2009 年第 3 期。

60. 储小平、汪林等：《人际信任、心理契约违背与组织导向偏差行为——来自家族企业样本的实证证据》，《南方经济》2015 年第 5 期。

61. 储小平：《家族企业研究：一个具有现代意义的话题》，《中国社会科学》2000 年第 5 期。

62. 杜传文：《基于家族企业背景的管家理论述评》，《现代管理科学》

2012年第5期。

63. 冯果、李安安：《家族企业走向公众企业过程中的公司治理困局及其突围——以国美控制权争夺为视角》，《社会科学》2011年第2期。

64. 高皓：《家族与企业双层治理：突破家族信托的局限》，《清华金融评论》2015年第5期。

65. 郭青青：《规范视域下的中国上市公司控制权强化机制》，《西南政法大学学报》2016年第1期。

66. 韩朝华、陈凌：《传亲属还是聘专家：浙江家族企业接班问题考察》，《管理世界》2005年第2期。

67. 贺小刚、李新春等：《家族内部的权力偏离及其对治理效率的影响——对家族上市公司的研究》，《中国工业经济》2010年第10期。

68. 贺志锋：《论家族企业的定义》，《当代财经》2004年第6期。

69. 李东：《家族理性——家族企业研究的新假设》，《南开经济研究》2005年第1期。

70. 李东：《家族理性与家族企业治理的几个问题》，《学术交流》2004年第2期。

71. 李伟民、梁玉成：《特殊信任与普遍信任：中国人信任的结构与特征》，《社会学研究》2002年第3期。

72. 李新春、宋丽红：《基于二元性视角的家族企业重要研究议题梳理与评述》，《经济管理》2013年第8期。

73. 李新春、宋丽红等：《家族为何意欲放手？——制度环境感知、政治地位与中国家族企业主的传承意愿》，《管理世界》2014年第2期。

74. 李新春、檀宏斌：《家族企业内部两权分离：路径与治理——基于百年家族企业香港利丰的案例研究》，《中山大学学报（社会科学版）》2010年第4期。

75. 李新春、朱沆等：《社会情感财富理论及其在家族企业研究中的突破》，《外国经济与管理》2012年第12期。

76. 李新春：《信任、忠诚与家族主义困境》，《管理世界》2002年第6期。

77. 李绪红：《组织公正：从理论到应用》，《经济理论与经济管理》2002年第7期。

78. 李学如、曹化芝：《近代苏南义庄的经营管理制度》，《中国经济史研究》2014年第1期。

79. 李雪松：《李锦记四代家族传承宝典》，《中外管理》2014年第3期。

80. 李颖、徐金春：《从"黄光裕案"看家族企业发展的几个法律问题》，《法制与经济》2013年第3期。

81. 李育民：《曾国藩的治家思想论析》，《暨南学报（哲学社会科学版）》2017年9期。

82. 李原：《心理契约违背的理论模型及其应用》，《经济与管理研究》2006年第8期。

83. 李善民、刘春等：《独立董事具有咨询功能吗？——异地独董在异地并购中功能的经验研究》，《管理世界》2015年第3期。

84. 李新春、陈灿：《家族企业的关系治理：一个探索性研究》，《中山大学学报：社会科学版》2005年第6期。

85. 李新春、任丽霞：《民营企业的家族意图与家族治理行为研究》，《中山大学学报（社会科学版）》2004年第6期。

86. 刘诚、杨继东等：《社会关系、独立董事任命与董事会独立性》，《世界经济》2012年第12期。

87. 刘嘉毅、田银华：《家族企业契约治理模型、模式选择与演变规律的探索性研究》，《软科学》2012年第5期。

88. 马飞、孔凡晶：《组织公平理论研究述评》，《经济纵横》2010年第11期。

89. 马红宇：《最后通牒博弈中的公平偏好：基于双系统理论的视角》，《心理科学进展》2018年第2期。

90. 曲光、王增武：《国内家族信托市场发展及其启示》，《银行家》2018年第12期。

91. 山立威、杨超：《家族企业实际控制人"亲政"——基于法与金融的视角》，《中国经济问题》2016第3期。

92. 施芊芊：《家族企业、内部控制与公司治理刍议——以真功夫为例》，《企业改革与管理》2017 年第 16 期。

93. 宋丽红、李新春：《短时逐利还是长期投资——家族所有权与传承意愿的交互作用检验》，《中山大学学报（社会科学版）》2013 年第 2 期。

94. 宋丽红、李新春等：《从家族企业到企业家族——基于分家的多案例研究》，《管理学报》2012 年第 6 期。

95. 苏启林、万俊毅等：《家族控制权与家族企业治理的国际比较》，《外国经济与管理》2003 年第 5 期。

96. 孙宪忠：《家族财富管理与亲属投资的几个法律问题》，《清华金融评论》2018 年第 10 期。

97. 王蓓、邓建明：《金字塔控股集团与公司价值研究》，《中国工业经济》2010 年第 2 期。

98. 王开明：《团队生产与团队协调：企业知识理论与主流企业理论的比较，综合与发展》，《经济评论》2002 年第 6 期。

99. 吴炯、黄紫嫣：《家族企业主角色冲突的理论基础和概念模型》，《财会月刊》2019 年第 9 期。

100. 吴炯、刘阳、邢修帅：《家族企业传承的权威基础与权威冲突——合法性的中介作用》，《经济管理》2017 年第 2 期。

101. 吴炯、邢修帅：《家族企业成长中的合法性约束及其变迁》，《南开管理评论》2016 年第 6 期。

102. 吴炯：《独立董事、资源支持与企业边界连结：由上市家族公司生发》，《改革》2012 年第 7 期。

103. 吴炯：《专用社会资本外部性视阈下的家族企业治理模式》，《经济理论与经济管理》2010 年第 10 期。

104. 奚菁、罗洁婷等：《家族企业子女接班人身份建构研究》，《管理学报》2014 年第 1 期。

105. 吴炯：《家族企业的分立治理结构选择及案例解析》，《管理案例研究与评论》2011 年第 6 期。

106. 吴炯：《家族涉入、家族理性与家族企业目标偏好——基于一项比较案例的探索》,《商业经济与管理》2012年第5期。

107. 吴炯:《团队生产契约下家族治理的动因与对策》,《华东经济管理》2013年第11期。

108. 吴炯:《现代公司制度的内涵延伸及治理:一个分析框架》,《改革》2006年第11期。

109. 邢文凤:《对威廉姆森机会主义人性假设的再思考》,《国外社会科学》2010年第2期。

110. 薛前强:《反思家事类商事纠纷之审判理路——一个"家庭主义"的分析框架》,《东北大学学报(社会科学版)》2020年第3期。

111. 薛玉、王蕾:《从分家书看徽州地区分家习惯》,《图书馆论坛》2016年第9期。

112. 杨春学:《利他主义经济学的追求》,《经济研究》2001年第4期。

113. 杨某飞:《家族伦理、家族愿景和华人家族企业的内部治理》,《伦理学研究》2010年第1期。

114. 杨雅茹、陈博:《亲缘利他、互惠利他、强制利他及合作机制的演化》,《制度经济学研究》2014年第2期。

115. 杨玉秀:《家族企业代际传承中的家族社会资本》,《当代经济管理》2014年第8期。

116. 叶航、汪丁丁、罗卫东:《作为内生偏好的利他行为及其经济学意义》,《经济研究》2005年第8期。

117. 叶航:《利他行为的经济学解释》,《经济学家》2005年第3期。

118. 余立智:《家族制企业的生成与变迁:一个契约观点》,《财经论丛》2005年第4期。

119. 余立智:《现代家庭组织理论研究的最新进展及其启示》,《财经论丛》2006年第2期。

120. 余立智:《浙江民营家族企业的制度锁定与制度创新》,《浙江社会科学》2002年第4期。

121. 岳璐:《从"愿景"或"共同梦想"看家族企业管理的伦理气质》,《东南大学学报(哲学社会科学版)》2010年第5期。

122. 张京心、廖子华、谭劲松：《民营企业创始人的离任权力交接与企业成长——基于美的集团的案例研究》，《中国工业经济》2017 年第 10 期。

123. 张文宏：《社会资本：理论争辩与经验研究》，《社会学研究》2003 年第 4 期。

124. 张志波：《现代管家理论研究述评》，《山东社会科学》2008 年第 11 期。

125. 赵万一、赵吟：《中国自治型公司法的理论证成及制度实现》，《中国社会科学》2015 年第 12 期。

126. 曹民哲：《一人公司人格否认、财务会计报告与举证责任》，《人民司法（应用）》2017 年第 16 期。

127. 陈舒舒、谢佩君：《某贸易公司诉广东某服装公司与盘某、李某买卖合同纠纷案——夫妻共同出资的有限责任公司是否属于一人公司》，《法治论坛》2019 年第 55 辑。

128. 耿利航：《有限责任公司股东困境和司法解散制度——美国法的经验和对中国的启示》，《政法论坛》2010 年第 5 期。

129. 郭萍、陈凌：《华人家族企业如何基业长青？》，《管理世界》2010 年第 1 期。

130. 韩强：《法教义学在商法上的应用——以最高人民法院指导案例 15 号为研究对象》，《北大法律评论》2014 年第 1 期。

131. 黄辉：《对公司法合同进路的反思》，《法学》2017 年第 4 期。

132. 黄震：《我国文化传统与自然人一人公司——兼论我国家族企业的制度转型》，《环球法律评论》2005 年第 2 期。

133. 蒋大兴：《夫妻公司的法人格：肯定抑或否定——对流行裁判思维的检讨》，载蒋大兴主编《公司法律报告（第 1 卷）》，中信出版社 2003 年版。

134. 蒋大兴：《商法：如何面对实践？——走向/改造"商法教义学"的立场》，《法学家》2010 第 4 期。

135. 蒋大兴：《社团罚抑或合同罚——论股东会对股东之处罚权》，《法学评论》2015 年第 5 期。

136. 蒋大兴：《一人公司法人格否认之法律适用》，《华东政法学院学报》

2006 年第 6 期。

137. 李飞：《〈民法典〉与共同继承人的股权行使》，《武汉大学学报（哲学社会科学版）》2021 年第 4 期。

138. 李建伟：《公司组织形态重构与公司法结构性改革》，《财经法学》2015 年第 5 期。

139. 李建伟：《司法解散公司事由的实证研究》，《法学研究》2017 年第 4 期。

140. 李诗鸿：《公司契约理论新发展及其缺陷的反思》，《华东政法大学学报》2014 年第 5 期。

141. 李飖：《再论诚实信用原则的类型化——以传统抽象概念思维为参照》，《西南政法大学学报》2013 年第 5 期。

142. 梁上上：《人合性在有限责任公司中的终结》，《中国社会科学》2022 年第 11 期。

143. 刘俊海：《论股权家族信托的价值功能与制度创新》，《法治研究》2023 年第 4 期。

144. 刘征峰：《家庭法中的类型法定原则——基于规范与生活事实的分离与整合视角》，《中外法学》2018 年第 2 期。

145. 罗培新：《公司法的法律经济学进路：正当性及其限度》，《法学研究》2013 年第 6 期。

146. 马一：《股权稀释过程中公司控制权保持：法律途径与边界——以双层股权结构和马云"中国合伙人制"为研究对象》，《中外法学》2014 年第 3 期。

147. 毛卫民：《一人公司"法人人格滥用推定"制度的法理评析——兼论公司立法的价值抉择》，《现代法学》2008 年第 3 期。

148. 缪因知：《家族企业治理中的控制股东、职业经理人与独立董事》，《北大法律评论》2013 年第 1 辑（第 14 卷）。

149. 屈茂辉：《类推适用的私法价值与司法适用》，《法学研究》2005 年第 1 期。

150. 施天涛：《公司法的自由主义及其法律政策——兼论我国〈公司法〉

的修改》,《环球法律评论》2005 年第 1 期。

151. 施天涛:《公司治理中的宪制主义》,《中国法律评论》2018 年第 4 期。

152. 石峰:《我国家族企业内部纠纷的起因与规范——以家族企业内部的产权关系为视角》,《行政与法》2014 年第 9 期。

153. 宋红丽:《浅析完善家族式企业治理结构的法律对策》,《法制与社会》2009 年第 31 期。

154. 汤文平:《论预约在法教义学体系中的地位——以类型序列之建构为基础》,《中外法学》2014 年第 4 期。

155. 王洪平:《论权利失效规则及其法典化》,《法学论坛》2015 年第 2 期。

156. 王俊秋、张奇峰:《法律环境、金字塔结构与家族企业的"掏空"行为》,《华东理工大学学报(社会科学版)》2007 年第 3 期。

157. 王荣珍、文花艳:《我国新时期家族企业的法律服务方向》,《法治论坛》2016 年第 2 期。

158. 王三山:《宗法家族组织与中国专制政治》,《法学评论》1998 年第 2 期。

159. 吴飞飞:《有限责任公司人合性的裁判解释——基于 220 份裁判文书的实证分析》,《环球法律评论》2021 年第 6 期。

160. 谢鸿飞:《论创设法律关系的意图:法律介入社会生活的限度》,《环球法律评论》2012 年第 3 期。

161. 杨代雄:《意思表示理论中的沉默与拟制》,《比较法研究》2016 年第 6 期。

162. 杨署东:《合理期待原则下的美国股东权益救济制度及其启示》,《法律科学(西北政法大学学报)》2012 年第 2 期。

163. 杨某:《论共有物分割请求权的限制——"刘柯好诉刘茂勇、周忠容共有房屋分割案"评释》,《政治与法律》2017 年第 4 期。

164. 易军:《原则/例外关系的民法阐释》,《中国社会科学》2019 年第 9 期。

165. 于飞：《论诚实信用原则与公序良俗原则的区别适用》，《法商研究》2005 年第 2 期。

166. 俞江：《论分家习惯与家的整体性——对滋贺秀三〈中国家族法原理〉的批评》，《政法论坛》2006 年第 1 期。

167. 俞江：《民事习惯对民法典的意义——以分家析产习惯为线索》，《私法》第 5 辑第 1 卷。

168. 张弓长：《中国法官运用类推适用方法的现状剖析与完善建议——以三项主要的合同法制度为例》，《中国政法大学学报》2018 年第 6 期。

169. 赵玉：《股权继承规则的系统性改造》，《法律科学（西北政法大学学报）》，2024 年第 1 期。

170. 朱林方：《"家"的法律构造——以范氏义庄为中心的考察》，《社会中的法理》2014 年第 1 期。

171. 范烨：《基于社会资本理论视角的家族企业治理研究》，浙江大学 2009 年博士学位论文，第 110 页。

172. 康娜：《关系契约视野下的婚姻和婚姻立法》，西南政法大学 2008 年博士学位论文。

173. 皮永华：《组织公正与组织公民行为、组织报复行为之间关系的研究》，浙江大学 2006 年博士学位论文。

174. 王玉英：《控股股东类型与控制权私利的比较研究》，厦门大学 2009 年博士学位论文。

175. 吴芳：《我国家族企业治理法律问题研究——以公司化家族企业治理为中心》，西南政法大学 2016 年博士学位论文。

外文文献

1. Alan J. Meese & Nathan B. Oman, "Hobby Lobby, Corporate Law, and the Theory of the Firm: Why for-profit Corporations Are RFRA Persons", 127 Harvard Law Review Forum, 273 (2013).

2. Alan L Carsrud & Malin Brnnback, *Family Firms in Transition: Case Studies on Succsion, Inheritance, and Governance*, Springer Science & Business Media,

2011.

3. Alan V. Ytterberg & James P. Weller, "Managing Family Wealth Through a Private Trust Company", 36 ACTEC Law Journal, 62 (2010).

4. Alejandro Hernndez-Trasobares & Carmen Galve-Grriz, "The Influence of Family Control on Decisions Regarding the Specialization and Diversification of Business Groups", 19 BRQ Business Research Quarterly, 73 (2016).

5. Alejandro Portes, "Social Capital: Its Origins and Applications in Modern Sociology", 24 Annual review of sociology, 1 (1998).

6. Alex Stewart & Michael A. Hitt, "Why Can't a Family Business Be More like a Nonfamily Business? Modes of Professionalization in Family Firms", 25 Family Business Review, 58 (2012).

7. Alexander Koeberle-Schmid, Denise Kenyon-Rouvinez & Ernesto J. Poza, "Developing Governance with the Help of a Governance Code", In *Governance in Family Enterprises: Maximising Economic and Emotional Success*, Springer, 2014.

8. Allison Anna Tait, "Corporate Family Law", 112 Northwestern University Law Review, 1 (2017).

9. Allison W. Pearson, Jon C. Carr & John C. Shaw, "Toward A Theory of Familiness: A Social Capital Perspective", 32 Entrepreneurship theory & Practice, 949 (2008).

10. Andrei Shleifer & Robert W. Vishny, "A Survey of Corporate Governance", 52 The Journal of Finance, 737 (1997).

11. Andrew Ellul, Marco Pagano & Fausto Panunzi, "Inheritance Law and Investment in Family Firms", 100 American Economic Review, 2414 (2010).

12. Andriy Boytsun, Marc Deloof & Paul Matthyssens, "Social Norms, Social Cohesion, and Corporate Governance", 19 Corporate Governance an International Review, 41 (2011).

13. Aronoff, Craig & John Ward, *Family Business Governance: Maximizing Family and Business Potential*, Springer, 2016.

14. Bebchuk L A, "The Case for Increasing Shareholder Power", 118 Harvard

Law Review, 833 (2005)

15. Belén Villalonga & Raphael Amit, "How Do Family Ownership, Control and Management Affect Firm Value?", 80 Journal of Financial Economics, 385 (2006).

16. Beln Villalonga & Raphael Amit, "How Are US Family Firms Controlled?", 22 The Review of Financial Studies, 3047 (2009).

17. Ben Amoako-Adu, Vishaal Baulkaran & Brian F. Smith, "Analysis of dividend policy of dual and single class US corporations", 72 Journal of Economics and Business, 1 (2014).

18. Benjamin Means, "Contractual freedom and family business", In *Research Handbook on Partnerships, LLCs and Alternative Forms of Business Organizations*, Edward Elgar Publishing, 2015.

19. Benjamin Means, "Family Business Disputes", 2015 Business Law Today, 1 (2015).

20. Benjamin Means, "Nonmarket Values in Family Businesses", 54 William & Mary Law Review, 1185 (2013).

21. Benjamin Means, "The Contractual Foundation of Family-Business Law", 75 Ohio State Law Journal, 675 (2014).

22. Benjamin Means, "The Value of Insider Control", 60 William & Mary Law Review, 891 (2019).

23. Brooke Harrington & Vanessa M. Strike, "Between Kinship And Commerce: Fiduciaries and the Institutional Logics of Family Firms", 31 Family Business Review, 417 (2018).

24. Charles E. Stevens, Roland E. Kidwell & Robert Sprague, "Bound by Laws, or by Values? A Multilevel and Cross-National Approach to Understanding the Protection of Minority Owners in Family Firms", 23 Corporate Governance an International Review, 203 (2015).

25. Chris Johnson, "Once You Enter This Family There's No Getting Out: Ethical Considerations of Representing Family-Owned Businesses", 75 UMKC Law Re-

view, 1085 (2006).

26. Claudio Fernández-Aráoz, Sonny Iqbal & J? rg Ritter, "Leadership Lessons from Great Family Businesses", 93 Harvard Business Review, 20 (2015).

27. D. Gordon Smith, "The shareholder primacy norm", 23 Journal of Corporation law, 277 (1997)

28. Danny Miller & Isabelle Le Breton-Miller, "Family Governance and Firm Performance: Agency, Stewardship, and Capabilities", 19 Family Business Review, 73 (2006).

29. David Charny, "Nonlegal sanctions in commercial relationships", 104 Harvard Law Review, 373 (1990).

30. David L. Deephouse & Peter Jaskiewicz, "Do Family Firms Have Better Reputations than Non-Family Firms? An Integration of Socioemotional Wealth and Social Identity Theories", 50 Journal of management Studies, 337 (2013).

31. Deborah A. DeMott, "Guests at the Table: Independent Directors In Family-Influenced Public Companies", 33 Journal of Corporation Law, 889 (2007).

32. Dennis T. Jaffe & Sam H. Lane, "Sustaining A Family Dynasty: Key Issues Facing Complex Multigenerational Business – And Investment – Owning Families", 17 Family Business Review, 81 (2004).

33. Dianne H. B. Welsh, et al., "Perceptions of Entrepreneurship Across Generations in Family Offices: A Stewardship Theory Perspective", 4 Journal of Family Business Strategy, 213 (2013).

34. Douglas K. Moll, "Shareholder Oppression & Reasonable Expectations: Of Change, Gifts, and Inheritances in Close Corporation Disputes", 86 Minnesota Law Review, 717 (2002).

35. Douglas M. Branson, "The Rule That Isn't a Rule-The Business Judgment Rule", 36 Valparaiso University Law Review, 631 (2001).

36. Emma Su & JunSheng Dou, "How does Knowledge Sharing Among Advisors from Different Disciplines Affect the Quality of the Services Provided to the Family Business Client? An Investigation from the Family Business Advisor's Perspec-

tive", 26 Family Business Review, 256 (2013).

37. Eric A. Chiappinelli, "Stories from Camp Automotive: Communicating the Importance of Family Dynamics to Corporation Law Students", 34 Georgia Law Review, 699 (1999).

38. Ernesto J. Poza, Susan Hanlon & Reiko Kishida, "Does the Family Business Interaction Factor Represent a Resource or a Cost?", 17 Family Business Review, 99 (2004).

39. Esteban R. Brenes, Kryssia Madrigal & Bernardo Requena, "Corporate Governance and Family Business Performance", 64 Journal of Business Research, 280 (2011).

40. Ethan J. Leib, "Contracts and Friendships", 59 Emory Law Journal, 649 (2009).

41. Ethiopia L. Segaro, Jorma Larimo & Marian V. Jones, "Internationalisation of Family Small and Medium Sized Enterprises: The Role of Stewardship Orientation, Family Commitment Culture and Top Management Team", 23 International business review, 381 (2014).

42. Eugene F. Fama & Michael C. Jensen, "Separation of Ownership and Control", 26 Journal of Law and Economics, 301 (1983).

43. European Commission, "Overview of Family-Business-Relevant Issues: Research, Networks, Policy Measures And Existing Studies", Europe: European Commission, Directorate-General for Enterprise and Industry, 2009.

44. Francisco Pérez-González, "Inherited Control and Firm Performance", 96 American Economic Review, 1559 (2006).

45. Frank H. Easterbrook & Daniel R. Fischel, "The Corporate Contract", 89 Columbia Law Review, 1416 (1989).

46. Franz W. Kellermanns & Kimberly A. Eddleston, "Corporate entrepreneurship in family firms: A family perspective", 30 Entrepreneurship theory & Practice, 809 (2006).

47. Fred Neubauer & Alden G. Lank, *The Family Business: Its Governance for*

Sustainability, Springer, 2016.

48. Geoffrey Martin, et al., "Conflict Between Controlling Family Owners and Minority Shareholders: Much ado About Nothing?", 41 Entrepreneurship Theory & Practice, 999 (2017).

49. George E. Marcus, "Law in the Development of Dynastic Families Among American Business Elites: The Domestication of Capital and the Capitalization of Family", 14 Law & Society Review, 859 (1979).

50. George Stalk & Henry Foley, "Avoid the Traps That Can Destroy Family Businesses", 90 Harvard Business Review, 25 (2012).

51. Grant Hayden & Matthew T. Bodie, "Shareholder Democracy and the Curious Turn Toward Board Primacy", 51 William & Mary Law Review, 2071 (2009).

52. Guido Corbetta & Carlo Salvato, "Self-Serving or Self-Actualizing? Models of Man and Agency Costs in Different Types of Family Firms: A Commentary on Comparing the Agency Costs of Family and Non-Family Firms: Conceptual Issues and Exploratory Evidence", 28 Entrepreneurship Theory& Practice, 355 (2004).

53. Harry F. Martin, "Is Family Governance an Oxymoron?", 14 Family Business Review, 91 (2001).

54. Henrik Cronqvist & Rüdiger Fahlenbrach, "Large Shareholders and Corporate Policies", 22 The Review of Financial Studies, 3941 (2008).

55. Hermann Frank, et al., "Capturing the Familiness of Family Businesses: Development of the Family Influence Familiness Scale (FIFS)", 41 Entrepreneurship Theory & Practice, 709 (2016).

56. Holger Fleischer, "Family Firms and Family Constitutions: A Legal Primer", 15 European Company Law, 11 (2018).

57. Ian Ayres & Robert Gertner, "Filling Gaps in Incomplete Contracts: An Economic Theory of Default Rules", 99 The Yale Law Journal, 87 (1989).

58. Ian R. Macneil, "Contracts: Adjustment of Long-Term Economic Relations Under Classical, Neoclassical, and Relational Contract Law", 72 Northwestern University Law Review, 854 (1977)

59. Ian R. Macneil, "Relational Contract Theory: Challenges and Queries", 94 Northwestern University Law Review, 877 (2000).

60. Ian R. Macneil, "Relational Contract: What We Do and Do not Know", 3 Wisconsin Law Review, 483 (1985)

61. Ian R. Macneil, "Values in Contract: Internal and External", 78 Northwestern University Law Review, 340 (1983).

62. Ingram, Paul & Xi Zou, "Business Friendships", 28 Research in Organizational Behavior, 167 (2008).

63. Iram Fatima Ansari, Marc Goergen & Svetlana Mira, "How Reported Board Independence Overstates Actual Board Independence in Family Firms: A Methodological Concern", 3 Annals of Corporate Governance, 81 (2018).

64. Iris J. Goodwin, "How the Rich Stay Rich: Using a Family Trust Company to Secure a Family Fortune", 40 Seton Hall Law Review, 467 (2010).

65. Isabel C. Botero, et al., "Family Protocols as Governance Tools: Understanding Why and How Family Protocols are Important in Family Firms", 5 Journal of Family Business Management, 218 (2015).

66. Isabelle L. Breton - Miller & Danny Miller, "Why Do Some Family Businesses Out - Compete? Governance, Long - Term Orientations, and Sustainable Capability", 30 Entrepreneurship Theory & Practice, 731 (2006).

67. Isabelle Le Breton–Miller & Danny Miller, "Agency vs. Stewardship in Public Family Firms: A Social Embeddedness Reconciliation", 33 Entrepreneurship theory & Practice, 1169 (2003).

68. James H. Davis, Mathew R. Allen & H. David Hayes, "Is Blood Thicker Than Water? A Study of Stewardship Perceptions in Family Business", 34 Entrepreneurship Theory & Practice, 1093 (2010).

69. James J. Chrisman, Jess H. Chua & Lloyd P. Steier, "An Introduction to Theories of Family Business", 18 Journal of Business Venturing, 441 (2003).

70. James S. Coleman, "Social Capital in the Creation of Human Capital", 94 American Journal of Sociology, 95 (1988).

71. Jane S. Schacter, "Counted Among the Blessed: One Court and the Constitution of Family", 74 Texas Law Review, 1267 (1995).

72. Jan-Folke Siebels & Dodo zu Knyphausen-Aufse?, "A Review of Theory in Family Business Research: The Implications for Corporate Governance", 14 International Journal of Management Reviews, 280 (2012).

73. Janine Nahapiet & Sumantra Ghoshal, "Social Capital, Intellectual Capital, and the Organizational Advantage", 23 Academy of Management Review, 242 (1998).

74. Janis Sarra, "New Governance, Old Norms & the Potential for Corporate Governance Reform", 33 Law & Policy, 576 (2011).

75. Jay Dahya, Orlin Dimitrov & John J. McConnell, "Dominant Shareholders, Corporate Boards, and Corporate Value: A Cross-Country Analysis", 87 Journal of Financial Economics, 73 (2008).

76. Jay M. Feinman, "Relational Contract Theory in Context", 94 Northwestern University Law Review, 737 (1999).

77. Jean McGuire, Sandra Dow & Bakr Ibrahim, "All in the Family? Social Performance and Corporate Governance in the Family Firm", 65 Journal of Business Research, 1643 (2012).

78. Jess H. Chua, James J. Chrisman & Pramodita Sharma, "Defining the family business by behavior", 23 Entrepreneurship theory & Practice, 19 (1999).

79. John Tokarczyk, et al., "A Resource-Based View and Market Orientation Theory Examination of the Role of Familiness in Family Business Success", 20 Family Business Review, 17 (2007).

80. *John Ward, Perpetuating the Family Business: 50 Lessons Learned from Long Lasting, Successful Families in Business*, Springer, 2016.

81. John Wightman, "Intimate Relationships, Relational Contract Theory, and the Reach of Contract", 8 Feminist Legal Studies, 93 (2000).

82. *Jonathan R. Macey, Corporate Governance: Promises Kept, Promises Broken*, Princeton University Press, 2008.

83. Jonathan R. Macey, "Fiduciary Duties as Residual Claims: Obligations to Non-shareholder Constituencies from a Theory of the Firm Perspective", 84 Cornell Law Review, 1266 (1999).

84. Joseph Fan & W. Leung, "The Structure of Ownership in Family Firms: The Case of Family Trusts", Chinese University of Hong Kong, Working Paper (2015).

85. Joseph H. Astrachan & Peter Jaskiewicz, "Emotional Returns and Emotional Costs in Privately Held Family Businesses: Advancing traditional Business Valuation", 21 Family Business Review, 139 (2008).

86. Julia Suess, "Family Governance – Literature Review and the Development of a Conceptual Model", 5 Journal of Family Business Strategy, 138 (2014).

87. Juliet P. Kostritsky, "One Size Does Not Fit All: A Contextual Approach to Fiduciary Duties Owed to Preferred Stockholder from Venture Capital to Public Preferred to Family Business", 70 Rutgers University Law Review, 43 (2017).

88. Kammerlander, Nadine, et al. , "Value Creation in Family Firms: A Model of Fit", 6 Journal of Family Business Strategy, 63 (2015).

89. Karen E. Boxx, "Too Many Tiaras: Conflicting Fiduciary Duties in the Family-Owned Business Context", 49 Houston Law Review, 233 (2012).

90. Karen Maru File & Russ Alan Prince, "Attributions for Family Business Failure: the Heir's Perspective", 9 Family Business Review, 171 (1996).

91. Kelin E. Gersick, *Generation to Generation: Life Cycles of the Family Business*, Harvard Business Press, 1997.

92. Kelly LeCouvie & Jennifer Pendergast, *Family Business Succession: Your Roadmap to Continuity*, Palgrave Macmillan, 2014.

93. Kristen Madison, et al. , "Viewing Family Firm Behaviour and Governance Through the Lens of Agency and Stewardship Theories", 29 Family Business Review, 65 (2016).

94. Laura Poppo & Todd Zenger, "Do Formal Contracts and Relational Governance Function as Substitutes or Complements?", 23 Strategic Management Journal, 707 (2002).

95. Lawrence A. Frolik, "Trust Protectors: Why They Have Become the Next Big Thing", 50 Real Property, Trust and Estate Law Journal, 267 (2015).

96. Lawrence M. Friedman, "The Dynastic Trust", 73 Yale Law Journal, 547 (1964).

97. Lewis A. Kornhauser, "The Nexus of Contracts Approach to Corporations: A Comment on Easterbrook and Fischel", 89 Columbia Law Review, 1449 (1989).

98. Linda C. McClain, "Family Constitutions and the (New) Constitution of the Family", 75 Fordham Law Review, 833 (2006).

99. Lisa Bernstein, "Opting out of the Legal System: Extralegal Contractual Relations in the Diamond Industry", 21 The Journal of Legal Studies, 115 (1992).

100. Lloyd Steier, "Family Firms, Plural Forms of Governance, and the Evolving Role of Trust", 14 Family Business Review, 353 (2001).

101. Lorraine M. Uhlaner, Roberto H. Floren & Jurgen R. Geerlings, "Owner Commitment and Relational Governance in the Privately-held Firm: An Empirical Study", 29 Small Business Economics, 275 (2007).

102. Louise Scholes & Nick Wilson, "The Importance of Family Firm Trusts in Family Firm Governance", 38 Entrepreneurship Theory & Practice, 1285 (2014).

103. Lucian A. Bebchuk & Kobi Kastiel, "The Untenable Case for Perpetual Dual-class Stock", 103 Virginia Law Review, 585 (2017).

104. Luis R. Gmez-Meja, et al., "Socioemotional Wealth and Business Risks in Family-Controlled Firms: Evidence from Spanish Olive Oil Mills", 52 Administrative Science Quarterly. 106 (2007).

105. Lyman Johnson & David Millon, "Corporate Law After Hobby Lobby", 70 Business Lawyer, 1 (2014).

106. Lyman Johnson, "Individual and Collective Sovereignty in the Corporate Enterprise", 92 Columbia Law Review, 2215 (1992).

107. Magnus Henrekson & Daniel Waldenstr? m, "Inheritance Taxation in Sweden, 1885 – 2004: the Role of Ideology, Family Firms, And Tax Avoidance", 69 The Economic History Review, 1228 (2016).

108. Marco Bigelli, Vikas Mehrotra & P. Raghavendra Rau, "Expropriation Through Unification? Wealth Effects of Dual Class Share Unifications in Italy", Annual Meeting of the European Financial Management Association, 28 (2006).

109. Margarita Tsoutsoura, "The Effect of Succession Taxes on Family Firm Investment: Evidence from a Natural Experiment", 70 The Journal of Finance, 649 (2015).

110. Maria Jos Parada, Mattias Nordqvist & Alberto Gimeno, "Institutionalizing the Family Business: The Role of Professional Associations in Fostering a Change of Values", 23 Family Business Review, 355 (2010).

111. Mariacristina De Nardi & Fang Yang, "Wealth Inequality, Family Background, And Estate Taxation", 77 Journal of Monetary Economics, 130 (2016).

112. Maria-Isabel Rodrguez-Zapatero, et al., "Using PLS-SEM to Model Family Business Behavior When Addressing the Protocol", 8 European Journal of Family Business, 153 (2019).

113. Mariana Pargendler, "The Corporate Governance Obsession", 42 Journal of Corporation law, 359 (2016).

114. Marianne Nordli Hansen, "Self-Made Wealth or Family Wealth? Changes In Intergenerational Wealth Mobility", 93 Social Forces, 457 (2014).

115. Mark C. Suchman, "Managing Legitimacy: Strategic and Institutional Approaches", 20 Academy of Management Review, 571 (1995).

116. Marta M. Berent-Braun & Lorraine M. Uhlaner, "Family Governance Practices and Teambuilding: Paradox of the Enterprising Family", 38 Small Business Economics, 103 (2012).

117. Melanie B. Leslie, "Enforcing Family Promises: Reliance, Reciprocity, And Relational Contract", 77 North Carolina Law Review, 551 (1998).

118. Melissa Carey Shanker & Joseph H. Astrachan, "Myths and Realities: Family Businesses' Contribution to the US Economy A Framework for Assessing Family Business Statistics", 9 Family Business Review, 107 (1996).

119. Melvin A. Eisenberg, "Corporate Law and Social Norms", 99 Columbia

Law Review, 1253 (1999).

120. Melvin A. Eisenberg, "Why There is no Law of Relational Contracts", 94 Northwestern University Law Review, 805 (1999).

121. Michael Carney, "Corporate Governance and Competitive Advantage in Family-Controlled Firms", 29 Entrepreneurship Theory & Practice, 249 (2005).

122. Michael Carney, Eric Gedajlovic & Vanessa M. Strike, "Dead Money: Inheritance Law and the Longevity of Family Firms", 38 Entrepreneurship Theory & Practice, 1261 (2014).

123. Michael Carney, et al., "What Do We Know About Private Family Firms? A Meta-Analytical Review", 39 Entrepreneurship Theory & Practice, 513 (2015).

124. Michael Gilding, "Family Business and Family Change: Individual Autonomy, Democratization, and the New Family Business Institutions", 13 Family Business Review, 239 (2010)

125. Michael J. Brunetti, "The Estate Tax and the Demise of the Family Business", 90 Journal of Public Economics, 1975 (2006).

126. Mike W. Peng & Yi Jiang, "Institutions Behind Family Ownership and Control in Large Firms", 47 Journal of Management Studies, 253 (2010).

127. Mikko Mustakallio, Erkko Autio & Shaker A. Zahra, "Relational and Contractual Governance in Family Firms: Effects on Strategic Decision Making", 15 Family Business Review, 205 (2002).

128. Morten Bennedsen & Nicolai Foss, "Family Assets and Liabilities in the Innovation Process", 58 California Management Review, 65 (2015).

129. Morten Bennedsen, et al., "Inside the Family Firm: The Role of Families in Succession Decisions and Performance", 122 The Quarterly Journal of Economics, 647 (2007).

130. Panikklos Zata Poutziouris, Kosmas X. Smyrnios & Sabine B. Klein eds., Handbook of Research on Family Business, Edward Elgar Publishing, 2008.

131. Pasi Malinen, "Like Father Like Son? Small Family Business Succession Problems in Finland", 2 Enterprise and Innovation Management Studies, 195

(2001).

132. Paul A. Gompers, Joy Ishii & Andrew Metrick, "Extreme Governance: An Analysis of Dual-Class Firms in the United States", 23 The Review of Financial Studies, 1051 (2009).

133. Paul G. Mahoney, "Trust and Opportunism in Close Corporations", in Concentrated corporate ownership, University of Chicago Press, 2000.

134. Per-Olof Bjuggren & Lars-Gran Sund, "Organization of Transfers of Small and Medium-sized Enterprises Within the Family: Tax Law Considerations", 18 Family Business Review, 305 (2005).

135. Peter Jaskiewicz & W. Gibb Dyer, "Addressing the Elephant in the Room: Disentangling Family Heterogeneity to Advance Family Business Research", 30 Family Business Review, 111 (2017).

136. Po-Hung Joseph Fan, Yupana Wiwattanakantang & Pramuan Bunkanwanicha, "Why do Shareholders Value Marriage?", ECGI-Finance Working Paper, 227 (2008).

137. Rafael Porta & Andrei Shleifer, "Corporate Ownership Around the World", 54 The Journal of Finance, 471 (1999).

138. Raghuram G. Rajan & Luigi Zingales, "Power in a Theory of the Firm", 113 The Quarterly Journal of Economics, 387 (1998).

139. Ralph K. Winter, Jr., "State Law, Shareholder Protection, and the Theory of the Corporation", 6 The Journal of Legal Studies, 251 (1977).

140. Ribstein, Larry E, "Law v. Trust", 81 Boston University Law Review, 553 (2001).

141. Richard E. Speidel, "Article 2 and Relational Contracts", 26 Loyola of Los Angeles Law Review, 789 (1993).

142. Robert C. Ellickson, "Bringing Culture and Human Frailty to Rational Actors: A Critique of Classical Law and Economics", 65 Chicago-Kent Law Review, 23 (1989).

143. Robert Sitkoff, "An Agency Costs Theory of Trust Law", 89 Cornell Law

Review, 621 (2003).

144. Rocio Arteaga & Menéndez-Requejo, Susana, "Family Constitution and Business Performance: Moderating Factors", 30 Family Business Review, 320 (2017).

145. Ronald C. Anderson & David M. Reeb, "Board Composition: Balancing Family Influence in S&P 500 Firms", 49 Administrative Science Quarterly, 209 (2004).

146. Ronald C. Anderson & David M. Reeb, "Founding-Family Ownership and Firm Performance: Evidence from the S&P 500", 58 The Journal of Finance, 656 (2003).

147. Ronald C. Anderson, Sattar A. Mansi & David M. Reeb, "Founding Family Ownership and the Agency Cost of Debt", 68 Journal of Financial Economics, 263 (2003).

148. Ronald J. Gilson, "Controlling Shareholders and Corporate Governance: Complicating the Comparative Taxonomy", 119 Harvard Law Review, 1641 (2006).

149. Ryan M. Harding & Elise J. McGee, "To Register or Not: Sec Investment Adviser Guidance for Family Offices", 26 Probate and Property, 23 (2012).

150. Sandra L. Robinson & Denise M. Rousseau, "Violating the Psychological Contract: Not the Exception but the Norm", 15 Journal of Organizational Behavior, 245 (1994).

151. Sandra L. Robinson & Elizabeth Wolfe Morrison, "The Development of Psychological Contract Breach and Violation: A Longitudinal Study", 21 Journal of Organizational Behavior, 525 (2000).

152. Sang Yop Kang, "Games of Thrones: Corporate Governance Issues of Children's Competition in Family Corporations", 15 Berkeley Business Law Journal, 185 (2018).

153. Scott E. Friedman, Andrea H. HusVar & Eliza P. Friedman, "Advising Family Businesses in the Twenty-First Century: An Introduction to Stage 4 Planning

Strategies", 65 Buffalo Law Review, 425 (2017).

154. Scott FitzGibbon, "The Principle of Subsidiarity and the Law of the Family Business", 30 BYU Journal of Public Law, 199 (2015).

155. Simon Gray, "VISTA Trusts Allow BVI to Slough Off Past and Attract Global Businesses", 17 The Lawyer, (2005).

156. Sonya Salamon & Kathleen K. Markan, "Incorporation and the Farm Family", 46 Journal of Marriage and the Family, 167 (1984).

157. Sridhar Arcot & Valentina Bruno, "Do Standard Corporate Governance Practices Matter in Family Firms?", Financial Markets Group, 2012.

158. Steen Thomsen, et al., "Industrial Foundations as Long-Term Owners", 26 Corporate Governance: An International Review, 180 (2018).

159. Stephen M Bainbridge, *Corporation Law and Economics*, Foundation Press, 2002.

160. Sterk S E, "Rethinking Trust Law Reform: How Prudent is Modern Prudent Investor Doctrine?", 95 Cornell Law Review, 851 (2009).

161. Steven N. S. Cheung, "The Contractual Nature of the Firm", 26 Journal of Law & Economics, 10 (1983).

162. Stewart E. Sterk, "Trust Protectors, Agency Costs, and Fiduciary Duty", 27 Cardozo Law Review, 2761 (2005).

163. Stewart Macaulay, "Non-Contractual Relations in Business: A Preliminary Study", 28 American Sociological Review, 55 (1963).

164. Susan Coleman & Mary Carsky, "Source of Capital for Small Family-owned Businesses: Evidence from the National Survey of Small Business Finance", 12 Family Business Review, 73 (1999).

165. Teemu Ruskola, "Conceptualizing Corporations and Kinship: Comparative Law And Development Theory in a Chinese Perspective", 52 Stanford Law Review, 1599 (1999).

166. Terry A. O'Neill, "Reasonable Expectations in Families, Businesses, and Family Businesses: A Comment on Rollock", 73 Indiana Law Journal, 589 (1997).

167. Thomas A. Smith, "The Efficient Norm for Corporate Law: A Neotraditional Interpretation of Fiduciary Duty", 98 Michigan Law Review, 214 (1999).

168. Thomas L. Hazen, "Transfers of Corporate Control and Duties of Controlling Shareholders. Common Law, Tender Offers, Investment Companies. And a Proposal for Reform", 125 University of Pennsylvania Law Review, 1023 (1977).

169. Thomas M. Zellweger & Joseph H. Astrachan, "On the Emotional Value of Owning a Firm", 21 Family Business Review, 347 (2008).

170. Thomas M. Zellweger & Nadine Kammerlander, "Article Commentary: Family, Wealth, and Governance: An Agency Account", 39 Entrepreneurship Theory& Practice, 1281 (2015).

171. Thomas M. Zellweger, et al., "Family Control and Family Firm Valuation by Family CEOs: The Importance of Intentions for Transgenerational Control", 23 Organization Science, 851 (2012).

172. Thomas P. Gallanis, "The New Direction of American Trust Law", 97 Iowa Law Review, 215 (2011).

173. Tommaso Minola, et al., "Corporate Venturing in Family Business: A Developmental Approach of the Enterprising Family", 10 Strategic Entrepreneurship Journal, 395 (2016).

174. Vanessa M. Strike, "Advising the Family Firm: Reviewing the Past to Build the Future", 25 Family Business Review, 156 (2012).

175. Vanessa M. Strike, "The Most Trusted Advisor and the Subtle Advice Process in Family Firms", 26 Family Business Review, 293 (2013).

176. Vidhi Chhaochharia & Luc Laeven, "Corporate governance norms and practices", 18 Journal of Financial Intermediation, 405 (2009).

177. Vikas Mehrotra, et al., "Adoptive expectations: Rising Sons in Japanese family firms", 108 Journal of Financial Economics, 840 (2013).

178. Volker Grossmann & Holger Strulik, "Should Continued Family Firms Face Lower Taxes Than Other Estates?", 94 Journal of Public Economics, 87 (2010).

179. Wayne M. Gazur & Robert M. Phillips, Estate Planning: Principles and

Problems, Aspen Publishing, 2015.

180. William Mullins & Antoinette Schoar, "How Do CEOs See Their Roles? Management Philosophies and Styles in Family and Non-Family Firms", 119 Journal of Financial Economics, 24 (2015).

181. William T Allen, "Contracts and communities in corporation law", 50 Washington and Lee Law Review, 1395 (1993).

182. Yin-Hua Yeh & Chen-Chieh Liao, "The Effect of Estate Tax Change on the Controlling Shareholding Structure and Corporate Value of Family Firms", 27 Corporate Governance: An International Review, 33 (2019).

183. Yoram Ben-Porath, "The F-Connection: Families, Friends, and Firms and the Organization of Exchange", 6 Population and Development Review, 1 (1980).

184. Zelizer, Viviana A, "The Purchase of Intimacy", 25 Law & Social Inquiry, 817 (2000).

后　记

本书是由作者的博士毕业论文修改而成的，主题有点非主流，论证也并不精深，虽勉强成稿，仍有诸多不足，仅希望以此书为基础，激励自己进一步开展对家族企业法理论与实务的综合性研究。

作者有幸于2013年至2019年在清华大学法学院攻读硕士和博士学位，得到施天涛老师的悉心教导。恩师为人正直，治学严谨，对学生关怀备至，慷慨大方。恩师的商法学和公司法著作为学生打开了学术研究的大门。恩师对本书的选题、框架和内容提出了诸多有益的修改建议。毕业后，恩师时时提醒我要尽到一个老师的本分，坐冷板凳，研究基础问题。恩师的教书、治学态度是我一辈子学习的榜样。

博士论文的选题和内容得到了周小明老师的专业指导，感谢周老师为我提供的实习机会，使我能够和企业家族深入交流家族企业治理的实践。博士论文的写作与答辩得到王涌老师、蒋大兴老师、朱慈蕴老师、梁上上老师、汤欣老师、高丝敏老师、沈朝晖老师等学者的批评指正，在此表示感谢。本书的部分内容得以公开发表，也要感谢缪因知老师和黄韬老师的厚爱。

从法大求学到入职法大，一路上有太多需要感谢的老师和同事。感谢吴日焕老师指导我完成本科生"学术十星"论文，一直关心我的学术和生活，为我提供了诸多帮助。感谢易军老师、陈景善老师、周昀老师等教授的授业和教导。感谢民商经济法学院财税金融法所的老师们对我的照顾和支持，感谢翁武耀老师为本书的出版提供了经费支持。

感谢同门钟向春、杨祥、王健安、李游、严若水、杨慧莹在读博期间和生活中给予我的帮助，感谢李广德、柯勇敏等博士同学对我的关心。

后　记

　　特别感谢经济日报出版社陈芬老师的精心编辑和敦促。我的研究生展振振、曾艺苑、李子维等同学为本书的校对、修改做了很多工作，感谢他们的付出。

　　最后，家族企业的研究也让我更理解与珍惜亲情。求学之路漫长，离不开父母无私的照顾与奉献，同时也感谢我的妻子桑何凌律师十年如一日的陪伴与包容，感谢岳父母对我的理解和支持，愿我的家人和孩子能够健康、幸福。